Selbst- und Partnerevaluation im schülerorientierten Fremdsprachenunterricht

Europäische Hochschulschriften
Publications Universitaires Européennes
European University Studies

Reihe XI
Pädagogik

Série XI   Series XI
Pédagogie
Education

Bd./Vol. 1018

PETER LANG
Frankfurt am Main · Berlin · Bern · Bruxelles · New York · Oxford · Wien

Monika Wilkening

Selbst- und Partnerevaluation im schülerorientierten Fremdsprachenunterricht

Eine Untersuchung zu überfachlichen Kompetenzen

PETER LANG
Internationaler Verlag der Wissenschaften

Bibliografische Information der Deutschen Nationalbibliothek
Die Deutsche Nationalbibliothek verzeichnet diese Publikation in
der Deutschen Nationalbibliografie; detaillierte bibliografische Daten
sind im Internet über http://dnb.d-nb.de abrufbar.

Zugl.: Augsburg, Univ., Diss., 2011

Gedruckt auf alterungsbeständigem,
säurefreiem Papier.

D 384
ISSN 0531-7398
ISBN 978-3-631-63554-4

© Peter Lang GmbH
Internationaler Verlag der Wissenschaften
Frankfurt am Main 2011
Alle Rechte vorbehalten.

Das Werk einschließlich aller seiner Teile ist urheberrechtlich
geschützt. Jede Verwertung außerhalb der engen Grenzen des
Urheberrechtsgesetzes ist ohne Zustimmung des Verlages
unzulässig und strafbar. Das gilt insbesondere für
Vervielfältigungen, Übersetzungen, Mikroverfilmungen und die
Einspeicherung und Verarbeitung in elektronischen Systemen.

www.peterlang.de

Meinen Schülerinnen und Schülern gewidmet

Inhaltsverzeichnis

Einleitung 15

Erster Teil: Konzepte 28

1. Theorien und Forschung 28
1.1. Wissenschaftliche Bildungstheorien 28
1.1.1. Philosophisch-erkenntnistheoretische Theorien 28
1.1.2. Anthropologisch-pädagogische Theorien 32
1.1.3. Lernpsychologische Theorien 34
Zusammenfassung Kap. 1.1. 38
1.2. Evaluation 38
1.2.1. Evaluation allgemein: Definitionen 38
1.2.2. Evaluation im Bildungswesen 42
1.2.3. Exkurs: überfachliche Kompetenzen, fachübergreifende Lernziele in Bildungsplänen 45
1.2.4. Evaluation von Schulen 49
1.2.5. Evaluation von Unterricht 50
1.2.6. Selbst- und Partnerevaluation 53
1.2.6.1. Selbstevaluation 61
1.2.6.2. Partnerevaluation 63
1.2.6.3. Reihenfolge bei Selbst- und Partnerevaluation 66
1.2.6.4. Partnerevaluationsbögen 67
1.2.6.5. Forschungsstand 68
1.2.6.6. Gütekriterien 71
1.2.7. Selbst- und Partnerevaluation in Lehr-, Rahmen- und Bildungsplänen 72
Zusammenfassung Kap. 1.2. 76

2. Rahmen der Untersuchungen 77
2.1. Lehrerzentrierter Unterricht 77

2.2. Schülerorientierter Unterricht ... 78
2.2.1. Aufgabenorientierte Lernarrangements ... 82
2.2.1.1. Stationenlernen ... 82
2.2.1.2. Projektarbeit ... 83
2.2.2. Fertigkeitsorientierte Lernarrangements ... 85
2.2.2.1. Präsentationen ... 85
2.2.2.2. Arbeitsprozessberichte ... 85
2.2.2.3. Schreibkonferenzen ... 86
2.2.3. Sozialformorientiertes Lernarrangement: Gruppenarbeit ... 88
2.3. Alternative Klassenarbeiten und Klausuren ... 91
2.4. Rollenverständnis ... 95
2.4.1. Lernende ... 95
2.4.2. Lehrende ... 97
2.5. Metakognition ... 101
Zusammenfassung Kap. 2. ... 105

Zweiter Teil: Methodik ... 107

3. Konzeptionen qualitativer Sozialforschung ... 107
3.1. Qualitative und quantitative Forschung: Definitionen ... 107
3.1.1. Qualitative Auswertungsform: qualitative Inhaltsanalyse ... 111
3.1.2. Deskriptive Statistik in der qualitativen Sozialforschung ... 114
3.1.3. Qualitative Auswertungsform: gegenstandsbezogene Theoriebildung ... 117
3.2. Kritik an qualitativer Sozialforschung ... 120

4. Methodische Voraussetzungen dieser Arbeit: Forschungsdesign ... 121
4.1. Triangulation ... 122
4.2. Aktionsforschung ... 125
4.2.1. Definitionsversuche ... 127
4.2.2. Ablauf von Aktionsforschungsprozessen ... 130
4.2.3. Forschungsüberblick ... 133

4.2.4. Forschungsdesiderata und Kritik ... 135
4.3. Qualitative Schulforschung ... 137
4.4. Unterrichts-, Lehr- und Lernforschung ... 139
4.5. Konstruktivismus ... 140
4.6. Merkmale von qualitativ Forschenden ... 141

5. Methodische Voraussetzungen dieser Arbeit: Forschungstechniken ... 144
5.1. Erhebung: Fragebogen ... 145
5.2. Aufbereitung ... 149
5.3. Auswertung ... 150

6. Gütekriterien ... 151

Zusammenfassung Kap. 3-6 ... 158

Dritter Teil: Empirie ... 161

7. Studie 1: Projektunterricht in Selbstevaluation (12./13. Klasse Französisch ... 161
7.1. Befragung vor Projektbeginn ... 161
7.2. Arbeitsprozessberichte: qualitative Analyse ... 164
7.2.1. Arbeitsprozessbericht von A ... 166
7.2.2. Arbeitsprozessbericht von B ... 175
7.2.3. Arbeitsprozessbericht von C ... 191
7.2.4. Vergleiche der drei Arbeitsprozessberichte ... 201
7.3. Datentriangulation der Anfangs- und Abschlussbefragung ... 204
7.4. Zusammenfassung Kap. 7 ... 216

8. Studie 2: Selbstevaluation von Gruppenarbeit (6., 8., 10., 11. Klasse Englisch) ... 217
8.1. Befragung einer 6. Klasse ... 220
8.2. Befragung einer 8. Klasse ... 224

8.3. Befragung einer 10. Klasse 230

8.4. Befragung einer 11. Klasse 234

8.5. Vergleich der Befragungen 241

8.5.1. Entwicklung im Befragungsdesign 241

8.5.2. Herausforderungscharakter der Befragungsmethoden für den Ertrag 242

8.5.3. Zusammenfassung Kap. 8: Ertrag der Gruppenarbeit nach Vergleichsmaßstab hessische überfachliche Kompetenzbereiche ... 243

8.5.4. Vergleichsmaßstab GER 247

8.5.5. Ertrag der beiden Vergleichsmaßstäbe 249

9. Studie 3: Selbst- und Partnerevaluation von Stationenlernen (8. Klasse Französisch) 250

9.1. Befragung in der Klassenarbeit 250

9.2. Abschlussbefragung 255

9.3. Zusammenfassung Kap. 9 257

10. Studie 4: Partnerevaluation von Präsentationen (13. Klasse Englisch) 258

10.1. Partnerevaluation in der Klausur 259

10.2. Partnerevaluation von vorausgegangenen Präsentationen 270

10.3. Auswertung, Interpretation und Zusammenfassung 274

11. Studie 5: Befragungen zur gemeinsamen Erstellung von Beurteilungskriterien und zum Wert von Partnerbeurteilung .(8, 9., 10. Klasse) 276

11.1. Befragung einer 8. Klasse Englisch 279

11.2. Befragung einer 9. Klasse Englisch 280

11.3. Befragung einer 10. Klasse Französisch 281

11.4. Aufbereitung der Daten 283

11.5. Zusammenfassung und Analyse 285

11.5.1. Vereinfachte Darstellung in Mindmaps 285

11.5.2. Intensive Analyse einiger Einzel- und Extremfälle 287

11.5.3. Funktionalität der Erhebungsmethoden 289

12. Studie 6: Partner- und Lehrerbewertung von Texten in Schreibkonferenzen und Metaevaluation (10. Klasse Englisch) 290

12.1. Schreibkonferenzen 291

12.2. Metaevaluation 294

12.3. Zusammenfassung: Funktionalität der Erhebungsmethoden 298

13. Studie 7: Selbst-, Partner- und Lehrerbeurteilung und Evaluation in der Klassenarbeit zu Gruppenprojekt mit Präsentation (10. Klasse Englisch) 298

13.1. Selbst-, Partner- und Lehrerbewertung 299

13.1.1. Erste Gruppenpräsentation: „Ohio" 300

13.1.2. Zweite Gruppenpräsentation: „Chicago" 302

13.1.3. Aus- und Bewertung 304

13.2. Befragung in der Klassenarbeit 305

13.3. Zusammenfassung Kap. 13 312

Vierter Teil: Schlussbemerkung: *Conclusion as Introduction/Pour ne pas conclure* 313

Abbildungsverzeichnis:

Abb. 1 zu Kap. 1.2.7.: Exemplarisch ausgewählte Lehr-, Rahmen- und Bildungspläne 74

Abb. 2 zu Kap. 3.1.1.: Ablaufmodell zur qualitativen Inhaltsanalyse 112

Abb. 3 zu Kap. 4.2.2.: Ablaufmodelle von Aktionsforschungsprozessen 130

Abb. 4 zu Kap. 5.2.: Erhebungs- und Aufbereitungsmittel in den empirischen Studien 149

Abb. 5 zu Kap. 5.3.: Forschungsfragen der empirischen Studien 150

Abb. 6 zu Kap. 7.1.: Nachteile traditionellen Unterrichts 162

Abb. 7 zu Kap. 7.1.: Wünsche an Unterricht 164

Abb. 8 zu Kap. 7.2.: Kriterien für Arbeitsprozessberichte 165

Abb. 9 zu Kap. 7.2.: Umfang der Daten 165

Abb. 10 zu Kap. 7.2.1.: Arbeitsprozessbericht vom 3. 2. 98 von Schüler A 166

Abb. 11 - 16 zu Kap. 7.2.1. : Arbeitsprozessbericht Schüler A, axiale Codierphase 168

Abb. 17 zu Kap. 7.2.1.: Typisierung Schüler A 173

Abb. 18 zu Kap. 7.2.2. Arbeitsprozessbericht vom 3. 2. 98 von Schülerin B 174

Abb. 19 - 25 zu Kap. 7.2.2.: Arbeitsprozessbericht Schülerin B, axiale Codierphase 183

Abb. 26 zu Kap. 7.2.2.: Typisierung Schülerin B 190

Abb. 27 zu Kap. 7.2.3.: Arbeitsprozessbericht vom 3. 2. 98 von Schüler C 191

Abb. 28 - 33 zu Kap. 7.2.3.: Arbeitsprozessbericht Schüler C, axiale Codierphase 194

Abb. 34 zu Kap. 7.2.3.: Typisierung Schüler C 200

Abb. 35 zu Kap. 7.2.4.: Vergleich der formalen Kriteriumsvalidität der deduktiven Kriterien 202

Abb. 36 zu Kap. 7.2.4.: Vergleich der formalen Kriteriumsvalidität der induktiven Kriterien 203

Abb. 37 zu Kap. 7.3.: Datentriangulation von Anfangs- und Abschlussbefragung 206

Abb. 38 zu Kap. 8.1.: Tabelle zur Befragung der Klasse 6b zu überfachlichen Kompetenzen 222

Abb. 39 zu Kap. 8.2.: Tabelle zur Befragung der Klasse 8b zu überfachlichen Kompetenzen 227

Abb. 40 - 43 zu Kap. 8.3 Datenaufbereitung Klasse 10e zu Methoden bei *after-reading activities* 231

Abb. 44 zu Kap. 8.4.: Daten von Klasse 11 zur Gruppenarbeit 235

Abb. 45 zu Kap. 8.4.: Tabelle zur Befragung der Klasse 11 zu überfachlichen Kompetenzen 236

Abb. 46 zu Kap. 8.5.3.: personale Kompetenzen in den vier Befragungen 244

Abb. 47 zu Kap. 8.5.3.: soziale Kompetenzen in den vier Befragungen 245

Abb. 48 zu Kap. 8.5.3.: Lern- und Arbeitskompetenz und Sprech- und Textkompetenz in den vier Befragungen 246

Abb. 49 zu Kap. 9.1.: Tabelle zur Befragung der Klassen 8b/c zu überfachlichen Kompetenzen 253

Abb. 50 zu Kap. 10.2.: Lehrer- und Partnerevaluation der Präsentation von Schüler A 271

Abb. 51 zu Kap. 10.2.: Lehrer- und Partnerevaluation der Präsentation von Schüler N 272

Abb. 52 zu Kap. 10.2.: Lehrer- und Partnerevaluation der Präsentation von Schüler B 273

Abb. 53-56 zu Kap. 11.4: überfachliche Kompetenzen in drei Befragungen 283

Abb. 57 zu Kap. 12.1.: Kriterien für Zeitungsartikel von Klasse 10d 290

Abb. 58 zu Kap. 12.1.: Veränderungen zwischen Partner- und Lehrerevaluation 292

Abb. 59 zu Kap. 12.2.: Datenaufbereitung der Metabefragung der Klasse 10d über methodische Kompetenzen 297

Abb. 60 zu Kap. 13.1.1.: Arbeitsprozessberichte der Gruppe „Ohio" 300

Abb. 61 zu Kap. 13.1.1.: Selbstevaluation eines Mitglieds der Gruppe „Ohio" 301

Abb. 62 zu Kap. 13.1.1.: Partnerevaluationen zu „Ohio" 301

Abb. 63 zu Kap. 13.1.2.: Arbeitsprozessberichte der Gruppe
„Chicago"... 302

Abb. 64 zu Kap. 13.1.2.: Selbstevaluationen der Gruppe „Chicago"....... 303

Abb. 65 zu Kap. 13.1.2.: Partnerevaluationen zu „Chicago" 303

Abb. 66 zu Kap. 13.2.: Schwierigkeiten und Lösungsmöglichkeiten
bei Präsentationen in Klassenarbeiten von Klasse 10d 309

Abb. 67 zu Kap. 13.2.: methodische, personale, soziale Ziele für folgende Präsentationen in Klassenarbeiten von Klasse 10d............... 311

Abb. 68 zu Schluss: inhaltliche Ergebnisse aus den Selbst- und
Partnerevaluationen.. 317

Abb. 69 zu Schluss: „Selbst- und Partnerevaluation +++" 330

Literaturverzeichnis   331

Webliographie   386

Einleitung

„Lernen ist zugleich Ziel und Weg." (Bildungskommission NRW 1995: 88)
Das Motto dieser Arbeit wirft viele Fragen auf: Was ist Lernen heute? Wie kann dieses Lernen Ziel und Weg sein? Ein Blick auf die Entwicklungen in der Bildungspolitik beschreibt zunächst Ziele.

Qualitätsbestrebungen in der Bildungspolitik

Das übergeordnete Ziel ist vorgegeben: Qualitätssicherung und -steigerung in der Bildung seit den ersten internationalen Vergleichsstudien zur Jahrhundertwende. Sie wird verbindlich durch die 2003 von der Kultusministerkonferenz (KMK) verabschiedeten Bildungsstandards. Diese Vorgaben werden operationalisiert durch die output- und kompetenzorientierten Testaufgaben des 2004 gegründeten Instituts für Qualitätssicherung (IQB) und andere Aufgaben für zentrale Tests. Sie werden interpretiert in unterschiedlichen Rahmenvorgaben der Bundesländer, um von den Schulen in schuleigenen Curricula konkretisiert und implementiert zu werden. Zusätzliche Unterstützung beim Erlernen der Fremdsprache liefern der 2001 vom Europarat verabschiedete Gemeinsame Europäische Referenzrahmen für Sprachen (GER) mit seinen Deskriptoren vieler sprachlicher Kompetenzen auf sechs Niveaustufen und das seit 1998 entwickelte Europäische Sprachenportfolio (EPS) zur differenzierten Dokumentation der Fremdsprachenfähigkeiten.

Aspekt der Messbarkeit

Die entwickelten Kompetenzmodelle sind geprägt vom Gedanken an Messbarkeit. Sie beschreiben erwartete Anforderungen und liefern wissenschaftlich begründete Vorstellungen über die Abstufungen einer Kompetenz. (Klieme 2003: 74) Bestimmte Aspekte von Bildungsstandards müssen messbar sein: Das sind überwiegend Operationalisierungen von isolierten sprachlichen Teilkompetenzen. Dabei werden die in den Bildungsstandards ebenfalls erwähnten methodischen und interkulturellen Kompetenzen vernachlässigt. (Zydatiß 2005: 27f.) Außerdem ist der grundlegende Bildungsbegriff der humanistischen Pädagogik, dass das Individuum durch Bildung seine Persönlichkeit in seiner Ganzheitlichkeit entfalten kann, verengt (Rohlfs 2008: 12); er spielt nur eine geringe Rolle in den Bildungsstandards für die einzelnen Fächer. Die Klieme Expertise in ihrer Einleitung und andere Präambeln zu von den Bundesländern interpretierten Bildungsstandards bezeichnen zwar „andere, überfachliche, weiche, allgemeine" Bildungsziele als ebenso wichtig für das schulische Lernen, sie betonen, dass der Erziehungs- und Bildungsauftrag der Schule über die Vermittlung fachlichen Wissens und Könnens hinausgehen müsse. Diese Ziele werden jedoch in den Operationalisierungen kaum beachtet, möglicherweise weil sie durch bestimmte Rahmenbedingungen und Maßnahmen nur schwer direkt und explizit erzeugt bzw. zumindest gefördert werden können (Klieme 2002) und weil sie nicht (ausreichend) messbar sind:

> „Es gibt bisher keinen Konsens über die angemessene Operationalisierung und die alte Hoffnung curriculumtheoretischer Debatten ist zerstört, als ließen sich aus allgemeinen Bildungszielen in eindeutiger Weise konkrete, am Verhalten ohne Widerspruch messbare Lernziele ableiten." (Klieme 2003: 64)

Schon Weinert (20022: 358) beklagt den Mangel an komplexen Methodenarrangements für unterschiedliche Bildungsziele und wünscht deren systematische Förderung als Anregung zur vergleichenden Leistungsmessung. Dazu werden folgende Fragen diskutiert (nach Reichenbach 2008: 42f.):

Können Bildungsdimensionen beschrieben und gemessen werden?
Welche Operationalisierungen von für Bildung relevanten Dimensionen fehlen?
Wie ist das Verhältnis von messbaren zu nicht-messbaren Komponenten von Bildung?

In seiner Zusammenfassung spricht Reichenbach das zentrale Thema der vorliegenden Arbeit an, ihre Methodik, ihre Schwierigkeiten, schließlich ihre Ergebnisse:

> „Das Nicht-Gemessene – sei es ungemessen, weil es nicht messbar ist oder einfach nicht gemessen wird – und das Nicht-Beschriebene haben es schwer, im politischen und fachlichen Diskurs überhaupt als gewichtig oder auch nur irgendwie bedeutsam zu erscheinen ... Eine Welt außerhalb der Fragebogendaten ... [stellt] ein Universum dar, in welche[m] ganz unterschiedliche Aspekte der Bildung in Erscheinung treten können, während die Welt der Daten im Vergleich dazu eher Bereichs- als Universumscharakter aufweist und ohne Außenperspektive überhaupt bedeutungslos ist." (S. 42-43)

Rohlfs (2008: 12-13) kritisiert bei dieser mangelnden Außenperspektive, dass die wesentliche überfachliche Kompetenz der Persönlichkeitsentwicklung nicht aus sich selbst heraus existieren dürfe. Es bestehe sogar das bildungspolitische Bedürfnis, auch sie zu messen, zu benoten, zu vergleichen. Hingegen streben Lehrkräfte in ihrem Unterricht und darüber hinaus fachliche und überfachliche Bildungsziele an, ohne bei jedem Ziel nach der Messbarkeit zu fragen; dazu gehört zentral die Persönlichkeitsentwicklung. Allwright formuliert überspitzt: "This pressure for standardisation de-professionalises teachers." (2009: 8) Kann also Bildung den ursprünglichen Zielen von Bildung nicht mehr gerecht werden?

Erweiterter Lernbegriff als Weg

Der GER schreibt in seinem Kapitel 1.1., Kommunikation nehme den Menschen als Ganzes in Anspruch. Verschiedenste soziale, personale und interkulturelle Kompetenzen seien darin inbegriffen. Die vorliegende Arbeit will der Perspektive, die durch Einbeziehen überfachlicher Kompetenzen hinzukommt, mehr Gewicht verleihen. In diesem Sinne geht sie von einem Lernbegriff aus, der die Jugendlichen als Subjekte ihrer Bildung betrachtet. Sie erweitern ihre individuellen fachlichen Kompetenzen ebenso wie die Fähigkeit, in persönlicher Verantwortung und sozialer Mitverantwortung zu handeln. Lernstrategien und -methoden von selbstständigem und selbstbestimmtem Lernen unterstützen sie dabei. Sie bereiten sich damit auf lebenslanges Lernen und auf verantwortliche Mitbestimmung als sozial kompetente Mitglieder der Gesellschaft vor.1 Dieses Lernen ist langfristig; es bezeichnet einen Prozess (nicht das Produkt, welches in den o. g. internationalen, nationalen und regionalen Tests abgeprüft wird); es ist der Weg zum Ziel.

In Zeiten zunehmender Standardisierung setzt ein solcher Lernprozess gleichzeitig auf Individualisierung und Differenzierung der Fähigkeiten einzelner Lerner, sie orientieren sich an eigenen Stärken, kooperativem Lernen und zunehmender Autonomisierung. Dadurch bilden sie fachliche und überfachliche Kompetenzen aus, die sie auf dem Weg zum lebenslangen Lernen begleiten.

Lernphase: Reflexion

Solche Lernprozesse finden in allen Phasen des Lernens statt: in der partizipatorischen Festlegung der spezifischen Lernziele, in der Auswahl von Methoden und Lernbedingungen, im Selbstmanagement der eigenen Lerntätigkeit, in der Reflexion. Das Institut für Qualitätssicherung im Hessischen Kultusministerium beklagt in seinem Bericht über Schulinspektionen: „Die Dimension ´Aktivierung von Schülerinnen und Schülern´ weist eine für alle Schultypen charakteristische Schwachstelle auf ... Die Reflexion von Lernzielen, -ergebnissen und -prozessen ist an allen Schultypen der am kritischsten bewertete Aspekt. Eine angemessene Reflexion von Lernergebnissen wird ... selten wahrgenommen." (2008: 69, 51) Die Förderung selbst- und eigenverantwortlichen und kooperativen Lernens sowie die Reflexion der Lernziele, -prozesse und -ergebnisse seien weniger gut ausgeprägt. Diese Förderung von Lernen und die Reflexion von Lernergebnissen (und von Lernprozessen) sind Thema der Arbeit.

---

1 Dieser Lernbegriff erscheint mit unterschiedlichen Akzentuierungen in fast allen neueren Lehr- oder Rahmenplänen, z. B. im Lehrplan Sachsen für das Gymnasium, Fach Englisch von 2004, S. VIIIf.

Zahlreiche Untersuchungen von Lernen auf Makro-, Meso- und Mikroebene thematisieren die sprachlichen Ergebnisse (und Prozesse): Sie sind auf allen Ebenen messbar und können von der Lehrkraft wie auch von den Lernenden reflektiert werden (häufig in Checklisten oder Skalen, die angelehnt sind an einzelne Deskriptoren des GER oder an das EPS2; sie sind in jedem modernen Sprachenlehrbuch als check your progress bzw. auto-contrôle o. ä. zu finden). Kieweg (2010) und Kraus (2009) schreiben über Konzepte des Diagnostizierens und Förderns von sprachlichen Kompetenzen und entwickeln Kompetenznnetze zur Evaluation von Lehrkräften und Lernenden; Coerlin (2010) beschreibt Online-Diagnoseinstrumente der Schulbuchverlage, die von der Ermittlung des individuellen Förderbedarfs bis zu konkreten Fördermaterialien reicht. Bei den Verlagen selbst boomt der Markt an Materialien zum Thema „Diagnostizieren und Fördern" der sprachlichen Kompetenzen. In dieser Arbeit jedoch geht es um eine andere, von der Forschung vernachlässigte Reflexion: das Nachdenken über Prozesse im Bereich der personalen, sozialen und methodischen Kompetenzen. Letzteren widmet Kleppin (2008) einen Abschnitt mit den Begründungen, der Einsatz von Strategien solle nicht vernachlässigt werden und methodische Kompetenzen seien auch Inhalt der Bildungsstandards. (S. 211)

Gegenstand der vorliegenden Reflexion sind diverse schülerorientierte Unterrichtseinheiten in Kombination mit lehrerzentrierten Phasen (Balanced Teaching, vgl. Thaler 2008, 2010). Sie eignen sich gut, weil dabei Lernende gezielter ihre individuellen Fähigkeiten und Fertigkeiten fördern können, indem sie durch unterschiedliche Lernkanäle („mit Kopf, Herz und Hand") und Materialien und in unterschiedlichen Sozialformen ihr „ideales" Lernen entdecken, erforschen und weiterentwickeln können auf dem Weg zu ihrem lebenslangen Lernen.

Selbst- und Partnerevaluation in einem erweiterten Begriff von Evaluation

Diese Arbeit untersucht einen gemeinsamen Bestandteil dieser reflexiven Lernphasen von schülerorientierten Unterrichtseinheiten: Selbst- bzw. Partnerevaluation. Damit wird den Lernenden Teilnahme an ihrem Lernprozess, hier der Phase der Reflexion, zugestanden. Hallet und Müller beklagen, dass bisweilen „die Schülerinnen und Schüler als Subjekte aller Bildung und allen Lernens am allerwenigsten und zuallerletzt am Diskurs über ihre eigene Bildung und deren Ziele partizipieren." (2006: 7) Durch diese Partizipation entsteht ein backwash - Effekt: Wenn es in Selbst- und Partnerevaluation wichtig ist, wie Lernende optimal lernen, wie sie mit ihren Mitlernenden gemeinsam lernen, mit

---

2 In den Einleitungen zu den Lehr- oder Rahmenplänen wird häufig auf das EPS verwiesen, welches auch zur Selbstevaluation der fremdsprachlichen Fertigkeiten dienen kann.

welchen Methoden sie lernen, werden sie diesen Kernbestandteilen von Lernprozessen in Zukunft mehr Beachtung schenken, sie werden bewusster lernen.

In bildungspolitischer Sicht bedeutet Evaluation von Unterricht zumeist eine Form externer oder interner Qualitätsmessung; dazu wird seit Jahren umfangreich geforscht und publiziert. In dieser Arbeit wird „Evaluation" offener definiert: In den Teilstudien handelt es sich um pädagogisch, personal, methodisch, sozial motivierte Reflexion, Einschätzung des eigenen Lernens oder dem von Mitlernenden, in wenigen um Beurteilung, Bewertung. Formen von Selbst- und Partnerevaluation weiten das Spektrum an Evaluationsinstrumenten in unterschiedlicher Weise aus; dadurch wird der Reflexions-, Einschätzungs-, bzw. Bewertungsprozess facettenreicher. Struyen (2008: 86) findet im Vergleich von traditionellen und alternativen Beurteilungsformen heraus, dass Lernende nicht eine bestimmte Form favorisieren, sondern eine sinnvolle Mischung von verschiedenen Arten von Beurteilung. In Anlehnung an Thalers Balanced Teaching könnte diese mit Balanced Evaluation bezeichnet werden.

Forschungsfragen

An diese verschiedenen Formen von Selbst- und Partnerevaluation stellt die Forscherin folgende vorläufige Fragen:

Inhalt: Wie beurteilen Lernende verschiedene Lernszenarien in Selbst- bzw. Partnerevaluation? Welche Aspekte müssen demnach weiterentwickelt, verändert werden? Wie beurteilen Lernende ihre Selbst- und Partnerevaluation?

Methode: Durch welche Befragungsmethoden können Lernende diese Lernszenarien gut darstellen? Durch welche Forschungsmethoden können exemplarische Ergebnisse dieser Darstellung übersichtlich aufbereitet werden? Welche Gütekriterien können sie erfüllen bzw. nicht erfüllen? Kann die Forscherin ausreichende Distanz zu ihrer eigenen Doppelrolle Forscherin - Lehrerin entwickeln?

Ergebnis: Wie hoch ist der Ertrag der vorliegenden Selbst- und Partnerevaluationen in den verschiedenen Altersstufen und Lernjahren? Inwieweit lässt sich darstellen und verallgemeinern, ob und wie Selbst- und Partnerevaluation als Formen methodischen Handelns zur Ausbildung von zentralen überfachlichen Kompetenzen bzw. gesellschaftlichen Schlüsselqualifikationen beitragen? Mit dieser zentralen Fragestellung unterscheidet sich diese Arbeit von bisherigen Forschungsarbeiten.

Einordnung in die Forschungslandschaft

An welchen Stellen lässt sich dieses Forschungsprojekt in die Forschungslandschaft einordnen? Dazu seien hier einige Literaturangaben gemacht; die ausführlichen Diskussionen des Forschungsstandes befinden sich in Kap. 1.2. zu Formen von Evaluation, in 2.2. und 2.3. zu schülerorientierten Lernarrangements und zur Methodik im zweiten Teil der Arbeit.

Einige Bundesländer wie Baden-Württemberg mit dem Programm EIS (Evaluation in Schulen) oder Sachsen und Thüringen mit SEIU (Schüler als Experten für Unterricht) regen auf ihren Landesbildungsservern zur schulinternen Evaluation an. Zunehmend dienen diese auch der allgemeinen Evaluation von Unterricht durch Lehrende. Befragungen Lernender werden selten als Selbst- bzw. Partnerevaluation deklariert. „Evaluation" wird hier sehr eng als „Bewertung" gefasst. Die Messung erfolgt meist in geschlossenen Fragen, die Auswertung online-basiert.

Über den weiter gefassten Evaluationsbegriff (Scheersoi und Kärmer 2007, Bastian und Combe 2005[2], Scianna 2004) gibt es viel Literatur. Befragungsinstrumente und -techniken werden theoretisch erklärt. (Winkelmann 2008, Altrichter und Posch 2007[4], Burkhard und Eikenbusch 2000) Es gibt Arbeiten zur allgemeinen Aktionsforschung über Schülereinstellungen (Schröder-Sura 2009, Wilkening 2008a, Cronjäger 2007, Küppers und Quetz 2006, Roeder 2006[3]), zur Selbstkonzeptforschung (Seebauer 1997), zur Bedeutsamkeit von in den Unterricht integriertem Lernstrategientraining (Chen 2007, Mandl und Krause 2002, Scharle und Szabó 2000). Es gibt theoretische Erörterungen zur Beforschung von Unterricht durch die Teilnehmer (Allwright 2009, Ditton und Arnold 2004, Deller 1995), zu metakognitivem Unterricht (Chan 2004) und konkrete Anregungen zur Schülerbeteiligung (Bastian 2009, Geist 2009), einige zu alternativen Beurteilungsmethoden (Helbig-Reuter 2010, Grotjahn 2009, Paradies 2005, Gipps und Stobart 2003, Weskamp 2001b), zum Training von Selbstevaluation in Klassenarbeiten (Wolff 2010, Wilkening 2008b, 2002c, Bohl 2006, Leopold 2004, Leupold 2002 und 1998, Macht 2001, Bleyl 2001), zum Training von Selbst- und Partnerbewertung (Wilkening 2007a, 2007b, 2006c, Al Fallay 2004) und zur Einführung von Selbstevaluation (Macht und Nutz 1999, Black und Dylan 1998, Brown 1998). Schließlich gibt es Aufsätze mit Fallstudien, in deren Prozess die Selbstevaluation von Unterricht integriert ist; diese stellen allerdings meist Selbstevaluationen von Sprachleistung (Butler und Lee 2006, Bosenius 2005), kaum aber von Unterrichtsprozessen (Aufsätze Wilkening; Tassinari 2008) vor.

Trotz der mehr oder weniger bewussten Selbstevaluation Lernender ist diese im deutschsprachigen Raum kaum Gegenstand von Forschungsarbeiten. Cartons Satz trifft demnach noch immer zu: «Malgré sa présence massive dans tout apprentissage, l'autoéaluation trouve en tant que telle peu de place dans la recherche en didactique.» (1993: 29) Die Existenz von Selbstevaluation wird lediglich erwähnt oder sie wird mit einem kurzen Kapitel am Ende eines Buches bedacht. Bastian (2009: 7) bemerkt, dass Forschungsarbeiten zur Schülerbeteiligung selten seien. Im englischsprachigen Raum wird Selbstevaluation überwiegend im Hochschulbereich diskutiert (Boud 1995: 13: "Self assessment is so obviously a goal of higher education."), seltener im Schulbereich und nur sehr selten für den Fremdsprachenunterricht (Kleppin 2006 und 2005, Ekbatani 2000).

Zu Partnerevaluationen ist im deutschsprachigen Raum kaum Literatur zu finden (Biermann 2008) außer einigen Beiträgen zu Schreibkonferenzen (Grieser-Kindel 2006, Hoppe 2001) und einem interessanten Ansatz zu Portfolios (Inglin 2005: 9), im internationalen häufiger (Hyland 2006, Min 2005, Snyder 2004, Porto 2001, Mackey u. a. 2000). Zunehmend werden Bewertungsbogen für einzelne Arbeitsphasen oder Textsorten entwickelt, die dann auch zur Selbstevaluation und -korrektur oder Partnerevaluation eingesetzt werden können (Deharde und Lück 2006) oder Bewertungsskalen oder -checklisten gemeinsam mit den Lernenden erarbeitet (Quiring 2009), die ebenso zu Selbst- bzw. Partnerevaluation eingesetzt werden können (Wilkening 2007a und 2007b, Fritsch 2005). Es wird beschrieben, wie unterschiedliche Befragungsformate unterschiedliche Antworten zur Folge haben (Mackey u.a. 2001). Leki u. a. (2008) stellt eine umfassende Liste von englischsprachiger Literatur zu Selbst- und Partnerevaluation bereit.

Kaum werden empirische Studien miteinander verglichen („Immer noch relativ neu ... ist, dass systematische und vergleichende Evaluationen des Unterrichts ... durchgeführt werden.": Schöning 2007: 87), vgl. dazu Kap. 1.2.6.3.-1.2.6.5.; kaum wird die Wirksamkeit der Forschungsmethodik auf den Inhalt bezogen.

Es gibt viele theoretische Erörterungen über (Altrichter und Posch 2007[4], Akbari 2007, Marzano 2007, Burns 2005, Nunan 2004[4], Kumaravadivelu 2001) und einige praktische Beispiele von Aktionsforschung, ebenfalls kaum aus dem Fremdsprachenunterricht.

Diese Arbeit liefert einen Beitrag zur praxisorientierten Aktionsforschung von Selbst- und Partnerevaluation des Fremdsprachenunterrichts an Gymnasien, in dem die Lernenden fachübergreifende Aspekte ihres Lernens untersuchen. Weg und Ziel dieser Arbeit sind unterschiedliche Evaluationen.

Verschiedene Arten von Evaluation

Die Forscherin metaevaluiert die Selbst- und Partnerevaluation von Lernenden, die selbst auch teilweise ihre Evaluationen metaevaluieren, und sie evaluiert aus der zeitlichen und wissenschaftlich forschenden Distanz die Evaluation der laienhaft aktionsforschenden Lehrkraft, von der sie sich mit diesem Forschungsvorhaben weiterentwickelt. Allwright (2009: 109) definiert eine solche Forschung folgendermaßen: "'First-person' research ('practitioner' research) is research by people investigating their own practices, as insiders, where the researchers are also the 'researched'." Klenowski beschreibt als Konsequenz das gegenseitige Verstehen der am unterrichtlichen Prozess Beteiligten:

> "The interchange in the self-evaluation process is a two-way process that promotes clarity and understanding for both student and teacher. The teacher gains more information from the student because an insight into his or her mind is possible. The student has to demonstrate understanding by making his or her thinking explicit. This is also true when students evaluate one another's work." (1995: 158)

Gegenseitiges Verstehen bedeutet geistige Macht der forschenden Subjekte: die Lernenden und die Lehrkraft:

> "When the learners and teachers are themselves the researchers, ... they will not only have direct access to the insights they gain by looking into their learning situations, they will also attain their rightful places as powerful, and empowered, people at the centre of the research process." (Allwright 2009: 137)

Diese Forschungsarbeit geht über Verstehen und dadurch Gewinnen an geistiger Macht hinaus: Die aktionsforschende Lehrerin muss eine zeitliche, inhaltliche und methodische Distanz zu ihrer eigenen Unterrichtspraxis vollziehen, um in den Forschungsprozess darüber einzutreten.

Sie ist sich auch der daraus erwachsenden Stärken bewusst, die hier durch zwei Gedanken aus der langen Geschichte der Aktionsforschung unterstützt seien: McLean (1995) zitiert als Motto seines Buches über Aktionsforschung Dewey: "The best source of improved knowledge about teaching is the teachers." Stenhouse sagt: "It is not enough that teachers' work should be studied: they need to study it themselves." (1975: 143)

Flexibilität des Forschungsdesigns

Zur Methodik von Evaluation bemerkt Wottawa (1998^2: 20f.), dass kein Evaluationsprojekt die endgültigen Folgen einer Maßnahme bewerten könne — er spricht von der unlösbaren Problematik des ultimate criterion. Daher sei es immer nötig, Zwischenziele festzulegen und die Optimierung an einem solchen letztlich willkürlich gesetzten Zwischenstadium auszurichten. Eine absolut sichere, „ideale" Aussage sei bei Evaluationsprojekten keine sinnvolle Zielsetzung, denn Evaluationsvorhaben rechtfertigten sich nicht aufgrund des Findens von absoluten Wahrheiten, sondern aufgrund ihres Beitrags zu einem Entscheidungsprozess bzw. der Auswahl von Verhaltensalternativen. Dies gilt für alle Arten von Evaluation in dieser Arbeit: für die Evaluation der Lernenden von ihrem Unterricht, für ihre Metaevaluation durch die Lernenden und für die Metaevaluation durch die Forscherin. Um darüber möglichst ergiebige Ergebnisse zur Fachforschung beizutragen, müssen Forschende verschiedene Methoden den Forschungsdesigns flexibel anpassen:

> "It seems that Action Research in practice is much 'messier' than most models suggest. The processes experienced by action researchers are best viewed as necessarily adaptive to the educational situations and circumstances of the participants and to the particular social, cultural and political exigencies that motivate and surround them." (Burns 2005: 59)

Daraus folgt für diese Arbeit: „Die besondere Zielrichtung von Evaluationsprojekten erfordert ... häufig eine spezifische Neukonstruktion der Messinstrumente." (Wottawa 1998²: 99) Diese Neukonstruktion darf jedoch nicht planlos eingesetzt werden, sondern erfordert in jeder Phase umso fundiertere Reflexionen durch die Forscherin, in denen sie ihre Untersuchungen selbst auch evaluiert und indem sie sie von außen gesetzten Standards gegenüberstellt.

Das Forschungsprojekt entsteht in der Idee, wie van Lier (1996:121) sie beschreibt: "This turns pedagogy into a project ... The essence of project ... is choice of being, and action towards future ends."3

Strukturierung der Arbeit

Der erste Teil ist konzeptionellen Rahmenbedingungen der späteren Untersuchungen gewidmet. Unter den wissenschaftlichen Theorien über Bildung werden einige der für das Verständnis des empirischen Teils relevanten philosophisch-erkenntnistheoretischen, anthropologisch-pädagogischen und lerntheoretischen Gedanken ausgeführt. Der Begriff „Evaluation" wird eingeengt: Von der allgemeinen Idee ausgehend, werden große Entwicklungen von Evaluation im Bildungswesen in den letzten Jahren erklärt, die schließlich Evaluation im Unterricht anstoßen; überfachliche Kompetenzen werden aus verschiedenen Bildungsplänen definiert. Eine Facette von Unterrichtsevaluation ist Selbst- und Partnerevaluation, deren Gemeinsamkeiten in vielen Eigenschaften und Zielsetzungen zunächst in den Mittelpunkt rücken vor unterscheidenden Elementen. Studien aus einer umfangreichen Forschungsliteratur, überwiegend aus dem englischsprachigen Raum, diskutieren förderliche und problematische Aspekte sowie die Verbindung von Selbst-, Partner- und Lehrerevaluation im Zuge von formativen Evaluationsbestrebungen. Schließlich werden diese

---

3 zitiert nach Sartre 1957: 537: «La liberté est liberté de choisir, mais non la liberté de ne pas choisir.»

Themen in den KMK-Bildungsstandards sowie exemplarisch ausgewählten Bildungs-, Lehr- oder Rahmenplänen von Bundesländern aufgesucht, bevor die wesentlichen Rahmenbedingungen der Untersuchungen erläutert werden: Welche Ziele verfolgt schülerorientierter Unterricht allgemein? Welche besonderen Ausprägungen dessen charakterisieren die aufgabenorientierten Lernarrangements „Stationenlernen" und „Projektarbeit" in dieser Arbeit, die fertigkeitsorientierten Lernarrangements „Präsentationen", „Arbeitsprozessberichte" und „Schreibkonferenzen", schließlich das sozialformorientierte Lernarrangement „Gruppenarbeit"? (zur Kategorisierung offener Lernarrangements vgl. Thaler 2008) Solche innovativen Unterrichtsformen, in unterschiedlichem Maße im Fremdsprachenunterricht des Gymnasiums praktiziert, müssen eine erweiterte Leistungsmessung erfahren. Welches grundlegende Verständnis der Rolle von Lernenden und von Lehrenden liegt den erwähnten Unterrichtsformen und dieser Leistungsmessung zugrunde? Veränderung mit Erweiterung gängiger Praktiken bedeutet für alle am Lernprozess Beteiligten Mut: Dieser sollte unterstützt werden durch Training und Reflexion in metakognitiven Unterrichtsphasen.

Der zweite Teil behandelt die Methodik dieser Arbeit. Nach der Diskussion von quantitativen und qualitativen Eigenschaften empirischer Sozialforschung entscheidet sich die Forscherin für einen überwiegend qualitativen Zugang zu den empirischen Daten, quantitative Elemente werden zugelassen in Form von deskriptiver Statistik. Es folgt eine Abwägung von Vor- und Nachteilen qualitativer Forschung, wie sie im empirischen Teil deutlich werden.

Das Forschungsdesign und die Forschungstechniken mit Erhebung, Aufbereitung und Auswertung beschreiben die methodischen Voraussetzungen dieser Arbeit. Analysierte Daten und benutzte Methoden werden trianguliert, um das Spektrum der Ergebnisse kaleidoskopartig zu erweitern; die Forscherin betreibt Aktionsforschung, während sie im Untersuchungsfeld tätig ist — Aktionsforschung ist das grundlegende Forschungsdesign dieser Arbeit. Ihre Forschung enthält Elemente von qualitativer Schulforschung, Unterrichts-, Lehr- und Lernforschung und von Konstruktivismus. Zur Erhebung der Daten benutzt die aktionsforschende Lehrkraft überwiegend teil- oder unstandardisierte, selbst entwickelte Fragebögen, um in häufig anonymen Befragungen die gesamte Lerngruppe zu befragen. Diese bereitet sie in Texten, Tabellen, Mindmaps, Diagrammen auf und wertet sie aus. Dabei orientiert sie sich an der qualitativen Inhaltsanalyse von Mayring bzw. an der gegenstandsbezogenen Theoriebildung von Glaser und Strauss. Sie diskutiert Forschungstechniken anhand der drei klassischen Gütekriterien empirischer Forschung Objektivität, Validität, Reliabilität und anhand neuerer Checklisten von Bohl (2006), Frueh und Mayring (2002), Steinke (2000), die allgemeiner Art sind, und Boud (1995), der sich auf Selbstevaluation bezieht. Hierbei treten bereits vor der Aufbereitung und Auswertung der empirischen Studien im dritten Teil Vorzüge und problematische Aspekte dieses Forschungsdesigns und seiner Techniken zutage, die später an Beispielen konkretisiert werden.

Der dritte Teil enthält sieben empirische Einzelstudien zu verschiedenen Kombinationen von Selbst-, Partner- und Lehrerevaluationen, die die Forscherin metaevaluiert. Studie 1 ist eine Selbstevaluation von Französischlernenden der 12. und 13. Klasse: Sie untersuchen in Arbeitsprozessberichten ihre Projektarbeit. In Studie 2 schätzen Englischlernende der 6., 8., 10. und 11. Klasse verschiedene überfachliche Kompetenzen, insbesondere die soziale Kompetenz „Gruppenarbeit" in ihrer jeweiligen schülerorientierten Unterrichtseinheit ein. In Studie 3 evaluieren Französischlernende der 8. Klasse ihr Stationenlernen und das ihrer Mitlernenden. In Studie 4 beurteilen Englischlernende der 13. Klasse Präsentationen ihrer Mitlernenden. Studie 5 sind Metaevaluationen zur gemeinsamen Erstellung von Kriterien und zur Partnerevaluation in einer 8. und 9. Klasse Englisch und einer 10. Klasse Französisch. Studie 6 metaevaluiert Schreibkonferenzen in einer 10. Klasse Englisch und vergleicht Partner- und Lehrerevaluation, Studie 7 vergleicht Selbst-, Partner- und Lehrerevaluation von Präsentationen in einer 10. Klasse Englisch.

Diese Einzelstudien werden in ihrem Unterrichtskontext beschrieben, um die Gruppe der jeweiligen Probanden und die Umstände der Datenerhebung näher zu erklären. Hauptinhalte sind die Datenaufbereitung und -auswertung. Um die Einzeluntersuchungen und die konzeptionellen und methodischen Entscheidungen vollständig zu verstehen, ist es unerlässlich, die forschende Person in ihrer Motivation kennenzulernen.

Biografie: Lehrkraft und Aktionsforscherin

Wie wird die seit 1980 am Gymnasium die Fächer Englisch und Französisch unterrichtende Lehrerin zur laienhaften Beforscherin ihrer Unterrichtspraxis, wie vollzieht sich der weitere Schritt zur an qualitativen Methoden orientierten Forschung in dieser Arbeit? Die Lehrkraft entwickelt ihr Interesse an der Didaktik und Methodik der modernen Fremdsprachen ständig weiter, indem sie unterrichtspraktische Vorschläge aus der Fachliteratur und von Fortbildungsveranstaltungen in ihrer eigenen Schulpraxis umsetzt. Seit 1996 betreibt sie alltagsorientierte, laienhafte Aktionsforschung ohne methodische Vorkenntnisse, indem sie Aspekte der schülerorientierten Lernarrangements von den Lernenden evaluieren lässt, wobei diese gleichzeitig Aspekte ihrer eigenen Lernprozesse selbst evaluieren — häufig durch anonyme Befragungen, um maximale Offenheit zu fördern. In dieser laienhaften Forschung greift sie Fragestellungen aus der eigenen Praxis heraus mit dem Ziel, wahrgenommene Verhaltensweisen, ggf. problematische Situationen, besser mit den Lernenden zu verstehen und gemeinsam mit ihnen zu diskutieren, zu verändern, weiter zu experimentieren im Rahmen ihrer professionellen Entwicklung. (vgl. Zyklus der Aktionsforschung von Elliot 1991) Dadurch entwickelt sie gemeinsam mit den Lernenden Unterricht ständig weiter.

Bis zum Beginn dieser Forschungsarbeit im Jahre 2008 liegen ihr ca. 75 Klassensätze aus dem Englisch- und Französischunterricht in den Klassen 5-13 mit Evaluationen vor, die sie im Anschluss an die Befragungen jeweils laienhaft auswertet und mit den Lernenden kommunikativ validiert. 1996 wird sie nach ihrer Rückmeldung von der unterrichtlichen Umsetzung einer Fortbildungsveranstaltung erstmals gebeten, diese für das Fachpublikum zu verschriftlichen. Seitdem veröffentlicht sie Fachaufsätze in diversen Fachzeitschriften für Fremdsprachenlehrernde und hält Fachvorträge an nationalen und regionalen Kongressen und Konferenzen, durch die sie ihre Aktionsforschung mit dem Fachpublikum evaluiert, diskutiert und weiter entwickelt.

Seit 2003 verlagert sich ihr Schwerpunkt auf Evaluation. Sie arbeitet gezielter an der Konstruktion von Befragungen und führt kurze Sequenzen von Evaluationen in Klassenarbeiten und Klausuren ein. Damit erweitert sie deren Inhalte auf Lernprozesse. Sie beschäftigt sich verstärkt mit verschiedenen Formen von Selbst- und Partnerevaluation dieser Lernprozesse. 2008 entscheidet sie sich, ausgewählte Studien ihrer bis dahin laienhaften Forschung, die sich an empirischen Methoden orientiert, aus dem Blickwinkel einer Forschenden kritisch zu betrachten. Die Zielsetzung für die empirische Untersuchung von ausgewählten, zumeist schon vorliegenden Daten verändert sich: Die Forscherin legt nun den Schwerpunkt auf den Wert von Selbst- und Partnerevaluationen in den Befragungen, die ihrer Erfahrung nach zur Förderung verschiedener Schlüsselqualifikationen im lebenslangen Lernprozess beitragen können und will damit ein in der zumindest deutschen Fachliteratur zur Qualitätssteigerung im Bildungswesen noch sehr vernachlässigtes Thema zu behandeln.

Die anfänglich laienhafte Aktionsforschung, dann die retrospektive Benutzung von Daten für deren Beforschung wird von Strauss legitimiert: Er schreibt, die Rückkehr zu alten, bereits erhobenen und analysierten Daten sei in jeder Projektphase möglich. (1996: 46) Solche Daten haben allerdings den Nachteil, dass Kontexte, kommunikative Validierungsphasen und Konsequenzen nicht mehr ergänzt werden können, wenn sie nicht zur Zeit der Durchführung festgehalten worden sind.

Durch die Doppelrolle von Lehrerin und Forscherin treten andere Nachteile wie eine große Distanz zu den Beforschten und dem Forschungsprozess gar nicht auf. Die mögliche Subjektivität der forschenden Lehrerin erfordert eine strikte Trennung der Rollen im Untersuchungsprozess, eine strenge methodische Kontrolle und ständige Selbstreflexion. Wie ihre Lernenden reflektiert auch sie ihre Arbeit gemeinsam mit Partnerinnen und Partnern im methodologischen Lernprozess innerhalb der Arbeitsgruppe AQUA der Qualitativen Methodenwerkstatt an der Freien Universität Berlin. Die Methodik bedeutet für die Aktionsforscherin die größte Herausforderung, da weder ihr Studium noch ihre Ausbildung noch ihre schulische Tätigkeit noch die aktive und passive Fortbildung es bisher erfordert haben, sich damit auseinanderzusetzen. Mandl und Hense bemerken dazu:

> „Schulungen im Sinne der Vorbereitung auf die Metaaufgabe Selbstevaluation und Fremdevaluation sind noch rar, und in der universitären Lehrerausbildung ist das Thema Evaluation noch wenig präsent. So ist die Qualität der Selbstevaluation einstweilen noch stark vom Goodwill der Betroffenen abhängig, sich autodidaktisch in das Instrumentarium der Evaluation einzuarbeiten." (2007: 161)

Weinert (2002^2:365) tröstet, dass Lehrer nicht auch noch psychometrisch ausgebildete Forscher zu werden bräuchten.

Das reiche Erfahrungs-, Fach- und Kontextwissen der aktionsforschenden Lehrerin hilft der Forscherin, aus der qualitativen Forschungsarbeit eine konzeptuell dichte und sorgfältig aufgebaute Theorie zu formulieren: ihre eigene Theorie. Ihre Interpretation des Datenmaterials wird nicht die einzig mögliche bleiben:

> "Life is continuous and dynamic. Our understandings are therefore always going to be provisional, at best, and valid only briefly, if at all. Our work for understanding, therefore, needs to be a continuous enterprise." (Allwright 2009: 154)

Aber ihre Interpretation soll durch ihre kritischen Reflexionen nachvollziehbar sein. Altrichter (2004: 459) sagt, kompetente praktische Handlung müsse immer beides tun, zur Praxis stehen und die Praxis kritisch reflektieren. Diese Forschung ist ein Mosaikstein zu einem Teilgebiet einer „Theorie der Praxis" (Hallet 2010: 362) durch „Qualitätssicherung von unten" (S. 359), ein Mosaikstein über den Dialog über Lernen. Stefani (1998: 344) schließt: "We were and are all learners ... role models for the concept for lifelong learning." Der Weg ist das Ziel.

Erster Teil: Konzepte

„Über Pädagogik reden heißt, über alles zugleich reden." (Jean Paul)

„Aufgrund der großen Offenheit und Reichweite der Thematik sind nahezu alle Publikationen der Fremdsprachendidaktiken und ihrer Bezugswissenschaften von Relevanz. Dies erfordert eine Konzentration auf das Wesentliche, eine begründete Selektivität und eine exemplarische Darstellung." (Thaler 2008: 23)

Apel (2005: 20f.) nennt für Schulpädagogik als Integrationswissenschaft sehr unterschiedliche Perspektiven: die anthropologische, weltanschauliche, lern- und entwicklungspsychologische, soziologische und sozialpsychologische, biologische und neurophysiologische, ästhetische und philosophische, politische und juristische, organisationssoziologische und institutionspsychologische mit jeweils anderen Wissenschaftsdisziplinen. Diese kann man auch noch historisch, systematisch oder vergleichend betrachten. Daraus ergibt sich eine erhebliche Diversifikation der Forschungsfragen und -methoden, der Theorieansätze und der Zielsetzungen.

1. Theorien und Forschung
1.1. Wissenschaftliche Bildungstheorien
1.1.1. Philosophisch-erkenntnistheoretische Theorien

Zentrale Denkweisen, Inhalte, Methoden dieser Arbeit sind in den modernen Geisteswissenschaften begründet. Nach Aristoteles´ Denkweise über die menschliche Entwicklung haben Menschen eine aktive Tendenz zu geistigem Wachstum, zur Synthese, Organisation und Einheit von Wissen und Persönlichkeit. Diese Integration bildet das in sich geschlossene Selbst, die persönliche Integrität. Die Selbstbestimmungstheorie von Deci und Ryan setzt hier an: "To the degree that individuals have attained a sense of self, they can act in accord with, or be true to, that self." (2002:3) Dieses Wachstum des Selbst muss gefördert und ausgebildet werden. Weitere Anfänge sind u. a. bei den Humanisten des 16. Jahrhunderts zu verzeichnen: Erasmus von Rotterdam untersucht den Menschen aus subjektzentrierter Perspektive. In der Aufklärung sieht Kant Grenzen menschlicher Erkenntnisfähigkeit:

„Es ist also für jeden einzelnen Menschen schwer, sich aus der ihm beinahe zur Natur gewordenen Unmündigkeit [= das Unvermögen, sich seines Verstandes ohne Leitung eines anderen zu bedienen, S. 53.] herauszuarbeiten. Er hat sie sogar lieb gewonnen, und ist vor der Hand wirklich unfähig, sich seines eigenen Verstandes zu bedienen, weil man ihn niemals den Versuch davon machen ließ." (Kant 1784/2006: 54)

Der philosophische Pragmatismus, der Ende des 19. Jahrhunderts von Mead, Dewey, Peirce und James entwickelt wird, bezieht die praktischen Konsequenzen unseres Tuns in den Erkenntnisprozess ein (Kap. 1.1.2.), intellektualisierendes Denken ist zweitrangig. Unsere Vorstellungen entsprechen nicht objektiver Wahrheit, sondern regeln nur unser Handeln; sie beweisen ihren praktischen Wert an dessen Resultat, dem Nutzen für den Alltag. (vgl. Ergebnisse der empirischen Studien)

Hermeneutische Verstehensmodelle untersuchen die Eigengesetzlichkeit des menschlichen Geistes und den Sinngehalt von Sprache in Bezug auf das Vorverständnis des Interpreten. Verstehen ist ein nie abgeschlossener Prozess. Dilthey (1833-1911) als Repräsentant der Hermeneutik distanziert sich von normativen Wissenschaften wie Theologie und Ethik und die Naturwissenschaften, indem sein Grundmuster nicht das Erklären, sondern das Verstehen von Sinn und die Bedeutung menschlichen Handelns in Einzelsituationen, situiert in einen Gesamtzusammenhang, ist: „Die Natur erklären wir, das Seelenleben verstehen wir ... Denn in der inneren Erfahrung sind auch die Vorgänge des Erwirkens, die Verbindungen der Funktionen als einzelner Glieder des Seelenlebens zu einem Ganzen gegeben." (Dilthey 1957/1990[8]: 144). Der Erfahrungs- und Erlebnishintergrund des Interpreten, hier der aktionsforschenden Lehrkraft, sind bedeutsam für das Verstehen; er wird erst durch die Erfahrung eigener erzieherischer Tätigkeit erworben. Damit entsteht die wissenschaftliche Forschung aus der Praxis und wirkt auch wieder auf sie zurück. Insofern betont die Geisteswissenschaft eher den Primat der Praxis vor der Theorie.

Gudjons (2006[9]: 60) benennt als Hauptkritik am Verstehen als Methode ähnliche Punkte, die später auch als Kritik an qualitativen Methoden und Aktionsforschung aufgeführt werden und zentral für den Hintergrund dieser Arbeit sind: Verstehen sei subjektiv und intuitiv, unterschiedlich auslegbar, empirisch nicht nachprüfbar. Anders als andere offenere und flexiblere Methoden sei Hermeneutik jedoch abhängig von vorgegebenen Strukturen, sie könne daher nicht produktiv werden.

Die geisteswissenschaftliche Pädagogik hat von der Zeit nach dem 1. Weltkrieg bis in die 60er Jahre nachhaltigen Einfluss auf die Erziehungswissenschaft. In den 60er und 70er Jahren wird sie abgelöst durch die Orientierung an empirischen Methoden der Deskription und Analyse von Sachverhalten. Erziehungswissenschaft wird somit ein Teil von Sozialwissenschaft und orientiert sich an Arbeiten aus anderen Teildisziplinen, um einen wissenschaftlichen Standpunkt zu gewinnen. Demnach ist der Wissenschaftscharakter von Schulpädagogik durch bestimmte theoretische, methodische und praktische Gütekriterien gekennzeichnet (Kap. 6), denn sie ist eine praktische Wissenschaft, eine Handlungswissenschaft, die Bedingungen, Möglichkeiten und Grenzen pädagogischen Handelns aufhellen möchte. (Apel 2005: 22)

Wie ist „Wissenschaft" zu definieren? Ist sie zu betrachten als streng empirische Natur- und Sozialwissenschaft oder ist Wissenschaft mehrdeutig und bezieht sich auf die hermeneutische Auslegung und Interpretation von Texten? Diese Ambiguität wird in der Auseinandersetzung zwischen kritischen Rationalisten und kritischen Theoretikern deutlich.

Kritische Rationalisten wie Popper kritisieren, dass die traditionelle Geisteswissenschaft nur auf Interpretation und persönliche Wertung des Wissenschaftlers beruhe, Wissenschaft aber wertfrei und intersubjektiv überprüfbar sein müsse. Roth deklariert 1962 die realistische Wende in der Erziehungswissenschaft und hilft empirischen Methoden zum Durchbruch. Vorher aufgestellte Hypothesen müssten empirisch überprüft werden. Die ständige Aufforderung zur Prüfung sei ein Kennzeichen von Wissenschaftlichkeit. Sie erfolge durch Erhebung von Merkmalsausprägungen, die quantifizierbar seien, und nach dem Prinzip der Falsifikation, daraus erfolgten Erklärung und Prognose. Kaiser (2005: 272) kritisiert, dass Beobachtungen, die mit der Überprüfung der Theorie aufgestellt würden, über ihre eigene Stichhaltigkeit entschieden. Gudjons (S. 64) erwähnt als Kritikpunkt, dass jede Standardisierung des Umfeldes, die um der Exaktheit und Kontrollierbarkeit willen nötig sei, unweigerlich zu einer Reduktion der Erkenntnismöglichkeiten führe. Ebenso wenig dürfe die Genauigkeit des Forschungsergebnisses nicht mit der wirklichen Bedeutung verwechselt werden, denn die Fragestellung werde für die empirische Untersuchung zu stark aus dem Kontext isoliert, sodass kaum gültige Aussagen über den Einzelfall zu machen seien.

Habermas als kritischer Theoretiker hält vollständige empirische Überprüfbarkeit für unmöglich; die Wissenschaft habe u. a. die Aufgabe, gesellschaftliche Verhältnisse und menschliche Lebensbedingungen zu verbessern. Nach ihm bietet Schule die ideale Situation, bei der Lehrende und Lernende gemeinsam und gleichberechtigt die Bedingungen der Kommunikation regeln und bei Kommunikationsstörungen, vom Willen um Konsens getragen, nach Möglichkeiten ihrer Behebung suchen (in dieser Arbeit beispielsweise in der kommunikativen Validierung). Werturteile würden jeweils selbst an der Forschung thematisiert, begründet und hier expliziert. Die kritischen Theoretiker wenden sich der Praxis zu, um die Entfremdung zugunsten der Selbstbestimmung des Subjekts aufzuheben. Ihnen werden einseitige marxistische Orientierung und verengte Perspektive vorgeworfen. Der rationale Diskurs stelle auch sehr hohe Ansprüche an die Teilnehmenden. Jedoch zeigen sich auch diskursive Voraussetzungen, an denen sich eine Öffnung des Unterrichts orientieren kann. Eine solche setzt gleichberechtigte Gesprächspartner voraus, die im schulischen Bereich auf die erweiterte Lehrer- und Schülerrolle hindeutet (Kap. 2.4.).

Die kritische Erziehungswissenschaft wurzelt in der kritischen Theorie und der Selbstkritik geisteswissenschaftlicher Pädagogik. Nach Gudjons (2006[9]: 40) ist ihr leitendes Erkenntnisinteresse emanzipatorisch: Die Vernünftigkeit und Selbstbestimmung des Subjektes sollen gefördert werden. Das Verhältnis zwischen Theorie und Praxis ist nicht eindeutig definierbar, also mehrdeutig: „Diese Mehrdeutigkeit jeweils für den Einzelfall aufzulösen, ist ein produktiver Akt des handelnden Pädagogen selbst." (Giesecke 1997: 186) Er argumentiert weiter, dass die Gefahr bestehe, dass der Pädagoge seine Distanz von der unmittelbaren Praxis verlieren könne, wenn diese zur reinen Routine werde, und dass diese durch entsprechende Fortbildungen immer wieder erneuert werden müsse. Wissenschaftliche Forschung in der Schulpädagogik müsse der Komplexität und damit dem interdisziplinären Charakter praktischer pädagogischer Probleme Rechnung tragen, so weit wie möglich auf empirischen Daten basieren, jedoch jederzeit offenbleiben für neue Forschungen und Ergebnisse. Moderne empirische Untersuchungsmethoden hätten die Erziehungswissenschaft zwar bereichert, die philosophisch-hermeneutischen Methoden aber keineswegs ersetzt. Von ihrer Aufgabe her müsse sie alle Methoden akzeptieren, die zur Erkenntnis ihrer Probleme beitragen könnten, denn

„Die Erziehungswissenschaft hat ... keinen eigenen Gegenstand, mit dem sie sich allein beschäftigt ... Die Position der Erziehungswissenschaft in dem Raum, in dem sich auch andere, vor allem empirische Wissenschaften bewegen, ist vielmehr die, dass sie eine Art Zwischenhändlerfunktion zwischen diesen Wissenschaften und der pädagogischen Praxis übernimmt, indem sie deren Erkenntnisse und Denkmodelle auf ein bestimmtes Problem hin umsetzt." (S. 190)

Hier schließt sich der Kreis zu den Eingangszitaten. Gudjons (2006[9]: 48) erweitert die Definition von Erziehungswissenschaft zusätzlich, indem er von ihrer Alltagsorientierung spricht: Subjektive Theorien pädagogisch Handelnder, Alltagstheorien und konkrete Lebenswelten fänden verstärkt Interesse. Dazu bedürfe es auch neuer Forschungsmethoden. In neueren pädagogischen Konzepten nähern sich zunehmend empirische und offene Verfahrensweisen an, Praktiker transformieren sie entsprechend ihren speziellen Problemen. Damit fügen sie ihre Konzepte in ihre subjektive Konstruktion von Wirklichkeit ein. Neben hermeneutische und empirische Methoden treten alternative qualitative Forschungsdesigns, die kritisch an die Methoden des Verstehens der geisteswissenschaftlichen Pädagogik anknüpfen. Dieses deutet auf die Reflexionen und Entscheidungen im zweiten Teil dieser Arbeit hin.

Die Öffnung in der Erziehungswissenschaft fügt sich in die allgemeinen tief greifenden sozioökonomischen und politischen Wandlungsprozesse, mit denen die Förderung von Pluralität, Individualität und damit auch Offenheit verbunden ist. Thaler (2008: 34) hebt die Ambivalenz dieser Entwicklung hervor: Besseren Voraussetzungen für individuelle Selbstfindungsprozesse stehe die Überforderung vieler durch permanente Forderung für Selbstorganisation gegenüber. Auch pädagogische Modelle hätten keinen universalen Wahrheitsanspruch mehr, auch Individuen und Gruppen in der Schule seien durch eine Vielzahl voneinander entgegen gesetzten Denk- und Verhaltensweisen sektoralisiert. Deshalb müsse „der Umgang mit der Offenheit der Postmoderne in offenen Situationen inklusive offener Unterrichtssituationen gelernt werden, um den SchülerInnen die im Zeitalter der Postmoderne erforderlichen (Über-) (Lebens-) Strategien zu vermitteln." In diesem Sinne müssen Lernende auch ihr Bewusstsein dafür schulen und lernen, sich selbst und ihre Mitlernenden einzuschätzen, damit sie auch in ihrem späteren Arbeitsleben dazu in der Lage sind.

1.1.2. Anthropologisch-pädagogische Theorien

Die anthropologische Vorstellung erkennt in jedem Menschen das Subjekt seiner Biografie und betrachtet es als unangemessen, dieses Individuum durch Bildung „zu bearbeiten". Lernende und Lehrende könnten sich nur im Dialog erreichen. Sie könnten nur aus eigenem Antrieb lernen, reflektieren, sich Wirklichkeit aneignen. (Schulz 1990: 7)

Nach Fatzer (1987) geht die Humanistische Pädagogik auf zwei Arten von Humanismus zurück: Der rationale Humanismus von Plato, Aristoteles über Descartes, Leibnitz, Spinoza zu den amerikanischen Humanisten Hutchins und Adler propagiert die freiheitliche und geistig-rationale Orientierung des Humanismus; der ganzheitliche Humanismus in seiner Tradition von Protagoras über Rousseau, Pestalozzi, Fröbel, Nohl, Kerschensteiner und John Dewey bis zur humanistischen Pädagogik heute begreift Menschen in seiner Ganzheit von Geist, Körper und Seele. Erziehung soll diese Ganzheit fördern. Da dieses Gedankengut auch Grundlage der Auffassung von Erziehung in dieser Arbeit ist (Kap. 2.2.), sei es in einigen Ausprägungen näher erläutert.

Rousseaus (1712-1778) Emile fordert die Zurückhaltung des Erziehers zugunsten der Förderung der individuellen Natur; das Kind avanciert vom Objekt zum Subjekt der Erziehung. Pestalozzi (1746-1827) blickt ebenso auf den Eigenwert des Kindes und die Notwendigkeit, alle kindlichen Kräfte zu fördern durch Bildung von „Kopf, Herz und Hand" (1938/1977: 299) u. a. . Humboldt (1767-1835) schließt sich diesen Gedanken an. Seine Bildungstheorie beschreibt die Selbstkonstruktion des Menschen in Auseinandersetzung mit und in Aneignung von der Welt: Menschsein ist für ihn „Der wahre Zweck des Menschen ... ist die höchste und proportionirlichste Bildung seiner Kräfte zu einem

Ganzen." (1852: 10) Er betont damit die Individualität, die Totalität der verschiedenen Kräfte des Individuums und die Universalität von Bildung, die schon auf schülerorientierte Unterrichtsformen hindeuten. Die Selbstentfaltung des Individuums steht bei ihm im Mittelpunkt. Diesterweg definiert 1873 Selbststeuerung als Mittel und als Produkt von Bildung, welches zu freier Selbstbestimmung führe: „Was der Mensch sich nicht selbstthätig an geeignet hat, hat er gar nicht; wozu er sich selbst nicht gebildet hat, ist gar nicht in, sondern ganz außer ihm." (1873[3]: 202)

Die pragmatische Erziehungslehre, hier die Förderung der Selbsttätigkeit und der eigenen Zielbestimmung des Individuums, gehört für Schule als Miniaturausgabe der Gesellschaft dazu und ist ein Vorläufer schülerorientierten Unterrichts. Die klassischen Reformpädagogiken Dewey (1859-1952) und Kilpatrick (1871-1965) entwickeln die Projektmethode (Kap. 2.2.1.2.), die von den Erfahrungen und Fähigkeiten der Lernenden ausgeht, um im Projekt die Selbstorganisation von Lernprozessen zu fördern. Insgesamt prägen beide entscheidend freieren und offeneren Unterricht. Montessori (1870-1952) misst in ihrer Theorie von Freiarbeit der Individualität einen großen Stellenwert bei, die Lehrende nur durch Anleitung zur Selbsthilfe zu fördern brauchten. Freinets (1896-1966) individuelle und kollekive Arbeitspläne finden sich in verschiedenen Formen von Planarbeit (Kap. 2.2.1.1.).

Rogers (1979[3]) macht die ganzheitliche Sicht deutlich. Er erläutert auf S. 13 Faktoren des Lernens: Dieses durchdringe den ganzen Menschen, schließe persönliches Engagement der ganzen Person mit ein, sei in seiner Entdeckung und seinem Begreifen selbst initiiert, und werde auch selbst von ihm bewertet: „Er weiß, ob es sein Bedürfnis trifft, ob es zu dem führt, was er wissen will, ob es auf den von ihm erlebten dunklen Fleck der Unwissenheit ein Licht wirft. Wir könnten sagen, dass der geometrische Ort des Bewertens zweifelsfrei im Lernenden selbst liegt." Das wesentliche Merkmal der gesamten Erfahrung sei, dass der Lernende Sinn darin sehe. Rogers plädiert dafür, dass Selbstbeurteilung zu einem gewissen Ausmaß in jede Art von Lernen eingebaut werde (S. 145f.) Dieses Gedankengut weist direkt auf die empirischen Untersuchungen dieser Arbeit hin.

1.1.3. Lernpsychologische Theorien

"The learner is faced with a reality which he himself constructs and dominates." (Holec 1979:26)

Piaget sieht Lernende als aktive Menschen, die ihr Wissen konstruieren müssen. Die Lehrkraft muss die Voraussetzungen der Einzelnen bei der Unterrichtsgestaltung beachten. Piagets Konzept betrifft nicht nur kognitive Fähigkeiten, sondern auch alle anderen Lernvorgänge.

Hauptvertreter der Strömung des Konstruktivismus ist Wygotsky. Die konstruktivistische Didaktik knüpft an die reformpädagogischen Modelle des entdeckenden erfahrungsbezogenen Lernens in Eigentätigkeit an. Da es keine allgemeingültige Struktur menschlichen Lernens gibt, stehen die subjektiven Interessen, Vor- und Lernerfahrungen des komplexen Individuums — im Gegenzug zu Standardisierungsbemühungen von Bildungsinstitutionen (Hass 2008: 3) — im Mittelpunkt aller Untersuchungen: Das Individuum erweitere seine Erfahrungen durch aktive Konstruktion seines eigenes Lernen und sei selbstverantwortlich dafür. Es lerne zwar aus eigenem Antrieb, entwickele sich dann aber in dem Maße, wie es unterrichtet werde. (Wygotsky 1969: 215). Diese Anpassung könne durchaus auch innovative Elemente enthalten: „Das Lernen [braucht] nicht nur der Entwicklung zu folgen, braucht ... nicht nur im Gleichschritt mit ihm zu gehen, sondern kann der Entwicklung vorauseilen, sie dadurch vorantreiben und in ihr Neubildungen hervorrufen." (S. 218) Nach Wygotskys Theorie der zone of proximal development ist das angestrebte Ziel von höherer Bedeutung als das gegenwärtige Niveau, allerdings nur jenes Ziel, das im Rahmen der jeweiligen intellektuellen Möglichkeiten liegt.

Dubs (1995: 890f) stellt weitere Elemente konstruktivischer Didaktik zusammen: Lernende untersuchen neben ihrem individuellen ihr kollektives Lernen, in dem sie in der Gruppe ihre individuelle Interpretation und Sinngebung überdenken und neu strukturieren. Nach Wygotsky (S. 238) lernten und leisteten Menschen durch das scaffolding im kollektiven Lernen mehr, es trage dadurch eine zentrale Bedeutung für die Entwicklung der Selbstständigkeit; dennoch hielten sie sich selbst in ihren persönlichen Grenzen. Fehler seien erlaubt und bedeutsam, weil ihre Besprechung in der Gruppe zur besseren Konstruktion des Wissens beitrage. Die (Selbst-)Evaluation des so Gelernten richtet sich in dieser Arbeit nicht allein auf die Lernprodukte, sondern auch auf die Fortschritte im Lernprozess, auf Methoden und Lernstrategien. Die Lehrkraft kann zwar Lernen anstoßen, aber nicht präzise steuern. Auch die Subjektivität der Forscherin kann nicht völlig ausgeblendet werden, weil ihre Erkenntnis- und Beschreibungsfähigkeit immer an ihre Person gebunden ist., wie Kiely und Rea-Dickins den konstruktivistischen Ansatz im Sprachenunterricht resümieren:

"Each individual experience, and the way each interprets and makes sense of that experience, are different, and the task of evaluation is to understand these experiences and interpretations without seeking a single, universal, objective truth. The evaluation process involves discovery and assimilation stages... the assimilation phase is the sense-making task of the evaluator." (2005: 240)

Die Forschungsgruppe um Mandl hat in neuerer Zeit konstruktivistische Ansätze mit kognitivistischen Unterrichtsmodellen verbunden. Die aktiven Konstruktionsprozesse der Lernenden, die zur Selbststeuerung führten, müssten angeleitet werden: „Das Erleben von Autonomie und Selbstbestimmung einerseits und die äußere Anleitung andererseits müssen sich ... nicht ausschließen; auch in (vom Lehrer) gestalteten Lernumgebungen ist es möglich, dass intrinsisch motiviert und selbstbestimmt gelernt wird." (Reinmann-Rothmeier und Mandl, 1998: 462). Lernmethoden müssten den Möglichkeiten der Lernenden angepasst werden (adaptives Lernen). Deshalb seien kleine Schritte kein Widerspruch im Aufbau selbstständigen Lernens. Gudjons (2006[9]: 250) erwähnt als Kritikpunkt an selbst gesteuertem Lernen, dass Inhalte zugunsten des Lernprozesses an Wichtigkeit verlören. Eine Integration von frontalen und offenen Unterrichtsformen, das Balanced Teaching, wird deshalb in Kap. 2.2. beschrieben als weitere Grundlage dieser Arbeit.

In ihrem Modell der themenzentrierten Interaktion kritisiert Cohn (1983[6]) die Unterdrückung von ganzheitlichem Lernen zugunsten des rein Kognitiven. Sie erweitert das traditionelle didaktische Dreieck Lehrkraft - Lernende - Stoff durch einen vierten Aspekt, die Umwelt, und postuliert, dass sich alle Faktoren in einer Balance halten müssen. Offenheit müsse nach außen gelten durch Erkennen der Erwartungen der Mitlernenden und der Umweltbedingungen; innere Offenheit aller Lernenden am Lernprozess müsse vorliegen, indem sie ihre eigenen Empfindungen in der Situation wahrnähmen:

> „Übe dich, dich selbst und andere wahrzunehmen, schenke dir und anderen die gleiche menschliche Achtung, respektiere alle Tatsachen so, dass du den Freiheitsraum deiner Entscheidungen vergrößerst. Nimm dich selbst, deine Umgebung und deine Aufgabe ernst. ... Das Urvertrauen des Menschen, dass er wichtig und wertvoll sei, ist vielen unbekannt. Vertrauen entsteht, wenn jemand wirklich zuhört, anerkennt, entgegnet, ernst nimmt, weiterführt und nicht recht haben muss." (S. 121, 213)

Hier besteht eine enge Verbindung zur Selbst- und Partnerevaluation. Auch die Rollen sind schülerorientiertem Unterricht eng angelehnt: Cohn betont die Subjektivität der Lernenden, ihre Autonomie und Eigenverantwortung für sich und ihr Lernen. Lehrende nehmen am Interaktionsprozess als gleichberechtigte Partner teil.

In der Entwicklung von Selbstkonzept- und Selbstregulationsforschung versteht Mead (1934) den Menschen als reflexives Subjekt, das sich selbst zum Gegenstand seiner Aufmerksamkeit und Wahrnehmung machen könne und zwischen eigenen Erfahrungen und seiner Person einen Sinn deutenden Bezug herstellen könne. Das Selbstkonzept als Theorie über sich selbst steht mit Selbstregulierungsmechanismen in interdependentem Verhältnis: Indem das Individuum täglich Erfahrungen verarbeiten müsse, die nur teilweise mit der eigenen Selbsttheorie kompatibel seien und somit destabilisierend wirken könnten, seien sozusagen als Schutzmechanismen Strategien und Regulationsmechanismen nötig, durch die das Individuum die persönliche Identität als Konsistenz wahren könne.

Freires *participatory approach* (1972) leitet mit seinem emanzipatorischen Bildungsgedanken Lernende an, ihre existenziellen Erfahrungen zu artikulieren und kritisch zu reflektieren, um sich dabei weiter zu entwickeln und so ihre Lebenssituation aktiv zu verbessern.

Die Selbstwirksamkeitstheorie von Bandura (1997) sieht eine Interdependenz zwischen dem Verhalten, der Person (mit kognitiven, affektiven und biologischen Aspekten) und der Situation (*triadic-reciprocal-causation*), wobei die Bedeutung der einzelnen Faktoren in Abhängigkeit von verschiedenen Aktivitäten und Umständen variiert. Indem Individuen sowohl als Produzierende wie auch als Produkte ihrer eigenen sozialen Umwelt verstanden werden, ist es ihnen möglich, auf ihre Umwelt, ihr Verhalten und auch Denken Einfluss zu nehmen und diese entsprechend ihrer Wünsche und Bedürfnisse zu steuern. Dabei reagieren sie auf Verhaltensziele und Standards. Nach Bandura ist die Selbstwirksamkeit (*self-efficacy*) ein wesentliches Steuerungsinstrument, das für künftige Verhaltensweisen eine größere Erklärungskraft beinhalte als das Selbstkonzept. Die Überzeugungen von Selbstwirksamkeit seien neben anderen Faktoren der wichtigste Motor für die Initiierung und Durchführung selbstregulatorischer Prozesse. (S. 88) Sie beeinflussten Ausdauer, Wissenserwerb, Effektivität, Ergebnisse und Ziele der Handlung.

Nach Grob und Maag Merki (2001: 89) besteht eine Parallelität zwischen Selbstkonzept- und Selbstregulationsforschung.: Selbstkonzepte würden analog zu Selbstregulationsmechanismen als motivationale Faktoren verstanden, die zukünftiges Verhalten maßgeblich beeinflussen könnten. Selbstkonzepte hätten erheblichen prognostischen Wert und stellten in der Verhaltensregulation einen potenten Faktor dar. Das Ich erhalte dadurch die Möglichkeit, das eigene Bild von sich selbst aktiv zu modifizieren und sich explizit Kompetenzen anzueignen, indem es sein eigenes Leben in die Hand nehme und entsprechend den eigenen Wünschen und Bedürfnissen steuere mit dem Ziel, sein Leben in Zukunft besser bewältigen zu können. Bei Jugendlichen würden das Selbstkonzept und die Vorstellungen über die eigenen Kompetenzen intensiv beeinflusst von Eltern und Schule.

Ebenso hebt die motivationspsychologische Selbstbestimmungstheorie von Deci und Ryan (2002) das Bedürfnis nach Kompetenz oder Wirksamkeit und die soziale Eingebundenheit des Individuums und dessen Bedürfnis nach Autonomie und Selbstbestimmung hervor. Eine Person erlebe sich als selbstbestimmt, wenn sie im Rahmen ihrer Fähigkeiten die Möglichkeiten erhalte, eigene Entscheidungen über Zielsetzungen, Wahl von Lernstrategien u. a. zu treffen. Das Selbstbestimmungsbedürfnis stehe damit in engem Zusammenhang zu Selbstwirksamkeitsüberzeugungen. (Reiserer und Mandl 2001)4. Ergebnisse aus der Motivationsforschung sprächen dafür, dass sich eine umfassende Eigentätigkeit Lernender positiv auf ihre Motivation und damit auf die Qualität ihres Lernens und ihren wirklichen Lernzuwachs auswirke und zu einem positiveren Selbstbild führe. (Deci und Ryan 2002)

Die Attributionstheorie beschreibt das Verhältnis zwischen Motivation und der subjektiven Sicht der Ursachen von Erfolg: „Je offener die Lernsituation ist und um so mehr der Lerner zum Organisator seiner eigenen Lernbemühungen wird, um so stärker empfindet er sich für das Lernergebnis selbst verantwortlich, um so weniger Möglichkeiten hat er, das Scheitern seiner Bemühungen auf externe Faktoren zurückzuführen und um so größer ist seine Anstrengungsbereitschaft." (Deitering 1995: 88)

Auch bei Selbst- und Partnereinschätzung spielt die innere Motivation eine große Rolle. (vgl. Leupold 2004: 70f.) Da es sich um Einschätzung, nicht Messung handelt, spielen mangelnde eigene Fähigkeiten als Demotivationsfaktor keine Rolle. Mitlernende können positiv das Lernen durch ihre Modellfunktion verstärken; soziales Lernen tritt hinzu.

Gardner (1997) spricht in seiner Theorie der multiplen Intelligenzen u. a. von inter- und intraindividueller Intelligenz, die zusammen auch als emotionale Intelligenz bezeichnet werden könnten. Lernende gewönnen auch Klarheit über ihr Intelligenzprofil. In der Reflexion über ihre Fähigkeiten und Leistungen lernten sie, bewusster zu lernen. In diesem Zusammenhang spricht Fichten (1993: 59) von der Prämisse von der Reflexionsfähigkeit der Subjekte: Der Mensch sei ein aktiv nach Informationen suchendes und verarbeitendes Wesen. Aufgrund dieser kognitiven Leistungen könne er Motive für seine Handlungen angeben sowie Handlungsziele verfolgen und diese reflexiv erschließen. Fetterman (1997: 382) definiert *empowerment evaluation* demnach als "an unambiguous value orientation — it is designed to help people help themselves ... using a form of self-evaluation and reflection."

---

4 http://epub.ub.uni-muenchen.de/244/1/FB_136.pdf

Zusammenfassung Kap. 1.1.

Diese schulpädagogische Arbeit nährt sich aus Theorien vieler verschiedener Wissenschaften. Zu den philosophisch-erkenntnistheoretischen Gedanken zählen die von Aristoteles' Wachstum des Selbst, Kants Grenzen menschlicher Erkenntnisfähigkeit, der philosophische Pragmatismus mit den praktischen Konsequenzen unseres Tuns, hermeneutische Verstehensmodelle menschlichen Handelns wie Diltheys mit ihrer Kritik der Subjektivität. Ab den 60er Jahren folgt auf die geisteswissenschaftliche Pädagogik die sozialwissenschaftliche Orientierung an empirischen Methoden auch für Erziehungswissenschaft. Die Definition von Wissenschaft diskutieren kritische Rationalisten wie Popper und Roth mit kritischen Theoretikern wie Habermas, der bei ersteren die empirische Überprüfbarkeit kritisiert. Die heutige, wissenschaftliche Disziplinen übergreifende Erziehungswissenschaft wendet sich in unterschiedlichen Modellen dem Schulalltag zu.

Zu den anthropologisch-pädagogischen Theorien gehört der rationale Humanismus mit seiner ganzheitlichen Sicht der Lernenden. Verschiedene anthropologisch-pädagogische Theorien der klassischen Reformpädagogen Dewey und Kilpatrick, von Montessori, Freinet, Rogers werden als Grundlagen dieser Arbeit erwähnt.

Dazu gehört ganz zentral auch die lernpsychologische Theorie des Konstruktivismus mit ihrem Hauptvertreter Wygotsky. Cohns Modell themenzentrierter Interaktion, Decis und Ryans Selbstbestimmungstheorie, Gardners Theorie der multiplen Intelligenzen sind ebenfalls zu erwähnen.

1.2. Evaluation

1.2.1. Evaluation allgemein: Definitionen

„... und er sah, dass es gut war." (Schöpfungsgeschichte)

„Es sollte ... für jeden mündigen Bürger einer demokratischen Gesellschaft (und damit auch für jeden in einer solchen Gesellschaft arbeitenden Wissenschaftler) selbstverständlich sein, nicht nur die Funktionalität, sondern auch die Moral seiner Arbeit und die Zielsetzung zu überdenken. Dieser allgemeinen Forderung kommt wegen des unmittelbaren Praxisbezugs von Evaluationsprojekten in diesem Feld eine besondere Bedeutung zu." (Wottawa 1998[2]: 14)

„Evaluation" entsteht aus dem Lateinischen evalescere, evalui und bedeutet „ich erstarke", sodass Evaluation die Ermittlung eines Wertes gemeinhin oder einer Bewertung meint.

Nach dem Joint Committee for Education (1994:3) ist es die systematische Untersuchung vom Nutzen oder Wert einer Sache. Diese Untersuchung muss ihrem Gegenstand angemessen sein, nicht umgekehrt für ihre Zwecke reduziert werden. (Groeben 2009:44) Patton definiert ähnlich: "any effort to increase human effectiveness through systematic data-based inquiry." (1990^2: 11)

Weskamp betont den Aspekt der Sammlung relevanter Daten und ihre Interpretation und Bewertung im Hinblick auf die Wirksamkeit der eingesetzten Mittel. (2003: 132) Evaluation als die Analyse von Handlungen ist ein typisches Merkmal von Professionalität. (Riecke-Baulecke 2008: 38). Nach ihr sind die mit unterschiedlichen Verfahren erhobenen Evaluationsdaten der Entwicklung verpflichtet, sie sollen Handlungsmöglichkeiten eröffnen. Wottawa (1998^2: 14) spricht von Hilfen zur Planung und Entscheidung und um Beschränkungen zu überwinden. Deshalb muss Evaluation auch scheinbar Selbstverständliches hinterfragen und bezweifeln. Evaluation ist ein professionelles Mittel, Folgen von Handlungen zu untersuchen.

Evaluierende stellen sich Fragen (nach Riecke-Baulecke, Deutsche Gesellschaft für Evaluation 2008, Joint Committee for Education, König 2007: 61, Wottawa 19982: 56), die im Laufe dieser Arbeit behandelt werden sollen; die steckbriefartigen Hintergrundinformationen darauf bzgl. dieser Arbeit seien in Klammern dahinter vermerkt:

Welches ist die Informationsquelle? (hier: die Schülerinnen und Schüler der aktionsforschenden Lehrkraft)

Was wird evaluiert? (hier: ihre Selbst- und Partnerevaluation)

Warum wird evaluiert? (hier: verschiedene Gründe innerhalb der Aktionsforschung, vgl. Kap. 4.2. und Unterrichtskontext der Einzelstudien im dritten Teil)

Zu welchem Zeitpunkt wird evaluiert? (Die Evaluationen durch Lernende erfolgen während oder nach einer schülerorientierten Unterrichtseinheit durch die Lehrkraft.)

Welche Bedürfnisse, welcher Zweck und Nutzen werden erfüllt? (hier: empirische Untermauerung des Wertes von Selbst- und Partnerbeurteilung). Wie effektiv, effizient ist die Evaluation? (Ziel ist Entwicklung und Sicherung von Qualität, die während der Evaluation und durch die darauf folgenden Maßnahmen entstehen, durch realistischen Aufwand)

Wer hat Interesse an der Evaluation, wozu werden ihre Ergebnisse verwertet? (hier: Es gibt keinen Auftraggeber für die Evaluation; die Arbeit ist ein Beitrag zur Fachdidaktik und -forschung moderner Fremdsprachen.)

In welchem gesellschaftlichen Bereich und an welchem Ort wird evaluiert? (hier: im Schulbereich, Sekundarstufe I und II von zwei kleinstädtischen Gymnasien in Hessen)

Wie wird vorgegangen, welche Methoden und Kriterien werden entwickelt? (vgl. Kap. 5 zum Forschungsdesign und dritter Teil dieser Arbeit zur Operationalisierung in den Einzelstudien)
Wie wird die Qualität beurteilt? (hier: durch verschiedene Gütekriterien, vgl. Kap. 6)

Zu den allgemeinen Standards Objektivität, Validität, Reliabilität (Kap. 6) kommt bei Evaluationen das Benchmarking (Einschätzen von Messergebnissen durch Vergleich mit definierten Standards). Die Deutsche Gesellschaft für Evaluation hat 2008 vier Standards speziell für Evaluationen festgelegt: Nützlichkeits- (s. o.), Durchführbarkeits-, Genauigkeits- und Fairnessstandards, denen sich die Forscherin anschließt: Die Durchführung der Evaluation muss für die Befragten sowohl realistisch wie diplomatisch und ethisch korrekt verlaufen; dazu werden Erfahrungen der Beforschten einbezogen. Untersuchende stellen ihre Grundsätze immer wieder infrage, erfahren neue Herausforderungen:

> "The evaluator´s role in the 21st century should include not only the assessment of what has been experienced and observed, but also a constant questioning of his or her own objectivity and sensitivity in reporting precisely what has been experienced and observed…..The challenge now is .. to be aware that resolving one problem usually opens up another, and to marshal the forces, energies, and resources needed to tackle the new problems as they arise" (Chemlinsky 1997: 25-26)

Diese ständige Reflexion wird als ein zentrales Anliegen dieser Arbeit angesehen. — Möglicherweise auftretende Probleme, die Kähler (www.selbstevaluation.de) nennt, können für Evaluationen in Sozialwissenschaften verallgemeinert werden :

zu starke Ergebnisorientierung vor Prozessorientierung
fehlende Rahmenbedingungen
Angst und andere Widerstände anstelle von Überzeugung von Chancen
geeignete Fragestellungen
fehlende Vergleichsmaßstäbe, was subjektive Urteile zulässt
thematische Auswahlprobleme
Messprobleme bei Benutzung nur eines Verfahrens oder bei fertigen Fragebögen

Die Forscherin legt diese Punkte dementsprechend kritisch ihrer Arbeit zugrunde.

König (2007: 39-40) unterscheidet fünf Arten von Evaluation, bei denen diese Arbeit eingeordnet wird:

Geschlossene Evaluationen legen Fragen und Methoden zu Beginn fest, offene Evaluationen machen nur grobe Vorgaben, alle anderen Vorgehensweisen werden mit den Betroffenen abgesprochen. – In dieser Arbeit werden überwiegend geschlossene Evaluationen untersucht, die aber auch wesentliche offene Elemente enthalten: Die Befragten erhalten vorstrukturierte Fragebögen bzw. gemeinsam mit ihnen entwickelte Beurteilungsbögen. (zur Offenheit der Fragen s. Kap. 5.1.) Die Arbeitsprozessberichte zählen zu den offenen Evaluationen, da nur ein Rahmen von Themen dafür vorgegeben ist. (s. Kap. 7)

Summative Evaluation fasst die Ergebnisse zusammen und bewertet sie (häufig in dieser Arbeit), damit sich die Beforschten in einer späteren Situation ggf. günstiger verhalten können; formative (nach Wottawa 1998[2]: 15) bezieht sich auf die Prozesse. Hier können Zwischenergebnisse schon in der Praxis angewendet werden, sodass diese weiterentwickelt oder verbessert werden kann. Letzteres erweist sich günstig bei Evaluationen von innovativen Elementen. (Kap. 9, 10)

Vergleichende Evaluationen, die das Untersuchte thematisch direkt mit einer Evaluation aus einem anderen Lernjahr vergleichen (Innenkriterium), stehen in dieser Arbeit neben nicht vergleichenden Evaluationen, an die Maßstäbe von außen (z. B. Kataloge von überfachlichen Kompetenzen aus Bildungsplänen) angelegt werden..

Evaluationen können nach dem Input fragen, also nach der Wirkung von eingesetzten Ressourcen oder nach dem Output, wenn sie eher Wirkungen auf Menschen und ihr Umfeld untersuchen. In dieser Arbeit handelt es sich um beide Typen.

Makroevaluationen bewerten ein gesamtes Programm, Mikroevaluationen setzen Schwerpunkte auf bewusst ausgewählte Teilaspekte von Maßnahmen. Auch hier erscheinen beide Typen in dieser Arbeit.

Lt. Riecke-Baulecke (2008: 38f.) besteht eine Evaluation aus einer Analyse der Situation, einer Überprüfung der Zielerreichung und einer Bewertung der Ergebnisse. Wottawa (1988[2]: 14) betont zusätzlich die Offenlegung der eigenen Position durch die evaluierende Person und ihr hohes Interesse an dem Fragestellung als Voraussetzung. Diese Strukturelemente enthalten alle Einzelstudien dieser Arbeit. Am Ende steht keine absolut sichere Aussage, denn

> „Evaluationsvorhaben rechtfertigen sich nicht aufgrund des Findens von absoluten Wahrheiten, sondern aufgrund ihres Beitrags zu einem Entscheidungsprozess bzw. der Auswahl von Verhaltensalternativen, der in jedem Fall ein Ergebnis (in Form der Auswahl einer bestimmten Verhaltensweise) erbringen muss." (Wottawa 1998[2]: 21)

Dieses kann nach Kähler (in www.selbstevaluation.de) im Bereich der Sozialwissenschaften die Stabilisierung und Fortsetzung vom Bewährtem sein oder auch die begründete Einleitung von Veränderungen.

Evaluationsforschung entsteht Mitte der 60er Jahre in den USA zur Überprüfung von Maßnahmen und ist heute in der US-Wirtschaft vorgeschrieben zur Überprüfung von laufenden bzw. Implementierung von neuen Programmen. Seit

Ende der 80er Jahre weist Evaluationsforschung ein starkes Wachstum in den Sozialwissenschaften auf. Der neue Beruf des *evaluator* entsteht. In Deutschland gewinnt Evaluationsforschung seit Ende der 60er Jahre an Bedeutung, zunächst bezogen auf politische Reformprogramme, später im Schul- und Bildungsbereich. Müller-Neuendorf und Obermaier definieren die dortige Evaluation als „das methodische Erfassen und begründete Bewerten von Prozessen und Ergebnissen zum besseren Verstehen und Gestalten einer Praxis-Maßnahme im Bildungsbereich durch Wirkungskontrolle, Steuerung und Reflexion." (2010: 41)

Burkhard (2000: 60) unterteilt Evaluation im Bildungswesen in drei Ebenen, die Themen der nächsten drei Abschnitte sind:
Die Makroebene untersucht Teile des Gesamtsystems der Bildungspolitik.
Die Mesoebene untersucht die einzelne Schule bzw. Teilbereiche.
Die Mikroebene untersucht die einzelne Klasse in einer Schule.

Müller-Neuendorf und Obermaier (2010: 15) teilen die Diskussion über Qualitätssicherung in zwei Stränge ein: Die Verortung auf der Makroebene könne nur durch Bildungsstandards auf der Meso- und Mikroebene heruntergebrochen werden; die in außerschulischen Bildungsbereichen werde bestimmt vom betriebswirtschaftlichen Konzept: Qualität korreliere mit einem ökonomisch wirksamen Prozess von Rendite und messbarem Erfolg. Sie meinen, dass sich bei der Qualitätssicherung von Schule beide Perspektiven verschränkten: die administrativ-organisatorische Umsetzung von Vorgaben zu marktgesteuerter, kundenorientierter Dienstleistungsproduktion, die gekoppelt ist mit präziser Ergebniskontrolle

Diese unterschiedlichen Stränge seien nun andiskutiert.

1.2.2. Evaluation im Bildungswesen

„Spieglein, Spieglein an der Wand, wer ist die Schönste im ganzen Land?"

Schöning (2005: 168) leitet mit dem Zitat aus dem Volksmärchen der Gebrüder Grimm die Diskussion über die Thematik ein. Der Spiegel dient hier als Instrument und Symbol der Selbstvergewisserung, zur Auskunft über äußere und innere Befindlichkeit, als Projektion von Wünschen, Emotionen, Ängsten. In den letzten Jahren sind zahlreiche Spiegel aufgestellt worden in der Suche nach Antworten auf die rapide sich verändernden Bedingungen des Aufwachsens und der individuellen Konzepte Jugendlicher und aufgrund der wachsenden Pluralität von Schulen.

TIMSS 1997/1998 und PISA 2000 zeigen, dass die Ziele der Lehrpläne oft nicht erreicht werden und Leistungen sowie Bewertungsmaßstäbe stark variieren. Um die Qualität schulischer Arbeit zu steigern und zu sichern, beschließt die KMK die Schaffung von Bildungsstandards. 2003 erscheinen die Bildungsstandards für die erste Fremdsprache für den mittleren Bildungsabschluss, die die bisherige input-Orientierung durch output-Orientierung ersetzen, messbare Endziele von Fähigkeiten und Kenntnissen. Diese beziehen sich für den fremdsprachlichen Unterricht auf kommunikative Fertigkeiten, interkulturelle und methodische Kompetenzen und Verfügung über sprachliche Mittel. Im GER werden 2001 für die Fremdsprachen auf sechs Niveaustufen Deskriptoren für Kompetenzen zusammengestellt. Die Operationalisierbarkeit in Aufgaben und Testskalen (Aufgabenentwicklung, Pilotierungs- und Normierungsstudien, Skalenentwicklung) übernimmt seit seiner Gründung 2004 das Institut für Qualitätssicherung. Aufgabe der Fachdidaktik und der Schulen ist es seitdem, bei der Implementation der Bildungsstandards komplexere Aufgaben zu entwickeln, die über die rein kommunikativen Fertigkeiten hinausgehen und methodische und interkulturelle Kompetenzen mit einbeziehen.5

Die Überbetonung der sprachlichen Kompetenzen, von denen viele leicht messbar sind, führt zu dem häufig geäußerten Verwurf des Reduktionismus (Bausch 2005) von überfachlichen Kompetenzen, fachübergreifenden Lernzielen, Soft Skills. Weinert bezeichnet diese Ziele als äußerst wichtig, jedoch kaum messbar:

„Fachübergreifende Lernziele sind in enger Verbindung mit fachlichen Kenntnissen und Fertigkeiten von großer, immer größer werdender Bedeutung! Sie erfordern zu ihrem Erwerb andere Formen des Unterrichts und des Lernens als das bei fachlichen Kompetenzen der Fall ist. Dafür geeignete Formen der Leistungsevaluation (zwischen traditionellen Intelligenztests und curricular validen Kompetenzmessungen liegend) müssen entwickelt und weiterentwickelt werden." (2002^2: 355)

Deshalb nehmen die Operationalisierungen in den Bildungsstandards weitgehend von ihnen Abstand, obwohl sie vor dem Hintergrund der gesellschaftlichen Veränderungen, in der auch Fachkompetenz und Allgemeinwissen einem steten Wandel unterliegen, eher einen beständigen Charakter haben. (Rohlfs 2008: 13) Ähnliches ist im 2008 verabschiedeten Europäischen Qualitätsrahmen (EQR) und dem in der Entwicklung begriffenen Deutschen Qualitätsrahmen (DQR) für Arbeitnehmer zu lesen. Auf acht Niveaus werden dort zwar „Wissen, Fertigkeiten, Sozialkompetenz, Selbstkompetenz" beschrieben, jedoch räumt der DQR auf S. 3 ein, dass individuellen Eigenschaften zwar eine große Bedeutung zukomme, sich der Entwurf jedoch auf ausgewählte Merkmale konzentriere, die für ein erfolgreiches Handeln in einem Lern- oder Arbeitsbereich relevant seien. Klitzing kritisiert diesen Entwurf: Man wolle lediglich „funktionierende homi-

---

5 Vgl. Tesch, Leupold, Köller:2008 für das Fach Französisch

homines oeconomici" produzieren, nicht mündige und verantwortungsbewusste für sich und die Gemeinschaft entscheidende Bürger." Es gehe letztlich einzig um wirtschaftlich verwertbare Fertigkeiten. (2010: 22f.) Müller-Neuendorf und Obermaier sprechen von „Ökonomisierung, Verwarenförmigung von Bildung", von „Degradierung des Menschen zum Humankapital". (2010: 20) Der Druck auf alle am Bildungssystem Beteiligten steige, immer effizienter und schneller die vom Markt gewünschten Qualitäten und Subjekteigenschaften zu produzieren. Überspitzt formuliert werde Schule zu einem Unternehmen, Lehrkräfte zu Dienstleistern, Lernende zu Kunden und Bildung zu Ware. Schönig liefert einen drastischen Vergleich zwischen Autoproduktion und Bildung:

> „Während man in der Automobilindustrie die Qualität der Kooperation eines Teams an der Güte eines bestimmten Produkts feststellen kann, ... ist nur eingeschränkt messbar, welchen Beitrag Lehrer und Lehrerinnen zur Menschwerdung der Heranwachsenden leisten. Das 'Produkt Bildung' entzieht sich zumindest einer standardisierten Messung." (2007: 9)

Für schulische Bildung bedeutet das, dass anscheinend

> „nur der optimale 'Fit' zwischen schulisch erzeugten Qualifikationen und den Anforderungen des Arbeitsmarktes dem Individuum gesicherte Existenz, der Wirtschaft qualifizierte Arbeitskräfte und der Gesellschaft Prosperität garantiert ... Menschliches Sein droht insgesamt auf seine verwertbaren Anteile reduziert zu werden. Aber nicht nur ästhetische Erfahrungen und Aspekte menschlicher Ganzheitlichkeit, sondern auch die Fähigkeit zu kritischer Reflexion und zu Solidarität erscheint in der ... ökonomistischen Perspektive nicht nur vernachlässigbar, sondern geradezu dysfunktional."(Grob und Maag Merki 2001: 49-50)

Unterricht werde dementsprechend geprägt von Steuerung, die geprägt ist von harten empirischen Maßstäben, die Komplexität von Bildungsprozessen gehe durch die quantitative Messung von Lernergebnissen verloren (Groeben 2009: 41, 44). Pointiert schließt Nida-Rümelin: „Bildung, die ausgerichtet ist auf Verwertbarkeit, ist keine Bildung mehr. Bildung, die ausgerichtet ist auf bestimmte messbare Ergebnisse ... zerstört Bildung." (2010: 29) Thaler spricht von Ent-Kulturalisierung von Bildung. (2010: 7)

In letzter Zeit scheint sich der Bildungsbegriff teilweise wieder zu erweitern, zu differenzieren, zu individualisieren: Ein gelungenes Beispiel für die Wertschätzung von überfachlichen (neben den fachlichen) Bildungszielen bilden die Entwürfe für die Hessischen Bildungsstandards Moderne Fremdsprachen von 2010. Überfachliche Bildung gewinnt dort für das Individuum sowie für die Lerngruppe deshalb an Bedeutung, weil sie vielfältige alternative Formen des Lernens zulässt, die Weinert folgendermaßen ankündigt:

> „Bildungsprozesse sind auch immer soziale Prozesse. Sie erfordern – im Sinne von Ko-Konstruktion und situiertem Lernen – die Ermöglichung von Diskurs und gemeinsamer Wissensaneignung sowie entsprechend gestalteter Lernumgebungen. Vor

diesem Hintergrund erhalten Lernbegleitung, Diagnose und Förderung, Individualisierung und Differenzierung, Beurteilung und Bewertung sowie alternative Formen der Leistungsdokumentation und Reflexion einen besonderen Stellenwert." (2002[2]: 4)

Letzterem schließt sich die Forscherin mit der Untersuchung alternativer Formen von Leistungsdokumentation und Reflexion an. Byram hebt in ihrem Sinne die Komplexität der dabei erworbenen, nur qualitativ untersuchbaren Kompetenzen und nicht immer eindeutig bestimmbaren Ergebnisse hervor:

> "When both teachers and learners can see that complex competences are assessed in complex ways, they are reassured in the pursuit of their objectives. It is the simplification of competences to what can be ´objectively´ tested which has a detrimental effect ... When assessment recognises all aspects ..., even if they cannot be quantified and reduced to a single score, then the learner can see their efforts rewarded, and the teacher ... can give full attention to the whole phenomenon... rather than only that which can be represented statistically." (1997: 111).

1.2.3. Exkurs: Überfachliche Kompetenzen, fachübergreifende Lernziele in Bildungsplänen

Was ist mit „überfachlichen Kompetenzen" gemeint? Es gibt keine Theorie, sondern eine Vielzahl von Modellen und Katalogen, die sich durch ihre Vielfältigkeit, relative Beliebigkeit, Unabgeschlossenheit und als Ausdruck partikularer Interessen und unterschiedlicher Weltanschauungen auszeichnen. Von diesen seien einige zentrale hier beschrieben.

Bildungsempiriker im Auftrag des Bundesministeriums für Bildung, Wissenschaft, Forschung und Technologie prognostizieren 1998 die Bedeutung der vier Felder des Allgemeinwissens (zitiert in Dorn 2001: 18f.): Dabei entwickeln sie die These, dass es für die Orientierung in der Wissensgesellschaft zentral auf personale und soziale Kompetenzen ankomme. An dritter Stelle stünden die methodischen Kompetenzen. Alle drei Gruppen unterstützen die Erschließung inhaltlichen Basiswissens.

Der GER von 2001 definiert den Kompetenzbegriff allumfassend als „Summe des (deklarativen) Wissens, der (prozeduralen) Fertigkeiten und der persönlichkeitsbezogenen Kompetenzen und allgemeinen kognitiven Fähigkeiten, die es einem Menschen erlauben, Handlungen auszuführen." (S. 21) Er teilt in Kapitel 5 Kompetenzen der Sprachverwendenden bzw. -lernenden in allgemeine und kommunikative Kompetenzen ein. Zu Ersteren bemerkt er einleitend, dass alle menschlichen Kompetenzen zur Kommunikationsfähigkeit beitrügen, jedoch mit der Sprache unterschiedlich eng verknüpft seien; man könne sie jedoch alle als Aspekte der kommunikativen Kompetenz betrachten. (S. 103) Der GER unterscheidet die allgemeinen Kompetenzen in vier Arten von Wissen: deklaratives Wissen (*savoir*) mit Weltwissen, soziokulturellem Wissen, interkulturellem Bewusstsein; Fertigkeiten und prozedurales Wissen (*savoir-faire*) mit praktischen und interkulturellen Fertigkeiten; persönlichkeitsbezogene Kompetenz (*savoir-être*) mit Einstellungen, Motivationen, Wertvorstellungen, Überzeugungen, kognitivem Stil, Persönlichkeitsfaktoren; Lernfähigkeit *(savoir-apprendre)* mit Sprach- und Kommunikationsbewusstsein, allgemeinem phonetischen Bewusstsein und phonetischen Fertigkeiten, Lerntechniken und heuristischen Fertigkeiten. Diese Arbeit untersucht Teilaspekte von zwei der vier genannten allgemeinen Kompetenzen, von persönlichkeitsbezogener Kompetenz (*savoir-être*) und von Lernfähigkeit (*savoir-apprendre*).

Grob und Maag Merki versuchen in ihrer Studie von 2001 eine theoretische Grundlegung und angemessene Operationalisierung von Kompetenzen, die gelingende Lebensbewältigung in komplexen pluralistischen Gesellschaften versprächen, deren rasante Entwicklung neue und andere Fähigkeiten des Individuums erforderten. Diese Kompetenzen nennen sie Schlüsselqualifikationen; sie definieren sie als „Bemühungen der Suche nach vergleichbar überdauernden Wissensbeständen bzw. stärker inhaltsunabhängigen, formalen Kompetenzen, die durch die kurzfristigen technischen und ökonomischen Entwicklungen in geringerem Maße tangiert bzw. entwertet werden." (S. 51) Sie definieren überfachliche Kompetenzen auf S. 59-63 zur Realisierung von Bildungszielen als erlernte Fähigkeiten, die im funktionalen Zusammenhang mit gelingender Lebensbewältigung in komplexen, besonders auch sozialen Kontexten stünden und durch die individuelle oder soziale Anforderungen wahrscheinlich erfolgreich bewältigt werden könnten. Dabei seien Kompetenzen immer nur in Teilaspekten in einer Situation erschließbar. Sie seien schulfach- und lebensbereichsübergreifend relevant, aber im Gegensatz zu fachbezogenen, deklarativen Wissensformen weniger planbar und systematisch erzeugbar. Außerdem liefen komplexe Prozesse im Bereich von Wertvorstellungen, Einstellungen und Grundhaltungen ab. Auch Grob und Maag Merki erwähnen die mangelnde Messbarkeit und unerwünschte und unkontrollierbare Nebeneffekte. Unterricht könne die gewünschten Effekte nur sehr begrenzt planen, nur die Umstände bzw. die Lernsituation könnten so gestaltet werden, dass die Entwicklung der entsprechenden Haltungen und Fähigkeiten gefördert werde. Dies gehört zu den grundlegenden Anliegen dieser Arbeit. (Kap. 2.2.)

In den Bildungsstandards der Kultusministerkonferenz von 2003 wird einleitend formuliert:

> „fachliche und fachübergreifende Basisqualifikationen, die für die weitere schulische und berufliche Ausbildung von Bedeutung sind und die anschlussfähiges Lernen ermöglichen. Die Standards stehen im Einklang mit dem Auftrag der schulischen Bildung. Sie zielt auf Persönlichkeitsentwicklung und Weltorientierung

"... [Die Bildungsstandards] zielen auf systematisches und vernetztes Lernen und folgen so dem Prinzip des kumulativen Kompetenzerwerbs." (S. 3) Dieser weite Kompetenzbegriff wird im Folgenden jedoch wesentlich enger gefasst: Er wird auf grundlegende Teilzieldimensionen innerhalb eines Faches begrenzt, in denen systematisch Fähigkeiten aufgebaut werden, die dann in Bezug auf klar unterscheidbare Kompetenzniveaus, für einzelne Lernbereiche, Altersgruppen und Schülerpopulationen untersucht — auch gemessen — werden können. (Klieme 2004: 12).

Der Lehrplan für das achtjährige Gymnasium in Bayern listet einleitend unter I, 1.5. folgende überfachliche Kompetenzen auf: Selbstkompetenz (z. B. Leistungsbereitschaft, Ausdauer, Konzentrationsfähigkeit, Verantwortungsbereitschaft, Zeiteinteilung, Selbstvertrauen), Sozialkompetenz (z. B. Kommunikationsfähigkeit, Teamfähigkeit, Konfliktfähigkeit, Toleranzbereitschaft, Gemeinschaftssinn, Hilfsbereitschaft), Sachkompetenz (z. B. Wissen, Urteilsfähigkeit) und Methodenkompetenz (z. B. Informationsbeschaffung, Präsentationstechniken, fachspezifische Arbeitsmethoden). Es wird angemerkt, dass die Einübung und langfristige Aneignung dieser Kompetenzen zur Verbesserung der Arbeitsqualität und zur Formung einer gefestigten Persönlichkeit beitragen.6

Ziener (2008: 58f.) unterscheidet vier Kategorien von Kompetenzstandards: kognitive, kommunikative, methodisch-gestalterische und personal/soziale Die überfachlichen Kompetenzen finden sich neben fachlichen in den Kategorien II bis IV.

Reichenbach (2008: 37f.) definiert Soft Skills (teils auch „überfachliche Kompetenzen" oder Qualifikationen genannt) als soziale und/oder emotionale Kompetenzen, die manchmal auch als Persönlichkeitsfaktoren bezeichnet würden. Zu den sozialen, emotionalen und persönlichen Kompetenzen würden teilweise auch Methodenkompetenzen hinzugerechnet. Auf S. 38 gibt er einige Beispiele für Soft Skill-Kataloge.

Helmke (2009^2: 298) charakterisiert überfachliche Kompetenzen als direkt gefördert und ausdrücklich angesprochen. Prozesse des Kompetenzerwerbs ließen sich nicht direkt beobachten; es könnten nur Verhaltensweisen beobachtet werden, die diese Kompetenzen fördern sollen. So ist es in den schriftlichen Befragungen dieser Arbeit. Helmke zählt folgende überfachliche Kompetenzen auf: die sozial-kommunikative, die sprachliche, die des Lernens, die des Selbst und teils die interkulturelle.

6http://www.isb-gym8-lehrplan.de/contentserv/3.1.neu/g8.de/index.php?StoryID=26350# Selbstkompetenz

Im Entwurf des neuen Kerncurriculums Bildungsstandards und Inhaltsfelder Hessen, Moderne Fremdsprachen (Stand: August 2010) werden auf S. 8f. überfachliche Kompetenzen definiert als besonders bedeutsam für den Entwicklungsprozess der Lernenden und gleichzeitig für alle Fächer übergreifend wichtig neben dem Aufbau fachlicher Kompetenzen. Fähigkeiten, Fertigkeiten, personale und soziale Dispositionen, Einstellungen und Haltungen wirkten zusammen, um Lernenden zu ermöglichen, in der Schule, im privaten und vorausschauend im künftigen Beruf den Umgang mit neuen komplexen Herausforderungen erfolgreich und verantwortungsvoll zu bewältigen. Der Entwurf unterscheidet vier zentrale Kompetenzbereiche mit ihren Kompetenzdimensionen und Aspekten[7]:

Personale Kompetenz mit Selbstwahrnehmung, Selbstkonzept, Selbstregulierung

Sozialkompetenz mit sozialer Wahrnehmungsfähigkeit, Rücksichtnahme und Solidarität, Kooperation und Teamfähigkeit, Umgang mit Konflikten, gesellschaftlicher Verantwortung, interkultureller Verständigung

Lernkompetenz mit Problemlöse-, Arbeits- und Medienkompetenz

Sprachkompetenz mit Lese-, Schreib- und Kommunikationskompetenz

Relativierend wird erwähnt, dass aufgrund der hohen Komplexität und sich überlagernder Teilaspekte eine trennscharfe Unterscheidung der Kompetenzbereiche und Dimensionen sowie eine ausschließliche Zuordnung zu nur einem der Bereiche oder einer der Dimensionen nicht immer möglich sei, ebenso wenig eine Klassifizierung in überfachliche und fachliche Kompetenzen. Sie würden daher immer gemeinsam erworben. Insofern steht diese Arbeit sowohl in einem fachlichen (sprachlich-inhaltlichen) Rahmen als auch in einem überfachlichen. Abschließend bemerkt der hessische Entwurf, dass die überfachlichen Kompetenzen – anders als die fachlichen – sich weitgehend einer Normierung und empirischen Überprüfung entzögen, was an vielen Stellen dieser Arbeit hervorgehoben wird und was dazu beiträgt, den offenen qualitativen Zugang der Forscherin zu legitimieren.

In der universitären Lehre ist der Begriff „Schlüsselqualifikationen" zum Thema geworden: So gibt es in der Georg-August-Universität Göttingen eine zentrale Einrichtung für Sprachen und Schlüsselqualifikationen, die im Wintersemester 2010/2011 die Lehrveranstaltungen in den Modulbeschreibungen u. a. einteilt in Sach-, Methoden-, Sozial- und Sprachkompetenz.

Auch die Industrie- und Handelskammer beschreibt auf S. 3-7 Kompetenzen, die sie von den Schulabgängern erwartet[8]:

---

[7] Interessanterweise werden die Kompetenzdimensionen in der Version von November 2010 zusammengefasst und teils stark verkürzt.

[8] http://www.ihk-kassel.de/solva_docs/Was%20erwartet%20die%20Wirtschaft.pdf

soziale Kompetenzen wie Kooperationsbereitschaft, Teamfähigkeit, Höflichkeit, Freundlichkeit, Konfliktfähigkeit, Toleranz
Grundhaltungen und Werteeinstellungen: Zuverlässigkeit, Lern- und Leistungsbereitschaft, Ausdauer, Durchhaltevermögen, Belastbarkeit, Sorgfalt, Gewissenhaftigkeit
persönliche Kompetenzen: Konzentrationsfähigkeit, Verantwortungsbereitschaft, Selbstständigkeit, Fähigkeit zu Kritik und Selbstkritik (dabei die Fähigkeit, das eigene Tun kritisch zu hinterfragen, Fehler einzusehen und sie korrigieren zu wollen.", S. 7), Kreativität und Flexibilität

Für die engagierte Elternöffentlichkeit erscheint 2011 in Focus Schule ein Artikel von Röll und Duch über Soft Skills, um bei Bewerbungen Pluspunkte jenseits von Noten zu sammeln. Eigenschaften wie „Teamfähigkeit, Belastbarkeit, Kommunikationsfähigkeit, Selbstständigkeit, Einfühlungsvermögen, interkulturelle Kompetenz, Verantwortungsbewusstsein" werden für Bewerbungsverfahren erklärt. Einige Unternehmen fragen nicht nur Leistungsfelder ab, sondern auch Soft Skill-Bereiche, bei denen die Bewerber sich für ein Verhalten von mehreren in einer Situation entscheiden müssen – ein Versuch, nicht messbare Eigenschaften festzustellen.

Die Forscherin bedient sich zur Validierung ihrer Ergebnisse durch Außenstandards verschiedener Soft Skill-Kataloge.

1.2.4. Evaluation von Schulen

Da dies nicht Thema dieser Arbeit ist, wird es nur kurz abgehandelt.

Lt. Burkhard (2000: 197) ist Evaluation die Sammlung, Verarbeitung und Interpretation von Informationen über schulische Arbeit. Sie hat das Ziel, zu gesicherten Beschreibungen zu kommen, Bewertungen nach klaren Kriterien durchzuführen und Entscheidungen über die Weiterentwicklung dieser Arbeit zu treffen.

Evaluation von Schulen erfolgt schulextern (wie z. B. durch in einigen Bundesländern vorgesehene Schulinspektionen und/oder schulintern (wie z.B. Evaluationsmaßnahmen, die in Schulprogrammen festgelegt werden). Müller-Neuendorf und Obermaier fügen zur Klassifizierung noch die Elemente von Selbst- und Fremdevaluation von Schulen hinzu (2010: 46). Dabei unterscheiden sie folgende Kombinationen:
Standardisierte Leistungstests u. a. als externe und Fremdevaluation
Evaluation im Schulprogramm als interne Evaluation mit Elementen von Fremdevaluation
kollegiales Feedback als interne und Selbstevaluation

Einladung kritischer Freunde als Selbstevaluation, die extern unterstützt wird (Haenisch 2001).

In einer Untersuchung des Hessischen Kultusministeriums aus den Jahren 2006/2007 und 2007/2008 von 44 Gymnasien berichten Schulinspektoren bezüglich Evaluation (S. 47-53), eine systematische und datengestützte Evaluationspraxis sei nur teilweise etabliert. Inzwischen berichten mehrere Autoren von gelungenen Beispielen schulischer Selbstevaluation und liefern dazu praktische Anleitungen, Materialien und Fragebögen zu geeigneten Schulentwicklungsmaßnahmen der Einzelschule von innen heraus, teils mit externer Unterstützung. (vgl. Müller-Neuendorf, Obermaier 2010, Berger 2009, Granzer 2008)

In dieser Arbeit geht es nicht um institutionelle Evaluation, sondern um individuelle Evaluation der Lernenden: Sie reflektieren ihren Lernprozess in ihrem Unterricht.

1.2.5. Evaluation von Unterricht

Auch auf der Mikroebene, dem Unterricht in der einzelnen Klasse, kann extern und intern evaluiert werden. In dieser Arbeit geht es um klassen- bzw. kursinterne Evaluationen. Dafür wird „Evaluation" sehr offen definiert nach S. Browns Motto: "Feedback, evaluation, judgement and assessment are inherent in learning and living. And necessary for both." (1994: 37) „Evaluation" steht also hier für „Reflexion, Einschätzung, Rückmeldung, Beurteilung" oder „Bewertung", spezifiziert in den jeweiligen Einzelstudien. Er wird eingeengt auf den formativen Aspekt der pädagogischen Diagnostik des Lernprozesses (nach Bohl 2006:49). Carton (1993: 29) hebt hervor, dass es nicht allein um das Lernprodukt gehe: «Les réalités que l´on met aujourd´ hui, dans la réflexion didactique, sous le terme ´évaluation´, dépassent largement la nécessité de contrôler les connaissances: évaluer, ce n´est pas seulement mesurer les résultats d´un apprentissage.» (Carton 1993: 29) Grotjahn schließt den Kreis zum Qualitätsbegriff: „Formative Bewertung zielt ... auf eine prozessorientierte, in den Unterricht integrierte kontinuierliche Qualitätsentwicklung." (2009: 6) Auch das Hessische Kultusministerium (2009d: 34) schreibt über die reflexive Praxis während oder nach dem Lernprozess und nennt folgende Tätigkeiten der Lernenden in dieser Reflexion, die alle im empirischen Teil dieser Arbeit unter dem Begriff „Evaluation" vorkommen: dokumentieren, analysieren, kommentieren, kommunizieren, bewerten, entwerfen von Lösungsstrategien.

Struyen findet in einer vergleichenden Longitudinalstudie von traditionellen und alternativen Beurteilungsformen heraus, dass Lernende nicht eine bestimmte

Form von Beurteilung favorisieren, sondern eine sinnvolle Mischung von verschiedenen Arten (2008: 86); darunter fallen auch die anderen genannten Formen von Evaluation. Der Bereich „Rückmeldung, Einschätzung" auf der einen Seite der Definitionsskala sei nun näher erläutert (zum Bewertungsaspekt vgl. Kap. 2.3.). Gudjons (2006a: 113f.) nennt die Evaluation, die nicht bewertet, „Feedback": „Beim Feedback geht es ... nicht um Kritik ..., sondern um das methodisch arrangierte Erheben von Daten zum Zwecke möglicher Veränderungen." Er spricht von einer gemeinsamen Suchbewegung von Lehrenden und Lernenden. Druyen unterstützt differenzierte Rückmeldungen zur Ermutigung, Selbststeuerung und Unterstützung mit Blick auf Stärkung individueller Fähigkeiten und personalen Kompetenzen von Lernenden. (2008: 111) Feedback kann — nach Gudjons — unter verschiedenen Personengruppen im Unterrichtsprozess stattfinden mit jeweils unterschiedlichen Zielsetzungen: Es kann gut vorbereitet unter Lernenden stattfinden (Kap. 12), von Lehrenden an die Lernenden (jedoch nicht kombiniert mit Leistungsbeurteilung wie in Kap. 7, 10, 12, 13) oder von den Lernenden an Lehrende (vgl. alle folgenden Einzelstudien). Bei diesem Feedback kann es zu folgenden Problemen kommen, die auch teilweise in den untersuchten Befragungen auftauchen: Desinteresse wegen Notenfixierung, Ablehnung wegen des Zeitaufwandes, Angst vor subjektiven Urteilen, unklare Maßstäbe.

Welche Zielrichtungen, welche Konsequenzen kann „Evaluation von Unterricht" allgemein haben? Tagliante (1991: 19) nennt drei mögliche Ziele: le prognostic zur Prognose der weiteren Lehr- und Lernplanung, le diagnostic zur Analyse von Lehr- und Lernverhalten und l'inventaire als Bestandsaufnahme vorhandenen und neu erworbenen Wissens. Mandl und Henze (2007: 88) nennen ähnliche Ziele, die die Lehrkraft mit allen am Unterrichtsprozess Beteiligten (d. h. auch mit Eltern) evaluieren könne:

Lernen (allgemeine Erkenntnisse über die untersuchte Maßnahme)
Planung, Gestaltung, Untersuchung von Unterricht oder Erziehungsvorstellungen
Entwicklung und Verbesserung von Unterricht
Selbstvergewisserung, Erkenntnisgewinn über Effizienz, Stützung von Entscheidungen, Rechenschaftslegung (z. B. Überprüfung an Qualitätskriterien); Erforschung, Weiterentwicklung, Professionalisierung der Lehrkraft

Die Evaluation der aktionsforschenden Lehrerin in dieser Arbeit bezieht sich auf alle genannten Aspekte in unterschiedlicher Akzentuierung.

McDowell (1995: 306f.) nennt als Vorzüge dieses offen definierten Begriffes von „Evaluation" die Entwicklung evaluativer und kritischer Fähigkeiten, Möglichkeiten von Kompetenzentwicklung, Integration von Wissen, Motivation für und Befriedigung über Erreichtes, Belohnung für Anstrengungen, Klarheit der Erwartungen. Ein Ziel dieser Arbeit ist, diese Aspekte an den vorliegenden Evaluationen zu messen.

An welcher Stelle im Unterrichtskreislauf steht Evaluation? Bohl (2006: 79 Abb. 10) sieht nach der Unterrichtsplanung und dem Lern- und Arbeitsprozess Diagnose, Bewertung, Beratung und Konsequenzen folgen. Mangelnde Konsequenzen und Maßnahmen provozierten nämlich abweisendes Verhalten gegenüber der Evaluation. (Gudjons 2006a: 115) Dass diese Konsequenzen und Maßnahmen nach den hier untersuchten Befragungen erfolgt sind, zeigt sich u. a. dadurch, dass die Lernenden jederzeit bereitwillig an weiteren Befragungen teilnehmen; die Konsequenzen und Maßnahmen lassen sich jedoch teilweise wegen der retrospektiven Beforschung des Datenmaterials nicht mehr rekonstruieren, da sie von der Lehrerin, die seit 1996 laienhaft ihren Unterricht erforscht, nicht immer protokolliert worden sind.

Gudjons (2006a: 116) erwähnt mögliche Veränderungen nach der Auswertung: Die Gesprächs- und Sozialregeln werden modifiziert, der Umgang miteinander, die gegenseitige Vertrauensbasis verbessert sich aber auch die Lernbereitschaft, der Umgang mit Zeit und die Produktqualität können sich verbessern. Die aktionsforschende Lehrkraft kann bestätigen, dass diese Ziele tatsächlich häufig nach den hier untersuchten Befragungen verwirklicht worden sind. Vorschläge für geschlossene Fragen mit quantitativen Befunden geben Diel und Höhner 2009 und Höhner und Steffens (2001: 87f.) .

Zur Strukturierung von Evaluationen von Unterricht stellt Helbig-Reuter (2010: 6) einen Leitfaden zusammen. Danach müssen verschiedene Festlegungen getroffen werden: Definition des Unterrichtsbereichs, Ziel der Evaluation, Maßnahmen, Instrumente und Umsetzung dieser, Konsequenzen aus den Ergebnissen, Transparenz dieser für die Lernenden und ihre Einbindung in das Evaluationsgeschehen, Anteil von Selbst- und Fremdevaluation und von summativer und formativer Evaluation, Variation der Kompetenzbereiche und Aufgabenformate bei der Evaluation und ihre Ausrichtung an Bildungsstandards und Lehrplänen, an den Prinzipien der Authentizität und des entdeckenden Lernens, an Gütekriterien insgesamt. Diese Festlegungen sollen — soweit aus den Aufzeichnungen der Lehrkraft nachvollziehbar — für jede Einzelstudie erklärt werden.

1.2.6. Selbst- und Partnerevaluation

„Schüler/innen sind zahlenmäßig die größte Gruppe, das Ziel von Maßnahmen ..., jedoch sind sie gleichzeitig die 'größte Unbekannte der Gleichung'." (Berger und Granzer 2009: 79)

Mit diesen Worten leiten die Autoren über zum Feedback durch Lernende, dem Thema dieser Arbeit. Sie fahren fort, es sei ein wertvolles Instrument, um deren Sichtweise zum Unterricht kennenzulernen. Schließlich verfügten Lernende durch ihre große Zahl und ihre jahrelangen teilnehmenden Beobachtungen von Schule und Unterrichtsalltag über viele Vorteile gegenüber externen Beobachtern.

H. Meyer definiert „Schülerfeedback" allgemein als Verfahren zum Sammeln von Rückmeldung über Qualität, bei dem Ziel, Gegenstand und Form dieser Rückmeldung vereinbart würden, bei dem Daten methodisch kontrolliert erhoben, aufbereitet ausgewertet und an die Lernenden zurückgemeldet würden und daraus Konsequenzen für die künftige Unterrichtsarbeit gezogen würden. (2010[7]: 72).

Bastian formuliert drastisch in seinem Bericht über Erfolge von finnischen Schulen in PISA: „Früher mussten die Schüler auf die Lehrer hören. Heute müssen die Lehrer auf die Schüler hören, um sie kennen zu lernen." (2008: 119) Schließlich spricht Allwright Lernenden durchaus die Fähigkeit zu, die Expertise über ihren Lernprozess zu erwerben: "Learners are capable of developing as practitioners of learning." (2009: 5) Er wendet sich mit seinem Vertrauen gegen die Vorurteile vieler Lehrender, Lernende seien nicht in der Lage, ein fachlich angemessenes Urteil zu fällen oder eine zuverlässige Einschätzung abzugeben oder sie seien emotional zu stark involviert. Die Konsequenzen seien ein Abflachen der angestrebten Niveaus und zeitraubende Auseinandersetzungen. (Buschmann 2009: 22). Noch kritischer sehen viele Lehrende die wertende Einschätzung von Lernenden, die doch so wesentlich zur Lernerautonomisierung beiträgt, denn: "If students always look to others for judgements of their competence, how can they develop their own ability to assess their own learning?" (Boud 1981a: 13)

Lange berücksichtigt die Forschung nur die Perspektive der Lehrenden; auch daher gibt es bisher nur wenige Aussagen darüber, wie Lernende Unterricht erleben und beurteilen. (Bastian, Combe und Langer 2005[2]: 13).

Seit Anfang der 70er Jahre bemühen sich Arbeitsgruppen im Auftrag des Europarates, bei Fremdsprachen Lernenden ein intensiveres Gefühl von Eigenverantwortung durch Reflexion des eigenen Lernfortschritts und dessen Bewertung zu erzeugen. (Macht, Nutz 1999: 40) Büeler bemerkt, Reflexion sei eine besonders schwierige Form des Lernens und der Selbsterziehung. (1994: 125) Nandorf betrachtet die heutigen Formen externer Evaluation als Herausforderung, eine Alternative zu suchen: „Die Herausforderung scheint ... darin zu liegen, eine neue Evaluationskultur trotz Bildungsstandards zu realisieren. Für eine solche geforderte neue Evaluationskultur ist jedenfalls die Aufwertung von Selbstbeurteilung und Selbstreflexion der Lernenden ein entscheidender Aspekt." (2006: 33) Ähnlich vermutet Hallet (2006: 164), dass sich neben der Leistungsbeurteilung eine zweite, pädagogisch orientierte Form der Rückmeldung entwickele, für die ganz andere Instrumente eingesetzt würden und die die Subjekte ihres Lernens in ihren Lernprozessen in den Mittelpunkt stelle. Diese Evaluation definiert er folgendermaßen:

> „Evaluation zielt auf Verbesserung, Förderung und Optimierung der Prozesse und der Qualität des Lernens, indem an bestimmten Punkten einer Entwicklung oder nach Abschluss einer bestimmten Phase der Könnensstand der Lernenden erhoben und reflektiert wird. Eine solche Erhebung ist ... mit sehr differenzierten verbalen Urteilen und Einschätzungen [verbunden]."

Vogt ergänzt: „Wahrscheinlich kann man weniger von Beurteilung als von Nachvollziehen von Lernprozessen sprechen." (2007: 11) Die Bildungskommission Nordrhein-Westfalen macht das Reflektieren über Lernen zur Stärke des Lernsubjekts: „Das eigene Lernen planen kann nur, wer sich über sein Lernen Gedanken machen kann." (1995: 97f.) Die Einschätzung der eigenen Möglichkeiten, Handlungen und Fähigkeiten zur Überwindung von Hindernissen und das Wissen über ihr Lernen erführen hier besondere Bedeutung, eine als natürlich empfundene Kultur des Nachdenkens über das eigene Lernen entstehe.

Häufig werden Selbst- und Partnerevaluation in der Fachliteratur gemeinsam betrachtet. Die Regierung von Sasketchewan schreibt 1991[9] über die Aktivitäten Lernender bei Selbst- und Partnerevaluation, Bouds Buch von 1995 ist lt. Titel über Selbstevaluation, handelt aber im Inhalt von allen drei Beurteilungsperspektiven, also auch der der Lehrkraft:

> "Self assessment does not imply that students develop their ideas in isolation from the views and judgements of others... Peers, ´experts´ and teachers are vital...In terms of learning, assessment by peers, assessment by teachers or assessment by others with expertise are all moderated by one´s own assessment. These other assessments have a useful part to play, and may control learners´ access to future learning opportunities, but unless they inform and help develop a learner´s ability to self assess, they are of little educational value.... Mutual evaluation...[is a] dual responsibility of both teacher and student" (Boud 1995: 15-16)

Auch Blume (2008: 5) spricht von Förderung von Selbstevaluationskompetenz, obwohl alle genannten methodischen Varianten die Partnerevaluation betreffen.

---

9 http://www.education.gov.sk.ca/Default.aspx?DN=c9ca422f-c21e-441d-acea-dedd7870f59f, S. 59

Als verschiedene sich gegenseitig bereichernde Facetten einer Einschätzung trennt sie deshalb die Forscherin im empirischen Teil dieser Arbeit nicht scharf voneinander, sondern betrachtet sie als Ergänzungen.

Selbst- und Partnerevaluation sind in dieser Arbeit charakterisiert als
 Mosaiksteine in der Autonomisierung der lernenden Subjekte, darunter Förderung des Bewusstseins für den eigenen Lernprozess, Übernahme von Verantwortung und Unterstützen der kritischen Reflexionstätigkeit über Lernen und Arbeitsprozess und deren Einschätzung. Tsui spricht von einem "new power relationship between the teacher and learners." (2000: 168). Ähnlich beschreibt Fetterman Evaluation als demokratischen Prozess der Selbststärkung: "An evaluator does not and cannot empower anyone; people empower themselves, often with assistance and coaching. This process is fundamentally democratic." (1997: 382) Individuelle Stärken und Gebiete zur Verbesserung erfahren hohe Aufmerksamkeit ebenso wie das Bewusstsein über individuelle Schwächen. (Ruehlemann 2006) Insgesamt entwickeln Lernende mehr Sensibilität für Kontrolle, Einschätzung und Bewertung ihrer Leistungen. (Grotjahn 2009: 8)
 Der formative Aspekt des Lernprozesses (soziale, intellektuelle, emotionale Befriedigung durch die Arbeit) spielt hier die entscheidende Rolle vor dem summativen des Lernprodukts, welches sekundär mit bewertet wird. (Macht 1997: 200) Sasketchewan Education 1991 bemerkt, Selbst- und Partnerevaluation solle für Situationen reserviert werden, in denen die Selbsterkenntnis über den Lernprozess wichtig sei, in denen verschiedene Fertigkeiten wie Forschen, Planen, Abschließen erforderlich sind. Die Evaluation dokumentiert nicht einen Kenntnisstand, sondern führt zu der Frage, was das Individuum noch üben muss. (Groß 2005: 213). Brown S. sieht einen engen Zusammenhang dieser Prozessbetrachtung mit der Persönlichkeitsbildung: "Self assessment, self-knowledge and formative assessment intertwine." (1994: 54)
Mosaiksteine in der Ausbildung von personalen, sozialen, methodischen Kompetenzen (z. B. Dialoge, Aushandlungsprozesse der Beurteilungskriterien führen zu ownership jener, vgl. Mowl 1995: 326) mit Mitlernenden und Lehrkraft in Unterstützung der sprachlichen und inhaltlichen Kompetenzen; dadurch kann sich ein größeres Selbstwertgefühl (Boud 1995: 16), ein vertrauensvolleres Verhältnis und eine erhöhte Motivation beim Erlernen der Fremdsprache, eine engere Beziehung zum Lerngegenstand (Macht 1997: 204) entwickeln. Selbst- und Partnereinschätzung sind ein Beitrag zum lebenslangen Lernen: Sie üben „eine das Leben insgesamt tragende individuelle und sozial orientierte Befähigung ein ..." (Herbst 2001: 85) und sind damit zukunftsweisend: „Die Kenntnis und realistische Einschätzung der eigenen Fähigkeiten erleichtert die

Antizipation von Lösungsstrategien für Handlungs- und Problemfelder und verringert daher das Risiko des Scheiterns in späteren Lern- und Berufssituationen." (Bohl 2006: 47)

Elemente von Dialog und Partizipation: Klenowski (1995: 158f) hebt den interaktiven Dialog zwischen Lernenden und Lehrenden, Lernenden und Lernenden hervor, in dem Kriterien partizipativ ausgehandelt und dann angewendet werden. (Kap. 10-13) Sasketchewan Education schlägt die auch in dieser Arbeit praktizierte Vorgehensweise vor, dass zunächst Lernende erste Vorschläge für Kriterien machen, diese dann in Gruppen diskutieren und modifizieren im Gespräch mit der Lehrkraft. — Alle am Unterrichtsprozess Beteiligten profitierten von der folgenden Evaluation: "The teacher gains more information from the student because an insight into his or her mind is possible. The student has to demonstrate understanding by making his or her thinking explicit. This is also true when students evaluate one another's work.". Dieser fundierte Dialog entwickelt sich zu einer Klassenraumkultur: "a classroom culture of questioning and deep thinking in which pupils learn from shared discussions from teachers and peers."(Black 1998: 145)

kein Ersatz für Fremdevaluation. Selbst- und Partnereinschätzung sind lediglich zusätzliche Möglichkeiten, den Einschätzungs- und Bewertungsrahmen zu erweitern. Herbst (2001: 64) nennt Autoevaluation vs. Heteroevaluation eine falsche Gegenüberstellung. Selbstverständlich trägt die Lehrkraft die alleinige Verantwortung für die endgültige Bewertung. Boud (1995: 18) behauptet, Selbsteinschätzung könne andere Formen von Bewertung ersetzen. Dieses kann in unserem derzeitigen Schulsystem nur eine Zukunftsvision gelten. Macht formuliert: „Auch wenn der Selbstbewertung ... in den kommenden Jahren zweifellos immer mehr Bedeutung beigemessen werden wird, so bleibt denn doch die traditionelle Fremdbewertung des unterrichtlichen Lernerfolgs unumgänglich." (1998: 366) Zwischen dem Desiderat der Selbstbeurteilung, Eigenverantwortung und der Zuverlässigkeit der Leistungsbewertung existiere ein Spannungsverhältnis; es müssten Verfahren gefunden werden, bei denen die Perspektiven der Lernenden wie die der Lehrenden ungeschmälert berücksichtigt werden können. (Macht und Nutz 1999: 45)

Entlastung der Beurteilung durch die Lehrkraft. Bzgl. der dahinter stehenden Kriterien spricht Klenowski (1995: 155) von "the demystification of the teacher´s tacit knowledge"; Macht (1997: 204) sieht das Gefühl von willkürlicher Abstempelung und Disziplinierung gemildert. Außerdem kann so die Verantwortung der Beurteilung geteilt werden: "Thus shared responsibility for evaluation is, in effect, also conductive to the democratic development of language teaching." (Oscarson 1989: 3) Boud (1995: 16) dehnt diesen Vorteil auf alle einseitigen Beurteilungen aus: "Collaboration in assessment can also avoid some of the negative effects of unilateral assessment."

Förderung guter Lernpraktiken und Fertigkeiten zum Lernen lernen (Boud 1995: 18), sie können verstanden werden als integraler Bestandteil dessen. (MacKay 2000: 57)

Entwicklungen in der Lehrerprofession und der akademischen Praxis werden gefördert. (Boud 1995: 19)

Wichtige Voraussetzungen sind:

Fachliche und inhaltliche Akzeptanz muss bei den Lernenden durch detaillierte Kenntnisse über zu analysierende und zu beurteilende Inhalte geschaffen werden (Orsmond 1997: 364), über Beurteilungsmodi und -kriterien, die schwierige Evaluationsaufgaben übersichtlich aufbrechen und die allen Lernenden (in den meisten Studien dieser Arbeit im Aushandlungsprozess) Klarheit für die Erstellung ihrer eigenen Werke sowie für die Beurteilung der anderen vermitteln. (Falchikov 1996, Studie 3). Boud (1995: 12) hebt hervor, dass die Bewertung später dazu kommen könne, allerdings zeigen Untersuchungen, dass Lernende Noten am Ende wünschten: "Students are less willing to engage in work which does not have an extrinsic reward ... even when, in principle, they value a self-assessment exercise." (Boud 1989: 21)

Lernende werden informiert über die Vorgaben — ein Schritt, der häufig fehlt, um anschließend für einen überschaubaren Bereich (Sasketchewan Education) Standards bzw. Kriterien für die gesamte Lerngruppe gemeinsam festzulegen (nicht nur Innen-, sondern auch Außenkriterien, wie Macht (1997: 199f) diskutiert), auf die eigenen Arbeiten anzuwenden und zu beurteilen, inwieweit sie diese Standards bzw. Kriterien erfüllen.(Boud und Feletti 1991: 5) Diese Schritte müssen eingeübt und immer wieder diskutiert werden, ja Lernenden muss zunächst einmal klar werden, was sie selbst überhaupt einschätzen können. (Kleppin 2006: 105) — Ross und Rolheiser (1998: 308f.) beschreiben detailliert einen Ablaufplan zur Feststellung von Lernfortschritten, der Metakognition mit Selbstevaluation verbindet: Nach gemeinsamer Festlegung der Kriterien bzw. Indikatoren übt die Lehrkraft ihre Anwendung, gibt den Lernenden Rückmeldungen zu ihren Selbstevaluationen und hilft ihnen, einen individuellen Aktionsplan zu erstellen. Diese Schritte sind bei den vorliegenden Untersuchungen nicht möglich, da es sich meist um anonyme Befragungen, kaum um Longitudinalstudien handelt und drittens nicht der leichter messbare sprachliche und inhaltliche Fortschritt untersucht wird.

Die Bereiche für Selbst- bzw. Partnerevaluation durch Lernende müssen eng und klar definiert und wohl strukturiert sein. Sasketchewan Education (1991: 59) schlägt als Themen die Aspekte dafür vor, die den Lernenden helfen, Evaluationen durchzuführen und Evaluationen anderer anzunehmen. Goto 2006 stellt fest, dass Lernende sich nach einer konkreten Aufgabenstellung nicht nur besser beurteilen können als nach einer allgemeinen, sondern auch, dass solche konkreten Aufgaben positiver die Qualität der Selbstevaluation beeinflussen als eine allgemeine Einschätzung.

Ebenso wie die Kriterien sollten Berücksichtigung und Gewichtung der Note aus Selbst- bzw. Partnerbeurteilung für die summative Endnote den Lernenden vorher bekannt sein (Orsmond 1997: 358). Die aktionsforschende Lehrerin entscheidet sich in Kap. 10 begründet anders.

Wichtig ist auch der Lern- und Trainingsprozess: "Students should be given the opportunity to practice and develop confidence in their own ability to assess.." (Mowl 1995: 326, ebenso Olina 2004: 20 u.v.m.). Dazu können alte Arbeiten fremder Lernender als Grundlage dienen. (Searby 1997) Das Training ist elementar für die Qualiltät der Einschätzung: "Regular opportunities for self evaluation increase the accuracy." (Olina 2004: 20) — Struyen (2008) zeigt in einer Longitudinalstudie mit Befragungen, dass unbekannte Beurteilungsmethoden häufig zunächst abgelehnt werden, bei Übung jedoch langsam wertgeschätzt werden. Buschmann (2009: 23f.) berichtet von Selbsteinschätzungen im 5. Schuljahr anhand von Beobachtungsbögen zu überfachlichen Kompetenzen; die Einschätzungen werden in folgenden Schuljahren auf komplexe fachliche Lernprozesse aus eigener und fremder Sicht erweitert ähnlich wie in dieser Arbeit.

Schließlich muss die Selbst- bzw. Partnerevaluation mit den Lernenden im metaunterrichtlichen Gespräch ausgewertet und kommunikativ validiert werden (Kap. 2.5.), damit diesen ein entsprechender Wert zugebilligt wird und den Lernenden ihre Urteilsfähigkeit über ihren Unterricht: Matsumoto (1996: 147) bezeichnet Selbstevaluation und die folgende gemeinsame Auswertung als optimale Kombination von individueller und öffentlicher Reflexion. — Fichten (1993: 41f.) hebt hervor, dass bei Auslassen dieser Phase der Objektstatus der Lernenden bestehen bleibe. Dieser Punkt schafft den Übergang zur nächsten Grundvoraussetzung:

Die Schaffung von emotionaler, sozialer, atmosphärischer Akzeptanz ist besonders wichtig, denn: "The involvement of students in decisions is still uncommon." (Boud 1995: 36) Sie müssen Vertrauen zu den Vorzügen gewinnen (Olina 2004: 20), ihre intellektuelle Neugierde muss angesprochen (Boud 1995: 183) und Selbstvertrauen bei der Bewertung vermittelt werden: "Many students involved in self and peer assessment lacked confidence in their own and their colleagues' abilities to mark fairly and to give appropriate feedback." (McDowell 1995: 310) Dies zeigt, dass die Einstellungen und Werthaltungen der Lernenden zur Selbst- und Partnerevaluation grundlegend sind. (Mandl und Hense 2007: 96, Kap.

2.4.1.) — Negative Einstellungen von Lernenden werden häufig begründet mit der „Dienstpflicht der Lehrkraft" zur allein ausschlaggebenden Beurteilung: "Some [students] felt that lecturers were failing in their responsibilities if they did not provide it." (McDowell 1995: 310 u.v.m.) S. Brown entdeckt bei den Lernenden "an unease that the assessment is not done by the ´expert´, that is, by the tutor." (1994: 60) Zhang (1995) zeichnet ein düsteres Bild von Selbst- und Partnerbeurteilung: Lernende bevorzugten Lehrerbeurteilung vor den anderen Formen der Beurteilung, wenn diese möglich sei. Eine eventuell übersteigerte Fixierung von Lernenden auf die Endnote muss abgebaut werden mit Blick auf die Vorzüge von Selbst- und Partnerevaluation. (Orsmond 1997: 365) Dazu kann ein Feedbackprozess vor oder anstatt einer Bewertung hilfreich sein, denn: "Where self and peer assessment focussed on allocating marks rather than on giving feedback students felt that a valuable opportunity was lost." (McDowell 1995: 310) Und Mowl (1995: 332) fügt hinzu: "Questions of marks and marker reliability in many cases of self and peer assessment are actually secondary to questions about learning outcomes."

Die Lehrkräfte stehen innovativen Formen von Evaluation und deren Zielen offen gegenüber. Mowl nennt dies "staff motivation for innovation" (1995: 326) Kähler (in www.selbstevaluation.de) schreibt zu den internen Voraussetzungen für erfolgreiche Selbstevaluationen in den Sozialwissenschaften, dass ihr Erfolg nur dann überzeugend nachgewiesen werden könne, wenn das Risiko eingegangen werde, dass sich als Ergebnis wider Erwarten ein Misserfolg herausstellt. Dazu gehört auch Vertrauen in die kritischen Fähigkeiten der Lernenden: "Trusting students and their ability to be perceptive about themselves and others is an integral part of the self-evaluation process." (Klenowski 1995: 161) Struyen (2008: 83) bemerkt, dass die Akzeptanz der Lernenden bei fehlender Akzeptanz der Lehrenden von Lernenden, Inhalten oder Methoden sinkt. (Kap. 2.4.2.); dieses bezieht sich auch auf das Ernstnehmen von Kritik (Fichten 1993: 41) — Kähler deutet an, das Sicheinlassen auf Selbstevaluation an sich könne letztlich durch systematische Anforderungen an Qualität zu verbesserter Arbeitsqualität beitragen, der Prozessnutzen sei von großem Wert, ohne den Ergebnisnutzen zu vernachlässigen.

Als problematisch werden sowohl in der Fachliteratur als auch in den Ergebnissen aus den vorliegenden Studien erwähnt:

Gesteigerter oder höherer Zeitaufwand, der jedoch durch seinen exemplarischen Charakter für das lebenslange Lernen kurz-, mittel- und langfristig kompensiert wird. Boud (1995: 183) sieht als einen der Anreize für Selbstbeurteilung die Angabe als Pflichtveranstaltung und die Bereitstellung der Unterrichtszeit, wie es auch in den vorliegenden Studien stattfindet.

Subjektivität und ihre Folgen: Diese kann bei Selbstbeurteilung eine Überbewertung sein, um positivere Leistungen dokumentieren zu können (Olina 2004: 20), bei Partnerbewertung interpersonale Gründe haben oder Gründe, die mit dem Verhältnis zur Lehrkraft verbunden sind (Helmke 2009²: 283). Dennoch überwiegen die zu erwerbenden Kompetenzen: "It is far better to take the risk over the marks than to deprive students of the opportunity of developing the important skills." (Orsmond 1997: 358). Schwache Lerner kritisieren ggf. die gesamte Zielsetzung: "Learners with a low tolerance for ambiguity or with an authority-oriented ′learning style preference′, for example, may react with unease to the whole idea of self-assessment as a result of a psychological need to feel ′directed′ and provided with something ′solid′ to hold onto." (Tudor 1996: 173) Daher benötigen sie eine engmaschige Einführung und Begleitung, wie sie in verschiedenen Trainingsprogrammen vorgeschlagen wird.10 Boud (1995: 197f.) nennt als fundamentales Problem die automatische Selbstdarstellung bei der Bewertung, sogar bei anonymer Bewertung. Diese kann durch gezieltes Training mit striktem Abgleichen an objektiven Kriterien und anonymem Beurteilen ohne Wettbewerb verringert werden. — Im Übrigen bleibt bei allen Bewertungen immer ein Rest an Subjektivität: Searby (1997: 375) beschreibt das für Beurteilungen von zwei Lehrkräften: "It is highly likely that a comparison of two lecturers′ marks for the same work would show similar discrepancies."

Einer möglichen Überforderung bei Schülerfeedbacks (Helmke 2009²: 282) im Bereich der Unterrichtsbeurteilung und der didaktischen und fachlichen Kompetenz der Lehrkräfte muss vorgebeugt werden durch sorgfältige und altersangemessene Auswahl von Befragungsinhalten.

Bei der Metaevaluation von Selbst- und Partnerevaluation bzw. nur von Selbstevaluation durch Lernende konstatieren Falchikov (1986: 156f.) und Orsmond (1997: 363f.) ähnliche Ergebnisse: Beide Arten von Bewertung fördern demnach bei den Lernenden (aufgeführt von der als wichtigsten erachteten Eigenschaft an) kritisches Denken, Orientierung an Strukturen, Lerneffekt, Unabhängigkeit und Selbstvertrauen. Die Verwendung von Selbst- und Partnerbewertung wird überwiegend als schwer bezeichnet (dabei erscheint Selbstbewertung noch schwerer als Partnerbewertung), als herausfordernd, jedoch zeitaufwendig, weiterhin als hilfreich und gewinnbringend, schließlich als angenehm. Am meisten profitieren Lernende von ihrer Kenntnis der Beurteilungskriterien: Sie helfen ihnen für ihre eigenen Arbeiten und lässt sie dabei und beim Lesen der Arbeiten

---

10 Wilkening 2006c, 2007a, 2007b; Al Fallay 2004, Macht und Nutz 1999, http://www.cdl.org/resource-library/articles/self_eval.php mit dem Aufsatz Rolheiser und Ross

Arbeiten Anderer aufmerksamer sein; auch unvoreingenommenere, objektivere Notengebung wird genannt.

Struyen (2008) untersucht in einer Metabefragung die verschiedenen Beurteilungsformen jeweils im Anschluss (Kap. 11) und stellt deren Wertschätzung, insbesondere die Schülerorientierung, fest, aber auch den notwendigen Trainingsprozess und die Akzeptanz der Lehrkraft.

Die so ähnliche Selbst- und Partnerevaluation unterscheidet sich in einem wesentlichen äußeren Faktor: "In self-evaluation the student is learning about learning through reflecting on his or her own activities. In peer-evaluation, the student is learning about learning through reflecting on the activities of other students." (Sasketchewan Education 1991: 59)

In den folgenden theoretischen Erörterungen werden Selbst- und Partnerevaluation der besseren Übersicht halber zunächst getrennt definiert und in ihren Hauptbestandteilen erklärt, anschließend erfolgt ein Überblick über wesentliche Forschungsliteratur, bevor Selbst-, Partner- und Lehrerevaluation als verschiedene Facetten von Evaluation verbunden werden.

1.2.6.1. Selbstevaluation

Jeder, der lernt, schätzt ganz automatisch seine eigenen Leistungen selbst ein: «L'autoévaluation est un phénomène permanent et banal, présent, de façon consciente ou non, dans tout apprentissage.» (Carton 1993: 28) Lernende stellen sich einfache Fragen: "Whenever we learn we question ourselves. 'How am I doing?', 'Is this enough?', 'Is this right?', 'How can I tell?', 'Should I go further?' In the act of questioning is the act of judging ourselves and making decisions about the next step. This is self assessment." (Boud 1995: 1; ähnliche Fragen stellt Dam 1995: 49; Kleppin 2008: 206 erweitert auf elf Fragen) Boud geht auf S. 15 noch weiter mit der Bedeutung, die er dieser Selbsteinschätzung zuweist: "Of all ideas associated with assessment, self assessment provides the fundamental link with learning."

Lernen bedeutet dabei auch, dass das Lernsubjekt seinen Lernstoff individuelldifferenzierend verarbeitet. Montaigne formuliert mit einer Metapher aus der Ernährung: «C'est témoignage de crudité et indigestion que de regorger la viande comme on l'avait avalée. L'estomac n'a pas fait son opération, s'il n'a fait changer la façon et la forme à ce qu'on lui avait donné à cuire.» (1847: 103)

Selbstevaluation beschränkt sich häufig auf die Überprüfung des fremdsprachlichen Könnens (von Butler 2006: 509 genannt performance assessment) im Unterricht und in den meisten Ansätzen von Portfolios (Ballweg 2009, Rau 2009,

2009, Gonzales 2008 u. v. m.). English G 21. Portfolioarbeit 5/6 (2008: 9) erweitert diese zunehmend auf Sprachlernbewusstsein, methodische Kompetenzen und Lerntechniken. Eine umfassendere Definition liefert Lupo im französischsprachigen Bereich: «L´autoévaluation scolaire est l´opération mentale par laquelle l´apprenant qui doit résoudre un problème d´apprentissage mesure ses propres capacités et les efforts à accomplir pour vérifier s´il est à même de franchir les obstacles qu´il va rencontrer pour obtenir les résultats espérés.» (1988: 57) J. Brown schreibt für den englischsprachigen Bereich: "Students assess their own abilities, language production, or other aspects of their progress." (1998: 53) Rolheiser und Ross heben das zukünftige Lernen hervor: "Self-evaluation is defined as students judging the quality of their work, based on evidence and explicit criteria, for the purpose of doing better work in the future."

Rolheiser und Ross stellen in einem Schaubild den Einfluss von Selbstevaluation (allerdings nur der sprachlichen Fähigkeiten, wohl aber übertragbar) auf das Lernen dar: Selbstevaluation ermutige Lernende, sich höhere Ziele zu setzen und sich dabei persönlich mehr anzustrengen. Daraus entstehe Leistung, die wiederum ein eigenes Urteil über die selbst gesetzten Ziele erfrage. Bei der Beantwortung dieser Frage entstehe mehr Selbstvertrauen und folglich ein upward cycle of better learning. Um die gegenteilige Entwicklung zu verhindern, sei die Unterstützung durch die Lehrkraft besonders wichtig. Dazu entwickeln Rolheiser und Ross vier Stufen von skills training: Entwicklung der Kriterien, Anwendung und Einüben, Rückmeldung, gemeinsame Entwicklung von Planung und Zielsetzungen und geben Tipps für die Einführung von Selbsteinschätzung.

Welche sind die Bestandteile von Selbstevaluation, wie sie in dieser Arbeit verstanden wird?

    Selbstevaluation ist nicht Fremdevaluation durch die Lehrkraft, sondern erfolgt durch die Lernenden selbst.

    Diese beobachten, diagnostizieren, kontrollieren ihren Lernfortschritt selbst (Boud 1995: 18) in seinen Stärken und Schwächen als lebenslange reflexive und autonome Lerner (Brown S. 1994: 54). Dabei nennt J. Lewis das Sich-Bewusst-Machen des Lernens als besonders wesentlich. (1990: 228) Dam (1995: 49) bezeichnet Selbsteinschätzung als "the pivot of learner autonomy". Harris erwähnt in diesem Zusammenhang das Streben vieler passiver Lernender nach einer guten Note und stellt fest, dass Selbsteinschätzung helfen könne, die Aktivität der Lernenden zu steigern, so dass sie ihre eigene Verantwortung für ihr Lernen erkennen: "While [these] self-assessment activities ... by no means guarantee that students will become active overnight, they do sow the seed of an individual focus on learning." (1997: 14)

Selbstevaluation fördert unterschiedliches Lernen, z. B. Selbsterkenntnis und Verstehen. (Boud 1995: 18f.) McCombs (1989: 51f.) stellt fest, dass hohe Selbstkenntnis das Verteidigungsbedürfnis schlechterer Leistungen eliminiere und nennt als Stufen dorthin self-awareness, self-monitoring, self-evaluation (S. 71). Ein weiterer Hinderungsgrund kann Angst vor der Offenbarung gegenüber anderen sein: «La peur de s´autoévaluer est un phénomène d´ordre social: on a peur de soi parce qu´on craint les autres.» (Lupo, S. 61) — S. Brown fasst die vielfältigen Vorzüge von Selbsteinschätzung als all-round value zusammen. (1994: 56)

Dieser Wert kann durch Kombination mit Partnerevaluation gesteigert werden. Sadler (1989: 140) bezeichnet als das beste Material, Evaluation und gleichzeitig Wiederholung des Stoffes zu trainieren, die Arbeiten der Mitlernenden. Stefani (1998: 340) bezeichnet es als notwendig, dass Evaluation in Partnerschaft (zwischen Lernenden in einer Gruppe sein oder Lernenden und Lehrenden) stattfinde.. Er schließt: "Assessment at any level should not be a unilateral activity." Boud (1995: 15) stellt den engen Zusammenhang zwischen Selbst- und Partnerevaluation dar, die in einer ihrer hauptsächlichen Zielsetzungen, der Stärkung des eigenen Lernens, sehr ähnlich sind. Macht (2001: 76) erwähnt einen wichtigen Einwand von Lernenden: Sie möchten nicht nur sich selbst bewerten, sondern auch Würdigung von anderen erfahren.

Im Folgenden seien die Kernbestandteile von Partnerevaluation diskutiert, ehe die Lehrerevaluation noch hinzugenommen wird, um Kombinationsmöglichkeiten in der Forschungsliteratur aufzuzeigen und für diese Arbeit anzudeuten.

1.2.6.2. Partnerevaluation

Büeler bemerkt, dass Anstrengungen in sozialen Systemen zur Empathie, zur Beobachtung von Ereignissen auch aus der Sicht einer anderen Person oder Rolle noch wenig etabliert seien. (1994: 125) Partnerevaluation ist eine solche Beobachtung.

Wesentliche Elemente und Effekte von Partnerevaluation, wie sie in dieser Arbeit verstanden wird, sind:

Partnerbeobachtungen finden innerhalb einer Lerngruppe statt (einzeln oder in Gruppen); sie können in Gruppenbesprechungen übergehen. (Kleppin 2006: 105); Min 2005 bevorzugt Partnereinschätzungsgruppen. Teamarbeit, hier definiert als intensive Auseinandersetzung mit und Beurteilung von Arbeiten Mitlernender, ist eine gesellschaftliche Schlüsselkompetenz (Biermann 2008: 114), vgl. Kap. 2.2.3.1. Porto (2001: 41) betont für

Schreibprodukte, dass die Interaktion darüber notwendig sei, Rinnert bezeichnet den Lernprozess in Schreibgruppen als "social act".(2001: 189) Möller 2010 zeichnet Gruppenfeedback u. a. auch zu sozialen Kompetenzen auf.

Der Austausch von Lernerfahrungen zwischen den Feedbackgebenden und den Feedbackempfängern ist ein wichtiger Baustein im Prozess effektiven Lernens. (Brown, S. 1994: 53)

Besonders häufig wird Partnerbeurteilung seit den späten 80er Jahren in der amerikanischen Fachliteratur in verschiedenen Stadien von Schreibprozessen eingesetzt. In den USA ist *(creative) writing* ein eigenes Schulfach. Besprechungen unter den Lernpartnern erfolgen z. B. in Portos *cooperative writing response groups* 2001. Durch Partnerbeurteilung wird die Individualisierung und Differenzierung der unterschiedlichen Kompetenzen der Schreiber unterstützt und durch ein größeres Spektrum an Rückmeldungen verschiedener Lernpartner konstruktiv ergänzt. (Min 2005: 294) Dabei werden sie sich bewusster über den Schreibprozess (Porto 2001: 41), vergleichen mit der eigenen Arbeit (Biermann 2008: 114), den selbst eingesetzten Strategien und beobachten die Strategien und das Repertoire von Mitlernenden (Kleppin 2006: 105), die eine ähnliche oder gar gleiche Aufgabenstellung wie die eigene individuell unterschiedlich ausgestalten. (Kap. 12)

Inhalte können sowohl sprachliche und inhaltliche Fortschritte als auch andere Aspekte des Lernprozesses sein so wie in dieser Arbeit. (Brown, J. 1998: 53) Der Einsatz von bestimmten, beobachtbaren Strategien kann untersucht werden. (Kleppin 2006: 105), vgl. Kap. 11.

Partnerevaluation sollte möglichst anonym gegeben werden. (Mowl 1995: 326) Darauf legt auch die aktionsforschende Lehrkraft in dieser Arbeit besonderen Wert. Ross und Rolheiser betonen, dass die Lernenden die Diskretion bei der Note schätzten. (1998a: 470)

Ziel kann Feedback auf eine Beobachtung wie auch gegenseitige Beurteilung sein. (Brown J. 1998: 53) Die Lernenden erhalten wichtige Aufgaben in diesem Prozess der Rückmeldung ("a valid audience": Porto 2001: 41, Kap. 10)

Die Qualitäten der Partnerevaluation seien die intensive, gewissenhafte, realistische reflexive Auseinandersetzung mit anderen Arbeiten und positive, sensible Verbesserungsvorschläge (Sasketchewan Education 1991: 59, Brown 1998: 54, Biermann 2008: 114). Das bedeutet Hervorheben von Stärken und Schwächen. (Boud 1995: 203). Falchikov zeigt 1996 in Studie 3, dass Empfänger von Rückmeldung es als hilfreich empfinden, wenn Schwächen bezeichnet und Hilfen für Verbesserungen gegeben werden; Beschränkung auf Stärken sei nicht hilfreich. Die Hilfen sollten detailliert verschiedene Aspekte ansprechen und Urteile begründen. Boud fügt hinzu, dass die Kommentare nur das Werk, nicht aber die Person betreffen dürfen ("respect of common humanity"), dass hierbei Ton und Form wichtig seien. (1995: 201) In Kapitel 16 diskutiert Boud ausführlich die Qualität von gutem und schlechtem Feedback. Ghaith nennt verschiedene inhaltliche, persönliche und soziale Aspekte, mit denen Feedbackgeber ihre Mitlernenden unterstützen können (2007: 237f.) Zu Letzteren zählt Porto interest, respect, trust. Aus durch Mitlernende hervorgehobenen Stärken entstehe Selbstvertrauen und -schätzung. (2001: 41)

Empfänger des Feedbacks müssen offen dafür sein. (Boud 1995: 205f.) Boud fährt fort, Lernende empfänden teilweise die Gespräche mit Mitlernenden als tiefer und weniger „gefährlich". Im Partnergespräch reguliere sich das Feedback von selber, denn Lernende fühlten sich eher angespornt: "being judged by their peers ... seems to provide a much more effective spur to the production of high quality work than does assessment by staff" (Searby 1997: 377) Ein weiterer Grund ist, dass Mitlernende auf der gleichen Lernstufe sind und somit besser Empathie empfinden können

Problematisch können sich folgende Aspekte auswirken:

Stärker als bei Selbstevaluation verstehen oft Lernende den Stellenwert von Partnerbeurteilung nicht oder fühlen sich nicht qualifiziert, diese durchzuführen (Searby 1997: 377). Jacobs (1998: 314) schlägt vor, die positive Einstellung dazu und die Zusammenarbeit in der Lerngruppe zu fördern, wie es die Lehrkraft im schülerorientierten Unterricht der Einzelstudien auch versucht. Gute Beispiele von Partnerbeurteilungen von Schreibprodukten werden gegeben werden und die Balance von Lob und konstruktiver Kritik durch die Mitlernenden wird diskutiert.

Lernende finden die Partnereinschätzung subjektiv (Brown 1998: 55); um diesem vorzubeugen, ist ein wesentliches Thema im empirischen Teil dieser Arbeit auch, Einschätzungen an vorher bekannten Kriterien festzumachen. Ein weiteres Problem, das beurteilende Mitlernende sich nicht einig sind über die Qualität (Orsmond 1997: 365), tritt in dieser Arbeit nicht auf, da die Partnerbeurteilungen separat und anonym abgegeben werden. Nachteil dabei ist der mangelnde Gruppenaustausch darüber.

Interpersonale Probleme können zwischen den sich gegenseitig beurteilenden Lernenden bestehen oder sich entwickeln bzw. das Gegenteil — Bindung durch Freundschaft, die sich auf die Einschätzung auswirkt — kann der Fall sein (Brown 1998: 55f.); hier schlägt Brown verschiedene Quellen und Anonymität der Bewertung vor, vgl. Kap. 10. Ebenso schlägt er für erste Partnereinschätzungen nur positives und konstruktives Feedback vor. Muncie (2000) erwähnt die Partnerfeedbacks nur auf erste Entwürfe, das Lehrerfeedback jedoch auf die Endfassung. — Eine wesentliche Hilfe gegen mögliche interpersonale Probleme sind die gemeinsam erarbeiteten, allen bekannten Kriterien, die Objektivität herstellen. Das führt zu dem Verständnis von guter Arbeit: "This process also contributed to ... their own understanding of what is a quality performance." (Klenowski 1995: 156)

Prozesse des kritischen Feedbackgebens oder -empfangens können problematisch erscheinen (Falchikov 1986); die Beurteilung der Lehrkraft wird als ausschlaggebend angesehen. Das zeigt sich auch in einigen Bemerkungen der vorliegenden Studien.

Boud warnt, die Benotungsfunktion vor die Feedbackfunktion zu stellen. Dadurch könne die Kooperation in der Lerngruppe unterminiert werden und Hass und Neid entstünden möglicherweise, was die Lernenden von dem methodischen Ziel ablenken könne, die Präsentationsfertigkeiten zu üben. (1995: 16) Mowl hebt den Lernprozess vor der Benotung hervor: "Numeric outcome may be only secondary to a recognised learning outcome." (Mowl 1995: 326) Auch Sasketchewan Education schlägt deskriptive statt beurteilende Partnerevaluation vor. — Diese Diskussion ist in Kap. 10 für die empirische Studie zu führen.

Rückmeldung durch Lernpartner im Fremdsprachenunterricht scheint sehr viel schwieriger zu sein als die im muttersprachlichen (Zhang 1995: 209)

Aus diesen Stärken und teilweise auftretenden Problemen von Partnerevaluation ist zu schließen: "Peer reviews take patience — from both students and teachers." (Mangelsdorf 1992: 283) Mit der o. g. Einstellung und viel Übung verbesserten sich die Evaluationen der Mitlernenden, Partnerevaluation kann zu einer beiderseitigen *win-win*-Situation werden, die für alle besonders profitabel ist. (Ghaith 2007: 237)

1.2.6.3. Reihenfolge bei Selbst- und Partnerevaluation

In der Fachliteratur wird häufig vorgeschlagen, Partnerevaluation vor Selbstevaluation einzuführen, weil

Lernende durch die Anwendung der Kriterien auf die fremden Arbeiten Klarheit über ihre Inhalte und Übung im Umgang mit ihnen erlangen und sie später auf ihre eigenen Arbeiten übertragen, Probleme erkennen und Verbesserungen einfügen können (Weskamp 2003: 152)

durch kooperative Anwendung der Kriterien eine Objektivität erreicht wird, in der Lernende weniger emotional verhaftet sind als bei der alleinigen Betrachtung ihrer eigenen Arbeiten. (Sadler 1989: 140)

S. Brown (1994: 57) schlägt vor, mit den Kriterien zunächst Lernpartner in anderen Gruppen zu beurteilen (inter-peer), dann in der eigenen Gruppe (intra-peer), dann sich selbst beurteilen zu lassen. Es gibt aber auch andere Schulen, die umgekehrt Partnerbeurteilung als Bestätigung der Selbstbeurteilung vorschlagen wie Boud, der zuerst Selbsteinschätzung vorschlägt, dann Feedback von den Mitlernenden, danach eine mit mehr Distanz formulierte, fundiertere Selbsteinschätzung (1995: 202). Ross und Rolheiser stellen ebenfalls Selbstbeurteilung an den Anfang (1998: 308). Sehr treffend formuliert schon Heron die Gründe: "I refine my assessment of myself in the light of feedback from my peers ... A just self-appraisal requires the wisdom of my peer group." (1981: 64) Mowl (1995: 330) propagiert ebenso zunächst Selbstbeurteilung nach den vereinbarten Kriterien mit genauer Begründung. English G 21. Portfolioabeit Klasse 5/6 von 2008 zeigt mit seinem learning buddy-Programm eine wiederholte Abfolge von Selbst- und Partnereinschätzung. Stefani (1998: 346) betont die Förderung von Selbsteinschätzung und -beurteilung durch Zusammenarbeit zwischen Lernendem, Mitlernenden und Lehrkraft.

Schon Heron (1981), später Goldfinch (1994) plädieren für eine gleichzeitig stattfindende Kombination von Selbst- und Partnerbeurteilung, Letztere in Gruppenarbeit: Nach einem prozentualen Pool beurteilt sich das Selbst wie seine Mitlernenden in der Gruppe; durch die Aushandlungsprozesse innerhalb der Gruppe nivellierten sich diese Bewertungen. Dabei werden lt. Heron viele personale und soziale Kompetenzen wichtig: "I must be willing to take risks, to disclose the full range of my self-perceptions both positive and negative, to confront others supportively with negative feedback, to discriminate between authentic peer insights and unaware peer projections, to trust others." (1981: 64) Aus diesen Prozessen entstehe eine neue autonome Persönlichkeit, die über "intellectual competence, emotional and interpersonal competence, and self-determining competence" verfüge. Einige dieser Qualitäten seien in den vorliegenden Untersuchungen belegt.

1.2.6.4. Partnerevaluationsbögen

Viele „fertige" Bögen zur Partnerevaluation sind in der Fachliteratur zu finden; z. B. ein riesiger Markt an Literatur zur Bewertung von Präsentationen. Diese unterscheiden sich von den *fiches d'écriture* von Caspari (2006: 8) und den *fiches d'évaluation* von Deharde (2006: 7), indem sie „Instrumente der textsortenspezifischen Textproduktion" zusammenstellen. Schon eher eignen sich die *fiches de correction* von Deharde und Lück zur Partnerkorrektur, definiert als „schematischer Erwartungshorizont für die geforderte

als „schematischer Erwartungshorizont für die geforderte Textsorte"(2006: 38). Hier werden in Kurzform jene Strukturierungsmerkmale, die bereits in den *fiches d'écriture* beschrieben sind, aufgegriffen und als Checkliste für die Beurteilung zusammengestellt. Sie umfassen außerdem Aspekte zur Sprache und zur Textkonstruktion.

Abgesehen von diesen anerkannten Bestandteilen von Textsorten ist es notwendig, mit der jeweiligen Lerngruppe auf die spezifische Lernsituation zugeschnittene Kriterien auszuhandeln. Dazu können „fertige" Bögen als Anregungen dienen, ebenso hilfreich für sprachliche Aspekte sind die Deskriptoren des GER.

1.2.6.5. Forschungsstand

Es gibt zahlreiche englischsprachige Untersuchungen weltweit zum Thema Selbst- und Partnerevaluation. Viele sind schon oben angesprochen worden. Hier seien weitere Studien nach Themen erwähnt, die Selbst-, Partner- und Lehrerevaluation verschiedenartig kombinieren, mit Lehrerevaluation vergleichen oder gar alle drei Evaluationsarten (diese bezeichnet Heron 1981:68 als collaborative assessment, vgl. auch Helmke 2009^2: 301 zu einem validen Gesamturteil aus unterschiedlichen Perspektiven) vergleichen. Einschränkend bleibt zu betonen, dass sich die Studien meist auf den Hochschulbereich beschränken, seltener auf Schule, noch seltener den Unterricht in der Muttersprache und fast nie auf den Fremdsprachenunterricht. Diese Forschungslücke versucht diese Arbeit exemplarisch zu füllen.

Schreibkonferenzen werden häufig beforscht. Einige Studien aus dem universitären Bereich sind auf Fremdsprachenunterricht und damit die vorliegenden empirischen Studien übertragbar: McGroarty und Zhu (1996) und Berg (1999) untersuchen in Schreibklassen von Colleges die Wirkungen von Training zu Partnerbeurteilung im Schreibkurs der Muttersprache und finden im Vergleich mit anderen Gruppen heraus, dass dieses signifikant die Kritikfähigkeit, die Tiefe der Kritik und die Einstellung zur Partnerbeurteilung verbessert. (Kap. 11 und 12, wobei allerdings die Vergleichsgruppen fehlen) Berg hebt zudem die inhaltlichen Alternativen für schwache Schreiber hervor, was aus die Partnerbeurteilung der Präsentationen in Studie 10 übertragen werden kann. Die von Connor 1994 festgestellten geringen Veränderungen, die die Empfänger des Feedbacks von ihren Mitlernenden übernehmen, können in den Querschnittsstudien nicht festgestellt werden; dazu wären Longitudinalstudien erforderlich. Zhang (1995: 219) und Tsui (2000: 165) zeigen, dass die Partner aus Vertrauensmangel wenig Partnerkommentare integrieren und die Beurteilung des

Lehrers vorziehen — zu letzterem Aspekt Kommentare von Lernenden in mehreren Studien.

Zur Güte der Einschätzung bei Selbst- und Partnerevaluation gibt es relativ gesicherte Untersuchungen: Al Fallay (2004), Orsmond (1997), Kwan (1996), Hughes (1993), Boud (1989) u. v. m. stellen fest, dass gute Schüler sich richtig oder schlechter einschätzen, schwache sich überbewerten; sie finden heraus, dass die Überbewertung der Mitlernenden größer ist als die der eigenen Leistung — was sich in den vorliegenden Studien wegen der Anonymität nicht stützen lässt — und dass eine hohe Korrelation zwischen Lehrer-, Selbst- und Partnerbewertung besteht. (Studien 10, 12 und 13) Das führt Lehrende, die Selbst- und Partnerevaluation gegenüber kritisch sind, zum Schluss, dass solche innovative Beurteilungsformen unterbleiben sollten. (Boud 1989: 22). Freeman (1995) betont, dass Partnerbeurteilung in Abschlussjahrgängen problematisch werden könne, wenn sie die Endnote beeinflusse, und die Einhaltung der Kriterien besonders kontrolliert werden müsse. (Studie 10)

Caulk (1994) und Hughes (1993) vergleichen den Inhalt der Evaluationen und finden heraus, dass Partner- und eigene Kommentare nicht die der Lehrkraft ersetzten, sondern alle drei als komplementär zu betrachten seien, da die von Lernenden spezifischer seien oder keine Hilfen zur Verbesserung gäben, die von Lehrenden seien allgemeiner. Das kann in Kapitel 10 nicht festgestellt werden, da die Lernenden ohnehin einzelne Beobachtungsaufgaben während der Präsentation Mitlernender haben. — Boud findet heraus, dass die Arten der Skalierungen bei den Bewertungen einen großen Einfluss auf die Ergebnisse haben: Mitlernende seien bei der Skalierung von 1-9 sehr viel strenger als Lehrkräfte, bei einer Skalierung von -2 bis +2 sehr viel großzügiger. (1995: 98) Falchikov 1996, Studie 2 erarbeitet, dass Studierende eher die Vorbereitung und Durchführung einer Präsentation und die Menge und Qualität der Informationen fokussierten, Lehrende eher Verstehen und Methodik. Das bleibt für die Studie 10 zu untersuchen. Olina (2002 und 2004) stellt bei der Kombination von Lehrer- und Selbstevaluation ein hochwertigeres Produkt und höheres Selbstvertrauen fest. (Kap. 13) Jedoch führe die einfache Hinzufügung von Selbsteinschätzung als weiterer Bewertungsform nicht zu höherer Leistung; deshalb sei es unabdingbar, dass Selbsteinschätzung mit Kriterien und anhand von Beispielen geübt werden müsste. (Olina 2002: 72) Olina zeichnet sogar ein düsteres Bild nach der Befragung von Lernenden: Eine genaue Anwendung der Kriterien durch Lehrkräfte sei hilfreicher. Inhaltlich hebt Falchikov 1996 in Studie 1 das positive Feedback der Mitlernenden im Gegensatz zu einem kritischeren der Lehrkraft hervor; dies wäre in den Kapiteln 10, 12 und 13 zu untersuchen.

Über den Ertrag von alleiniger Partnerevaluation schreibt Lockhart (1995), es gebe zu wenig empirische Beweise darüber und schließt, dass wohl die Lehrerevaluation effektiver sei. Auch Hyland (2006) empfindet eher Zurückhaltung.. Peer response, so findet Berg (1999), sei eher bei erfahrenen Gymnasiasten in höheren Lernjahren erfolgsversprechend, sie berichtet von ihren guten Erfahrungen; bei Jüngeren könne die Qualität niedrig sein. Ähnlich behaupten Ross und Rolheiser, dass Partnerbeurteilung eine gewisse menschliche Reife voraussetze, die eher bei älteren Lernenden gegeben sei (1998: 308). Diese Behauptung wäre in Kapitel 11 zu testen. Zhang (1995) befragt Fremdsprachenlernende, welche der drei Evaluationsformen sie bevorzugten: Die große Mehrheit plädiert für Lehrerevaluation, man akzeptiere jedoch Partnerfeedback, wenn es kein Lehrerfeedback gebe. Zhangs Bitte um eine Ausschlussentscheidung wird in der Fachliteratur wiederum kontrovers diskutiert. Die Forscherin entscheidet sich in Kapitel 7, 9, 10, 12 für komplementäre Formen von Evaluation, in Kapitel 8 und 11 werden Selbst- und Metaevaluationen klassenweise verglichen.

Zur Gewichtung der Selbstevaluation schlägt Boud (1989: 24) vor, den Lernenden ihre selbst evaluierten Noten zu geben, wenn sie nicht mehr als 5-10 % von denen der Lehrenden abweichen. Andere gewichten komplementäre Evaluationen auf unterschiedliche Weise. Einige seien hier genannt, die mit der Gewichtung durch die aktionsforschende Lehrerin in Studie 10 vergleichbar sind: Conway (1993) bildet die Endnote aus 25% Partnerevaluation innerhalb der Gruppe, aus 25 % der Evaluation der gesamten Klasse und aus 50 % der Evaluation der Lehrkraft. — Mowl (1995) findet in seinem Geografieprojekt heraus, dass Studenten eigene und Partnerbeurteilung als weniger verlässlich bewerteten als die des Lehrers. Er gewichtet in der Endnote Lehrernoten mit 50 %, Selbstevaluation mit 25 %, Partnerevaluation mit 25 %; Selbstbewertungsnoten seien am großzügigsten, Partnerbewertungsnoten am wenigsten, Lehrernoten im Mittelbereich. Lejk (1996) bildet die Note aus einem Partnerbeurteilungsfaktor (das ist ein Notenpool, den die Gruppe verteilt, dabei ist auch Selbstbeurteilung) multipliziert mit der Gruppennote der Lehrkraft; Searby (1997) reserviert 20 % für die Beurteilung der Lehrkraft neben der sonstigen Partnerbeurteilung. MacKay (2000) schlägt als Gewichtung 50 % für die Selbstbewertung und 50 % für die der Lehrkraft an der Endnote vor; bei einer Diskrepanz von über 10 % müsse ein Gespräch zwischen beiden stattfinden. —Fallows (2001) legt die Anteile an der Endnote fest mit 75 % Beurteilung der Lehrkraft, 15 % der Lernpartner, 10 % des Selbst (darunter: eigener Beitrag in der Gruppe, Vorbereitung, persönliche Performanz in der Präsentation); für Präsentation zählen neben Inhalt und Präsentationsart 20 % für das Engagement und die Beteiligung der Zuhörer (vgl. Kap. 10). In Rühlemanns Vergleich der Gewichtung von Lehrer- und Partnerevaluation (2006) für den Fremdsprachenunterricht erscheint es problematisch, dass die Lehrerevaluation als Standard gesetzt wird. (Kap. 10, 12 und 13)

Boud (1989: 25) weist in einer Studie mit Studenten des Maschinenbaus der Metareflexion über Selbstevaluation 4 % der Endnote zu. Falchikov (1996, Studie 3) weist der Metareflexion über die Partnerbeurteilung mit 20 % der gesamten Kursnote einen noch höheren Stellenwert zu.

1.2.6.6. Gütekriterien

Fichten stellt verschiedene Rahmenbedingungen zusammen, die bei der Erhebung aus Schülersicht erfüllt sein sollten. (1993: 43)

Sinn und Zielsetzung müssen den Lernenden bekannt sein; das ist bei den vorliegenden Studien der Fall

Freiwillige Teilnahme; in diesen Studien muss die gesamte Klasse/der gesamte Kurs im Rahmen des Fachunterrichts ohnehin verpflichtend teilnehmen.

Anonymität wird in den vorliegenden Studien zugesichert und gewährleistet; sie ist ohnehin bei dem überwiegenden Teil an anonymen Befragungen gegeben.

Die Besprechung der Ergebnisse erfolgt nach der Auswertung durch die Lehrkraft.

Boud (1995: 208-209) unterscheidet in einer Tabelle (allerdings für ganze Fachbereiche in Hochschulen) summarisch gute und schlechte Eigenschaften von Selbst- (und Partner-) evaluation, an denen die vorliegenden empirischen Untersuchungen gemessen werden sollen; diese Tabelle hat die Forscherin erst im Rahmen dieser Forschungsarbeit gefunden. Deshalb ist zu vermuten, dass sich einige Schwachstellen bei der Datenerhebung ergeben werden. Diese werden expliziert, sofern sie sich von Boud unterscheiden.

Das Motiv ist die Förderung von Lernprozessen, nicht eine von außen kommende Anforderung.

Eine klare Zielsetzung liegt vor, die mit den Lernenden besprochen wird, s. Unterrichtskontexte.

Die Lerneinstellungen der Lernenden werden vor der Selbst- (und Partner-) evaluation betrachtet. Dies geschieht teilweise in Befragungen, die jedoch nicht Thema dieser Arbeit sind. (Wilkening 2008a) Eine Ausnahme ist Kap. 7, in dem die Lernereinstellungen als Ausgangspunkt für die Projektplanung dienen.

Die Lernenden sind involviert in die Erstellung der Bewertungskriterien. Dadurch wirken sie auch direkt auf den Lern- und Evaluationsprozess ein.

Für die einzelnen Stufen des Evaluationsprozesses werden Richtlinien entwickelt. — Diese plant die aktionsforschende Lehrkraft und passt sie während der Durchführung im Bedarfsfall flexibel der Untersuchung an.

- Selbst- (und Partner-) evaluation unterstützen den Lernprozess über ein bestimmtes Thema, nicht über sekundäre Fertigkeiten. — In dieser Arbeit werden überfachliche Fertigkeiten untersucht.
- Lernende drücken ihre Einstellungen in qualitativen, nicht quantitativen Urteilen aus. Die Urteile sind spezifisch und durch Begründungen gestützt, die sich auf authentische, von ihnen erlebte Informationen und Situationen beziehen.
- Selbst- (und Partner-)evaluation tragen zu Entscheidungen über Verbesserungen des zukünftigen Lernens bei. — Die kommunikativen Validierungsgespräche und die Erfahrungen der Lehrkraft zeigen dies zwar, lassen sich aber retrospektiv teilweise nicht mehr festhalten.
- Selbst- (und Partner-) evaluation sind Strategien, die selbst organisiertes, unabhängiges Lernen fördern. Sie sind nicht isoliert von anderen Strategien und Inhalten. — In dieser Arbeit sind sie Elemente schülerorientierter Unterrichtsverfahren und -inhalte.
- Übungen in Selbst- (und Partner-) evaluation durchdringen den gesamten Kurs und haben deshalb einen hohen Stellenwert.
- Die Lehrkraft bemüht sich, die Lernenden an den Bewertungspraktiken für die lernenden Subjekte durch aktive Beiträge zu beteiligen.
- Selbst- (und Partner-) evaluation sind gut vorbereitete Methoden des Lernen Lernens.
- Selbst- (und Partner-) evaluation betrachtet die Lernenden differenziert in ihrer jeweiligen Individualität; die Evaluationsstrategien werden ggf. diesen angepasst.
- Der Lernprozess führt zur Entwicklung von Evaluationsfertigkeiten insgesamt, nicht nur bezüglich des jeweiligen Themas.

1.2.7. Selbst- und Partnerevaluation in Lehr-, Rahmen und Bildungsplänen

Nach Einführung der KMK-Bildungsstandards im Jahre 2003 werden im Zuge der Implementierung in allen Bundesländern die Curricula überarbeitet und unterschiedlich akzentuiert. Bei der Analyse der sehr vielfältigen Lehr-, Rahmen- oder Bildungspläne ergibt sich für den Rahmen dieser Arbeit, dass nur exemplarisch einige Länder ausgewählt werden können, in deren Plänen nach den Themen Selbst- und Partnerevaluation gesucht wird. Wegen der vielfältigen Formulierungen sei das Vorkommen folgender Verben gesetzt: „nachdenken über, bewusst machen, kontrollieren, überprüfen, korrigieren, reflektieren, einschätzen, beurteilen, evaluieren".

Die KMK-Bildungsstandards nennen im Bereich Methodenkompetenz zunächst die Beschreibung des eigenen Lernfortschritts allgemein (ein Portfolio wird erwähnt), spezifizieren dann aber auf den Spracherwerb. Der Gedanke der Lernbewusstheit fehlt hier, ebenso wird auf den Gedanken von Partnerevaluation völlig verzichtet.

Die baden-württembergischen Bildungsstandards Englisch nennen für alle Jahrgänge Selbst- und Partnereinschätzung in entsprechenden Abstufungen, und zwar im sprachlichen (besonders betont durch die Erwähnung des EPS und den Abdruck der Deskriptorenskalen des GER) und lernstrategisch-methodischen Bereich. Die Rückmeldung der Mitlernenden dient hier zur Unterstützung der Selbsteinschätzung. — Für das Fach Französisch wird das Sprachenportfolio zur Dokumentation hervorgehoben; Selbst- und Partnereinschätzung finden keine Erwähnung. Mit EIS (Evaluationsinstrumente für Schulen) liefert das baden-württembergische Bildungsministerium nicht nur zahlreiche beispielhafte Evaluationsinstrumente für die Selbstevaluation von Schulen, sondern ebenfalls für Selbst- und Fremdevaluation von Lernenden, Lehrenden und Lern- und Unterrichtsprozessen. Auch Kollegien, Schulleitungen und Eltern erhalten Anleitungen für solche Evaluationen. Die allgemein gehaltenen Vorlagen regen zur situationsspezifischen Anpassung an. Obwohl Partnerevaluation in den Vorlagen keine Rolle spielt, enthält EIS sehr hilfreiche Anregungen für Selbst- und Fremdevaluation.

Im bayrischen Lehrplan tauchen Selbst- und Partnerevaluation nicht direkt auf. In der 10. Klasse soll der sprachliche Fortschritt reflektiert werden. In der Qualifizierungsphase der bayrischen gymnasialen Oberstufe geht es um die allgemeine realistische Selbsteinschätzung, ohne dabei die Methode der Selbstevaluation zu erwähnen.

Der hessische Lehrplan erwähnt als Ziele immerhin allgemein Methoden- und Sprachreflexion in seiner Einführung; bei der Aufschlüsselung der Ziele für die Klassen geht es jedoch nur (anfangs fakultativ) um sprachliche Progression, die im Sprachenportfolio festgehalten werden kann – im Lehrplan Französisch mit dem Begriff Selbstevaluation bezeichnet. Dort anders als im Lehrplan Englisch geht es um Einschätzung eigener und fremder Leistung.

An diesen wenigen Konkretisierungen der KMK-Bildungsstandards in den Bundesländern zeigt sich, wie vollkommen quantitativ und inhaltlich unterschiedlich der Gedanke von Selbst- und Partnerevaluation realisiert wird. Von einer einheitlichen Wertschätzung von Selbst- und Partnerevaluation in den jetzt gültigen Lehrplänen kann keinesfalls gesprochen werden.

Abb. 1

Bundesland	Vorgabe, Jahr	Selbst- und Partnerevaluation
KMK Bildungsstandards	4. 12. 2003	S. 18 unter Methodische Kompetenzen: Lernbewusstheit und Lernorganisation: Lernende können ihren eigenen Lernfortschritt beschreiben und ggf. in einem Portfolio dokumentieren, sie können Methoden des Spracherwerbs reflektieren und diese auf das Lernen weiterer Sprachen übertragen
Baden-Württemberg	Bildungsstandards Englisch, Gymnasium 2004	S. 113: Klasse 6: Kompetenzen und Inhalte — Methodenkompetenz: einfache Formen der Selbsteinschätzung sowie die Rückmeldung von Mitschülern für Überprüfung des Lernfortschritts nutzen, sprachlichen und methodischen Lernzuwachs im Sprachenportfolio dokumentieren; S. 117: Klasse 8: weitergehende Formen der Selbsteinschätzung und Rückmeldung der Lernpartner für Überprüfung des Lernfortschritts nutzen; S. 121: Klasse 10: sprachliche Fähigkeiten selbst beurteilen und individuellen Fortschritt selbst einschätzen und zur Weiterentwicklung eigener Lernstrategien nutzen, ebenso Rückmeldungen von Mitlernenden; S. 125: Kursstufe: das Sprachenportfolio routiniert handhaben, auch zur Optimierung der eigenen Lernkompetenz und Rückmeldungen von Mitlernenden(Abdruck der Deskriptorenskalen des GER)
Baden-Württemberg	Bildungsstandards Französisch Gymnasium 2004	S. 136: Klasse 8: Lernprozess zunehmend selbstverantwortlich unterstützen und im Sprachenportfolio dokumentieren; S. 140: Klasse 10: Lernprozess selbstverantwortlich unterstützen und ergänzen, im Sprachenportfolio dokumentieren; S. 144: Kursstufe: ebenso
Baden-Württemberg	EIS (Evaluationsinstrumente für Schulen), 2007	Qualitätsentwicklung an allgemeinbildenden Schulen: Planung der Datenerhebung (Selbstevaluation von Schulen), Instrumente zur Datenerhebung (5 Qualitätsbereiche: Unterrichtsergebnisse und -prozesse mit u. a. zehn Fragebogen, vier Reflexions- und Beobachtungsbögen für Lernende, eine Vorlage für ein Leitfadeninterview mit ihnen, eine Checkliste, zwei Vorlagen für moderierte Verfahren neben ebensolchen Instrumenten für Lehrkräfte, Schulleitung, Eltern; ein Dokument mit Hinweisen zu den Instrumententypen), Auswertung der Daten.
Bayern	Englisch, Gymnasium 2004	(weder unter Fachprofil Moderne Fremdsprachen noch unter Englisch weitere Aussagen zum Thema); Jahrgangsstufenlehrplan Klasse 9: zur Reflexion über eigene und fremde Wertvorstellungen anleiten, dabei

		Herausbildung realistischen Selbst- und Lebenskonzeptes unterstützen und Selbstwertgefühl des Einzelnen stärken; Klasse 10: „Grundwissen" erworben: kritische Auswertung, Evaluation eigener Arbeitsmethoden; Sprachreflexion; Lernstrategien und Methoden selbstständigen Arbeitens: Arbeitsmethoden vergleichen, ggf. verändern bzw. optimieren; Klassen 11, 12: eine realistische Selbsteinschätzung hinsichtlich eigener Kompetenzen fördern
Bayern	Französisch, Gymnasium 2004	Jahrgangsstufenlehrplan Klasse 9: zur Reflexion über eigene und fremde Wertvorstellungen anleiten, dabei Herausbildung eines realistischen Selbst- und Lebenskonzeptes unterstützen und Selbstwertgefühl des Einzelnen stärken; Klasse 10: Reflexion über sprachliche Leistungen; Klasse 11,12: realistische Selbsteinschätzung hinsichtlich eigener Kompetenzen fördern
Hessen	Englisch Gymnasialer Bildungsgang, G8, 2010	S. 3 Ziele – Methoden- und Lernkompetenz: Methoden- und Sprachreflexion (Lernschritte, -prozess, zunehmend selbstständiges Lernen, Übertragen auf andere Lernbereiche wie im EPS, dadurch Bewusstmachung und Erweiterung der Methodenkompetenz und Selbstevaluation von Sprache (S. 4); (nichts unter Schülerorientierung und selbstständigem Lernen); S. 15 Oberstufe. Präsentation: eigenständige Bearbeitung eines Themas wie Methodenreflexion; Unterrichtspraktischer Teil: als fakultative Methode ab 5. Klasse Benutzung des Europäischen Sprachenportfolios; Klasse 9, S. 29: Sprachreflexion; Anschlussprofil zur Gymnasialen Oberstufe, Methoden und Lerntechniken, Lernen lernen: reflektierende Sprachbetrachtung
Hessen	Französisch, Gymnasialer Bildungsgang, G8, 2010	S. 3 Ziele – Methodenkompetenz: Reflexion über Lernschritte und -prozesse wie Aufbau von Beobachtungs- und Bewertungskompetenz, Einschätzung eigener und fremder Leistungen; S. 5 Didaktisch-methodische Grundlagen – Methodenkompetenz: Sprachenportfolio ist geeignetes Mittel zur Bewusstmachung und Erweiterung der Methodenkompetenz und zur Selbstevaluation fremdsprachlicher Kenntnisse; S. 15: Klasse 5: Selbstkontrolle gelernter Vokabeln; S. 25: Klasse 8 – Methoden und Lerntechniken: Reflexion über Lernschritte und -prozesse (=S. 3); S. 28: Klasse 9: Sprachreflexion; (für 2. und 3. Fremdsprache und die Gymnasiale Oberstufe gar nichts)

Zusammenfassung Kap. 1.2.

„Evaluation" wird in seinen Ursprüngen untersucht und allgemein definiert als Analyse, Überprüfung, Bewertung von Handlungen zur Steigerung der Professionalität. Nach einem Fragenkatalog zu Evaluationen und der Einteilung in fünf mögliche Unterkategorien werden eventuelle Probleme und Grenzen erklärt, darunter die Problematik, dass Evaluation nie zur absoluten Wahrheit führen kann. Evaluation im Bildungswesen genießt besondere Aktualität wegen der vielfältigen Bestrebungen zur Qualitätssicherung. Dabei werden die allgemeinen Bildungsziele vernachlässigt, weil sie schwer messbar sind. Aktuelle Vorwürfe der übersteigerten Verbindung zwischen Bildungs- und Wirtschaftsinteressen werden diskutiert. Überfachliche Lernziele können durch Selbst- und Partnerevaluation von den Lernenden in ihrem Lernprozess erreicht werden; die Untersuchungsmethoden dafür müssen eher „weich" sein. Es folgt ein Exkurs zur Definition von „überfachliche Kompetenzen, fachübergreifende Lernziele, Soft Skills, Schlüsselqualifikationen" in verschiedenen Katalogen aus Bildung und Wirtschaft, ohne dass diese theoretische Grundlagen haben.

Eine weitere Einengung erfolgt auf „Evaluation von Schulen", die nicht Thema dieser Arbeit sind. Zwar gibt es vielfach Bemühungen um institutionelle Evaluation, das Thema „Reflexion" spielt jedoch besonders am Gymnasium noch eine untergeordnete Rolle. Wichtige Ziele von „Evaluation im Unterricht" sind Planung, Gestaltung, Selbstvergewisserung, Entscheidungsstützung, Rechenschaftslegung, Erforschung oder Weiterentwicklung von Unterricht. Für diese Arbeit gilt ein sehr offener Begriff von „Evaluation", der schon bei Feedback beginnt.

Im einleitenden Kapitel zu „Selbst- und Partnerevaluation" wird Lernenden zugestanden, als Experte ihres Lernens darüber Auskunft geben zu dürfen. Insofern bedeuten diese Formen von Evaluation eine pädagogisch orientierte Form der Rückmeldung, die eine natürliche Kultur des Nachdenkens über das eigene Lernen fördern. Selbst-, Partner- und Lehrerevaluation werden gesehen als verschiedene sich gegenseitig bereichernde Facetten, deshalb muss sich die Diskussion auf sie alle beziehen.

Sowohl Selbst- als auch Partnerevaluation charakterisieren sich durch die Hauptelemente Autonomisierung, Lernprozessorientierung, Ausbildung überfachlicher Kompetenzen, Partizipation, Ergänzung und Entlastung der Lehrerbeurteilung, Lernen lernen, Professionalisierung. Ihre Voraussetzungen sind Akzeptanz, Information, Einschränkungen, Training, Auswertung, Einstellungen. Problematisch könnten Zeitaufwand und Subjektivität sein. In der Literatur werden beide Evaluationsformen häufig metaevaluiert.

Selbstevaluation ist Selbstbeobachtung des Lernens, bei der sich die Selbsterkenntnis vergrößert. Kombinationen mit Partnerevaluation sind wünschenswert. Diese erfolgt von Mitlernenden, Dialoge sind essenziell. Sie findet oft in Schreibprozessen statt, verschiedene Inhalte sind möglich. Viele notwendige Qualitäten für Geber und Empfänger von Partnerevaluationen werden dargelegt. Mögliche Probleme können sein, dass ihr Wert nur schwer deutlich wird, sodass der Eindruck von Subjektivität überwiegt. Interpersonale Probleme können entstehen. Die Benotungsfunktion kann überbetont werden.

In der Literatur gibt es alle Varianten in der Reihenfolge: zuerst Partner-, dann Selbstevaluation oder umgekehrt oder beide Formen werden zeitgleich praktiziert. Bei dieser Form handelt jeder in beiden Rollen.

Zahlreiche Vorlagen besonders für die Evaluation inhaltlicher Aspekte existieren. Schließlich wird der Forschungsstand zu verschiedenen Themen über Selbst- und Partnerbewertung resümiert: Schreibkonferenzen, die Güte der Einschätzung, der Inhalt, Ertrag, die Gewichtung von Evaluationen. Es gibt spezielle Gütekriterien, an denen diese Arbeit abgeglichen wird.

Abschließend zu „Evaluation" werden verschiedene Bildungspläne exemplarisch danach überprüft, ob Selbst- und Partnerevaluation darin berücksichtigt sind.

2. Rahmen der Untersuchungen

Vollmer unterscheidet zwischen wissenschaftlich-konzeptioneller, schulpolitischer und pragmatischer Auseinandersetzung mit Bildung (2006: 12); diese Arbeit steht in letzterer Tradition.

2.1. Lehrerzentrierter Unterricht

Lehrerzentrierter -, geschlossener -, Frontal-, lernzielorientierter -, instruktivistischer Unterricht, direktes Unterrichten, *teacher-centred/teacher-fronted classroom, direct instruction* ist als gemeinsamer Unterricht aller zu Belehrenden unter Steuerung des Lehrers bekannt. (Meyer 2007[12]: 183) Jahrzehntelang wird scharfe Kritik daran geübt, auch von Lernenden in vielen Einzelstudien dieser Arbeit sichtbar: Schülerorientierte Phasen werden mit stärker lehrerzentrierten verglichen (Kap. 7). Bei dieser Kritik geht es um erzwungene Passivität Lernender, autoritären Unterrichtsstil, mangelnde

Partizipation bei Gestaltung von Inhalten und Aufgaben11, Methodenmonismus, atmosphärische Trennungen zwischen Lehrenden und Lernenden, Konkurrenz der Lernenden, Streben nach Perfektion, Beziehungslosigkeiten zwischen Lernbereichen, Leblosigkeit, Abbau von Lernfreude, Angst. (Thaler 2010b: 13) Thaler fasst zusammen, dass Frontalunterricht Aktivität, Kreativität, Partizipation, Problemlösen, Selbstständigkeit, Kooperation und gedankliche Flexibilität vernachlässige, die von einer modernen Gesellschaft immer mehr gefordert würden. (2008: 126)

Seit Ende der 90er Jahre findet mit Meyer u. a. eine Renaissance des Begriffs „Frontalunterricht" statt. Dessen Potenziale zeigen sich in dieser Arbeit durch einzelne Beschreibungen von Lernenden, die mit schülerorientierten Arbeitsformen Schwierigkeiten haben oder sie nicht richtig anwenden können. Es geht insbesondere um Meinungen über Effektivität von Unterricht, Intensität der Vermittlung kognitiver Wissensbereiche und größerer Zusammenhänge, Hilfestellungen durch die Lehrkraft, Korrekturverhalten unter den Lernenden, deren willkommene Passivität, Verhältnismäßigkeit von Aufwand und Ertrag, anscheinender Lernerfolg.(Thaler 2010b: 12)

Abgesehen von diesen Kritikpunkten wird prinzipiell das lineare Lernparadigma zunehmend abgelöst von einem zyklischen, lernprozessorientierten (Bleyhl 1998: 66f.), welches eher in schülerorientierten Formen des Unterrichts verwirklicht werden kann. Jedoch bemerkt Thaler:

„Jeder offene Unterricht hat als Rahmen geschlossene Strukturen, weshalb Offenheit kein Synonym für völlige Beliebigkeit ist, eine Öffnung nicht zu einem kompletten Vakuum führt." (2008: 154)

2.2. Schülerorientierter Unterricht

Unter den vielen Definitionen von „schülerorientiertem Unterricht" sei Fichtens allgemeine Beschreibung herausgegriffen: „Unter schüleraktivem Unterricht ist ein Unterricht zu verstehen, der den Schülern die Möglichkeit gibt, aktiv werden (Selbsttätigkeit) und ihre Lernprozesse eigenständig planen und gestalten zu können (Selbstständigkeit)." (1993: 254) Diese Sichtweise unterstützt Klieme in seiner Expertise 2003:

> „´Kompetenzen´ beschreiben ... solche Fähigkeiten der Subjekte, die auch der Bildungsbegriff gemeint und unterstellt hatte ... auch Fähigkeiten, die einen Prozess

---

11 vgl. Ergebnisse der DESI-Studie: Mehr als ein Drittel der Lernenden geben an, nie bei der Auswahl von Lerninhalten beteiligt zu sein, fast zwei Drittel selten. Ebenso beklagen zwei Drittel, dass sie keine Chance haben, selbst Aufgaben zu entwickeln – das dritte Drittel fast keine. (Helmke u. a. 2008: 380).

des Selbstlernens eröffnen, weil man auf Fähigkeiten zielt, die nicht allein aufgaben- und prozessgebunden erworben werden, sondern ablösbar von der Ursprungssituation, zukunftsfähig und problemoffen." (2003: 65)

Die KMK-Bildungsstandards konkretisieren unter „methodische Kompetenzen, Lernbewusstheit und Lernorganisation": „Die Schülerinnen und Schüler können für sie förderliche Lernbedingungen erkennen und nutzen, ihre Lernarbeit organisieren und die Zeit einteilen, Fehler erkennen und diese Erkenntnisse für den eigenen Lernprozess nutzen, ihren eigenen Lernfortschritt beschreiben" (S. 22) In Kap. 1.1., 1.2.2. und 1.2.3. wird dieser Bildungsbegriff allgemein beschrieben und dessen Mangel in derzeitigen Maßnahmen der Qualitätssicherung diskutiert, hier sei er auf Kliemes zukunftsfähiges, offenes eigenes Lernen angewendet.

Was ist Lernerautonomie nicht? Little (2005: 3-4) definiert negativ, es sei kein Eigenstudium, kein Lernen ohne Lehrer, keine Aufgabe von Kontrolle und Initiative des Lehrers, nicht statisch, insgesamt nicht leicht zu beschreiben. Welche Hauptelemente hat dieses Lernen?

Holec definiert den hohen Standard von Lernerautonomie als die Fähigkeit von Lernenden, Verantwortung für ihr Lernen zu übernehmen. Dies äußert sich folgendermaßen: Lernende bestimmen ihre Ziele, Inhalte und Fortschritte, entscheiden sich für Methoden, Lernzeiten und Techniken, kontrollieren ihren Lernprozess, evaluieren ihren Lernzuwachs. (1979: 4) Gudjons beschreibt dieses Lernen als selbstständig, selbst organisiert und selbstverantwortlich.. (2006: 10) — Das Ziel der Lernerautonomie umfasse nach Boud alle anderen: "It is not just one goal among many but rather a characteristic of all of the others; it is the manner in which all skills should be displayed and all beliefs held." (1995: 25) Diese Handlungen und Ziele bedeuten Aktivität (vgl. Thalers Befreiung des Schülers „aus seiner passiven Unterrichtsstoff-Konsumenten-Existenz" in 2007: 4)

Klare Planung und Strukturierung sind wichtig („Offener Fremdsprachenunterricht heißt nicht unverbindliches Experimentieren." Thaler 2010a: 9; H. Meyers 1. Merkmal guten Unterrichts 2010[7]: 17f.) Lerner dürfen individuelle Wünsche formulieren, mit planen, mit Inhalte, Ziele, Methoden aushandeln. Durch gemeinsame Erstellung von Kriterien (Kap. 11) erhöht sich die Transparenz.

Thaler fügt folgende für diese Arbeit relevante verschiedene Offenheiten hinzu: kommunikative und interpersonelle Offenheit im Unterrichtsgespräch, existentielle Offenheit als Akzeptanz der Ganzheitlichkeit der Lernenden, adressatenorientierte Offenheit für verschiedene Schülerperspektiven. Bei dezisionistischer Offenheit geht es um organisatorische Machtverteilung und Partizipation. (2008: 144ff.)

Dies ist nur möglich durch veränderte Rahmenbedingungen wie durch häufiger von Lernenden selbst getragene Unterrichtsabläufe, unterstützt von individualisierenden, differenzierenden Unterrichtsmethoden und Lernmaterialien, die gezieltere Selbstbestimmung, -verantwortung und -kontrolle der individuellen Lernschritte erlauben. (Rampillon 2003: 4f., vgl. auch Kap. 2.1. zu den Ergebnissen der DESI-Studie)
Rampillon beschreibt detailliert die Konsequenzen für die veränderten Ziele, später Bohl (2006: 16) und Gudjons (2006: 55ff., 92f.). Für diese Arbeit ist relevant, dass neben der Entwicklung der fremdsprachlichen Kompetenz auch die Entfaltung der autonomen Persönlichkeit der Lernenden angestrebt wird. Dementsprechend ist nicht nur zielerreichendes fachliches Lernen Grundlage der Beurteilung, sondern auch sozialkommunikatives, methodisch-strategisches und selbst erfahrendes, selbst beurteilendes Lernen. Der erweiterte oder ganzheitliche Lernbegriff ist in allen aktuellen Bildungsplänen integriert. Er ist nach Boud (1981: 25) nicht beschränkt auf periphere Themen oder Aktivitäten, kann nicht teilweise erfolgen oder nur für einen Aspekt des Lernprozesses; er involviert das ganze Individuum, nicht nur den Intellekt, sodass die Motive und Wünsche der Lehrenden ebenso wichtig sind wie der Lernstoff. Hass beschreibt sowohl direkte (wie die zum Spracherwerb, zur Sprachreflexion, zur Entwicklung sprachlicher Fertigkeiten) als auch indirekte (metakognitive, soziale, affektive Strategien; Strategien beim Umgang mit Medien). (2008: 7) Rampillon fügt einen Auszug aus einem Beobachtungsbogen zu lernstrategischen und sozial-partnerschaftlichen und selbsterfahrendem Verhalten bei, in dem jeweils sieben verschiedene Indikatoren in einer fünfstufigen Skala bewertet werden sollen. (2003: 11)
Lernberatung ist wichtig: Rampillon (2003:7) gibt als Beispiele zum Austausch über Lernkompetenz Fragebögen zur Selbstreflexion, zur Bewusstmachung angewandter Lernstrategien, Fragebögen über Lernertypen, ein Informationsblatt mit Lerntipps; sie schlägt Gespräche über Selbstkompetenz, Selbstmotivation, Stressabbau, soziales Lernen; Lernhilfen diverser Art vor. Kap. 2.5. handelt von Metakognition als Lernhilfe. Durch die meist anonymen Befragungen kann nicht immer individuelle Lernberatung erfolgen.

Die extrem schülerzentrierte Form des autonomen Unterrichts, praktiziert beispielsweise in Freiarbeit, wird im schülerorientierten Unterricht etwas relativiert, wie Holec schon ankündigt: "Learning may be either entirely or only partially self-directed." (1979: 5) Gudjons beschreibt ein Gesamtarrangement von Lehrerzentrierung und Frontalunterricht neben freien, offenen Phasen. (2006: 57) Thaler nennt verschiedene Formen des Balanced Teaching, das offene wie geschlossene Verfahren verwendet. (2010: 7) In dieser Arbeit werden diese nicht additiv aneinandergereiht, sondern alternierend in Sandwichform (Kap. 8 innerhalb einer Unterrichtseinheit), oder komplementär (vgl. Kap. 9), pragmatisch (Kap. 7, 10); teils ist der Einsatz auch abhängig von den Forschungsfragen der Lehrkraft, die neugierig neue Verfahren in innovativer Anwendung der Vorgaben testet.

Nach Deitering (1998[2]a: 47) sind drei Ebenen lernerzentrierten Unterrichts zu unterscheiden: die Ebenen des Individuums, der Gruppe, der Gesellschaft. Gegenstand dieser Arbeit sind die ersten beiden. Bendler entwickelt in seinem Modell des erweiterten Lern- und Leistungsbegriffes für offene Lernformen vier Eckpunkte: zielerreichendes, fachliches Lernen, sozialkommunikatives Lernen, methodisch-strategisches Lernen und selbsterfahrendes-selbstbeurteilendes Lernen (1995: 12); Letzteres erfährt hier besondere Betonung.

Die Öffnung des Unterrichts hat seit Langem breite Zustimmung gefunden. Erste empirische Studien erfolgen in den USA in den 30er und 40er Jahren im Gegensatz zum lehrerzentrierten. Häufig werden Einzelelemente dieses Unterrichts kritisiert, weil Zweifel an ihrer Umsetzbarkeit und ihren Wirkungen auf den Lernprozess bestehen, v. a. im Hinblick auf die Vergleichbarkeit fachlicher Leistungen mit Ergebnissen aus dem traditionellen Unterricht. Schon Horwitz 1979 zitiert das übereinstimmende Forschungsergebnis, dass hier keine Nachteile zu verzeichnen seien, sondern Vorteile für die Persönlichkeitsentwicklung. Das lässt sich auch in späteren Studien feststellen. In jüngster Zeit wagt Gudjons (2006: 53f.) im Rahmen schlechter Ergebnisse in den Länder- und Schulleistungsstudien den kritischen Blick auf die Methoden zur Öffnung des Unterrichts. Er betont dabei die Gesamtverantwortung der leitenden Lehrkraft, die einem völlig autonomen Lernen Grenzen setzt: „Schüler sollen das wollen, was sie sollen ... Öffnung kann deshalb immer nur eine Teil-Öffnung sein. Das ist ernüchternd und entlastend zugleich." (S. 54) Thaler (2008: 128f.) erwähnt, dass in empirischen Studien lehrerorientierter Unterricht häufig effektiver erscheine als schülerorientierter; besonders leistungsschwächere Schüler benötigten stärkere Strukturen. Thaler (2010: 6) nennt folgende im schülerorientierten Unterricht mögliche Probleme, die in den Befragungen, besonders bei den jüngeren Lernenden, teilweise auftauchen: Leerlauf und Ineffizienz, Gebrauch der Muttersprache und Small Talk, teils chaotische Aktion, Aufgeregtheit und Produktion von wenig Sinnvollem statt Ruhe, Konzentration und Reflexion; Degradieren der Lehrerrolle, unverhältnismäßige Glorifizierung der Schülerrolle; Auffassung, es sei „kein richtiger Unterricht". Büeler konstatiert zu diesen Problemen, es deute nichts darauf hin, dass unter alternativen Lernarrangements weniger Fähigkeiten oder Kompetenzen akkumuliert würden. (1994: 185)

Eng verbunden mit Schüler- oder Lernerorientierung und den häufig parallel verwendeten Begriffen wie „offener" oder „autonomer Unterricht" ist das

Element der „Prozessorientierung", der dem Lernprozess einen maßgeblichen Wert vor dem reinen Lernprodukt zugesteht, „Handlungsorientierung", das authentische Handeln in der Fremdsprache als Weg und Ziel des Fremdsprachenunterrichts, das Prinzip des ganzheitlichen Lernens mit Pestalozzis „Kopf, Herz und Hand", „Aufgabenorientierung" als Erstellung von komplexen, inhaltlich wie sprachlich herausfordernden Lernaufgaben (Caspari 2008: 26f.), „interkulturelles Handeln" als Einheit von Sprache und Kultur der Lernenden sowie der Zielländer, „Aufgabenorientierung" als Strukturierung des Fremdsprachenlehrens und -lernens (nach Haß 2006: 21f.)

Welche einzelnen Formen schülerorientierten Unterrichts sind für diese Arbeit relevant? Thaler (2008: 154), ähnlich Bastian (2009: 9), spricht von verschiedenen didaktischen Arrangements als Oberbegriff für Methoden, Verfahren, Techniken, die unterschiedliche methodische Abstraktionsgrade unter einem Sammelbegriff subsumieren und damit auch meso- und mikrostrukturelle Aspekte von Offenheit fokussieren. Die folgende Klassifizierung lehnt sich an Thaler 2008 an und passt ihr weitere Arrangements flexibel an: aufgabenorientierte Lernarrangements (Stationenlernen, Projektarbeit), fertigkeitsorientierte (Präsentationen, Arbeitsprozessberichte und Schreibkonferenzen) und sozialformorientierte (Gruppenarbeit).

2.2.1. Aufgabenorientierte Lernarrangements

2.2.1.1. Stationenlernen

Stationenlernen oder Lernzirkel (oder: „Zirkeltraining, Lernstraße, Lerntheke, Lernzone. Lernbüffet") ist eine von Pankhurst in den 20er Jahren, später von Dewey und aus sportlichen Trainingsverfahren der 50er Jahre beeinflusste Form schülerorientierten Unterrichts. Leupold bezeichnet es als Form handlungs- und aufgabenorientierten Arbeitens (2009: 93), Peterßen als themenbezogene Freiarbeit (1999: 270).

In der Fachliteratur gehört Stationenlernen zu den häufig praktizierten und beschriebenen Methoden.12 Bauer schreibt 1997 ausführlich über verschiedenste Aspekte des Stationenlernens; seine Reihe Lernen an Stationen in der Sekundarstufe I behandelt Unterrichtseinheiten für verschiedene Lernjahre.

Der Name „Stationenlernen" entsteht durch die unterschiedlichen Orte, an denen für die Lernenden Arbeitsangebote ausgestellt sind. Es gibt unterschiedliche Grade von Öffnung: Die Lehrkraft teilt einen komplexen Inhalt in Teilthemen auf. Die Lernstationen werden an einem Lernort aufgebaut, denen Aufgaben zu-

---

12 Vgl. auch Wilkening 1999c, 2000c, 2002a, 2002b, 2003a, 2003b, 2005, 2008b.

geordnet sind, die geschlossen (nacheinander), halb offen (obligatorische Basisstationen, anschließend frei wählbar) oder offen (frei wählbar) in einem festgesetzten Zeitrahmen von Einzelnen oder in Kleingruppen bearbeitet werden. Sie können sich auf unterschiedliche Kompetenzbereiche beziehen. Durch unterschiedliche Lernangebote und Orientierung an den Interessen der Lernenden können die individuellen Fähigkeiten und Fertigkeiten optimal differenziert und die eigenen Mitbestimmungs-, Gestaltungs- (ggf. bei Inhalten, Methoden, Zeitplanung, Sozialform) und Selbsteinschätzungsmöglichkeiten systematisch geschult werden (Thaler 2008: 168) Die Lernenden können ihre Ergebnisse anhand von Kontrollblättern selbst überprüfen bzw. vom Lernpartner überprüfen lassen. Insgesamt werden durch die binnendifferenzierten Lernmöglichkeiten auf verschiedenen Gebieten ganzheitliches Lernen sowie komplexe fachliche und überfachliche Kompetenzen (z. B. soziale) trainiert.

Stationenlernen kann zur Übung und Wiederholung dienen und kann in einer weit entwickelten Form von Schülerorientierung auch unter Anleitung teilweise von den Lernenden selbst angefertigt werden. (Kap. 9 nach Vorschlag von Bauer 1997: 97)

Als Metaevaluation schlägt Teichmann (2002:8) als Endphase eine „Manöverkritik" zur Methodenreflexion vor, Bauer (1997: 142ff.) und Lusar (2004: 5f.) gehen darüber hinaus: Lusar listet methodische, soziale und personale Voraussetzungen auf, über die die Lerner zur Durchführung von Stationenlernen verfügen müssen. In bewertungsfreien Übungssequenzen sollen diese in Selbstevaluation über inhaltliche und sprachliche Kenntnisse, aber auch Methoden- und Selbstreflexion geübt werden.13 Bendler schlägt zur Bewertung von Stationenlernen einen Fragenkatalog vor (1995: 12ff.) — wobei der Aspekt Bewertung an anderer Stelle diskutiert werden muss. Bauer sieht Beobachtung, Begleitung und Bewertung nur als Aufgabe des Lehrers.

Das durchgeführte Stationenlernen kann auch in Klassenarbeiten einbezogen werden (Kap. 8). (Zur Diskussion über die Einbeziehung schülerorientierter Lernarrangements in schriftlichen Arbeiten vgl. Kap. 2.3.)

2.2.1.2. Projektarbeit

Dewey und Kilpatrick entwickeln auf der philosophischen Basis des amerikanischen Pragmatismus um die Wende zum 20. Jahrhundert die Projekt-

---

13 Ein Bogen zu einem Lernzirkel ist abgedruckt auf S. 72. Er ist sehr allgemein und geschlossen bzw. halb offen gehalten im Gegensatz zu den spezifisch auf die Unterrichtseinheit zugeschnittenen offeneren Selbstevaluationen, die in dieser Arbeit beforscht werden.

methode als Symbiose von Theorie und Praxis. Der Projektgedanke erscheint verstärkt seit Ende der 60er Jahre im Rahmen gesellschaftlicher Veränderungsprozesse.

Nach Bastian und Gudjons (1993³a: 16ff.) bezieht sich Projektarbeit zielgerichtet auf das weitere Unterrichtsgeschehen, orientiert sich in der Projektidee an den Schülerinteressen und ihrem Weltwissen; in der Projektdurchführung arbeitet man ganzheitlich, handlungs- und produktorientiert in einem Team; schließlich organisieren die Lernenden in Selbstverantwortung autodidaktisch und autonom ihren Lernprozess und ihr Lernprodukt und evaluieren diese, ein Schwerpunkt dieser Arbeit. Kieweg (1999: 6f.) fügt die Vorteile von Authentizität, Öffnung des Unterrichts, Arbeiten mit modernen Medien, fächerübergreifenden Unterricht, sozialintegrative Lernprozesse, multikulturelles Lernen, kognitiv-konstruktivistisches Lernen hinzu; Thaler (2008: 174) fügt den Aspekt der Mitbestimmung hinzu sowie zukunftsorientiert das exemplarische und das experimentelle Erfahrungslernen an der Lebenspraxis. Auch nach Emer (2008: 58) führt Projektarbeit in wesentliche Arbeitsweisen der Wirtschaft ein, was Kieweg 1999 schon andeutet..

Die mit der anfänglichen Projektidee verknüpfte Projektplanung (Aufgaben, Quellensuche, Gruppenbildung mit Aufgabenverteilung, Zeitplanung etc.), die im Verlauf immer wieder ergänzt, überdacht und verändert werden kann, wird in den empirischen Teilstudien dieser Arbeit unterschiedlich realisiert, was wiederum auf die Durchführung und Evaluation einen großen Einfluss hat; daher werden die jeweilige Projektidee und die Rolle der Lehrkraft in den Unterrichtsvoraussetzungen erklärt.

Schülerorientierte Unterrichtsformen wie Gruppen- (s. u.) und Projektunterricht, die langfristig auf Kooperation zwischen Lernenden und Lehrenden angelegt sind und die Fähigkeit der Lernenden zur Mitverantwortung für Planung und Durchführung fördern, die soziale Lernprozesse stärken, erfordern andere Formen der Leistungsbewertung als die traditionellen. (vgl. Kap. 2.3. und die empirische Studie in Kap.13, wo die durchgeführten Projekte in die Klassenarbeit einbezogen werden. Als Legitimation mag Goetsch 1993³ dienen, der die fehlenden Konzepte kritisiert und schließt: „Projektlernen war und ist vom ´normalen´ Schulalltag ... so weit entfernt, weil die Leistungsbewertung als ein Maßstab für die Ernsthaftigkeit des Lernprozesses ausgesetzt wird." (S. 257) Eines solcher Konzepte, welches Grundlage der empirischen Untersuchungen in Kap. 7 ist und von der Projektidee über die Durchführung zur Leistungsbewertung führt, wird im nächsten Abschnitt vorgestellt.

2.2.2. Fertigkeitsorientierte Lernarrangements
2.2.2.1. Präsentationen

Präsentationen, eine mediengestützte Form von Referaten, gehören zu den gesellschaftlichen Schlüsselqualifikationen der Wirtschaft und bedeuten i.a. den Abschluss einer Projektarbeit. Sie sind jedoch nicht nur funktionales Endergebnis, sondern erfordern von den Lernenden komplexe Aktivitäten: die Sammlung, Auswahl und Strukturierung von Ideen; die Erstellung eines Arbeits- und Zeitplans; Recherche, Verständnis, Auswahl und Strukturierung der Quellen; Auswahl des Präsentationsmediums; Ausarbeitung der Präsentation mit Zusatzmaterialien; kompetente und adressatengerechte Realisierung; Initiieren von Gesprächen; Reflexion und Bewertung des Prozesses und der Ergebnisse. Schon im Jahrgang 5 können Vorformen eingeübt werden. (Fritsch 2005: 3-4, Wilkening 2007a und 2007b) Thaler fasst zusammen, dass Lernende bei maximaler Offenheit des Verfahrens das Thema, den Inhalt, die Medien, die Methodik und die sprachliche Gestaltung in Anlehnung an die curricularen Vorgaben wählen können (2008: 243f.). (Kap. 7, 10, 13)

Nach Thaler können folgende Schwierigkeiten auftreten (vgl. Kap. 10, 13, wo die ersten beiden in die Evaluation einbezogen werden): Memorierung (das reine Ablesen), Monologisierung (im Gegensatz zur Beteiligung der Mitlernenden) und Plagiaterie aus dem Internet. Allgemeine inhaltliche, sprachliche, vortragstechnische, mediale und persönliche Vorbereitung sowie vielfältige Beurteilungskriterien für Präsentationen werden in umfangreicher Literatur beschrieben wie im Heft „Präsentieren" von 2005. Fritsch erwähnt dabei Selbst- und Partnerevaluation durch Checklisten (auch selbst zusammengestellte, s. S. 31f. und Kap. 10, 12, 13), Tagebücher, Beobachtungsaufgaben, verbales Feedback, vgl. Kap. 7, 10, 13. (2005: 10)

2.2.2.2. Arbeitsprozessberichte

In projektorientiertem Arbeiten sollte sowohl das gemeinsame Produkt als auch die individuelle Reflexion der Arbeit bewertet werden. Letztere kann sich in der Form eines Arbeitsprozessberichts finden. Lt. Bastian dokumentiert dieser den Verlauf des Arbeitsprozesses und reflektiert ihn kriterienorientiert. (1996: 29f.) Schrittweise erfahren Lernende, wie sie von der Prozessbeschreibung zur Prozessreflexion voranschreiten. Bastian schlägt zur Einführung die Darstellung und Reflexion von inhaltlichen, arbeitsmethodischen und sozialen Aspekten vor. Ähnliche Punkte schlägt Goetsch (1993³: 261) vor, die als Grundlage der vorliegenden Arbeitsprozessberichte in Kap. 7 dienen. Bastian bemerkt, dass eine ausführliche Reflexion durch die Lernenden in Form von Arbeitsprozessberichten auch von Lehrenden begründete und transparente Rückmeldungen erfordere, um Engagement und Bereitschaft der Lernenden in dieser Rückmeldung durch entsprechende Wertschätzung zu unterstützen. Auch diese müsse Stärken und Schwächen thematisieren, sodass

> „Leistungsbeurteilung in einen differenzierten Beobachtungs- und Selbstbeobachtungsprozess und in einen transparenten Dialog zwischen Lehrenden und Lernenden [eingebunden wird], das Lernen aus Fehlern zum Prinzip [erhoben wird] und die intraindividuelle Perspektive verstärkt in den Blick [genommen wird]."
> (Bastian 1996: 30)

Arbeitsprozessberichte werden also zu einer sehr intensiven Form der Selbst- und teils auch Partnerevaluation. Allerdings gibt Bastian bzgl. der Benotung generell zu bedenken: „Noch deutlicher wird der Widerspruch zwischen dem erkennbaren persönlichen Einsatz der Beteiligten und der Zensierung durch einen Außenstehenden in der Beurteilung der individuellen Arbeitsprozessberichte."(S. 29) Dieser Widerspruch wird u. a. an den empirischen Beispielen in Kap. 7 diskutiert.

2.2.2.3. Schreibkonferenzen

Ein weiteres fertigkeitsorientiertes Lernarrangement zur Förderung von Lernerautonomie sind Schreibkonferenzen (Caspari 2006: 12) oder peer oder writing conferences. Dabei werden nach möglichst gemeinsam erarbeiteten Kriterien Schreibaufgaben von Lernenden in einer Kleingruppe kontrolliert und verbessert. (Blume 2008: 5, Deharde 2006a: 42f.) Nach Grieser-Kindel ergänzt oder ersetzt die Rückmeldung der Mitlernenden die Korrektur der Lehrenden. (2006: 116). Für die Revisionstätigkeit erweise sich als wichtig, nicht mit den eigenen Texten zu beginnen, sondern zunächst fremde Texte zu überarbeiten, um die notwendige Distanz zum Schreibprodukt zu erhalten. Dieses wirke sich positiv auf eigene Texte aus. (Kap. 1.2.6.3.)

In Schreibkonferenzen üben Schüler folgende Kompetenzen:[14]
   Sie lernen Schreiben: Der Schreibprozess erhält einen hohen Stellenwert (Lockhardt 1995), ebenso der geschriebene Text (Tsui 2000).
   Schreibkonferenzen können die Balance zwischen Selbst-, Sozial- und Sachkompetenz, die Cohn in ihrem Modell themenzentrierter Interaktion erwähnt (1975: 115), u. a. in Schreibkonferenzen verwirklichen (Hoppe 2001: 96-97): Mithilfe transparenter Kriterien könnten Lernende erfahren, wie sie den fremden und später den eigenen Text überarbeiten und Rück-

---

[14] Summarisch nennt Porsch (2010:15) zur Rückmeldung zu Lernertexten im Unterricht die Aspekte „Motivation, Schreibförderung, Persönlichkeitsentwicklung, Evaluation".

meldungen dazugeben. Zhu fügt hinzu, dass die wahre Richtung des Denkens nicht vom Individuum zum sozialen Menschen sei, sondern umgekehrt. (1995: 494)

Durch Präzisierung ihres eigenen Denkens wenden Lernende die erworbenen Kenntnisse und Kriterien aktiv und bewusster an, sie verlassen sich nicht mehr passiv auf das Feedback Lehrender. Sie erkennen eigene Stärken und Schwächen besser (Tsui 2000: 148), beachten intensiver Fehlerquellen und behalten diese besser (Caspari), lernen von anderen Fehlern, übernehmen gute Ideen (Myers, 2001: 487)

In sozialer Interaktion lernen sie durch gegenseitige Hilfe zum Verstehen, durch gegenseitige Kritik und authentisches Feedback (Caulk 1994), durch Üben (Zhu, 1995), durch Vergleiche von unterschiedlichen Perspektiven (Myers, 2001: 487), durch Konzentration auf Wesentliches. Sie erfahren soziale und affektive Unterstützung, wodurch sie ihre interpersonalen Kompetenzen fördern (Zhu 1995: 493). Lockhardt geht sogar soweit zu behaupten, soziale Interaktion sei eine Voraussetzung zum Schreiben Lernen. (1995: 607). Damit spricht er dem sozialen Lernen im Schreiblernprozess eine bedeutsame Rolle zu.

Im Dialog miteinander üben sie Sprachproduktion, verbessern ihr Schreiben nach Partnerfeedback, konstruieren Bedeutung (Zhu 1995: 494). Bei der prozessualen Interaktion (Legenhausen 1993: 217) in der Kleingruppe handeln sie den Text aus — in dieser Arbeit den Gruppentext. (Kap. 12) Dadurch entsteht eine sehr authentische Kommunikationssituation.

Sie entwickeln im Training Empathie dafür, ihre eigenen Texte aus Leserperspektive zu sehen (Hyland 2006: 90), ihre künftige Leserschaft zu sensibilisieren (Lockhardt, S. 607), und sie sind aufmerksam für eigene bzw. fremde Texte (Tsui 2000).

Als weitere personale Kompetenz ermutigen sie sich gegenseitig, Risiken einzugehen, ggf. kreativ zu schreiben (Lockhardt 1995), sie werden flexibler, akzeptieren Imperfektionen eher.

Schließlich kontrollieren sie methodisch ihren eigenen Lernprozess besser, was zur wachsenden Lernerautonomie beiträgt (Hyland, S. 90)

Sadler (1989: 140) geht soweit zu behaupten, das beste Material für Evaluations- und Verbesserungstraining seien die Arbeiten der Mitschüler, da sie zur gleichen Aufgabe und daher in ähnlicher Weise bearbeitet worden seien. Durch diese vielfältigen Kompetenzen, die während der Schreibkonferenzen gefördert werden können, steigere sich i. a. die Motivation, das Selbstvertrauen der Schreiber und ihre Einstellung zum Schreiben (Lockhardt, S. 207).

Trotz Profits reagieren Lernende oftmals mit großer Zurückhaltung oder gar Ablehnung gegenüber Schreibkonferenzen: "ESL writers overwhelmingly preferred teacher feedback to peer feedback." (Berg 1999: 216) Ihr Haupteinwand ist, dass die Lehrkraft die Autorität innehabe ("Peer comments are not seen as authoritative." Tsui 2000: 167), kompetenter und erfahrener sei, spezifischere Kommentare von besserer Qualität und größerer Effektivität abgebe. Lehrende könnten schneller Probleme erklären und konkrete Ideen zur Veränderung bzw. Verbesserung vorschlagen.

Mehrere Studien finden heraus, dass die Lernenden die Kommentare der Lernpartner kaum in ihre Arbeiten integrieren. (z. B. Connor und Asenavage 1994) Sie erfahren, dass nur ca. 5 % Partnerfeedback überhaupt in den Verbesserungen benutzt wird, dagegen 35 % Lehrerfeedback. Kommentare von Mitlernenden seien nicht gut, sinnvoll oder nützlich, sondern oft unpassend oder überkritisch. Diese Einstellung beruhe teils auf Erfahrungen damit, teils auf negativen Erwartungen.

Besonders im angelsächsischen Bereich werden Schreibkonferenzen seit Langem intensiv beforscht. Seit Ende der 80er Jahre wird dem Schreiben Lehren und Lernen in der Forschung – besonders im amerikanischen Bereich, wo *(creative) writing* ein eigenes Schulfach ist, große Bedeutung zugemessen (Berg 1999, Zhang 1995, Mangelsdorf 1992).

Viele dieser Studien beschreiben Unterrichtsreihen oder die Rollen der Lernenden in diesem Schreibprozess; sie empfehlen Strategien für erfolgreiches Feedback von vielen Partnern (vgl. Brinko 1993: 577) oder berichten von Einstellungen und Vorzügen. (Zhang 1995). Es gibt Untersuchungen über Interaktionen Lernender bei Schreibkonferenzen (McGroarty 1996: 222-225). Bei den meisten Studien jedoch handelt es sich allerdings um Studien über Unterricht in der Muttersprache, nicht der Fremdsprache (Lockhardt 1995). In den letzten Jahren wird untersucht, ob Partnerfeedback auch für die Fremdsprache gelten kann. Einen hilfreichen Beitrag liefert English G 21 Portfolioarbeit (2008: 13f), in dem angeregt wird, Schreiben durch Austausch der Produkte mit *learning buddies* und durch Einschätzung fremder und eigener Texte auf der Basis bestimmter Kriterien zu trainieren. Wolff (2011) bietet S. 43 einen ganz allgemeinen Partnerevaluationsbogen für Schreibaufgaben an, der übertragbar ist.

2.2.3. Sozialformorientiertes Lernarrangement: Gruppenarbeit

„Durch Verbindungen ... , die aus dem Inneren der Wesen entspringen, muss einer den Reichthum des anderen sich eigen machen." (Humboldt 1852: 11)

Wie kann der schon von Humboldt gepriesene Reichtum des Anderen nutzbar gemacht werden? Organisatorisch werden große Lerngruppen in Gruppen von vier bis sechs Lernende aufgeteilt. Gruppenarbeit erfordert sorgfältige Planung, Organisation (der Aufgaben, Zielvorgaben, Zeitangaben) und Durchführung aber auch Schaffung eines „Gruppenklimas".

Nach Johnson und Johnsons Darlegung der Forschungsgeschichte 2008 setzt Lewin 1935 mit seiner Beschreibung der Abhängigkeit eines Mitglieds von der Gruppe einen ersten Meilenstein; in den 60er Jahren erfährt *cooperative learning* eine Neubewertung als Mittel gegen Rassendiskriminierung.

Johnson und Johnson erklären in ihrer Theorie soziale Interdependenz mit Prozessen und Auswirkungen von positiver bzw. negativer Abhängigkeit (S. 17), wie sie sich auch in den Gruppenarbeiten zeigen, die in dieser Arbeit untersucht werden: Positive Abhängigkeit von der Gruppe benötige als Grundlage ein Minimum an sozialen Kompetenzen (zur Vertrauensbildung, Kommunikation, Führung, Konfliktlösung, Entscheidung) und führe zu effektiven Handlungen von Kommunikation, Unterstützung, Ermutigung, Hilfe, Aufteilung von Ressourcen in gegenseitiger Offenheit; der Einzelne müsse für die Gruppe Verantwortungsgefühl entwickeln; die Gruppenmitglieder erkennen, dass sie nur gemeinsam ihre Ziele erreichten. Sie entwickelten damit Selbstverantwortung für den Klassenraumdiskurs. Ghaith (2007: 237) spricht bezüglich dieser gegenseitigen Abhängigkeit von einer *win-win* Situation unter Lernenden, wenn sie gemeinsam ein Gruppenziel verfolgten. Negative Abhängigkeit äußere sich in destruktiven Handlungen wie Konkurrenzverhalten. Keine Abhängigkeit bedeute, dass das, was mit einem Gruppenmitglied passiere, irrelevant für andere Mitglieder erachtet werde; dies fördere eine individualistische Haltung.

Gruppenarbeit als sozialformorientiertes kooperatives Lernarrangement bereitet auf wichtige personale und soziale Schlüsselqualifikationen im späteren Beruf vor: Die Kompetenzen von Selbstständigkeit und Selbstverantwortung für die Arbeit des Individuums und die der Gruppe werden trainiert, Kooperationsfähigkeit und Teamfähigkeit werden weiter entwickelt. (Gudjons 2006a: 82). Sie setzen aber zugleich eine hohe soziale Kompetenz in der Lerngruppe bereits voraus. Diese trainiert und evaluiert die aktionsforschende Lehrerin hier; die empirischen Untersuchungen sind summative Ergebnisse von unterschiedlichen Entwicklungen in Lerngruppen und bei Einzelnen; außerdem weisen sie die aktionsforschende Lerngruppe formativ auf zukünftig notwendige Entwicklungen. Gruppenarbeit kann soziale Kompetenzen so optimal fördern, weil durch den geringen Grad an Öffentlichkeit der Einzelne sein Handeln im Schonraum besser entfalten kann; die Kleingruppe als *peer group* ist in ihrem überschaubaren Beziehungsgefüge vertrauter als größere soziale Gebilde, die auch höhere Risiken des Misserfolgs und Scheiterns, der Verunsicherung bieten. (Gudjons, S. 82) Durch diese Vorzüge schafft Gruppenarbeit meist eine entspanntere Unterrichtsatmosphäre, verminderten Druck durch Zurückhaltung der Lehrkraft und höhere Motivation. (Kap. 8)

Als hinderlich erweist sich der hohe Planungs- und Vorbereitungsaufwand von Lehrkräften und teilweises Scheitern von Unterrichtsphasen aufgrund falscher Erwartungen Lernender von der Lehrerrolle (Gudjons 2006a: 83): Da die ständige Kontrolle in Gruppenarbeit fehle, entzögen sich einige Lernende dieser. Auf der anderen Seite könnten verschiedene Ängste von Lehrenden stehen: die Angst vor Ohnmacht, vor Verlust der Führung, Disziplin und Autorität. In seiner Komplexität sei Gruppenunterricht störanfälliger. Häufig werde er mit Frontalunterricht verglichen — so auch in den Befragungen. (Kap. 8)

Die Gruppenbildung kann durch die Lehrkraft oder die Lernenden selbst (Kap. 7, 8, 9, 13) erfolgen. Vorteil letzterer Gruppenzusammensetzung ist häufig höhere Motivation und Leistung, wie auch in den Befragungen erwähnt wird. Das bedeutet wiederum leistungsheterogene Gruppen, in denen nach empirischen Forschungsergebnissen oft Schwächere durch die Unterstützung Stärkerer besser lernen, umgekehrt stärkere Schüler schlechter lernen. In der Fremdsprache bietet Gruppenarbeit mit einer höheren Interaktionsdichte der Einzelnen gute Voraussetzungen für den Erwerb kommunikativer Kompetenzen (Gudjons 2006a: 82): Sprache wird offener, individueller, kreativer, Lernbedingungen, -inhalte, -methoden müssen in der Fremdsprache ausgehandelt werden. —Die Gruppen können in gegenseitigem Wettbewerb arbeiten (Johnson und Johnson 2008 plädieren für den Abbau kompetitiver Einstellungen innerhalb der Gruppe) oder ergänzend, was bei den vorliegenden Untersuchungen der Fall ist.

Reflexion über verschiedene Aspekte der Gruppenarbeit ist im Anschluss erforderlich. Johnson und Johnson weisen dieser einen hohen Stellenwert zu: „Reflexion von Gruppenprozessen führen zu gesteigerter Leistung und besserem Durchhaltevermögen, positiveren Beziehungen, höheren sozialen Kompetenzen, höherem Selbstwertgefühl und einer positiveren Einstellung gegenüber dem bearbeiteten Themengebiet" (S. 18) Schwierigkeiten könnten bei der Bewertung von Gruppenarbeit auftreten, da nicht nur die Arbeit und die Leistung der Gruppe, sondern ebenso die des Individuums Beachtung finden müssten. (Kap. 1.2.6.5. zur prozentualen Verteilung) Ansonsten können nach Thaler leistungsmindernde Effekte wie *social loafing* (Trittbrettfahren) oder der *sucker effect* (Motivationsverlust der Leistungsstarken) eintreten. (2008: 276)

Zur Beurteilung der Gruppenarbeit gibt es in der Forschung viele Vorschläge: Behr (2006: 11) schlägt eine Produktnote für alle Gruppenmitglieder, eine geteilte Prozessnote und eine individuelle Präsentationsnote vor. Selbst- und Partnereinschätzung nach nicht genau definierten Prozentteilen sollen dabei als Entscheidungshilfe für die Lehrkraft vorgenommen, vor der Großgruppe diskutiert (zur Problematik vgl. Kap. 10) und in die Bewertung einbezogen werden. S. Brown (1994: 62) schreibt von einer Gruppennote und einer Produktnote unter Einbeziehung eines von den Lernenden verhandelten und verteilten Punktepools; sie erwähnt unterschiedliche Aufgaben in der Gruppe, sodass separat beurteilt werden kann (Kap. 7); eine weitere Möglichkeit ist, dass alle dieselbe Produktnote bekommen und in der schriftlichen Arbeit eine Frage über das Gruppenprojekt beantworten "which requires the student to build on the experiences and knowledge achieved in this exercise and to answer an exam question accordingly." Brown unterstützt damit die theoretisch begründete (Kap. 2.3.) und im empirischen Teil dieser Arbeit untersuchte (Kap. 7, 9, 13) Einbeziehung von Partner- und Gruppenaktivitäten in schriftliche Arbeiten.

Interaktion ist auch in den Bezugswissenschaften als bedeutsam erkannt.

In der fachdidaktischen Diskussion ergeben sich Parallelen zu den aufgabenorientierten Lernarrangements der Projektarbeit und *task-based learning*, welche beide häufig kooperative Lernformen anwenden.

In der erkenntnispsychologischen Diskussion bei Piaget provoziert kollaboratives Arbeiten u. a. die Auseinandersetzung mit Divergenzen und regt damit die kognitive Weiterentwicklung an.

In der sozialkognitiven Sichtweise betont Wygotski die Entwicklung des Einzelnen durch die Unterstützung der Mitlernenden. (Kap. 4.5.)

Im Konzept des Modelllernens wird die Vorbildwirkung der Mitlernenden betont. (Skinner 1978, Bandura 1965)

Nach sozialpsychologischem Standpunkt schafft die positive Interdependenz und individuelle Verantwortlichkeit in der Gruppe Voraussetzungen für das erfolgreiche Handeln der Gruppe.

Motivationspsychologisch gesehen bieten die Mitlernenden Vorbilder und wirken damit verstärkend.

Auch Gardners Theorie der multiplen Intelligenzen spielt eine Rolle bei Gruppenarbeit, insbesondere die interpersonelle Intelligenz.

2.3. Alternative Klassenarbeiten und Klausuren

„Die Nutzbarmachung der Leistungskontrolle für den Unterrichtsablauf wäre der wesentliche Schritt zur Abstützung eines handlungsorientierten Unterrichts. ... Die Qualität der Ergebnisse wird den Lernenden erfahrbar – nicht per Benotung, sondern im konkreten Umgang mit ihnen." (Thiering 1998: 310f.)

Thiering erklärt hier seine Überlegungen zu einer weitreichenden binnendifferenzierenden, prozess- und zukunftsgerichteten Leistungskontrolle, deren Benotung sich sekundär anschließt. Er vertritt eine Sichtweise, die das Lernsubjekt die Bedeutung seiner spezifischen Ergebnisse für die Zukunft herausarbeiten lasse. Seinem Anstoß für die individuelle Förderung Lernender auch durch die Leistungskontrolle schließt sich auch die Aktionsforscherin an. (Kap. 9, 10, 13) 2002 beschreiben Edelhoff und Weskamp Grundzüge und Methoden einer schülerorientierten Leistungsbeurteilung; 2006 formuliert Bohl pointiert, dass mit traditionellen Formen der Leistungsbewertung Kompetenzen eines erweiterten Lernbegriffs nicht überprüfbar seien. Die traditionelle Leistungsbewertung weise damit ein „retardierendes Moment" auf und erschwere die weitere Unterrichtsentwicklung. (S. 50f.) Risse plädiert für alternative Bewertungsformen in offenen Lernformen. (2009: 15). Welche Begründungen für die einzelnen Elemente einer solchen Leistungsbeurteilung werden in der Fachforschung gegeben?

Bewertungen sollten sich nicht nur auf Lernprodukte beziehen; sie müssen auch den Lernprozess einbeziehen.(Thiering 1998: 313, Gudjons 2006: 18) Boud betont den Aspekt des umfassenden Lernens: "Not all learning is manifest in a final product ... Learning processses tend to be ignored in assessment practices and this contributes to the poor value which assessment can have in improving learning." (1992: 187) Deitering fordert, Lern- und Leistungskriterien müssten entwickelt werden, die sich auf geistige Prozesse bezögen. (1995: 19)

Bewertung muss so individuell wie möglich erfolgen. („Sind der Lernprozess und die Leistung individuell, so muss auch die Beurteilung individuell sein. (Risse 2009: 15) Sie muss so differenziert wie möglich sein. („Differenzierte Kompetenzen müssen differenziert gefördert und zurückgemeldet werden; neben der Beurteilung und Kontrolle treten Förderung und Beratung": Druyen 2008: 108)

Bewertung muss mehr Partizipation aller am Unterrichtsprozess Beteiligten zulassen. („Leistungsbewertung ist (noch) eine nahezu beteiligungsfreie Zone .... Aufzulösen sind diese Unterschiedlichkeiten [der Machtanteile von Lehrenden, Lernenden und Eltern] nicht — aber Handlungsmöglichkeiten bis hin zur Beteiligung auch in diesem Feld machen deutlich, dass es auch hier Spielräume gibt.": Bastian 2009: 9)

Leistungsbeurteilung muss zur Autonomisierung der Lernenden beitragen: Boud stellt den wichtigen Zusammenhang zwischen Leistungsüberprüfung und Schülerautonomie her: "Assessment practices are often the major barrier to developing increasing student responsibility: if students always look to others for judgements of their competence, how can they develop their own ability to assess their own learning?" (1981: 13) Düwell (2002: 176) hebt die Leistungsfeststellung zum Wahrnehmen der Lernenden in ihrer Subjektrolle hervor.

Beurteilungskriterien müssen in ihrer horizontalen (inhaltlich) und vertikalen (niveauspezifisch) Ausdifferenzierung transparent sein. (Grotjahn 2009: 7, Kap. 10, 11).

Lernen muss in die Leistungsüberprüfung einbezogen werden, damit für Lernende und ihre Eltern dessen Wichtigkeit in einem backwash effect für zukünftige schülerorientierte Phasen deutlich wird. (s. auch Weskamp 2001b): "The backwash effect can be defined as the direct or indirect effect of examinations on teaching methods."(Prodromu 1995: 13). Damit bestimmt die Leistungsüberprüfung auch die Unterrichtsinhalte: "Assessment defines what students regard as important, how they spend their time, and how they see themselves as students and then graduates.... it is not the curriculum which shapes assessment, but assessment which shapes the curriculum." (Brown S. 1994: 12)

Dazu reichen die engen Formen traditioneller Leistungsbeurteilung nicht mehr aus, in denen meist schriftlich punktuell kommunikative Sprachkompetenzen und Wissen pauschal abgefragt werden, in denen Stoffbezug, kognitive und produktorientierte Ziele anstatt des Lernprozesses, der Lernerentwicklung wichtig sind, in denen Lernenden durch Benotung Plätze in der Leistungshierarchie der Klasse zugewiesen werden (nach Rampillon 2003: 9). Leistungskontrollen sind meist nicht individualisiert; diese Individualisierung ist natürlich bei der Testkonstruktion sehr schwierig. Mc Dowell beschreibt das Problem für die universitäre Bildung: "To attune assessment systems to the developmental needs of individual students and give credit to individual progress would be a major shift in Higher Education which has always tended to focus on notionally fixed standards of achievement. Not many would want to go so far. (1995: 312)

Eine solche Bewertungspraxis legt den Verdacht nahe, „dass Schülerinnen und Schüler im Laufe ihrer Schulzeit kaum Rückmeldung und Förderung zu einer Vielzahl von Fähigkeiten erhalten, die für ihr weiteres Leben notwendig sind." (Bohl 2006: 47) Ein Leistungsbegriff, der sich auf pädagogische Diagnostik insgesamt ausdehnt, ist deshalb auch in der Klassenarbeit vonnöten. (Bohl 2006: 26f.) Schüler sollen demonstrieren können, in welchen Lernprozessen sie erlernte inhaltliche, sprachliche und methodische Kompetenzen erworben haben, aber auch auf neue Situationen anwenden und darüber reflektieren können. Auch benutzte Materialien, praktizierte Sozialformen, aufgetretene Probleme müssen zur Diskussion stehen und ggf. Alternativen für künftiges Lernen entwickelt werden.

Alternative Formen von Leistungsfeststellung sind Selbst- und Partnerevaluation. Rampillon zitiert den unveröffentlichten Lernbericht von Schüler C der aktionsforschenden Lehrerin (vgl. Kap 7), der zeigt, wie selbstkritisch Lernende sein können und wie klar sie auch Anforderungen erkennen, die mit autonomem Lernen zusammenhängen. (2003b: 10)

In der Fachliteratur wird diese Erweiterung des Leistungsbegriffs in der Leistungsbeurteilung vielfach begründet. So kritisiert Klippert traditionelle

Formen der Leistungsbeurteilung nach Methodenlernen in schülerorientierten Phasen. (1997[6]: 257) Doff und Klippel geben Teamfähigkeit als Beispiel, die, wenn sie nicht entsprechend bewertet wird, die Lernenden nicht üben (2007: 290). Leupold schreibt über Einbringen kreativer Kompetenzen in der Klassenarbeit. (2002: 372f.) Er geht sogar noch weiter: Klassenarbeiten dürften nicht Endpunkt sein, sondern stellten Lernetappen dar, „denn das Lehren und Lernen setzen ja nicht im Moment der Klassenarbeit/Klausur aus.".(2002: 369) Wolff (2010) erklärt sein Boxenstoppkonzept mit Bögen zur Selbstdiagnose im Anschluss an die Berichtigung von Klassenarbeiten. Eine hochgradige Anwendung dieses Prinzips in dieser Arbeit ist in Kap. 10 zu lesen.

Es herrscht weitgehend Konsens, dass auch in der Leistungsbewertung zielerreichendes, fachliches Lernen, sozialkommunikatives Lernen, methodisch-strategisches Lernen, selbst erfahrendes und selbst beurteilendes Lernen (Doff u. a. 2007: 290) zu berücksichtigen sind. Wenn also Lernen auch in der Klassenarbeit als individueller Prozess betrachtet wird, wenn die spezifische Lerngruppe unterschiedliche Aspekte im inhaltlichen, sprachlichen, methodischen und sozialen Bereich ihres Lernens setzt, kann eine „fertige" Arbeit (z. B. aus Begleitmaterialien zu den Lehrwerken, aus einem Aufgabenpool) höchstens in Teilen als zusätzliche Anregung dienen, der Spezifität des Unterrichts in einer Klasse würde sie nicht gerecht. Bach schreibt dazu pointiert: „Wollen wir den individuellen Lernfortschritt des einzelnen Schülers über eine bestimmte Zeitspanne hinweg messen und bewerten, sind wir aufgefordert, unsere Intentionen, die wir mit Lernfortschritt und Leistungsbeurteilung verbinden, zu verändern. (2003[6]: 265) Vollmer (1995: 274) fordert eine Veränderung bzw. Erweiterung des bestehenden Repertoires für die Leistungsüberprüfung der umfangreicheren Lernziele, Herbst (2001: 63) beklagt den Mangel an akzeptablen Formen. Grotjahn (2009: 4) schlägt neben (zentralen) Arbeiten offene Aufgabenstellungen und Fertigkeiten und Kompetenzen integrierende Formate vor, wobei Qualitätskriterien flexibel Anwendung finden. 15 Sehr gute Aufgabenbeispiele dieser Art finden sich z. B. in Tesch u. a. (2008).

Lernende als aktiv gestaltende, selbstverantwortliche Individuen ihres schülerorientierten Unterrichts können auch an der Erstellung ihrer Leistungsüberprüfung beteiligt werden. Das kann durch selbst erstellte Aufgaben im schülerorientierten Unterricht erfolgen (vgl. Kap. 9) oder durch die gemeinsame Erstellung der Beurteilungskriterien (Deharde u. a. 2006b, Kap. 11) Kleppin (2006: 106) schlägt vor, dass Lernende unter ihre Arbeit schreiben, worauf sie besonders geachtet haben. Somit bildeten sie. eigene Bewertungskriterien zu den

---

15 Zu den klassischen Gütekriterien und neuen im kompetenzorientierten Französischunterricht vgl. Grotjahn 2007

transparenten Außenkriterien. Dazu könnten Lehrerende individuelle Rückmeldung geben.

Die traditionelle Erstellung der Leistungsüberprüfung durch die Lehrkraft wird hier durch Partizipation von mündiger werdenden Lernenden erweitert. Dies wirft die Frage nach dem Rollenverständnis von Lernenden und Lehrenden im schülerorientierten Unterricht auf.

2.4. Rollenverständnis

> „Die Funktionen, die im traditionellen Unterricht der Lehrer alleine innehatte, [übernehmen] die Schüler mehr und mehr. Der Unterricht wird so von einer Veranstaltung für die Schüler zu einer Veranstaltung der Schüler." (Deitering 1995: 27)

2.4.1. Lernende

Lange sind die Zeiten vorbei, als der Lernende in der Rolle eines Objekts den vom Lehrerenden abgehaltenen Unterricht kritiklos „ertragen" musste. Auch diese Arbeit geht von einem erweiterten Verständnis der Rolle Lernender aus, wie sie Klieme in seiner Expertise andeutet:

> „Die Verfügung über die intendierten Fähigkeiten [ist] erst vollständig, wenn sie die Fähigkeit zum Umlernen und Neulernen, systematisch gesehen die Fähigkeit zur kritischen Beobachtung der Welt und des eigenen Lernens einschließt." (2003: 66)

Welche Aspekte wirken in dieser Rolle zusammen?

Lernender sind aktive Subjekte ihres Unterrichts. Daraus folgt alles andere. ("Learners should be treated as unique individuals and social beings who are capable of taking learning seriously, of taking independent decisions, and of developing as practitioners of learning." (Allwright 2009: 15).

Sie müssen selbst Verantwortung übernehmen und aus eigenem Antrieb den Lernprozess vorantreiben (Boud 1981: 30 "[teachers] can lead students to self-responsibility, they cannot make them grasp it.") Idealerweise übernehmen sie zunehmend Teile von der traditionellen Rolle Lehrender: "A student being responsible for herself means planning, organising, implementing, evaluating her own learning.. These four elements of the learning process ... are traditionally taken over by the teacher." (Brandes 1992: 25)

Sie lernen individuell unterschiedlich. Deshalb ist höchstmögliche Individualisierung, Binnendifferenzierung anstatt Homogenisierung angesagt. Brecht beschreibt Letztere abschreckend: „Was an dir Berg

war/Haben sie geschleift/Und dein Tal/Schüttete man zu/Über dich führt/Ein bequemer Weg." (1967: 493)
- Lernende als soziale Wesen brauchen einander zur Unterstützung.
- Sie müssen ernst genommen werden (Allwright 2009: 7: "Taking learners seriously means giving them the freedom to think and to express their views about their education."). Ernst Nehmen bezieht die ganze Person in ihren kognitiven, emotionalen, motorischen, sozialen und praktischen Möglichkeiten ein. (Klafki 2002: 60).
- Sie müssen das Vertrauen der Lehrenden genießen (Allwright 2009: 254), diese dürfen nicht vorschnell intervenieren, um den individuellen Lernprozess nicht zu behindern (Little 2005: 45); in diesem angstfreien Klima sind Fehler erlaubt. (Deitering 1998²: 56, 158)
- Lernende sind keine *empty vessels* (Boud 1981: 27). Sie sind selbst in der Lage, Entscheidungen zu fällen; deshalb können ihnen zunehmend mehr Möglichkeiten der Äußerung von eigenen Interessen und Wünschen eingeräumt werden, sie können mit planen und - bestimmen (Gudjons 2006: 92) bei Lernzielen, -inhalten, -methoden, -techniken, bei der Beobachtung ihrer Fortschritte, der Überwachung ihres Lernprozesses, schließlich bei der Evaluation ihres Lernens, dem Thema dieser Arbeit. Allwright fasst zusammen: "Learners are both unique individuals and social beings who are capable of taking learning seriously, of taking independent decisions, and of developing as practitioners of learning." (2009: 15)
- Lernende sind durchaus in der Lage, ihren Unterricht mit zu erforschen: "The agency of learners as potential researchers has been sadly neglected" (Allwright 2009: 108) Das zeigt u. a. diese Arbeit. Gudjons (2006a: 114) sieht das von der anderen Seite: „Verantwortlich ist keineswegs nur die Lehrkraft für Veränderungen."
- Nach der Theorie der *self-efficacy* von Bandura sind die Überzeugungen Lernender von sich selbst wichtig, insbesondere das Vertrauen in ihre Fähigkeiten. Dazu benötigen sie Mut, Offenheit und Selbstvertrauen, sich auf Neues einzulassen, aktiv zu werden, denn: "Autonomy and responsibility both require active involvement, and they are ... very much interrelated" (Scharle 2000: 4). Sie müssen den Willen haben, Hilfen für ihr Lernen anzunehmen. (Holec 1979: 28 spricht von "procedures that help the learner to learn and not that make him learn") Dazu führen positive Erfahrungen, die Lernenden in ihrem Lernen ermöglicht werden wie angstfreies Lernen, solidarische Hilfe geben und annehmen, Kooperation und Konfliktlösung, gelingende Mitbestimmung. (Klafki 2002: 60)
- In ihrem Feedback an ihre Mitlernenden sind sie (Brinko 1993: 577f.) authentisch, glaubwürdig, respektvoll, wohlmeinend, unterstützend, bestimmt, nicht richtend, vertrauensvoll und diskret. Das Feedback muss ak-

akkurat und unwiderlegbar sein, konkrete spezifische Daten enthalten, sich nicht auf die Person beziehen, beschreiben statt bewerten, sinnvolle Anregungen und Modelle liefern, darf nicht beleidigen. (vgl. *rules for feedback* in Heimes 2010: 13) Schließlich muss positives und negatives Feedback gleichermaßen gegeben werden (*sandwiched* nach Brinko 1993: 583). Sehr gute Regeln für kriteriengestütztes Partnerfeedback befinden sich in English G 21 (2008: 14f. und Anhang S. 6-9).

Allwright fasst die Lernziele dieser ernsthaften Lernenden für ihr individuelles Lernen und das ihrer Lerngruppe zusammen:

> "Learners who take learning seriously will want to reach as high a standard as they can manage, to make appropriate decisions about their learning for that purpose, and to develop their ability to work productively to reach the standard they, as unique individuals, set for themselves. And they will probably work together willingly in a mutually supportive manner towards their different individual target standards, rather than aggressively compete against each other." (Allwright 2009: 21)

Einige Lernende entwickeln Widerstände gegen ihre „neuen Freiheiten" (vgl. Kap. 2.2.), die dann teilweise auch in den vorliegenden empirischen Untersuchungen auftauchen und analysiert werden.

In seinem Buch über *exploratory practice* stellt Allwright (2009) den autonomen und reflektierenden Lernenden gleichberechtigt an die Seite der forschenden Lehrkraft und macht somit beide zu Subjekten von Unterricht. Er definiert diese Forschung als "'first-person' research ('practitioner' research), [a] research by people investigating their own practices, as insiders, where the researchers are also the 'researched'."(S. 109) Auf diese Weise entwickeln Lernende und Lehrende gemeinsam eine Aktionsforschung ihres Unterrichts — wie in den Befragungen dieser Arbeit — und gewinnen dadurch auch an geistiger, persönlicher Macht:

> "When the learners and teachers are themselves the researchers, ...they will not only have direct access to the insights they gain by looking into their learning situations, they will also attain their rightful places as powerful, and empowered, people at the centre of the research process. In this way they can both extend knowledge of their own best practices and language learning success (and failures?) and deepen their understandings of the complex issues that surround the learning of a language in a group situation, specifically: their group situation." (Allwright 2009: 137)

2.4.2. Lehrende

Lehrerzentriert Unterrichtende glauben an ihren Alleinunterricht, haben einen hohen Redeanteil, befriedigen ihr Bedürfnis nach Selbstdarstellung, möchten der Boss sein, benutzen den Nürnberger Trichter zur Instruktion, glauben an Gleichheit aller Schüler, betrachten sie als black box, sind vorhersehbar und langweilig: Diese Kritikpunkte listet Thaler satirisch auf (2010b: 10-11); sie werden in den empirischen Untersuchungen teilweise von Lernenden in Kritik an schülerorientiertem Unterricht aufgegriffen nach dem Motto: "Students feel teachers must TEACH, not experiment, request full frontal sessions, less individual work, less emphasis on responsibility." (Bell 1994: 53-54). Deshalb mögen sie hier am Anfang stehen zu den Ausführungen über die Lehrenden, die die eben beschriebenen Lernenden unterrichten. Auch ihre Rolle erweitert sich, ist jedoch nicht „ausgelöscht"[16], denn: "Teachers are still necessary." (Boud 1981: 28) Es handelt sich nicht um einen laissez-faire Stil. (Deitering 1998^2: 157). Die Wechselwirkung zwischen Fremd- und Selbststeuerung ist notwendig; deshalb werden Lehrer nicht überflüssig. (Thaler 2010b: 154)

Welche Aspekte charakterisieren diese Lehrenden, zu denen sich auch die aktionsforschende Lehrkraft zählt? Die folgenden Ausführungen konzentrieren sich auf die Mikroebene von Unterricht; die in den KMK-Beschlüssen für die Lehrerstandards von 2000 außerdem genannten Zukunftsaufgaben von Bildung und Erziehung innerhalb der Gesellschaft (Punkt II), die Beteiligung an der Schulentwicklung auf Makro- und Mesoebene (Punkte VII, VIII) und die Unterstützung der Profession aus der Öffentlichkeit (Punkt IX) sind nicht Thema dieser Arbeit.

Die Lehrenden planen, arrangieren, gestalten Lernarrangements, diagnostizieren, prognostizieren (Gudjons 2006: 16): „Der Lehrer hat die Verantwortung für die Planung der Selbstplanung." (Bastian 1993^{3}a: 34) Sie verantworten den gesamten Lehrlernprozess aktiv (Fichten 1993: 117) den sie nach den zu erreichenden Bildungsstandards ausrichten. Die KMK-Beschlüsse verlangen diese ureigenste Tätigkeit in Punkt III:

„Lehrerinnen und Lehrer sind Fachleute für das Lernen, ihre Kernaufgabe ist die gezielte und nach wissenschaftlichen Erkenntnissen gestaltete Planung, Organisation und Reflexion von Lehr- und Lernprozessen sowie ihre individuelle Bewertung und systematische Evaluation. Sie vermitteln grundlegende Kenntnisse und Fertigkeiten in Methoden, die es dem Einzelnen ermöglichen, selbstständig den Prozess des lebenslangen Lernens zu meistern."

Insofern bedenken die Lehrkräfte in jeder Phase des Lernprozesses auch zukünftiges Lernen. – Die Tätigkeiten der Lehrenden können mehr Strukturierung als vorher bedeuten: "Developing autonomy does not simply involve removing structured teaching; it may require a greater degree of structure than didactic teaching, but of a different kind." (Boud 1995: 25)

---

16 „Die Lehrerrolle ist nicht mehr.": So formuliert ein anonym befragter Lernender der 11. Klasse Englisch begeistert über die angeleitete und zugelassene Eigenverantwortung nach einem Workshop, s. Wilkening 1997a: 34

Die Lehrenden stellen die Lernenden als Subjekte ins Zentrum des Unterrichts. Sie nehmen sie ernst. (Bastian 2009:8; H. Meyers 3. Merkmal des guten Unterrichts in 2010[7]: 17f.) Das äußert sich in unterschiedlicher Weise. Zunächst einmal dozieren, führen, unterweisen sie nicht ausschließlich, sondern helfen, unterstützen, ermutigen und beraten beim selbstständigen Lernen (*facilitator of learning* bei Boud:1995: 195; *guide on the side* bei Thaler 2010b: 154), versorgen ggf. mit Materialien, begleiten die Entdeckung autonomen Lernens (Herbst 2001: 70), fördern die Eigentätigkeit je nach Hilfsbedarf (Gudjons 2006: 55). Zunehmend bestimmen Lernende den Grad der Unterstützung selbst: „[Der Lernende] fordert bei Bedarf einen Lernberater an. Damit wird er zum Hauptakteur seiner eigenen Absichten." (Deitering 1995: 10) Die Lehrkraft überwacht Lernprozesse, demonstriert modellhaft Handeln und gibt Alternativen. (Deitering 1998[2]: 157). Sie ist flexibel in der Anerkennung von Lösungswegen, die ihren eigenen Vorstellungen nicht vollständig entsprechen.

Die Lernenden bedürfen weiterhin nicht nur der fachlichen, sondern auch der überfachlichen Kompetenzen der Lehrenden als Spezialisten und als Menschen (vgl. Lehrerstandards III und IV der KMK). Nach Bohl (2006: 24) ist eine ihrer zentralen Aufgaben, die Selbstkompetenz der Lernenden zu entwickeln. Als human resource manager (Weskamp 2001: 31) unterstützt die Lehrkraft die Individuen, ihre Anlagen, Potenziale und Qualitäten zu nutzen. Erziehen wird hier als Prinzip des „begleitenden Wachsenlassens" gesehen (Gudjons 2006[9]: 182), die dem Erziehen als „herstellendes Machen" entgegengesetzte Linie von Rousseaus Emile über die Romantik zur Reformpädagogik mit Montessoris Lehrenden als Helfer zur natürlichen Entwicklung von Kindern. (1966: 55). — Deci und Ryan (2002: 5) fassen diese Unterstützung bzw. deren Mangel in der Einstellung Lehrender folgendermaßen zusammen:

"Insofar as practitioners believe people have a natural tendency toward gaining integrity and enhancing their human potentials, they will orient to supporting and facilitating that endogenous tendency across a variety of settings, including schools ...
In contrast, insofar as practitioners assume no such inner tendency toward growth, self-construction, and inner coherence, then educational ... practical intervention strategies will focus on exogenous means of training, shaping, controlling, and directing behavior towards ends deemed to be of value."

Die Lehrkraft fördert das Bewusstsein über das Lernen und stellt die Lernenden auf einen Prozess lebenslangen Lernens ein, bei dem sie nicht nur Wissen aneignen, verarbeiten, speichern und anwenden, sondern neues Wissen generieren. (Kiper 2009: 26) Diesen Lernprozess ihrer Lernenden begleitet sie aktiv: „Wer A wie Autonomie sagt, muss auch B wie Betreuung sagen." (Thaler 2010a: 9)

Die Lehrkraft übt mit den Lernenden zunehmend selbstständiges Arbeiten ein, wie es auch im Berufsleben gefordert wird. (Fichten 1993: 117) Insofern ist die neu definierte Aufgabe von Lehrenden nach Rolheiser und Ross auch die gesellschaftlich-politische "to build democratic communities within and beyond our schools".

Die Lehrkraft hat aber auch die Aufgabe, Kontakte der Lernenden untereinander durch bestimmte Lernarrangements zu fördern. Dies ist ein wesentlicher Aspekt kooperativen Lernens und der sozialen Kompetenzen, die u. a. in den vorliegenden Befragungen untersucht werden.

Die Lehrkraft ermutigt immer wieder Lernende, die sich gegen einzelne Methoden sperren, sich darauf einzulassen, um „den von ihnen kritisierten Rahmen des Konventionellen zu verlassen." (Fichten 1993: 116) Sie verfügt über große Empathie (Herbst 2001: 70) mit emotional echter Grundhaltung (Deitering 1998[2]: 157). Sie ist bereit, ihre Lernenden in ihrer Individualität zu akzeptieren und zu verstehen, damit ein vertrauensvolles Verhältnis entstehen kann: (Boud 1981: 28) "For a teacher to commit himself to learner autonomy requires a lot of nerve, not least because it requires him to abandon any lingering notion that he can somehow gurantee the success of his learners by his own effort. Instead, he must dare to trust the learners. (Little 1991: 45). Auch die KMK-Standards fordern dieses „Lehrerherz für Schüler" in Punkt III. Der Lehrkraft ist es nicht nur wichtig, das Fach zu unterrichten, sondern auch, über die Einstellungen und Bedürfnisse der Lernenden etwas zu erfahren. (Boud 1995: 180) Risse formuliert eine „Kette der Beziehungskultur" als Voraussetzung für Motivation und erfolgreiches fachliches und überfachliches Lernen. (2009: 11) Diese gehe von Wertschätzung über Vertrauen, Zumutung, Verantwortung zur Anerkennung der Schülerpersönlichkeit und -leistung. Die wertschätzende, rücksichtsvolle, einfühlsame, sachliche, ehrliche Rückmeldekultur, auf die Lehrkräfte ihre Schüler sich selbst und anderen gegenüber vorbereiten, gilt auch für ihr eigenes Feedback. (Bohl 2006: 83)

Ebenso wie die Lernenden verfügt die Lehrerkraft über Mut, Ausdauer und Neugierde. Die Lehrkraft muss die Lernenden „loslassen" können (Risse 2009: 11), ihnen soviel Autonomie zubilligen wie sich selbst: „Die Entwicklung von mehr Lernerautonomie [setzt] ein hohes Maß an Lehrerautonomie voraus."(Liegenhausen 1998: 85) und "Autonomous learners deserve autonomous teachers." (Kumaravadivelu 2001: 548) Autonome Lehrkräfte sind selbstbewusst; haben Visionen; sie ertragen auch das Gefühl, nicht gebraucht zu werden, sie ertragen Komplexität, Ambiguität, Unsicherheiten, Nachfragen, Kritik (Boud 1995: 180, Weskamp 1997: 29). Sie möchten sich in jeder Hinsicht weiter entwickeln: "It is evident that teachers can become autonomous only to the extent they are willing and able to embark on a continual process of self-development." (Kuma-

(Kumaravadivelu 2001: 549) Sie bezeugen somit selbst lebenslanges Lernen17, welches auch in Punkt VI der Lehrerstandards erwartet wird, s. auch: „Ein professioneller Lehrer [ist] ein lernender Lehrer." (Peters 2000: 20) Tassinari spricht vom „Mitlerner" (2008: 264). Hier zeigen sich deutliche Parallelen zur Biografie der aktionsforschenden Lehrerin und zu Kap. 4.2. Allwright (2009: 278) beschreibt als einen der Gründe für Aktionsforschung der Lehrkraft: "Because it is the key to being intellectually alive as a practitioner." (2009: 278)

Die Lehrkraft erteilt die Endnote (vgl. KMK-Lehrerstandards, Punkt V), verwendet aber — in Teilung der Bürde (Little 2005: 46) — auch andere Formen von unbenotetem Feedback, Leistungsmessung und -bewertung, von denen einige Thema dieser Arbeit sind. Die Beteiligung der Lernenden an der Evaluation entlastet die Lehrkraft in ihrer schweren Aufgabe: "Negotiation is emancipatory for the teacher also. It is sharing the weighty burden ... with the people concerned." (Breen 2000: 28)

Schließlich muss die Lehrkraft auch über assessment literacy (nach Rolheiser und Ross) verfügen: Darunter ist die Fähigkeit zur Analyse und Verarbeitung von Daten der Lernenden, die zu Veränderungen im Unterricht und zur Teilnahme an externen Diskussionen über Bewertung zu verstehen.

Diese beschriebenen Charakteristika bzw. Aufgaben von Lehrenden auf Mikroebene umfassen nur einen Teil der umfangreichen Kompetenzen. In dem für diese Arbeit gewählten Ausschnitt über Selbst- und Partnerevaluation mögen sie Lehrenden Mut machen, sich kontinuierlich weiter zu entwickeln.

2.5. Metakognition

„Die gemeinsame Arbeit [von Lehrkräften und Lernenden] am Aufbau der methodischen Kompetenz im Unterricht ist nicht Selbstzweck, sondern weist über sich auf das Ziel des Bildungsprozesses, auf die Mündigkeit der Schüler hinaus ... In der bewussten Förderung der Fähigkeit zur Selbststeuerung wird ein Beitrag zur Realisierung der Zielvorstellung von Selbst- und Mitbestimmung und eine Grundlage für eigenständiges Lernen über die Schulzeit hinaus gesehen." (Fichten 1993: 250-251)

---

17 Hermes (1998: 4f.) erklärt einen circulus vitiosus: Routinierte Praxis führe häufig zu Verabsolutierung der eigenen Tätigkeit, daher nehme man Änderungsmöglichkeiten nicht mehr wahr und verabsolutiere das eigene Tun. Der einzige Ausweg sei die Erkenntnis lebenslangen Lernens auch im Lehrberuf. Ihr Projekt zur Aktionsforschung mit Lehrkräften über ihren Unterricht ist interessant.

„Das eigene Lernen planen kann nur, wer sich über sein Lernen Gedanken machen kann. Planungskompetenz ist lernbar. Voraussetzung ist eine kontinuierliche Informationsrückkoppelung und Orientierung über die Erreichung bzw. Nichterreichung von Zielen. Solche Prozesse sind um so sinnvoller, je mehr sie selbst initiiert und selbst verantwortet werden. Für die Schule mag dies noch Neuland sein." (Herbst 2001: 87)

Fichten hebt die Förderung der Selbststeuerung des Lernens als Beitrag für lebenslanges Lernen hervor, Herbst die dazu erforderliche Ausbildung von Planungskompetenz, der Reflexion über das Lernen selbst, über Techniken und Strategien. (Raabe 1998, Hessisches Kultusministerium 2009d: 34) Um die Ausbildung dieser soll es in diesem Abschnitt gehen.

Wolff klassifiziert Lernstrategien in sprachliche, fertigkeitsbezogene, soziale, auf die fremdsprachliche Kommunikation bezogene, auf die Sprachreflexion bezogene, auf das Lernen bezogene. (1998: 72-74) Unter Letzteren versteht er nach Ellis metakognitive Strategien: "Metacognitive strategies involve planning, learning, monitoring the process of learning, and evaluating how successful a particular strategy is." (Ellis 2008[2]: 714). Dazu gehört auch die Selbstbewertung (Partnerbewertung fehlt hier.) Für die spätere Analyse der empirischen Daten ist es erforderlich, Metakognition theoretisch zu erklären. (Ellis, S. 534 schlägt als Untersuchungsmethode u. a. Fragebögen vor wie hier praktiziert.)

Gudjons erklärt detailliert Metakognition (2006a: 23) — wie sie auch im empirischen Teil erscheint — als das Bewusstsein und die Reflexionsfähigkeit über das eigene Lernen (kognitives System, Fähigkeiten und Stärken, Lücken und Schwächen), vor allem über das „Wie" des Lernens. (Schreder und Brömer fügen die Aspekte der Überwachung und Regulation hinzu.) Grundlage der Metakognition sei das Feedback des Lehrenden an einzelne Lernende über Lernstil, Arbeitsmethoden, Lern- und Arbeitsstrategien, inhaltliche Fortschritte, ggf. Defizite. Metaunterricht habe verschiedene Funktionen: Information, Verständigung über den Sinn von Unterricht, Legitimation, Diagnose und Therapie, Verständigung über Lernstrategien, Aktivierung der Kreativität der Lernenden, ggf. Erfolgskontrolle, Initiation sozialer Lernprozesse, bessere Interaktion und Kommunikation zwischen Lernenden und Lehrenden sowie der Lernenden untereinander, Entwicklung eines kritischen Bewusstseins; das Lernklima könne sich durch diese „praktische Einübung in die Grundsätze von Demokratie" verbessern, Selbstbestimmung, Selbstständigkeit und Selbstverantwortung würden gefördert. Schreder und Brömer fügen die Formulierung eigener Lernziele hinzu, die Benennung eigener Qualitätskriterien und die rückwirkende Bewertung eigener Leistungen sowie Denk- und Handlungsstrategien. Feindt bestätigt, dass das Wissen um eigene Stärken und Schwächen im Lernprozess eine wichtige Grundlage dafür sei; Lernende erlebten direkt, dass sich das Engagement für das eigene Lernen auszahle. (2010: 86) Hüsers (2011) schlägt

Metakognition sogar nach jeder Stunde vor und gibt Beispiele zu allgemeinen Fragen, die alle das eigene Lernen selbst evaluieren. S. Brown bezeichnet das Resultat von Metakognition als deep learning (1994: 41).

Nach Ertmer gibt es wenig Kenntnis darüber, wie sich metakognitive Fertigkeiten entwickeln. (1996: 19) Klar ist, dass Lernende bereits über mehr oder weniger unbewusste metakognitive Kompetenz verfügen. (Esteve 2004: 145) Deshalb muss Metakognition gefördert werden: „Die Reflexion über den eigenen Lernprozess und die Evaluation dieses Prozesses (Stichwort „Lernen lernen") müssen dem Lernenden als strategische Konzepte transparent gemacht werden". (Wolff 1998: 75) Er findet heraus, dass für Lehrende eher Inhalte wichtig sind, für Lernende Methoden. Daher müssen metaunterrichtliche Reflexionen einen Schwerpunkt auf Methoden haben (Fichten 1993: 82, vgl. auch die empirischen Untersuchungen dieser Arbeit). In der Methodenreflexion geht es nicht nur um das lernende Ich, sondern auch um die Lernergemeinschaft:

> „Die Lernenden werden durch die methodengeleitete öffentliche und gemeinsame Reflexion mit dem Lehrenden in der Haltung bestärkt, dass der Unterricht ein Gemeinschaftswerk ist, für dass sie Mitverantwortung tragen, und sie werden in der Fähigkeit trainiert, auf die Gestaltung des Lehr-Lern-Prozesses Einfluss zu nehmen." (Bastian 2009: 119)

Auch Rückschläge, Hindernisse, Widerstände, Kritik sollten im Sinne des gesamten Bildungsprozesses nicht von Metareflexionen abhalten. Sie können sogar zum Ansatzpunkt für ein Gespräch oder eine Befragung sein (Fichten, S. 110f., vgl. Kap. 7-9). Fichten bemerkt, dass Lernende hierbei Probleme haben, ebenso bei der Formulierung von konstruktiven Vorschlägen. Hierzu erwarteten sie in ihrer „Hilfs- und Fantasielosigkeit" (S. 113) die Unterstützung der Lehrkraft. (vgl. empirische Studien)

Metaunterricht in dieser Arbeit beschreibt häufig die Verarbeitungsphase (Fichten, S. 75): In dieser Reflexion werden Deutungsmuster der Lehrkraft mit denen der Lehrenden verglichen, bestehende Interpretationsdivergenzen besprochen und aufgeklärt. Daraus entsteht wiederum Aktion, die dem weiteren Unterricht dient. Hierbei wird der Prozess von Selbstreflexion der am Unterricht Beteiligten eingeleitet, beide Seiten lernen voneinander und verstehen besser die Sichtweise des anderen. Auch ein Dissens darf stehen bleiben.

Metakognition darf nach Fichten (1993: 258) kein punktuelles Ereignis bleiben, sondern muss regelmäßig Prozess begleitend oder -akzentuierend bei spezifischen Anlässen stattfinden. Er schlägt vor, in „metaunterrichtlichen Sequenzen" (S. 41-42) „unterrichtsbegleitende Reflexion, evaluierende Rückblicke und Formen gemeinsamer Planung von Unterricht" miteinander zu verschränken. Ähnlich schlagen Chan (2000: 77) und Esteve (2004: 130) anstatt eines wenig effektiven Lernerstrategientrainings vor, Lernern Möglichkeiten zu bieten, ihre persönlichen Strategien und die ihnen zur Verfügung stehenden Ressourcen miteinander auszutauschen, zu besprechen, um sie in Lernaktivitäten bewusster anzuwenden. Zur individuellen Selbsteinschätzung schreibt Maulbetsch (2008) über ein interessantes Konzept zum reflexiven Schreiben über Ereignisse, die eigene Person, Fähigkeiten und eigenes Verhalten, Blombach (2010) beschreibt Austausch von Feedback über das individuelle Lernen am Schülersprechtag.

Die empirische Forschung beschäftigt sich intensiv mit verschiedenen Aspekten von Metakognition. Harris (1997: 19) bezeichnet Selbsteinschätzung als Sprungbrett für weitere metakognitive schülerorientierte Aktivitäten. Ayduray (1997) findet bei einer Versuchsklasse die Vorzüge von *learner strategy instruction* bezüglich höherer Kompetenz in Fragestellungen heraus. Lernstrategien erleichtern den Lernvorgang (Chamot 2004: 10); Lernende setzen sie zielbewusst gemäß ihren Fähigkeiten ein. Ihre Kenntnis allein reicht nicht aus, um den Lerner zu einem planvolleren Lernen zu bewegen.

Chan (2004: 116f.) liefert ein Modell zur Erklärung von Metakognition. Neben dem metakognitiven Wissen, welches durch verschiedene Arbeitsprozesse kontrolliert wird, spielen metakognitive Empfindungen (kognitive und affektive), Sensitivität (Tiefengrad der Interpretation) und Erfahrungen (Abstraktion des Allgemeinen aus dem Spezifischen, danach Transfer) eine wichtige Rolle. Er fasst Studien zusammen, die zeigen, dass Lernende mit einer positiven, intrinsischen Motivation und einer tiefenorientierten Lernhaltung über höhere metakognitive Sensitivität verfügen und dadurch zu höherem zeitlichen und kognitivem Engagement, welches sich auch durch eventuell negative metakognitive Erfahrungen nicht beirren lasse. Hier besteht ein Zusammenhang zur Motivationsforschung, vgl. Kap. 1.1.3. Die Erkenntnisse sind wiederzufinden in den Teilen der vorliegenden beforschten Befragungen, in denen nach Motivation, Bereitschaft, Einstellungen gefragt wird und die sich dann auf weitere Fragen entsprechend auswirken. (vgl. Kap. 7-9) Chan beklagt, dass zu selten die Bereitschaft, die Einstellung Lernender untersucht, sondern häufiger die Vermittlung lernstrategischen Wissens. Dafür gibt es eine Vielzahl von Vorschlägen in der Literatur. Er schlägt deshalb vor, die gesamte Metakognition zu entwickeln inklusive der metakognitiven Sensitivität und Erfahrungen (auch affektive und soziale Strategien) sowie der bewussten Reflexion. (vgl. alle Untersuchungen von Cotterall zur Metakognition sowie Esteves und Matsumotos Triangulationsstudien von 2004 und 1996 zur Förderung von metakognitiven Reflexionen; Esteve bietet dabei mehrere metakognitive Fragebögen an). Goh (1997) untersucht schwer zu beobachtendes metakognitives Wissen über Hörverstehensstrategien. Green (1997) untersucht Diskussionsfertigkeiten durch Befragung; Marschollek (2007: 36f.) regelmäßige Gesprächsphasen der Metareflexion bei Viertklässlern. In diese Beispiele von Untersuchungen reihen sich auch die vorliegenden Befragungen ein. Tassinaris Checklisten zur Lernerautonomie (2008) sind für den universitären Rahmen gedacht. Mit ihren 120 Deskriptoren möchte sie bei Lernenden die Reflexion über implizite Vorstellungen fördern, um diese zu aktivieren und für die Selbsteinschätzung bereitzustellen. (S. 258) Das ist auch ein Ziel der Befragungen in dieser Arbeit.

Letztlich benötigt — nach Fichten (1993: 114) — die Lehrkraft eine eigene Methodenkompetenz, um die (idealerweise) mit den Lernenden ausgehandelten Lernarrangements zu realisieren und um in der Vorbereitung, Durchführung und Nachbereitung dieser die Kompetenzen der Lernenden anzuleiten und zu fördern und neben den Handlungs- auch Mitbestimmungsmöglichkeiten zu eröffnen. Die Umstände der Lernprozesse müssen transparent sein. Dazu gehören Einführungen von Lern- und Arbeitstechniken, Gesprächs- und Diskussionsformen, Methoden der Schüleraktivierung und des flexiblen Umgangs mit Unterrichtssituationen. Gleichzeitig muss die Lehrkraft die individuellen Lernvoraussetzungen so gut wie möglich berücksichtigen. (S. 251) Im Sinne der Aktionsforschung muss die Lehrkraft zur Begleitung dieser Lernprozesse ihre eigenen Erfahrungen und Erwartungen reflektieren können. (Raupach 1992: 161) Reflexion ist laut Lehrerstandards 20, Punkt III eine der Kernaufgaben von Lehrkräften.

Im zweiten Teil dieser Arbeit geht es um die methodischen Grundlagen dieser Reflexion.

Zusammenfassung Kap. 2

Der lehrerzentrierte Unterricht wird in den vorliegenden empirischen Studien häufig ex negativo definiert. Er erfährt in den letzten Jahren eine Renaissance in modifizierter Weise: balanced teaching kombiniert lehrer- mit schülerorientierten Unterrichtsverfahren. Diese werden beschrieben als Unterstützung in Zielen, Inhalten, Methoden, Techniken zunehmend mitbestimmenden und selbstständigen Lernens in Vorbereitung auf das lebenslange Lernen. Die ganzheitliche Einbeziehung und die Dialogfähigkeit der Lerner mit anderen sind Grundprinzipien. Diese verschiedenen Aspekte schülerorientierten Unterrichts lassen sich in Lernarrangements verwirklichen. Die Forschung stimmt den Prinzipien schülerorientierten Unterrichts zu, sieht jedoch aufgrund der schlechten Ergebnisse in den internationalen und nationalen Studien Verschiedenes kritisch: Die Wichtigkeit konsequenter Planung und Verantwortung der Lehrkraft für die gesamte Lerngruppe wird hervorgehoben.

Planung ist schon bei dem zuerst beschriebenen aufgabenorientierten Lernarrangement „Stationenlernen" elementar: Verschiedene Grade von Öffnung erlauben beim Arbeiten an verschiedenen Lernstationen größtmögliche Binnendifferenzierung der individuellen Fähigkeiten und Fertigkeiten. (Kap. 9) „Projektarbeit" legt ihren Schwerpunkt auf Selbstverantwortung des Einzelnen und gleichzeitig Kooperation mit anderen in der Lerngruppe. (vgl. Kap. 7) „Präsentationen" als Abschluss einer Projektarbeit gehören zu den fertigkeitsorientierten Lernarrangements (Kap. 10, 13) ebenso wie „Arbeitsprozessberichte", in denen Lernende in Kap. 7 ihre individuelle Projektarbeit reflektieren. „Schreibkonferenzen" sind ein weiteres fertigkeitsorientiertes Lernarrangement, in dem Schreibaufgaben von Mitlernenden nach Kriterien kontrolliert werden. Dabei lernen die evaluierenden Lerner auch für ihre eigenen Arbeiten. (Kap. 12) Ein sozialformorientiertes Lernarrangement ist „Gruppenarbeit". Sie dient vor allem zum Aufbau und Üben von sozialen Kompetenzen, die auch im Berufsleben wichtig sind. (vgl. Kap. 8) In den Bezugswissenschaften spielt Interaktion unter Lernenden eine große Rolle.

Offene Lernformen erfordern auch alternative Klassenarbeiten und Klausuren. Darin enthalten sein sollte eine Erweiterung auf den Prozessaspekt des Lernens, die Individualisierung und Differenzierung verschiedener Leistungen, die Mitbeteiligung der Lernenden an der Entwicklung der Kriterien und schließlich dem Feedback oder gar der Beurteilung. All diese Aspekte schülerorientierten Unterrichts dürfen in der schriftlichen Arbeit nicht ignoriert werden, ansonsten messen die Lernenden ihnen in ihrem zukünftigen Lernen keine Bedeutung mehr bei. (backwash effect)

Auch die Rollen von Lernenden und Lehrenden öffnen sich: Lernende als aktive Subjekte übernehmen zunehmend Verantwortung für ihr individuelles Lernen, welches sie mitbestimmen und mit erforschen. Dazu verfügen sie über Mut, Selbstbewusstsein, Offenheit, über die auch Lehrende verfügen müssen. Sie erweitern ihren Aufgabenbereich von Planung und Kontrolle auf individuell abgewogene Hilfestellung zur bestmöglichen Autonomisierung ihrer Lernenden. Ihre Rolle im schülerorientierten Unterricht gewinnt an Bedeutung.

Dieser Unterricht muss unterstützt werden durch regelmäßigen metakognitiven Austausch aller am Lernprozess Beteiligten, um das Lernen lernen lebenslang zu fördern.

Zweiter Teil: Methodik
3. Konzeptionen qualitativer Sozialforschung

Texte sind nach Mayring und Brunner alle bedeutungstragenden Objektivationen von Kommunikation (20103: 323). Sprachliche Dokumente in Textform stellen in der erziehungswissenschaftlichen und sozialwissenschaftlichen Forschung eine der zentralsten Informationsquellen dar, um Forschungsfragen zu beantworten. Deshalb stehen Verfahren der Textanalyse im Zentrum der Methodologie. Mayring und Brunner unterscheiden drei Formen:

die geistes- und kulturwissenschaftliche, die mit hermeneutischen Methoden an das Textmaterial herangeht

die sprachwissenschaftliche Tradition, die u. a. linguistische Auswertungskriterien anwendet

die kommunikationswissenschaftliche Tradition der Inhaltsanalyse.

In der ersten Hälfte des 20. Jahrhunderts werden in den USA v. a. zur Analyse großer Textmengen von Massenmedien quantitative Verfahren entwickelt; in der zweiten Hälfte erfahren diese massive Kritik. Alternativen werden entwickelt: Qualitative Inhaltsanalysen werden zur Standardmethode. Mayring und Brunner zitieren als deren Anwendungsbeispiele Material aus offenen Fragebögen, Lerntagebücher, Gruppendiskussions- und Beobachtungsprotokolle

In diesem zweiten Teil dieser Arbeit seien zunächst die Hauptelemente von quantitativer und qualitativer Forschung erklärt, um daran anschließend zu diskutieren, welche Untersuchungsmethoden für o. g. und ähnliche Beispiele aus dem Bereich der Selbst- und Partnerevaluation eignen.

3.1. Qualitative und quantitative Forschung: Definitionen

"Thomas Gradgrind, sir... A man of facts and calculations. A man who proceeds upon the principle that two and two are four, and nothing over, and who is not to be talked into allowing for anything over. Thomas Gradgrind, sir – peremptorily Thomas – Thomas Gradgrind. With a rule and a pair of scales, and the multiplication table always in his pocket, sir, ready to weigh and measure any parcel of human nature, and tell you exactly what it comes to." (Dickens, Hard Times 1854/1969: 48)

"Quantitative research is obtrusive and controlled, objective, generalisable, outcome oriented, and assumes the existence of ´facts´ which are somehow external to and independent of the observer or researcher. Qualitative research... assumes that all knowledge is relative, that there is a subjective element to all knowledge and research, and that holistic, ungeneralisable studies are justifiable (an ungeneralisable study is one in which the insights and outcomes generated by the research cannot be applied to contexts or situations beyond those in which the date were collected. In

metaphorical terms, quantitative research is ′hard′ while qualitative reseach is ′soft′.
(Nunan 1992: 3)

"Objective reality will never be captured. In-depth understanding, not validity, is sought in any interpretive study." (Denzin 19893: 246)

Die empirische Sozialwissenschaft bedient sich sowohl quantitativer als auch qualitativer Forschungsmethoden. In neuerer Forschung gibt es keine Frontstellung mehr zwischen beiden (Mayring und Brunner 2010^3: 331; Grunenberg und Kuckartz 2010^3: 487). Einige Forschungsdesigns verbinden beide Methoden (*mixed methods*).

Der Übersicht halber werden zunächst beide getrennt erklärt, um dann das Maß von Integration in dieser Arbeit zu verdeutlichen. In den Eingangszitaten werden quantitative Methoden an dem Auszug aus Dickens illustriert, Nunan vergleicht mit der qualitativen Forschungsrichtung, Denzin fasst deren Ziele zusammen.

Danach ist Gradgrinds Welt, auch die des quantitativen Forschers, statisch und objektiv, er sieht sie aus seiner Außensicht, denn sie konstituiert sich aus Objekten, nämlich Fakten und Zahlen. Er arbeitet partikularistisch, indem er vorab definierte Variablen zu künstlichen Experimenten auswählt und nomothetisch, weil er ein Beschreibungs- und Gesetzessystem entwickeln will, mit denen alle Individuen erfasst werden können. Dazu dienen ihm deduktive Verfahren, in denen er vor der Untersuchung festgelegte Hypothesen mit vorab festgelegten Methoden untersucht und prüft und dann vergleichend-statistisch seine Ergebnisse durch Quantifizierung auswertet. Wie auch Nunan schließt, produziert er durch seine Designs und Verfahren simpel und gradlinig eher harte und replizierbare Daten, die reliabel sind.

An diesem mechanistischen Welt- und Menschenbild wird die Starrheit, die Unflexibilität kritisiert (Saldern 1992: 378), in deren Fokus nur das jeweilige Messmodell liegt. Die Datenerhebung erscheint künstlich, abstrakt; sie negiert die Komplexität der Wirklichkeit, des Subjekts. Äußerungen und Verhaltensweisen werden notwendigerweise reduziert; Einzelfälle können nicht beforscht werden. Der Bezug zu Handlungen und Prozessen fehlt.

Nunan beschreibt qualitatives Wissen als relativ, die Forschung als subjektiv, holistisch, ungeneralisierbar, zu „weichen" Ergebnissen führend; Denzin fasst zusammen, dass das Ergebnis allenfalls Verstehen sein könne, niemals objektive Realität. Nach Rosenthal (2005: 13) ist die Forschung weit entfernt von einem einheitlichen Verständnis bezüglich des Vorgehens in den verschiedenartigen qualitativen Untersuchungen als auch den zugrunde liegenden methodologischen. Grundannahmen. Deshalb seien die Hauptprinzipien qualitativer Forschung detaillierter beschrieben, die für diese Arbeit relevant sind.

Um Forschungswissen zu erlangen, (re-) konstruiert die qualitative Datenerhebung und -auswertung Wirklichkeit holistisch und komplex, so wie die Befragten (hier: die Lernenden) einzelne Bereiche ihrer sozialen Welt, ihr Alltagshandeln in ihrem Kontext beschreiben und interpretieren. Dazu sind ihre unterschiedlichen Perspektiven, Deutungen und ihr explizites Wissen ebenso wichtig wie ihr implizites Wissen und die von ihnen erzeugten Bedeutungen. Die Beforschten legen ihre Prioritäten selbst fest (daher die induktive Kategorienbildung aus dem Material); sie sind Subjekte des Forschungsprozesses: „Die interpretative Sozialforschung gesteht ... den befragten Personen einen Expertenstatus zu, während die Forscher sich selbst als Laien begreifen, die erst durch die Untersuchung allmählich in den Wissens- und Deutungsbestand der Akteure Einsicht erhalten." (Erzberger 1998: 9) Die Beforschten prägen also die Forschung subjektiv; Forschende versuchen, durch Kommunikation mit ihnen und aufgrund der zugrunde liegenden theoretischen Konzepte zu verstehen und zu erklären und damit die soziale Bedeutung des Datenmaterials so vollständig wie möglich zu rekonstruieren. In diesem interaktiven Prozess lernen Forscher und Beforschte voneinander: "Qualitative inquiry cultivates the most useful of all human capacities – the capacity to learn from others." (Patton 1990[2]: 7)

Qualitative Forschung erschließt insbesondere bisher wenig erforschte Wirklichkeitsbereiche (hier: Selbst- und Partnerevaluation von überfachlichen Kompetenzen im Fremdsprachenunterricht) und betrachtet aus idiografischer Sichtweise die Wertigkeit des Individuellen, Einmaligen, Besonderen (daher die Wichtigkeit, die Einzel- oder Extremfällen in dieser Arbeit beigemessen wird). Strauss spricht von der Bestimmung des Typischen eines Falles als Bestandteil der sozialen Wirklichkeit; dabei sei die Häufigkeit seines Auftretens in keiner Weise von Bedeutung. (1994: 25) Kelle und Reith (2008[2]) erwähnen den Wert von Heterogenität und Varianz der Einzelfälle und die wichtige Behandlung von Extremfällen, auch wenn sie in keine Kategorie einzuordnen sind (ebenso Lamnek 1993). Rosenthal beschreibt treffend, insbesondere für die Einzelstudie in Kap. 7: „Jeder einzelne Fall, der ja immer ein in der sozialen Wirklichkeit konstituierter ist, verdeutlicht etwas über das Verhältnis von Individuellem und Allgemeinem. Er entsteht im Allgemeinen und ist damit auch Teil des Allgemeinen. Damit gibt auch jeder einzelne Fall Hinweise auf das Allgemeine. Das Allgemeine wird nicht im numerischen Sinne verstanden." (2005: 75)

Die Forschung hat den Anspruch auf eine an Offenheit orientierte rekonstruktive Analyse. Zwischen ihr und einem klassifikatorisch vorgehenden Verfahren, das den Prinzipien der Rekonstruktion und Sequenzialität nur schwer gerecht werden kann, besteht ein Widerspruch. (Rosenthal, S. 199f.) Die sequenzielle Gestalt des Gesamttextes müsse in einem Auswertungsschritt rekonstruiert werden; dieses könne zur Aufschlüsselung der Bedeutung einzelner Textteile im Entstehungskontext beitragen.

Da die Daten den qualitativen Forschungsprozess bestimmen, müssen die Methoden ihnen angepasst werden: (Flick 2000: 22) Das bedeutet, dass dem Forschungsgegenstand angemessene Datenerhebungs- und -auswertungsformen — ggf. eine Mischung — ausgewählt und ihm angepasst werden müssen. All das erfordert von den Forschenden ein hohes Maß an Offenheit und Flexibilität[18]; anfangs gefundene Hypothesen müssen möglicherweise nach Überprüfung am Datenmaterial verändert, verworfen oder durch neue Datenerhebungen ergänzt werden (wie auch hier).[19] Dadurch ist diese Forschung auch prozessorientiert, Datenerhebungs- und Datenauswertungsphasen sind nicht streng voneinander zu trennen.

Ergebnis sind eher „weiche" Daten, die wegen immer unterschiedlicher Kontexte kaum replizierbar und deshalb nicht reliabel sind. Die Präsentation dieser Daten gestaltet sich daher auch als schwierig und besteht häufig in Formen von Triangulation (in dieser Arbeit Daten- und Methodentriangulation). Forschende streben zwar Generalisierungen an, dies ist jedoch nur begrenzt möglich (Flick 2000: 24). Zur Generalisierbarkeit und Repräsentativität dieser Forschung vgl. Kap. 4.2.

Qualitativ Forschende relativieren ihre ganz natürliche Subjektivität durch ständige Reflexion bei der Datenerhebung, -aufbereitung und -auswertung. (daher die ausführlichen Methodenreflexionen allgemein und in jeder Teilstudie).[20] Nur durch diese detaillierte Beschreibung wird der gesamte Forschungsprozess intersubjektiv nachvollziehbar und an Gütekriterien überprüfbar.

Die Forschungstechniken in dieser Arbeit orientieren sich an zwei unterschiedlichen qualitativen Verfahren: der Qualitativen Inhaltsanalyse von Mayring und der Grounded Theory von Glaser und Strauss. Beide analysieren Texte systematisch.

---

18 Im Handbuch der Evaluationsstandards (2000: 201) wird von teils erforderlicher intuitiver Sichtung gesprochen.

19 Die Fragestellung ist zunächst offen und vage. Die Daten generieren, überprüfen, verändern, verwerfen anfängliche Hypothesen im Verlauf des Forschungsprozesses Wegen dieser Offenheit und Vielfalt in der qualitativen Forschung können im Voraus keine festen Regeln aufgestellt werden. (6., 7. Voraussetzung von Strauss:1994: 25).

20 Diese Explikation definiert Lamnek (19932: 26) als „wünschbare Erwartung an die Sozialforscher, die Einzelschritte des Untersuchungsprozesses so weit als möglich offen zu legen. Expliziert werden sollen auch die Regeln, nach denen die erhobenen Daten ... interpretiert werden bzw. ...die kommunikative Erfahrung ... in Daten umformuliert wird."

3.1.1. Qualitative Auswertungsform: qualitative Inhaltsanalyse

Mayring (2002[5]: 114f) und Mayring und Brunner (2010[3]: 325f.) schreiben von einem bei der Analyse im Zentrum stehenden, theoriegeleitet am Material entwickelten Kategoriensystem zur Bestimmung der Aspekte, die aus dem Material herausgefiltert werden sollen. Dabei werden allgemeine Kategoriendimensionen vorher — sozusagen deduktiv — festgelegt und an das Material herangetragen; es ist keine ganzheitliche Analyse wie bei der Grounded Theory (s. u.). Durch diese Theorie geleitet wird anschließend am Material – also induktiv – das Kategoriensystem konstruiert: Weitere passende Textstellen werden unter den jeweiligen Kategorien subsumiert bzw. neue Kategorien formuliert. Dieser Akt ist interpretativ, jedoch regelgeleitet und systematisch. Das gesamte Kategoriensystem wird immer wieder überarbeitet und überprüft, um ein Mindestmaß an Standardisierung und Praxisbewährung zu gewährleisten. Durch die Überarbeitungsphasen hat das Vorgehen Gemeinsamkeiten mit dem Codieren im Rahmen der Grounded Theory (s. u.); es ist allerdings eher deskriptiv als explorativ und streng regelgeleitet. Abschließend wird es bezüglich der Fragestellung und des dahinter liegenden Kategoriensystems interpretiert und ausgewertet.

Mayring und Brunner (2010[3]) fordern ein Ablaufmodell, welches jeden Schritt beschreibt und begründet. Das folgende Modell lehnt sich an ihr Modell zu einer offenen Fragebogenanalyse an (S. 329) und wird entsprechend für diese Arbeit adaptiert. Abweichungen davon werden bei den jeweiligen Einzelstudien beschrieben.

Abb. 2:

| Analysetechnik: induktive Kategorienbildung |

↓

| Codiereinheit: Gedanken der Lernenden zu den Frageimpulsen der Lehrerin. Da es sich bei den Fragebögen zumeist um dekontextualisierte Einzelaussagen handelt, bilden zunächst ein-mal die pro Klassensatz ausgewählten Fragen der Lehrkraft bzw. gemeinsam entwickelte Kategorien das deduktive Gerüst des Kategoriensystems.
Kontexteinheit: bestimmt, welches Material hinzugezogen werden darf, um die Kategorienbildung abzusichern. Es ist der gesamte Fragebogen bzw. der gesamte Text des jeweiligen Lernenden.
Auswertungseinheit: alle Fragebögen einer Lerngruppe |

↓

| Selektionskriterium: Frageimpulse
Abstraktionsniveau: im ersten Auswertungsgang niedrig gehalten, um nahe an den natülichen Formulierungen der befragten Lernenden zu bleiben; Zahlen der Nennungen werden bei den jeweiligen Einzelstudien angegeben; in weiteren Auswertungsgängen wird das Abstraktions- niveau erhöht |

↓

| Induktive Gewinnung der Einzeldaten aus dem jeweiligen Klassen- bzw. Kurssatz |

↓

| Sicherung der Intrakoderreliabilität durch teilweises Durcharbeiten des Materials ohne Beachtung der vorläufigen Kodierungen; Kategorienrevision und Erhöhung des Abstraktionsniveaus;
Subsumption der Einzelmotive in Motivklassen |

↓

| Verschiedene Formen von Daten- oder Methodentriangulation (interne Validitität) bzw. Abgleich an externen Standards (Kriteriumsvalidität) |

↓

| Qualitätssicherung des Kategoriensystems durch *peer debriefing* (mit Gruppenmitgliedern aus der Methodenwerkstatt für Qualitative Forschung an der Freien Universität Berlin), ggf. Kategorienrevision (Interkoderreliabilität) |

↓

| Datenaufbereitung in Matrizes durch deskriptive Statistik (bestehend aus den allgemeinen Kategoriendimensionen, subdimensionalisiert nach den Daten der Lernenden, quantitativ erfasst in einer Spalte und in einer weiteren mit Ankerbeispielen aus dem Datenmaterial versehen.), vgl. Kap. 3.1.2.
Datenauswertung in Textform |

Mayring erwähnt ausdrücklich, dass die Auswertung auch quantitativ vorgenommen werden könne, also die am häufigsten codierten Kategorien quantitativ erfasst werden könnten. Treumann (1986: 196ff) erachtet eine Quantifizierung bei Aussagen über Kollektive (wie hier die Lernenden in ihrer Gruppe) sogar als unabdingbar, weil der Forscher allein wegen der Datenflut nicht zu verallgemeinernden Aussagen kommt. Quantifizierung wird in dieser Arbeit häufig der Übersichtlichkeit halber vorgenommen; allerdings spielt sie für die Auswertung keine entscheidende Rolle, da der Einzelfall betont wird. (Kap. 3.1.2.) Mayring und Brunner (2010^3: 331) schreiben zur Verbindung qualitativer und quantitativer Analyseelemente, diese Zuordnung sei ohnehin immer ein Interpretationsakt. Die eigentliche qualitative Analyse, d. h. die Zuordnung von Kategorie zu Text, bleibe primär. Wegen der Möglichkeit zur Quantifizierung und wegen des Anspruchs auf Systematik und Überprüfbarkeit nehme die qualitative Inhaltsanalyse eine Zwischenstellung zwischen qualitativer und quantitativer Analyse ein. Beide Forschungen ließen sich nicht eindeutig trennen; dies sei auch nicht sinnvoll oder hilfreich. Sie schlagen deshalb vor, eher die Bezeichnung „qualitativ orientierte Inhaltsanalyse" zu wählen.

Mayring beschreibt drei auch in dieser Arbeit angewendeten Grundtechniken von qualitativer Inhaltsanalyse, die sich teilweise ergänzen (2002^5: 115f.):

die den Praktiken der Grounded Theory (s. u.) ähnelnden Zusammenfassung (hier: inhaltliche Reduktion auf die wesentlichen Inhalte zwecks induktiver Kategorienbildung)

die Explikation (in dieser Arbeit wird zur Erklärung von fraglichen Textstellen Zusatzmaterial aus dem engen Befragungskontext oder aus dem weiteren Kontext wie z. B. Informationen über den Unterrichtskontext, Informationen über Lernende und das Lernumfeld in nicht anonymen Befragungen)

die Strukturierung (ähnlich der obigen Zusammenfassung nach bestimmten inhaltlichen oder formalen Ordnungskriterien).

Mayring spricht von explizit zu formulierenden Codierregeln für eindeutige Zuordnung von Textteilen und der Sammlung in einem Codierleitfaden. (Sowohl ausdrückliche Codierregeln als auch -leitfaden werden in dieser Arbeit nicht abgedruckt, da ihr Umfang den Rahmen sprengen würde. Außerdem ist es wegen der natürlichen sprachlichen Nuancen äußerst schwierig, Codierregeln für inhaltliche Strukturierungsmerkmale zu entwerfen, denen Textbestandteile eindeutig zugeordnet werden können; eine gewisse Interpretation der forschenden Person ist nie auszuschließen.)

Bei der Strukturierung von ganzen Texten (hier: Kurzaufsätze in Kap. 11) bezeichnet Mayring Textstellen im Material durch Kategoriennummern am Rande des Textes oder durch Markieren im Text, filtert sie heraus, fasst sie zusammen, analysiert und interpretiert sie. (In dieser Arbeit werden die relevanten Textstellen im Material markiert und extrahiert, Kategorien werden daraus gebildet, danach fasst sie die Forscherin zur Analyse und Interpretation zusammen.)

Mayring gibt zu bedenken, dass die Techniken der qualitativen Inhaltsanalyse sich weniger für die explorativ-interpretative Erschließung von Material (s.u. Grounded Theory) als für große Materialmengen eigne, die systematisch und theoriegeleitet bearbeitet werden können. Daraus leiten sich verschiedene auch für diese Arbeit relevante Kritikpunkte ab, die Rosenthal (2005: 201f) zusammenfasst:

Die quantifizierenden Analyseschritte könnten verhindern, dass latente Sinnstrukturen, vage Aussagen, Einzel- oder Sonderfälle bei der Auswertung Beachtung finden. Mayring wird in diesem Zusammenhang vorgeworfen, den Standards der quantitativen Sozialforschung gerecht werden zu wollen, andererseits die Vorteile eines qualitativen Vorgehens — wie die eventuelle Modifikation des Kategoriensystems — nutzen zu können (Vorwurf von „quasi-quantitativ"). In dieser Arbeit spielen Einzel- oder Sonderfälle jeglicher Art eine besondere Rolle bei der Analyse und Interpretation; latente Sinnstrukturen sollen möglichst aufgedeckt werden.

Ein weiteres Problem beim Verfahren der qualitativen Inhaltsanalyse ist, dass der Text neu gegliedert wird, Informationen dekontextualisiert werden, nicht in der sequenziellen Struktur rekonstruiert. Dadurch kann der manifeste Inhalt eines Textes von der Interpretation des Inhalts getrennt werden, die Interdependenz der Teile eines Textes nicht ausreichend berücksichtigt werden. (In der qualitativen Inhaltsanalyse dieser Arbeit handelt es sich um schon weitgehend dekontextualisierte Einzelaussagen in Fragebögen, für die ggf. als Kontext der gesamte Fragebogen herangezogen wird; bei den Kurztexten wird der gesamte Text verwendet, wenn er für die Gesamtaussage erforderlich ist.) Mayring und Brunner (S. 327) bezeichnen diese Aufklärung durch Kontext als explizierende Inhaltsanalyse.

Ein weiteres Problem kann die vorher schon bekannte und dadurch weitgehend festgelegte Fragestellung sein. Die überwiegend offen strukturierten Befragungen dieser Arbeit sollen eine allzu starke Festlegung verhindern; die häufig anonymen Schülertexte bieten größere Validität.)

3.1.2. Deskriptive Statistik in der qualitativen Sozialforschung

Rosenthals erster Kritikpunkt zum quantitativen Stellenwert im qualitativen Datenmaterial sei hier noch einmal aufgegriffen Grunenberg und Kuckartz schreiben in ihrem Aufsatz (2010[3]) über mögliche Darstellungsformen. Anhand dessen seien die Vorgehensweisen in dieser Arbeit erklärt.

Sie bemerken, dass qualitative Datenauswertung über verschiedene Codierprozesse auch bis in den Bereich quantitativer Analyse gehe, wenn diese heuristische Zusatzinformationen liefere. Das ist an den Stellen der Befragungen und Berichte der Fall, wo die Probanden Häufigkeiten von Tätigkeiten oder Gefühlsbezeichnungen angeben. (z. B. Kap. 8) Außerdem gehöre das Erkennen und Aufdecken von Regelmäßigkeiten, von Mustern, vom Typischen zu den klassischen Zielen der qualitativen Methoden und ihrer induktiven Ausrichtung. Mayring und Brunner sagen sogar, dass häufig dieser quantitative Aspekt das eigentliche Ziel sei, die Frage, welche Kategorienzuordnungen am häufigsten im Material aufzufinden seien, ob sich Zusammenhänge zwischen Kategorienzuordnungen ausmachen ließen. In dieser Arbeit werden zwar bei der Fragebogenanalyse die Nennungen gezählt und nach Häufigkeiten ausgewertet, jedoch finden einmalige Nennungen, evtl. fehlende Nennungen und die sehr individuellen Ausprägungen in den vorliegenden Texten ebenso viel Beachtung, da sie durch die (halb-)offene Fragestellung bedingt sind. Insofern spielt der quantitative Aspekt hier zwar eine Rolle, dominiert jedoch nicht die Analyse und die Ergebnisse.

Die Forscherin bedient sich einiger Techniken deskriptiver Statistik, um Daten (Klassifizierungen, Codierungen, Zahlen) übersichtlich darzustellen. Nach Grunenberg und Kuckartz haben Überblicke im Forschungsprozess eine Doppelfunktion: Zum einen sind sie wichtige Kondensationspunkte im Prozess der Datenanalyse, zum anderen ermöglichen sie auch den Rezipienten der Forschung, die Komplexität und Vielfältigkeit der Daten selbst zu betrachten und Schlüsse des Forschers anhand des Primärmaterials selbst nachzuvollziehen. Zielsetzung ist das Zählen von Personen und Merkmalen (wie in den Fragebogenuntersuchungen), zum anderen das Explorieren von Zusammenhängen (wie in den Arbeitsprozessberichten). Das Skalenniveau der gebildeten Merkmalsdimensionen und Variablen ist meist nominal oder ordinal, selten durch Intervallskalen gekennzeichnet.21 Grunenberg und Kuckartz bemerken, dass quantifiziertes Datenmaterial überaus aufschlussreich und illustrativ sein könne, auch wenn die Fallzahlen in qualitativen Studien meist recht klein seien.

Sie erwähnen aber ausdrücklich, dass deskriptive Statistik keine Aussagen über die gesampelten Fälle der Datengrundlage hinaus, z. B. auf die ganze Grund-

---

21 Grunenberg und Kuckartz erwähnen als Gegenpol die Inferenzstatistik, die Daten als Stichprobe einer größeren Grundgesamtheit auffasst und ihre Aussage auf die gesamte Population verallgemeinern möchte. Sie beruht auf Mittelwertsbildung und Varianzberechnung und entspricht den bekannten Statistiken. (S. 492)

gesamtheit mache. Die mangelnde Repräsentativität der Daten sei eine wichtige Einschränkung der Forschungsarbeit, die auch der Forscherin bewusst ist und die sie nicht verschweigt. Grunenberg und Kuckartz bestätigen jedoch, dass man wertvolle Hinweise auf Tendenz und Richtung möglicher Zusammenhänge bekomme und dadurch wertvolle Hinweise für den Fortgang der Forschung. In der Schlussbemerkung bemüht sich daher die Forscherin, einige allgemeine Ergebnisse aus den kontextgebundenen Einzelstudien zusammenzufassen.

Welche summarischen Darstellungsformen sind für qualitative Daten dieser Arbeit relevant?. Die Darstellung in Schaubildern nimmt eine Brückenstellung ein zwischen traditioneller Textanalyse und Umgang mit Zahlenmaterial. Die Forscherin bedient sich für die Darstellung der Auszüge aus den Fragebögen Matrizes, deren Zeilen die jeweils interessierenden Aspekte schülerorientierten Lernens (deduktive und induktive Kategorienbildung, vgl. Kap. 3.1.1.) bilden. In der zweiten Spalte werden diese gezählt, in der dritten befinden sich Ankerbeispiele zu Hauptaspekten bzw. -kategorien. In einem univariaten Verfahren (da nur jeweils ein Merkmal gezählt wird) werden dann die Tabellen ausgewertet: Die Häufigkeit von Merkmalen wird in Zahlen oder prozentual angegeben. Dies ermöglicht einen Einblick in die jeweilige Verteilung der Kategorienhäufigkeiten sowie ggf. Vergleiche zwischen unterschiedlichen Befragungen innerhalb einer Lerngruppe (wie in den meisten Fragebögen) und zu einem Thema in verschiedenen Lerngruppen (vgl. Kap. 8). Beim Messen ist die zentrale Tendenz für ordinal skalierte Variablen der Median (wie in fast allen Fragebogenstudien), für nominal skalierte Variablen wird der Modus ermittelt, d. h. der am häufigsten vorkommende Wert (z. B. im Vergleich der Gruppenarbeitsstudien). Von der Bestimmung von Quantilen, Quartilen oder Perzentilen sieht die Forscherin ab, da es sich in den Einzelstudien um sehr unterschiedliches Datenmaterial handelt. Hingegen spielen sogenannte Ausreißer eine wesentliche Rolle.

Weitere univariate Auswertungsverfahren sind in Kap. 8.3. angewendete Balkendiagramme und in Kap. 8.3. und 8.4. angewendete Kreisdiagramme, welche sich besonders für ordinal bzw. nominal skalierte Variablen eignen.

Ebenso erwähnen Grunenberg und Kuckartz, dass eine solche Übersichtstabelle Entscheidungen für das Theoretical Sampling nach dem Modell der Grounded Theory (Kap. 3.1.3.) erleichtern könne. In diesem Sinne erstellt die Forscherin in Kap. 7 eine Übersichtstabelle aus den Arbeitsprozessberichten mit Wortzahlen und Gruppenzugehörigkeiten als Spaltenvariablen. Am Ende dieser Studie werden die Ergebnisse zusammengefasst in einem tabellarischen Vergleich und einer Typisierung der drei Lernenden aus den ausgewählten Berichten. Nach Kelles und Kluges Definition (2010^2: 85f.) ist „Typus" das Ergebnis eines Gruppierungsprozess (hier der drei Codierungsprozesse im Rahmen der Grounded Theory), bei dem der Objektbereich „Projektunterricht" anhand mehrerer Merkmale in Gruppen bzw. Typen eingeteilt wird. Diese sind hauptsächlich personale, soziale und methodische Kompetenzen. Die Elemente innerhalb eines Typs wirken in ihrer internen Homogenität zusammen; die drei Typen unterscheiden sich voneinander möglichst stark und weisen damit externe Heterogenität auf.

Stark individualisierte Texte wie die Arbeitsprozessberichte erfordern ein Forschungsdesign, welches dieser Individualität in ihrer Ganzheitlichkeit besser gerecht wird. Dementsprechend lehnt sich deren Auswertungsform an die gegenstandsbezogene Theoriebildung an.

3.1.3. Qualitative Auswertungsform: gegenstandsbezogene Theoriebildung

Nach Strauss bedeutet Grounded Theory, dass ihr Schwerpunkt auf der Generierung der Fragestellung bzw. der Theorie im Forschungsprozess und auf den umfangreichen empirischen Daten liegt, in denen diese Theorie gründet. Sie werden in mehreren Codierungsphasen systematisch und intensiv analysiert und dadurch rekonstruiert (Kap. 7). Wenn eine Hypothese am Anfang deduktiv gebildet wird, besteht sie nur vorläufig, bis sie im Forschungsprozess aktualisiert wird. (1994: 30f.)

Die gegenstandsbezogene Theoriebildung unterscheidet drei nicht strikt voneinander getrennten Schritten bei der Codierung, wobei das Codierparadigma 1967 noch nicht angelegt war. Es wurde 1987 von Strauss vorgestellt und 1990 von Strauss und Corbin verstärkt:

Beim offenen Codieren werden den empirischen Material Categorien zugeordnet, die noch den Text rekonstruieren und deskriptiv formuliert werden (hier: wortwörtliche Analyse in tabellarischer Form)[22]. Erst im Verlauf der Forschung entstehen durch subsumtionslogisches Vorgehen vorläufige abstraktere Kategorien (4. Tabellenspalte der offenen Codierphase), wobei die Beziehungen zwischen diesen herausgearbeitet werden.

Beim axialen Codieren werden Verbindungen zwischen den Kategorien erstellt (hier dargestellt durch Mindmaps), die Datenmenge aus dem offenen Codieren reduziert und auf ein höheres, zur Verallgemeinerung führendes Niveau gebracht. All dies geschieht induktiv am Material in Kombination mit den deduktiven Vorgaben.

---

[22] Bezüglich des zu codierenden Materials gibt es nach Strauss und Corbin mehrere Möglichkeiten: Analyse Zeile für Zeile ("This is perhaps the most detailed type of analysis, but the most generative." Strauss und Corbin 1990: 72), Analyse eines Satzes oder Abschnitts oder eines ganzen Dokuments.

Beim selektiven Codieren werden die so entwickelten Kategorien um Schlüsselkategorien gruppiert, die das untersuchte Phänomen in seiner breiteren Bedeutung beschreiben[23]. Durch die kontinuierlichen Vergleiche von externem Kontextwissen (aus Literatur wie in dieser Arbeit, wo die induktiv-deduktiv gebildeten Kategorien mit Goetsch Kritierien für Arbeitsprozessberichte abgeglichen werden) mit dem internen bei der Anwendung eines Codierparadigmas stellt die Grounded Theory die Entwicklung, Verdichtung und Sättigung von Konzepten sicher. Aus dieser folgt eine Theorie.

Es zeigt sich, dass bei der Grounded Theory der Analyseschwerpunkt auf der Organisation der vielen Daten und der der Gedanken liegt, die Forschenden bei der Analyse kommen. Strauss behauptet, sie müssten sich von allem Vorwissen freimachen und sogar auf die einleitende Lektüre theoretischer und empirischer Arbeiten zum Thema verzichten, um ihr Forschungsfeld möglichst unvoreingenommen zu betreten. (S. 13) (Das trifft hier auf die zunächst laienhafte Aktionsforscherin zu.) Selbstverständlich jedoch konstruieren auch Forschende ihre Erkenntnisgewinnung, insofern sei ihre Unvoreingenommenheit illusorisch. (Meinefeld 2000: 269). (Bei der laienhaften Aktionsforscherin liegt also zum Zeitpunkt der Durchführung der Unterrichtsreihe aus Kap. 7 im Jahre 1997 nur die persönliche Voreingenommenheit vor.) An späterer Stelle hebt Strauss jedoch die Wichtigkeit des jeweiligen Kontextwissens (d. h. Fachwissen, persönliches Alltagserleben) hervor: Der Forscher möge in seinem Erfahrungsschatz graben und obwohl seine Interpretation des Datenmaterials sicherlich nicht die einzig mögliche sei, sei sie nachvollziehbar und halte weiteren Überprüfungen stand. (S. 36-37) Deshalb ist die ständige Reflexion der Forscherin ein wesentlicher Bestandteil dieser Arbeit.

Der von Strauss beschriebene Forschungsablauf ist folgender: Forschende denken nach, gehen ins Feld, beobachten, machen Notizen (Memos), stellen vorläufige Zusammenhänge her, die immer dichter werden, wenn weitere Verbindungen gezogen werden. Sie machen sich hier bereits Gedanken über Auswertung und implizite Konzepte. Die Datensammlung oder Stichprobenziehung (*theoretical sampling*) verläuft schrittweise, die Auswahl der Fälle kann nicht vorher definiert werden, da die Forschenden nicht wissen, welche Fälle sich im Laufe der Forschung als relevant erweisen und wie sich die Forschung entwickelt. Immer neue Theorien werden entdeckt, die wiederum in den folgenden Untersuchungsphasen an neuen Daten verifiziert werden. Die theoretische Sättigung ist erreicht, wenn keine zusätzlichen Daten mehr gefunden werden, durch die die Kategorien weiter entwickelt werden können, wenn Forschende

---

23 Strauss (1994: 65) definiert: „Eine Schlüsselkategorie erklärt die verschiedenen Erscheinungsweisen eines Verhaltens unter verschiedenen Bedingungen."

nichts Neues mehr entdecken. Datenerhebung und -auswertung finden ineinander verschränkt statt. (Mayring 2000[5]: 104)

In dieser Arbeit ist der Ablauf etwas anders: Datenerhebung und -auswertung finden hier nicht gleichzeitig statt. Die laienhaft forschende Lehrkraft führt die gesamte Datensammlung durch, die Forscherin wählt aus dieser später ihre drei Stichproben (Arbeitsprozessberichte) nacheinander mit verschiedenen Begründungen aus der Entwicklung ihrer Forschungsfrage aus, um daraus ihre Theorie zu entwickeln. Von Vorteil für die Stichprobenziehung ist nach Strauss der Vergleich minimal und maximal kontrastiver Fälle, um zu zeigen, welche verschiedenen Antworten sich zu einem sozialen Phänomen ergeben können. Diese Fälle dienen der Forscherin als Entscheidungshilfe für ihr weiteres theoretisches Ziehen von Stichproben. Die theoretische Sättigung bestimmt sie selber mit ihrer Begrenzung auf drei Stichproben aus platzökonomischen Gründen. Die Stichproben erscheinen ihr für bestimmte zu erforschende Aspekte in ihrer Vielfältigkeit ausreichend; es ist ihr jedoch bewusst, dass sie bei weiteren Stichprobenziehungen wiederum unterschiedliche persönliche Einstellungen der Befragten, weitere Akzentuierungen erfahren würde.

Durch weitere theoretische Verallgemeinerung und Annahmen über die Wechselbeziehungen zwischen den verschiedenen Typen entsteht schließlich eine (begrenzte) Theorie. Die Forscherin entscheidet sich allerdings aus Platzgründen, ihre Memos über die Datenauswertung nicht in die Arbeit mit einzubeziehen.

Für die Vertreter der Grounded Theory ist die Offenheit in der Forschungsmethodik zentral: Strauss betont, es könne sich lediglich um Leitlinien, Faustregeln für die Forschung handeln, nicht um methodische Vorschriften. Er kritisiert damit auch die quantitative Forschungsmethodik. Viele strukturelle Bedingungen der Sozialforschung sprächen gegen die strikte Systematisierung von methodologischen Regeln wie z. B. die Vielfalt von sozialweltlichen Gegebenheiten. Standardisierung stünde dieser Vielfalt entgegen. Der Wissenschaftler müsse auch die Eingeschränktheit seiner Forschung klar erkennen und ein offenes Ende sogar der besten Forschung sei wünschenswert. (S. 32f.) (Das offene Ende ist in dieser Arbeit ebenfalls gegeben durch die Fallauswahl der Forscherin: Gefundene Theorien könnten bei unterschiedlicher Stichprobenziehung unterschiedlich ausfallen; eine neue Datensammlung zu einer ähnlichen Untersuchung würde wiederum nicht replizierbare Daten liefern.)

Anders als bei Mayring wird auch der latente Gehalt eines Textes analysiert, die Analyse erfolgt i.a. nicht numerisch, sondern über Rekonstruktion von Wirkungszusammenhängen im untersuchten Kontext. Allerdings erwähnt Strauss — wie Mayring — die teilweise notwendige Umwandlung von qualitativen Daten durch Zähl- und Messverfahren in quantitative. (S. 27).

(Dieser Aspekt spielt bei der Auswertung der drei Arbeitsprozessberichte keine Rolle.)

Strauss hebt neben der Offenheit auch die Intensität des Forschungsprozesses für Wissenschaftler persönlich hervor,[24] die in ihrer Arbeit als eines der Resultate expliziert werden. Häufig werde gegenstandsbezogene Theoriebildung in Feldforschung angewendet, wenn Forschernde selbst involviert seien (wie in dieser Studie).

Kritik an Glaser, Strauss und Corbin wird zu folgenden Punkten geäußert: (Rosenthal 2005: 214f.)

Es besteht die Gefahr einer vorschnellen Subsumtionslogik unter Kategorien und einer Verletzung des Prinzips der Sequenzialität durch die Codierungsphasen; damit wird die Gestalt des Textes zerstört.

Die Rekonstruktion von Einzelfällen ist sehr aufwendig: Die Sättigung kann schnell eintreten oder sich als ein kaum abschließbarer Prozess erweisen. (Aus diesem Grunde bestimmt die Forscherin selbst ihre theoretische Sättigung und muss aus Platzgründen auch den Abdruck verschiedener Phasen kürzen.)

Der Umfang der Stichprobe, die Größe und die Merkmale der Grundgesamtheit können erst am Ende angegeben werden, denn sie könnten sich im Laufe der Studie ändern. (wie hier, wenn die Forscherin während des Forschungsprozesses den Umfang und die Merkmale der Stichprobe aus allen vorliegenden Daten bestimmt.)

3.2. Kritik an qualitativer Forschung

Zum Abschluss dieses theoretischen Teils über die in dieser Arbeit relevanten Methodik seien die allgemeinen Kritikpunkte an qualitativer Forschung aus Kelle und Reidt (2008[2]), Riemer (2006), Rosenthal (2005), Handbuch (2000), Saldern (1992) Lamnek (19932) resümiert, die hier als Herausforderung betrachtet werden:

Die Forschung ist nicht objektiv, die Ergebnisse sind kaum kontrollierbar, weil der Forschungsprozess immer subjektiv „blockiert" ist. Durch die nicht zu eliminierende Subjektivität Forschender ist eine völlige Aufdeckung des Sinnes nicht möglich.

Ebenso schwer erscheint der Prozess der Kategorien- und Indikatorenbildung systematisierbar. Das Forschungsprojekt wird insgesamt zu locker betrachtet, ist weitgehend theorielos: "The qualitative research is generally

---

[24] „Der Wissenschaftler wird, wenn er mehr als nur sachkundig ist, - mit seinen Gefühlen und seinem Intellekt - 'in seiner Arbeit' sein und von Erfahrungen, die er im Forschungsprozess gemacht hat, tief beeinflusst werden." (S. 35)

labelled „unsystematic, impressionistic, or exploratory." (Glaser, Strauss 1967: 223) Gegen die Offenheit bei der Datenerhebung und Auswertung, eine sogenannte „Voraussetzungslosigkeit, Vorläufigkeit" in der qualitativen Forschung bestehen massive Einwände anderer empirischer Forschungsrichtungen. Intersubjektive Nachprüfbarkeit ist nicht gegeben. Es können weitere theoretisch relevante Einsichten gewonnen werden. Es sind wenig oder keine Generalisierungen möglich.

Quantifizierungen qualitativer Forschung sind problematisch: Riemer beschreibt Beispiele und kommt zu dem Schluss, dass diese Strategien im Rahmen qualitativer Forschungsdesigns zu einer inhaltsärmeren Definition von qualitativen Daten führten. (S. 457f.) Treumann (2000) hält eine Verbindung von qualitativen und quantitativen Methoden unter bestimmten Bedingungen für möglich[25]. Jedoch blende ein quantitativer Zugriff auf Interpretationsprozesse von Akteuren den Kontextzusammenhang aus. Treumann kommt zu dem Schluss, dass die Vergleichbarkeit aufgrund bestimmter Merkmale nur über den Preis einer Standardisierung, also einer Aufgabe von fallweise variierendem Kontextwissen, erreichbar wäre. Dieser Zusammenhang sei jedoch sehr wichtig.

In Gesamturteilen über qualitative Forschung wird häufig gesagt, sie sei für Forschende sehr kompliziert und zeitaufwendig. (Winkelmann 2008: 119 zur Auswertung von Fragebögen) . Praktiker seien überfordert. (Saldern S. 378)

Vielen dieser Kritikpunkte können Forschende — so wird es auch hier versucht — entgegentreten, indem sie immer wieder systematisch ihre zugrunde liegenden methodischen Entscheidungen darlegen und reflektieren.

Inzwischen gibt es komplementäre Modelle von qualitativer und quantitativer Forschung und komplementäre Modelle in der qualitativen Methodologie. Um diese geht es: Im folgenden Teil werden die methodischen Voraussetzungen dieser Arbeit erklärt.

4. Methodische Voraussetzungen dieser Arbeit: Forschungsdesigns

Riemer legitimiert die Flexibilität qualitativer Forschung: „Die Anpassung des Forschungsdesigns im Verlauf des Forschungsprozesses ist qualitativer Forschung inhärent; sie sollte explizit und transparent als Chance verdeutlicht

---

[25] „Immer dann, wenn es im Prozess der Datenauswertung nachträglich gelingt, qualitativ erhobene Datenmengen kategorial in nominalskalierte Variablen zu scheiden, ist eine quantifizierende Auswertung möglich, die nach der Häufigkeit des Auftretens der einzelnen Kategorien ... fragt" (Treumann 2000: 165)

und nicht als Schwäche verschämt verschwiegen werden." (2006: 463) Diese Forschung strebt nicht mehr „objektive" Darstellung, „endgültige" Interpretation an, sondern will aus der facettenreichen Wirklichkeit multipler Wahrheiten und verschiedener Perspektiven, aus der Singularität des Einzelfalles ein qualitativ ausgewogenes Bild von einem kleinen Ausschnitt von Wirklichkeit zeichnen. Dazu ist eine flexible Anpassung von Forschungsdesigns vonnöten, die die theoretische und praktische Forschungsliteratur als unerlässlich erachtet (s. o.) und für die Einzelstudien dieser Arbeit auch versucht wird. Die Wahl muss mit den jeweiligen Erkenntnisinteressen an den Daten begründet und im Forschungsverlauf expliziert werden. Den Teiluntersuchungen sind einige Designs gleich; deshalb werden sie im Folgenden beschrieben.

4.1. Triangulation

Triangulation beabsichtigt in den Sozialwissenschaften, durch verschiedene Herangehensweisen ein umfassenderes Bild menschlichen Verhaltens zeichnen. Schon Cohen und Manion sprechen 1980 von: "to map out, or explain more fully, the richness and complexity of human behaviour by studying it from more than one standpoint." (S. 208).

Winter 2009 führt fort, dass erst durch die Berücksichtigung unterschiedlicher Perspektiven die differenzierten Verschränkungen persönlicher, interpersonaler und politischer Ebenen erfasst werden könnten.

Denzin (1979) unterscheidet vier Arten von Triangulation:
- Datentriangulation kombiniert Daten, die aus verschiedenen Quellen stammen, zu verschiedenen Zeitpunkten, an unterschiedlichen Orten oder bei verschiedenen Personen erhoben werden. Formen von Datentriangulation werden in dieser Arbeit zentral angewendet.
- Beobachtertriangulation meint den Einsatz verschiedener Beobachter, um subjektive Einflüsse eines einzelnen Beobachters auszugleichen
- Theorientriangulation ist die Annäherung an den Forschungsgegenstand von verschiedenen Theorien aus
- Methodentriangulation verwendet verschiedene Methoden zur Validierung der Forschung. Denzin unterscheidet bei Letzterer zwischen der Triangulation innerhalb einer Methode und von verschiedenen Methoden.

Triangulation bezieht sich nicht nur auf qualitative und quantitative Methodenparadigmen in Kombination, sondern kann auch innerhalb von qualitativen Methoden angewendet werden — ein wesentliches Konzept der Forschung in dieser Arbeit.

Denzins Prinzip der Validierung der Ergebnisse durch Triangulation ist immer wieder kritisiert worden: Methoden, die aus verschiedenen Theorietraditionen kommen, konstruieren ihre Gegenstände unterschiedlich; sie erweitern zwar den Blick auf das Phänomen, führen jedoch nicht unbedingt zu gleichen Ergebnissen. Daher erhöht die Anzahl von angewendeten Methoden nicht automatisch die Validität der Ergebnisse. (Krüger und Pfaff 2004: 160) Später definiert Denzin die Verwendung von Triangulation als Strategie eines Bastlers, Erkenntnisse durch weitere Daten, Methoden etc. zusammenzustellen:

> "The multiple methodologies of qualitative research may be viewed as a bricolage, and the researcher as bricoleur... The qualitative researcher-as-bricoleur uses the tools of his or her methodological trade... If new tools have to be invented, or pieced together, then the researcher will do this...The choice of research practices depends on the questions asked, the questions depend on the context. Then the researcher chooses what is available in the context and what he can do in this setting." (Denzin and Lincoln 1994: 2).

Die Kombination verschiedener Zugänge entsteht sozusagen in „Arbeitsteilung" zwischen den Methoden (Krüger und Pfaff 2004: 161f.), bei der der blinde Fleck einer Methode durch die jeweils andere ausgeglichen wird. Der Einsatz der Methoden wird durch den Gegenstand selbst bestimmt, sie werden separat angewendet und von den Forschenden begründet. Triangulation dient nach dieser Auffassung, der sich auch die Forscherin anschließt, zur Komplementierung des Gesamtbildes.

Flick (2004: 88ff.) nennt häufig praktizierte Möglichkeiten von Triangulation, von denen die hier verwendeten näher erklärt werden:

Vergleichsstudien stehen im Zentrum dieser Arbeit: Eine Auswahl von Klassen- bzw. Kurssätzen wird in einem bestimmten thematischen Ausschnitt betrachtet und die unterschiedlichen Daten der Lernenden einer Lerngruppe (Kap. 7, 9, 10-13) sowie teilweise verschiedener Lerngruppen (Kap. 8, 11) schaffen ein differenziertes Gesamtbild. – Ein weiterer Vergleich besteht zwischen den Kategorien und Inhalten aus verschiedenen Codierungsstufen in Kap. 7: Die Daten werden erst in der Einzelfallstudie analysiert, dann komparativ oder kontrastierend gegenübergestellt entsprechend Flicks (2000:254) Verbindung mehrerer Fallanalysen. Jedoch ist der Vergleich in Kap. 7 nicht zentral. Jede der drei qualitativen Fallstudien steht für sich.

Der zeitliche Rahmen für die Datenerhebungen ist parallel (immer Klassen-/Kursuntersuchungen aller Probanden einer Lerngruppe gleichzeitig) und sequenziell (im Laufe von über 10 Jahren Erhebungen in unterschiedlichen Lerngruppen). Bei der Beforschung der letzten ist zu bedenken, dass die Lernenden und der Gegenstand jeweils unterschiedlich sind und sich zu verschiedenen Zeiten verändern.

Häufig werden deskriptive Querschnittsuntersuchungen durchgeführt, die den Lernprozess innerhalb einer zeitlich begrenzten Phase schülerorientierten Unterrichts festhalten – teils mitten im Prozess (Kap. 7 und 9), meist am Ende dessen. Prozessorientierte Vorgehensweisen wie die in den Arbeitsprozessberichten sind dennoch auch als Querschnittsstudien zu bezeichnen, denn sie haben einen starken Bezug zum jeweiligen Befragungszeitpunkt, sie konzentrieren sich v. a. auf den Lernerfolg am Ende dieses Prozesses und rekonstruieren nur teilweise vergangene Ereignisse.

Die Sampling-Strategien können von einer abstrakten Annahme Forschender ausgehen, die mit den Daten verifiziert oder falsifiziert wird (wie z. B. die Annahme in Kap. 9, 11, 12, 13, Selbstevaluationen in Klassenarbeiten oder Klausuren hätten denselben hohen Wert wie in anonymen oder namentlichen Fragebögen) oder von anderer begründeter Auswahl im Einzelfall (vgl. Kap. 7).

Die Datensätze werden unterschiedlich behandelt: Datensätze von Mehrfallstudien werden separat analysiert, dann werden die Analysen verglichen (Kap. 7, 8, 11). — In Kap. 10 werden zwei Datensorten in einer Einzelfallstudie aufeinander bezogen und analysiert; in Kap. 7 werden aus der Analyse eines Datensatzes Kategorien abgeleitet für die Analyse des zweiten.

Bei der Ergebnisdarstellung werden verschiedene methodische Entscheidungen separat erklärt, um die Anwendung von Triangulation zu begründen und nachvollziehbar zu machen. Wenn möglich soll als Ergebnis aus einer begrenzten Auswahl von untersuchten Fällen eine gewisse Generalisierung, eine Theorie entwickelt werden. Es soll diskutiert werden, auf welche weiteren Kontexte in welchem Geltungsbereich ggf. die entwickelte Theorie übertragbar ist und welcher Grad an Verallgemeinerung überhaupt mit der Studie angestrebt wird.

In der Forschungsliteratur unterscheidet Kelle (2000: 300) das Phasenmodell quantitativ orientierter Methodiker, wonach qualitative Methoden der Exploration und Hypothesengenerierung dienen sollen für die spätere Prüfung quantitativer Verfahren (z. B. Flick 2004: 79) und das Modell, welches beide Verfahren verbindet, indem sie denselben Gegenstand aus unterschiedlichen Blickwinkeln und auf unterschiedliche Weise beleuchten, um damit ein umfassenderes, valideres Bild dessen zu zeichnen. Konkrete Beispiele sind Hördt 2006, die standardisierte Fragebögen mit Interviews und Diskussionen trianguliert, von Borries 2005, der zu Geschichtsbüchern Schüler-, Lehrer- und Lehramtsstudenteninterviews und Kurzessays mit geschlossenen Fragebögen trianguliert und Chen (2007) mit seiner Kombinationsstudie von Arbeitsprozessberichten taiwanesischer Studenten mit unstrukturierten Interviews. In dieser Arbeit werden allerdings i. a. teilstandardisierte oder offene Befragungen mit anderen qualitativen Erhebungsmethoden trianguliert, sodass diese rein qualitativen Triangulationsstudien nicht mit Ersteren vergleichbar sind. Ein sehr gutes Beispiel für eine rein qualitative Triangulationsstudie von verschiedenartigen Daten und Methoden über *peer reviews* im muttersprachlichen Englischunterricht am College ist Mc Groarty und Zhu (1996).

Triangulationsstudien verschiedener Art werden zunehmend in empirischer Forschung angewendet. Altrichter (2007[4]: 178f.) berichtet von der Triangulation verschiedener Perspektiven von Lehrenden mit denen von Lernenden. Die daraus entstehende Aktionsforschung der spezifischen sozialen Realität von Schule in dieser Studie ist Thema des folgenden Abschnitts.

4.2. Aktionsforschung

Von 1996 bis März 2008, dem Beginn dieser Arbeit, dokumentiert und reflektiert die methodisch-didaktisch motivierte Lehrerin ihren Unterricht laienhaft und unsystematisch. (vgl. Einleitung) Darunter ist zu verstehen, dass sie ohne methodische Vorkenntnisse reichhaltige und fruchtbare Daten von ihren Lernenden erhebt, gemeinsam mit ihnen auswertet und die Ergebnisse in den weiteren Unterrichtsverlauf mit einbezieht. Sie verschriftlicht einige ihrer Datenerhebungen und -auswertungen in Fachaufsätzen und diskutiert sie mit dem Fachpublikum auf Sitzungen und Kongressen. Die Daten liegen noch alle vor; die Phasen der kommunikativen Validierung gemeinsam mit den Lernenden und die Konsequenzen daraus sind größtenteils nicht verschriftlicht worden.

Im März 2008 beschließt diese Lehrerin, die Vielfalt an sehr lohnenswerten Daten von einer anderen Perspektive aus zu betrachten: Unter dem Blick einer methodisch kontrollierten Aktionsforscherin beforscht sie retrospektiv eine Auswahl ihrer vorliegenden Daten (Kap. 7-9, 11-13) und führt aus der neuen Perspektive in der Doppelrolle Lehrerin - Aktionsforscherin weitere Evaluationen mit ihren Lernenden durch, von denen eine in Kap. 10 Eingang in diese Arbeit findet. Die Phase der kommunikativen Validierung mit den Lernenden wird hier ebenfalls protokolliert, sodass diese mit den Daten zusammen vorliegt.

Reflexion ist ein notwendiges Merkmal praktischen Handelns (Klafki 1976: 60), d. h., jeder Handelnde reflektiert automatisch mehr oder weniger intensiv sein Handeln: "You [the teachers] are researching ideas all the time, whether you know it or not". (Brown 1994: 437) und: „Kompetente praktische Handlung muss immer beides tun, ´zur Praxis stehen´ und ´die Praxis kritisch reflektieren.´" (Altrichter 2004: 459)

Altrichter (1990:73) bezeichnet unausgesprochenes Wissen-in-der-Handlung als den normalen Zustand des Wissens von Praktikern. Schön (1990: 46, 51) stellt fest, dass dieses nicht mehr genüge, Reflexion-in-der-Handlung mit einzelfallspezifischer Theorie werde notwendig. Schöns Beschreibung führt zur Definition von Aktionsforschung, nach der in dieser Arbeit die Daten erhoben werden:

> "When someone reflects-in-action, he becomes a researcher in the practice context. He is not dependent on the categories of established theory and technique, but constructs a new theory of the unique case. His inquiry is not limited to a deliberation about means which depends on a prior agreement about ends. He does not keep means and end separate, but defines them interactively as he frames a problematic situation. He does not separate thinking from doing, ratiocinating his way to a decision which he must later convert to action. Because his experimenting is a kind of action, implementation is built into his inquiry. Thus reflection-in-action can proceed, even in situations of uncertainty or uniqueness." (1990: 51)

Nach Altrichter (1990: 73) geschieht Reflexion-in-der-Handlung automatisch im Handlungsverlauf, sie muss nicht verbalisiert werden. Es sei jedoch notwendig, eigenes Handlungswissen zu explizieren, sich von seiner Handlung zeitweise zu distanzieren, über sie zu reflektieren, um Wissen bei Handlungsproblemen analysierbar und reorganisierbar zu machen. Außerdem müsse Wissen auch für andere zur Information und Diskussion aufbereitet werden. Auf Reflexion-in-der Handlung folgt nach Schön Reflexion-über-die-Handlung: Reflexion tritt aus dem Handlungsfluss heraus, ist Grundlage für komplexe und schwierige Handlungsprobleme und hilft durch Verbalisierung des Wissens, Erfahrung weiterzugeben, Wissen und Handlungen von Lehrenden zur Diskussion stellen und es einer kritischen Prüfung zu unterziehen.

In der empirischen Grundlagenforschung werden Alltagsmenschen nicht nur als Objekte, sondern auch als Akteure des Forschungsprozesses gesehen. (Altrichter 2004: 449) Welche Ausprägungen sind bei Lehrenden zu beobachten? Altrichter (1990: 11) meint, dass Reflexion bei Lehrerenden überhaupt nicht gängig sei, da Schule keine systematische Reflexion von ihnen verlange. Diese Situation hat sich seit Erscheinen seines Buches weiterentwickelt: Im Rahmen der Qualitätssicherung von Schule wird seit Mitte der 90er Jahre durchaus intensiv reflektiert und evaluiert (Kap. 1.2.). Selten jedoch erforschen Lehrende ihren Fachunterricht direkt und produzieren dabei Forschungswissen (Altrichter und Posch 2007: 12) – diese Arbeit versucht es. Vorurteile bzw. Hindernisse bestehen darin, dass Lehrende glauben, ihr Wissen und ihre Erfahrung interessiere niemanden und habe keinen Wert und sie befürchteten, dass für Selbstforschung eine Ausbildung in Forschungsinstrumenten benötigt werde (Altrichter 1990: 11). Konsequenz ist die große Zurückhaltung bei der Publikation der Ergebnisse. (Cochran 1990: 3) Ergänzend dazu resümiert Steins 2009 sehr eindrucksvoll

Widerstände von Lehrern gegen von außen erwünschte oder angeordnete externe und interne Evaluationen aus psychologischer Sicht.

Tatsächlich bleibt festzuhalten:

> Aktionsforschung ist durchaus „richtige" Forschung, weil sie drei Elemente enthält: eine Frage, ein Problem oder eine Hypothese; Daten; Analyse und Interpretation von Daten. Als weiteres Charakteristikum für Forschung kommt hier hinzu, dass es ein Element von Intervention und Wandel beinhaltet. (Nunan 1995: 42)

> Es gibt noch keine Metatheorie der Aktionsforschung. (Altrichter 1990: 78)

> Es besteht vermutlich ein Unterschied zwischen Forschung, die von Theorien gesteuert ist und der von Lehrenden. (Crookes 1993: 38)

> Die Aktionsforschung der praktizierenden Lehrkraft ähnelt der Selbstevaluation der Lernenden (Vergleich von Klenowski 1995) mit dem Unterschied, dass bei Letzterer die Lernenden über ihre Lernprozesse und Unterrichtserfahrungen reflektieren. Die Selbstevaluation der Lernenden eröffnet den Lehrenden Türen, die es im Dialog zu analysieren gilt:

"Student self-evaluation, that involves human judgement and dialogue, could hold the key to unlock the door to the student's thoughts, understandings and explanations for the teacher. Through the process of student self-evaluation a teacher may be able to acquire an insight into the student's understanding by checking out if the student's answer really means what it appears to mean... This suggests the need for an interactive dialogue (between student and teacher) during the self-evaluation. This dimension was fundamental to learning as it was during this interchange that students confronted the teacher and, in so doing, clarified their thinking" (Klenowski 1995: 147)

Matsumoto (1996: 147) bekräftigt die Hinwendung zur Forschung der Lernenden: "Encouraging learners to reflect upon classroom learning through retrospection will help bridge the gap between a learner and a researcher. In diesem Sinne ist die Aktionsforschung in dieser Arbeit entstanden.

4.2.1. Definitionsversuche

Metaphernreich beschreiben Hayes und Dewey die Aktionsforschungsprozesse im Unterricht: "In order to comprehend the macro-ecology of the whole forest we must understand the micro-ecology of individual trees within it."c (Hayes 1996: 178) und: "No number of object-lessons... of giving information can afford even the shadow of a substitute for acquanintance with the plants and animals of the farm and garden acquired through actual living among them and caring for them." (Dewey 1976: 8) Sie heben zum Einen das lernende Individuum hervor, zum Anderen die Teilnahme der Aktionsforschenden im Feld. Allwright fügt das allgemeine Ziel hinzu: "Quality of life ... is the most appropriate central concern for practitioner research." (2009: 149) Durch die Forschung könne die Lebensqualität verändert, vielleicht verbessert werden. Die Ziele sollten dennoch nicht allzu hoch gesteckt werden, Forschende sollten nicht sklavisch nach allgemeingültigen Aussagen suchen, denn: "in the social sciences, represented here by classroom language learning and teaching, it is increasingly doubtful whether such a reductionist position can ever really be productive and helpful, given the essential idiosyncrasy of human experience and the 'irreducible complexitiy' of human life." (S. 147)

Action research heißt im Deutschen „Handlungsforschung, Aktionsforschung, aktivierende Sozialforschung, aktivierende Schulforschung" (Klafki 1976: 60) Der Begriff wird hier definiert, wie er in dieser Arbeit umgesetzt wird:

Aktionsforschung ist die qualitative Erforschung einer realen sozialen Situation, hier dem Unterricht. Sie erfolgt — zunächst laienhaft — durch die forschende Englisch- oder Französischlehrerin von Gymnasialklassen oder Oberstufenkursen der 5.-13. Jahrgangsstufe ohne Zusammenarbeit mit Wissenschaftlern. Die Lehrerin ist somit genauso Mitglied der jeweiligen sozialen Gruppe wie die Lernenden. Sie nimmt also am Untersuchungsfeld teil, indem sie mit ihrer Lerngruppe einen Bereich alltäglicher sozialer Realität produziert. Klafki (2002: 204) fordert eine möglichst geringe Reduktion der komplexen Schulsituation.

Der Schwerpunkt der Forschung kann auf Lehrerenden, Lernenden oder dem spezifischen Unterrichtskontext liegen (Arndt 1987: 105); sie liegt hier auf dem Kontext des schülerorientierten Unterrichts, in dem die Lernenden sich selbst und andere evaluieren.

Sie ist — nach Allwright (2009: 142) — eher auf Veränderung und Verbesserung der konkreten Unterrichtssituation als auf den Forschungsprozess ausgerichtet.

Die individuelle Lehrerkraft betreibt Aktionsforschung aus eigenen „Bedürfnissen": "In action research it is accepted that research questions should emerge from a teacher's own immediate concerns and problems." (Crookes 1993: 130) Spezifische Informationen oder Wissen für die Lösung eines Problems in einer spezifischen Situation werden erforscht (Cohen and Manion 1980: 181); hier ist es immer wieder die Frage, was Selbst- und Partnerevaluation in dieser leisten können.

Ein Hauptziel dieser mit qualitativen Untersuchungsmethoden arbeitenden Aktionsforschung ist demnach situatives Verstehen, Analyse von einzelnen Lernsituationen in der Unterrichtspraxis, nicht unbedingt Verallgemeinerungen.[26] Allwright S.146 beklagt, dass Forschung immer zu

---

[26] "No matter how conclusive research findings are about an innovation, it may not be applicable in a specific situation." (McLean 1995: 68)

Verallgemeinerungen strebe und er plädiert dafür, die Einzelsituation in der Schule mit ihrer speziellen Bedeutung gelten zu lassen:

"Teachers, and especially learners, need understandings now, and they need particular understandings that are directly appropriate to their unique situations, not high-level generalisations. That requires the local development of locally useful understandings... Practitioners need deep ´human´ understandings of their immediate situation, understandings that may even be ´too deep for words´."

Allwright resümiert, dass alle Erkenntnisse nur provisorisch und von kurzer Gültigkeit seien. Das durch Beobachtungen im eigenen Feld gewonnene Wissen könne ggf. über den Einzelfall hinaus durch die Rezeption von in der Grundlagenforschung gewonnenem generalisierendem Wissen erweitert werden; dieses wird in der Arbeit so oft wie möglich versucht.

Praxisforschung generiert neues Wissen und validiert die Ergebnisse durch die Praxis: Elliott spricht von "usefulness in helping people to act more intelligently and skilfully. In action-research ´theories´ are not validated independently and then applied to practice. They are validated through practice." (Elliott 1991: 69)

Ein weiteres Ziel kann sein, die Praxis durch das generierte Wissen weiter zu entwickeln und verändern (Altrichter 1999: 107) bzw. zu verbessern. Allerdings erklärt Allwright (2009: 149), dass Verstehen von Leben des Einzelfalls an erster Stelle stehe, erst an zweiter ggf. verallgemeinerbare Erkenntnisse für andere Situationen. Deshalb sei das Verbesserungsinteresse eher kurzfristig und direkt als langfristig und indirekt wie in der wissenschaftlichen Grundlagenforschung. Auch diese Arbeit geht exemplarisch vom Einzelfall aus, um die Praxis zu entwickeln.

Für diesen Beitrag ist es wichtig, die erweiterten Rollen der im Untersuchungsfeld agierenden Personen, der Lernenden und der aktionsforschenden Lehrerin, zu definieren (vgl. auch Kap. 2.4. und 4.6.) als gleichberechtigte und gemeinsam agierende Subjekte. Schimitzek (2008: 29) findet den besonderen Reiz der Evaluation der eigenen Praxis in dieser Aufhebung zwischen Beforschten und Forschenden und in der Beteiligung aller Betroffenen an der Gestaltung des gemeinsamen Tuns. Klafki (2002: 204) betont, dass solche Forschung immer als ein Lernprozess, als ein kommunikativer Selbstveränderungsprozess aller Beteiligten betrachtet werden müsse. Das zeigt sich ebenso an einigen Stellen der Klassen- /Kursgespräche, in denen Selbst- und Partnerevaluationen metaevaluiert werden.

4.2.2. Ablauf von Aktionsforschungsprozessen

In diesem Abschnitt werden gängige Schemata vom Ablauf der Aktionsforschungsprozesse (Altrichter 1999: 104-109, Fichten 1993: 67-76 u. v. m.) in ihrem Kreislauf von eng ineinandergreifenden Aktionen und Reflexionen beschrieben[27] (die Zahlen stellen die Abfolge dar) und den Aktionsforschungsprozessen in dieser Arbeit tabellarisch gegenübergestellt.

Abb. 3:

Aktionsforschungsprozesse in der Fachliteratur	Aktionsforschungsprozesse in dieser Arbeit
1. Forschende Lehrende nehmen an der sozialen Situation teil, sammeln Daten, Erfahrungen, Feedback. (Aktion)	Ebenso in dieser Arbeit, mit einem Unterschied: Die Lehrerin beforscht ihre Praxis von 1996 bis 2008 laienhaft.
2. Forschende Lehrende müssen ihren Beobachtungen eigenen und fremden Verhaltens gegenüber Distanz einnehmen.	Diese Distanz nimmt die aktionsforschende Praktikerin erst mit dem Beginn dieser Forschungsarbeit ein. In den Einzelstudien unterscheidet sie zwischen der Praktikerin und der Forscherin, die mit kritisch-reflexiver Distanz betrachtet. (Fichten 1993: 64)
3. Forschende Lehrende interpretieren Beobachtungen und werten sie in Form einer praktischen Theorie aus, die die abgelaufene Situation erklären soll und von der sie Ideen für nachfolgende Handlungen entwickeln können. (Reflexion)	Ebenso
4. Daraus folgen Aktionsideen und Handlungsstrategien für die Weiterarbeit: Fragestellungen werden umformuliert, Forschungsmethoden verändert. Weitere Daten werden erhoben, eingeordnet, kategorisiert, ausgewertet, verglichen. (Reflexion)	Ebenso, allerdings geschieht auch dieses bis März 2008 laienhaft, eine theoretische Einordnung erfolgt noch nicht.
5. Gemeinsam werden Problemlösungen und Handlungsalternativen erarbeitet. Forschende Lehrende müssen doppelt übersetzen: Zunächst übertragen sie Unterricht in wissen-	Seit März 2008 werden auch wissenschaftliche Theoriekonstrukte einbezogen.

---

[27] Altrichters Kreislauf ist entwickelt worden in enger Anlehnung an den ursprünglichen von Lewis, den Elliot (1991: 69f) modifiziert hat. Ein ähnliches Modell entwickelt auch McLean (1995: 3f.): Auch er betont den Kreislauf ohne spezifischen Anfang und Ende. Ebenso ähnelt diesem der Kreislauf von Nunan (1995: 41-42 mit einem Beispiel aus dem Fremdsprachenunterricht), wobei Altrichter eher neutral von Erfahrungen in der Praxis ausgeht, Nunan von dort aufgetretenen Problemen.

schaftliche Theoriekonstrukte, dann diese rückwärts in die Kommunikation mit den Lernenden. Unterschiedliche Deutungsmuster werden aufeinander bezogen, miteinander verglichen. (Reflexion)	
6. Gemeinsam gefundene Lösungsansätze werden wiederum im Unterricht erprobt. (Aktion)	Ebenso, allerdings nicht immer mit der gleichen Lerngruppe. Für eine weitere Untersuchung mit einer anderen Lerngruppe wird das Forschungsdesign angepasst.
7. Idealerweise erfolgt nach dem Durchlauf eines Kreislaufs die Dokumentation und Verbreitung der Ergebnisse.	Ebenso, nach kommunikativer Validierung im Rahmen der Klasse Verbreitung und kommunikative Validierung auf Fachkonferenzen, in Aufsätzen, auf Tagungen.
8. Nach den Handlungen setzt wiederum die Informationssammlung mit anschließender Metaevaluation ein. (Aktions- und Reflexionskreislauf)	Ebenso, der Kreislauf beginnt immer wieder neu, gestützt durch die gewonnenen Erkenntnisse.

Wegen des wechselnden sozialen Kontextes der Untersuchungen, der untersuchten Personen, der Fragestellungen bzw. der Forschungsmethoden ist der Aktionsforschungskreislauf eher flexibel und weniger voraussehbar. Auch in dieser Arbeit sind die jeweiligen Untersuchungskontexte und Probanden unterschiedlich, die Fragestellungen beantworten unterschiedliche Teilfragen der Forschungsfrage, die Forschungsmethoden werden diesen Teilfragen flexibel angepasst und sind auch während des Forschungsprozesses veränderbar, das Erkenntnisinteresse definiert sich über den Forschungsprozess.[28] Dennoch verläuft der Kreislauf nicht willkürlich, sondern systematisch und geplant in allen Phasen der Datenerhebung, -aufbereitung, -auswertung. (Cochran 1990: 3)

Wesentliche Ziele von Aktionsforschung sind, dass „gleichzeitig Erkenntnis (als Ergebnis von Reflexion) und Entwicklung (als Ergebnis von Aktion) angestrebt [wird]." (Altrichter 2007: 21) Das heißt, dass die untersuchte Praxis und das Wissen über diese Praxis weiterentwickelt werden, sodass sie verbessert werden

---

[28] "The processes of AR are inherently flexible and are subject to changes in direction, as interpretations, meanings and further actions must inevitably be made with reference to the specific circumstances and social contingencies of the research context…The research process is typically less predictable than in other research approaches, in that it is characterised by a spiral of cycles involving planning, acting, observing, and reflecting" (Burns 2005: 58-59)

kann; ebenso werden die eigenen Kompetenzen der Lehrenden weiterentwickelt wie z. B. die Optimierung der Moderation von Lernprozessen (Prengel 2004: 182), die Anwendung zusätzlicher oder innovativer Lehr- und Lernzugänge (Richards 1990: 63) und ihre Erkenntnis- oder Forschungsperspektive: Sie verstehen eine praktische Situation, deren Bedingungen, ihre Handlung darin und deren Wirkungen besser, um sie in eine produktive Richtung weiterentwickeln zu können (Altrichter 2007: 53) (in dieser Arbeit wird dieses Ziel mithilfe der gewonnenen Erfahrungen meist erst in der darauf folgenden Evaluationsstudie angestrebt), um ihr eigenes Weiterlernen verbessern zu können (McLean 1995: 67). Die Stärke ihrer eigenen Unterrichtsforschung führt Lehrende häufig zu intellektueller Befriedigung (Cochran-Smith 1990: 6).

Veränderung und Verbesserung müssen aber nicht unbedingt von vornherein als Forschungsziel festgelegt werden, sie entwickeln sich im Forschungsprozess (Klafki 2002: 204, Nunan 1992: 18); deshalb bezeichnet Klafki (1976: 61) Handlungsforschung als Innovationsforschung. Eine wesentliche Innovation dieser Arbeit ist der Wert, der den Selbstevaluationen von Lernprozessen in Klassenarbeiten und Klausuren zugebilligt wird.

Schließlich kann Aktionsforschung in Zusammenarbeit von verschiedenen Lehrkräften erfolgen oder auch die einer einzelnen forschenden Person sein wie in dieser Arbeit: Nunan (1992: 18) erwähnt, dass Einzelforschung durchaus auch als Aktionsforschung bezeichnet werden könne:

> "Many teachers who are interested in exploring processes of teaching and learning in their own context are either unable, for practical reasons, or unwilling, for personal reasons, to do collaborative research. The work that such people carry out should not ... be excluded as action research."

Durch die Verarbeitung der individuellen Forschung und ihre Veröffentlichung (hier: Publikations- und Vortragsliste) nehmen Aktionsforschende an der *professional community* teil. Individuelle Einsichten können nach Überprüfung der Brauchbarkeit und des Gültigkeitsbereichs Erklärungen, Begründungen, Rechtfertigungen für Handlungen Lehrender liefern. (*professional accountability*: Altrichter 1999: 108-109). Sie können Hinweise für Weiterentwicklung des Einzelnen (*professional development*: Wallace 1998: 4) oder der Gemeinschaft der Lehrenden liefern. Kumaradivelu (2001: 542) beschreibt die *pedagogy of practicality*, das inhärente Wissen Lehrender über Machbares, das in der Aktionsforschung zu einer *pedagogy of possibility* mutiert. Insofern erlangt Aktionsforschung bildungspolitische Bedeutung: In dieser Arbeit sind dies Selbst- und Partnerevaluationen für den Wert von Bildung insgesamt.

Nach der Klärung des Begriffes Aktionsforschung erfolgt nun ein kurzer Überblick über wesentliche Entwicklungen in der Fachliteratur, damit die Arbeit dort eingereiht werden kann.

4.2.3. Forschungsüberblick

Bis in die 70er Jahre ignorieren erziehungswissenschaftliche Lexika den Begriff „Aktionsforschung" in Deutschland (Klafki 1976 beschreibt Handlungsforschung S. 60f.). Im englischsprachigen Bereich werden diese Ideen schon früher diskutiert:

Dewey schreibt 1929 über die Bedeutung wissenschaftlicher Ergebnisse für die Erziehung: Es sei wichtig, dass Lehrende über ihre Praxis nachdächten und ihre Beobachtungen in Lehr- und Lerntheorien integrierten. Sie sollten gleichzeitig Verbraucher und Produzenten von Wissen über Unterrichten sein ("both teachers and students of classroom life" in Cochran 1990: 4). Das weist schon auf das Konzept reflektierender Praktizierender. K. Lewin begründet in den 70er Jahren den Begriff *action research*, sein Handlungszyklus wird beschrieben in Elliot (1991: 70-71), der ihn modifiziert (Kap. 4.2.2.). Durch die Verbindung von Forschung und Praxis nimmt man an, dass praktisches Handeln angeleitet werden könne. Ab Mitte der 40er Jahre gibt es verschiedene Aktionsforschungsprojekte im sozialen Bereich des amerikanischen Bildungswesens.

In den 70er und 80er Jahren werden in England, Australien, Österreich und Deutschland konkrete Schulentwicklungs- und Schulforschungsprojekte konzipiert, die von Ministerien verordnete Curriculumreformen kritisieren. Man erkennt, dass wertfreie Erkenntnis in der Bildungspraxis nicht zu erreichen sei, deshalb müsse Wissen für und mit den Betroffenen zur Optimierung der emanzipatorischen, humanen und praktischen Bedeutung von Forschung erarbeitet werden. (Prengel 2004: 184) 1975 entwickeln die Engländer Stenhouse und Elliott den Gedanken, dass Lehrkräfte die spezifischen Verhältnisse ihrer Unterrichtspraxis, erforschen sollten, anstatt nur ausführende Organe von Verordnungen zu sein. Ziel sei allein die Verbesserung der Praxis: „The fundamental aim of action research is to improve practice rather than to produce knowledge" (Elliott 1991: 49). Diese neue Forscherperspektive fördere ein erweitertes Selbstverständnis der Profession der Lehrenden. Klafki (1979: 267) fügt die gesellschaftliche Dimension zur Zielsetzung von Aktionsforschung hinzu.[29] Das Ziel der Aktionsforschung seien Kommunikationsprozesse, die ständig neu gewonnen und fortentwickelt werden müssten. Sein Konzept der Allgemein-

---

29 „Für die jüngeren Handlungsforschungsprojekte in der Bundesrepublik...ist es charakteristisch, dass sie fast durchgehend mit einem entschieden gesellschaftskritischen, d.h. hier: auf Demokratisierung der Gesellschaft sowie individuelle und kollektive Emanzipation gerichteten Erkenntnis- und Handlungsinteresse verknüpft sind."

bildung wird wegen der Überdehnung der pädagogischen Argumentation ins Politische kritisiert.

D. A. Schön baut in den USA der 80er Jahre seine Argumentation auf der von Stenhouse und Elliott auf. Auch er betont, dass es anstatt um allgemeines Wissen um Situationswissen gehe, Problemstellungen, die erst von der Lehrkraft formuliert werden müssten. Diese Formulierung basiere auf der Intuition Praktizierender: Sie machten aus der Lehrerfahrung "new sense of the situations of uncertainty or uniqueness" (Schön 2007: 61, Kap. 4.2.) Die eher auf der Intuition Praktizierender basierte Reflexion Schöns sieht Fendler (2003: 19) heute im Konflikt mit der eher rationalen und wissenschaftlichen Reflexion von Dewey.

Im amerikanischen und deutschen Bereich lässt das Interesse an Aktionsforschung nach, in Australien, England und Österreich hingegen ist sie seit vielen Jahren fester Bestandteil der Lehrerfortbildung.30

Nunans Arbeiten in den 80er und 90er Jahre bringen die Erforschung von Unterricht den einzelnen Lehrenden näher, indem er sie als autonome, reflektierende, forschungsorientierte, sich selbst leitende Professionelle beschreibt. Er spricht in diesem Zusammenhang vom "inside out approach" im Gegensatz zu dem von externen Forschern praktizierten "outside in approach" (Nunan 1995: 41). Er unterstützt aktionsforschende Lehrkräfte mit der Feststellung, Wissen könne nie absolut sein: "Taken to its logical conclusion, this view would have it that all knowledge is tentative and that, in fact, ′absolute truth′ is an ideal which can never be attained." (Nunan 1992: 13) Nunans Gedankengut findet sich ebenfalls in den Ausführungen von Allwright über exploratory practice, der 2009 die autonomen und reflektierenden Lernenden gleichberechtigt an die Seite forschender Lehrerkräfte stellt und somit beide zu Subjekten von Unterricht macht, die beide im Aktionsforschungsprozess ihre Kenntnisse über Lernen in ihrer spezifischen Situation erweitern. (Kap. 4.6.) Nunans Ideen werden von der aktionsforschenden Lehrerin in dieser Arbeit übernommen.

Die aktuelle Aktionsforschung hat eine Vielzahl von Bedeutungen (nach Burns 2005: 60f. und Fendler 2003: 20): Sie
> dient als Mittel, Ungerechtigkeiten in der Gesellschaft auszugleichen. (Dies ist der einzige Punkt, der für diese Arbeit nicht im Vordergrund steht.)
> versucht, den Graben zwischen akademischer Forschung und Klassenraumpraxis zu überbrücken. (Einleitung)
> interessiert sich für die individuelle Unterrichtspraxis. (Kap. 2.2.)

---

30 Vgl. Hermes 1998: 3.

plädiert für ein besseres Verstehen des Curriculums, effektivere und chancenreichere Unterrichtsgestaltung; diskutiert Lösungen zu Problemen, untersucht Innovationen. (in allen empirischen Teilstudien)
beinhaltet ein intuitives gemeinsames Verständnis von Unterrichtspraxis, das durch Reflexion und Evaluation professionalisiert wird. (Kap. 2.2., 2.4.)
erhöht die Aufmerksamkeit der am Unterrichtsprozess Beteiligten für kommunikative Prozesse und erlaubt mehr Klassenrauminteraktion. (in allen Teilstudien)
führt zu größerem Selbstvertrauen der forschenden Lehrenden. (Dieser Satz muss für diese Arbeit ergänzt werden durch: „... und Lernenden".)

Die vielen verschiedenen Facetten von Aktionsforschung bieten große Freiheiten, sind jedoch teils verwirrend: "It is no wonder then that current research and practices relating to reflection tend to embody mixed messages and confusing agendas." (Fendler 2003: 20)

4.2.4. Forschungsdesiderata und Kritik

Daher unterliegt die aktionsforschende Lehrkraft und ihre Aktionsforschung folgenden Desideraten und möglichen Kritikpunkten, die ausführlich in Altrichter (1990: 157-200) und Fichten (1993: 64f.) diskutiert werden. Sie könnten auch gegenüber dieser Arbeit als Vorurteile bestehen und müssen deshalb hier einbezogen werden. (Einleitung, Kap. 6 und Vierter Teil)

Die gleichzeitig forschenden und lehrenden Personen füllen eine Doppelrolle aus. Anders als andere Forschende, die nur vorübergehend im Feld sind, befinden sich Lehrende dort ständig, sind Beteiligte, Mitglieder der sozialen Gruppe Klasse oder Kurs, Mitproduzenten der sozialen Realität. Dadurch sind sie subjektiv involviert und müssen die notwendige reflexive Distanz aufzubringen, um die ablaufenden Tatbestände zur Analyse zu entfremden und distanziert zu betrachten durch Lösung von der eigenen Situation und eigenem Handeln, sodass eigene Routinen im Feld erschüttert werden können.

Sie haben ein Zeitproblem, wenn sie gleichzeitig unterrichten und forschen: „Die Vielfalt und Geschwindigkeit, mit der die verschiedenen Phasen, Konflikte, Probleme aufeinanderfolgen, verträgt gewöhnlich keine hoch spezialisierten (z. B. Variablenuntersuchung) oder auf längere und maßvolle Auswertung ausgerichtete Evaluation." (Heinze 1975: 615)

Sie müssen mögliche Handlungsspielräume (z. B. für Verbesserungen) in ihrer Praxis erkennen und einzelne Aspekte aus dem Interaktionsfluss herausheben und gliedern, die Fragestellungen zur Aktionsforschung er-

geben. Es darf nicht ausschließlich um Intervention gehen, sondern es muss auch Forschung sein.
- Sie reflektieren in zwei Richtungen: Es geht um Selbst- wie Fremdverstehen. Die forschende Person versucht zu erkunden, was die einzelnen Phänomene für sie bedeuten und welchen Zugang sie zu ihnen haben. Sie suchen ebenso nach Erklärungen für die Situationsinterpretation seitens der Lernenden. (Thema der Einzelstudien)
- Sie erarbeiten gemeinsam mit den Lernenden Problemlösungen und Handlungsalternativen und tauschen sich aus über die beiderseits bestehenden Sichtweisen und Deutungsmuster im Metaunterricht
- Sie müssen „doppelt übersetzen": Zuerst übersetzen sie Unterricht in wissenschaftliche Theoriekonstrukte, dann übersetzen sie diese rück in der Kommunikation mit den Lernenden und beide Seiten beziehen ihre Deutungsmuster aufeinander, vergleichen sie und erproben gemeinsam gefundene Lösungsansätze wieder neu im Unterricht. Die Spirale der Aktionsforschung beginnt erneut.
- Forschung von Lehrenden in der Schule kann forschungsmethodisch dilettantisch sein, der Professionalität von Forschung und wissenschaftlichen Gütekriterien nicht entsprechen. 31
- Ihre Forschung ist schwer nachprüfbar in Methodik, Inhalt, zeitlichem Ablauf.
- Sie tragen erhöhte Verantwortung gegenüber den Ergebnissen, Konsequenzen und der Dokumentation der Ergebnisse. Datenerhebung darf nicht Selbstzweck sein.
- Die Ergebnisse ihrer Forschung sind nicht generalisierbar.
- Ihre Forschung strebt oft danach, retrospektiv zu rechtfertigen, nicht die Praxis zu verbessern. (Akbari 2007)
- Ihre Forschung weicht manchmal von standardisierten Schulzielen ab, weil sie sich mit Individuen beschäftigt.
- Sie kann keine institutionellen und bildungspolitischen Veränderungen bewirken.

Nach Altrichter (1990: 164) resultiert die Qualität in der Forschung aus der Dokumentation und Argumentation jener Prozeduren, die tatsächlich unter spezifischen Bedingungen eingesetzt werden. Qualität werde also nicht [nur, Hinzufügung der Verfasserin] vor der Forschung (durch Design- und Auswahl-

---

31 Bei diesem Urteil kommt es auf die Definition von Lehrerforschung an: "If we regard teachers' theories as sets of interrelated conceptual frameworks grounded in practice, then teacher researchers are both users and generators of theory. If, however, we limit the notion of theory to more traditional university-based definitions, then research by teachers may be seen as atheoretical, and its value for creation of the knowledge base on teaching may be circumscribed." (Cochran-Smith 1990: 7f.)

entscheidungen) erreicht, sondern innerhalb und immer wieder im Verlauf der Forschung, indem die Kohärenz der einzelnen Elemente des Forschungsprozesses immer wieder argumentiert und durch intensive Selbstreflexion kontrolliert würden. Nach diesem zentralen Prinzip wird in dieser Arbeit verfahren.

Unter Altrichters allgemeinen Ansprüchen an künftige Aktionsforschung (2004: 460-462) sollen hier folgende verwirklicht werden:

Durch die Unterrichtsverfahren von Selbst- und Partnerevaluation soll tiefer gehendes Verstehen der gelernten Phänomene aufgezeigt und ggf. auf andere Situationen übertragen werden.

Die verschiedenen Verfahren von Selbst- und Partnerevaluation sowie die angewendeten Befragungs- und Forschungsmethoden, deren Güte und Verbesserungsmöglichkeiten hier diskutiert werden, können als „offene Werkzeugkiste" genutzt werden, um Unterricht zu erforschen.

Qualitative Schulforschung und die Unterrichts-Lehr- und Lernforschung untersuchen denselben Bereich wie Aktionsforschung, jedoch eher von dem Standpunkt des Forschenden aus; sie gehören ebenso zum Forschungsdesign dieser Arbeit und seien daher in den folgenden beiden Abschnitten behandelt.

4.3. Qualitative Schulforschung

Nach Ackermann (1996: 135f.) kann qualitative Schulforschung – auch genannt interpretative, rekonstruktive, verstehende, kommunikative Schul- und Unterrichtsforschung – in Methodik und Zielen der empirischen Sozialforschung zugerechnet werden. Sie nimmt wie Aktionsforschung Handlungen und subjektive Bewusstseinsprozesse von Menschen im pädagogischen Kontext von Schule als empirischen Gegenstand ernst und versucht, Aufschluss darüber durch spezifische empirische Instrumente zu gewinnen. Die Beforschten als reflexive Subjekte tragen einen wesentlichen Anteil an der Gestaltung und Veränderung schulischer Praxis, deshalb werden die Forschungsmethoden erst am Gegenstand situationsangemessen entwickelt, wie es auch in dieser Arbeit geschieht.

Böhme (2004: 130) vermutet, dass die qualitative Schulforschung vielleicht gar keine eigenständige Forschungsmethode sei, weil es so viele Überschneidungen mit anderen Forschungsmethoden gebe und stellt fest, dass sie im Abgrenzdiskurs gegenüber quantitativen Ansätzen in der Schulforschung diskutiert werden könne (S. 125), denen diese Arbeit bewusst nicht folgt. Seit Ende der 60er und Anfang der 70er Jahre setzt sich die qualitative Schulforschung mit der empirisch-analytischen quantitativen Lehr- und Lernforschung auseinander. Sie kriti-

kritisiert deren Effektivitätsorientierung, ohne auf Inhalt und Beziehungen zu achten; sie verurteilt die Reduktion komplexer sozialer Prozesse auf Messverfahren. Mayring (2002^2: 17) spricht von der qualitativen Wende, Helsper (2004: 19) von der Alltagswende in dieser Zeit. Zentraler Ansatz wird die Aktions- bzw. Handlungsforschung (vgl. Kap. 4.3.). Ende der 70er, Anfang der 80er Jahre erfolgt eine Verschiebung zu forschungspraktischer Ausdifferenzierung qualitativer Methoden der Datenerhebung und -auswertung. Seit den 80er Jahren verlieren die Abgrenzungsbemühungen zwischen quantitativer und qualitativer Forschung an Bedeutung: Quantitative Forschungsrichtungen weichen ihre streng orthodoxe Linie auf, indem sie zunehmend qualitative Aspekte berücksichtigen, qualitative Richtungen quantifizieren zunehmend in dem Bestreben nach Verallgemeinerungen. In den 90er Jahren wird zunehmend qualitativ über fachliche, unterrichtliche Lernprozesse bzw. über Unterrichtsgestaltung und – interaktion geforscht, inspiriert durch angloamerikanische Studien, ohne dass eine einheitliche Klassifikation der Forschungsansätze erkennbar ist. (Böhm-Kasper 2004: 92) Häufig werden Schulstudien als deskriptive Forschung bezeichnet. Nach Böhm-Kasper beschreiben sie bestehende Bedingungen, identifizieren Standards, die als Maßstab des Vergleichs mit diesen Bedingungen dienen oder decken Beziehungen auf, die zwischen spezifischen Sachverhalten existieren. (S. 98) Auch die Studien dieser Arbeit auf der Mikroebene von Unterricht sind zunächst deskriptiv. (Krüger und Pfaff 2004: 163) Problematisch erscheint, dass solche Studien häufig auf dem deskriptivem Niveau stehen blieben, ohne auf die Auswertungsstrategien der qualitativen Sozialforschung zurückzugreifen oder die verschiedenen Untersuchungsteile theoretisch nicht ausreichend einbetteten; häufig werde vorschnell quantitativ ausgewertet ohne Berücksichtigung der inneren Sequenziertheit eines Textes.(Ackermann 1995: 174-175) Die Forscherin dieser Arbeit bemüht sich um qualitative Auswertung und Einbettung in Methoden qualitativer Sozialforschung; bei den auszugsweisen Fragebogenstudien tritt die Sequenziertheit notwendigerweise in den Hintergrund.

Die weitere Ausdifferenzierung qualitativer methodischer Zugänge eröffnet den Spielraum für Triangulation (Kap. 4.1.), wobei methodische Differenzen bei der Datenerhebung, -aufbereitung und -auswertung aufgeweicht werden; Triangulation wird jedoch nach Krüger und Pfaff in der Schulforschung selten betrieben (S. 168). Da eine einheitliche Methodologie qualitativer Schulforschung fehlt, da die Erhebungsmethoden jeweils an die Situation angepasst werden sollen, versucht auch diese Forscherin, sich mit begründeten situationsangemessenen Verfahren an die soziale Realität anzunähern.

Qualitative Schulforscher wie auch die aktionsforschende Lehrerin dieser Studie, versuchen, die rigide Trennung zwischen Theorie und Praxis, zwischen Subjekt und Objekt aufzuheben. Die Ergebnisse der Forschung sollen für die

Schulpraxis nutzbar werden, was auch in dieser Studie nicht einfach ist, denn „den etablierten Methoden [sind] teilweise gänzlich differente Wirklichkeitsvorstellungen immanent ..., von denen die Forschungspraxis nicht abstrahieren kann." (Böhme, S.126) Allwright kritisiert, dass die gängige Forschung immer nach hohem Abstraktionsniveau strebe und relativiert diese Bemühungen für die Schulforschung:

> "In the social sciences, represented here by classroom language learning and teaching, it is increasingly doubtful whether such a reductionist position can ever really be productive and helpful, given the essential idiosyncrasy of human experience and the 'irreducible complexitiy'of human life." (2009: 147)

4.4. Unterrichts-, Lehr- und Lernforschung

Ebenso wie dieses Forschungsdesign Erkenntnisse qualitativer Schulforschung mit einbezieht, ist es auch Teil von Unterrichts-, Lehr- und Lernforschung. Nach Apel (2005:7) und Lüders und Rauin (2004: 717f) ist sie ein Forschungsprogramm empirischer Bildungsforschung, das sich mit der Analyse und Darstellung von Voraussetzungen, Prozessen und Ergebnissen des menschlichen Lernens in Lehrsituationen befasst Prozesse der Vermittlung von Wissen und Fähigkeiten, der Identitätsentwicklung von Subjekten und der Individuation in Kontexten schulischer Bildung werden darin methodisch-systematisch untersucht und theoretisch dargestellt. Besondere Kennzeichen sind Interdisziplinarität und paradigmatische Vielfältigkeit — deshalb die weiten theoretischen und methodischen Exkurse im ersten und zweiten Teil.

Die beiden zentralen Forschungsrichtungen sind der empirisch-analytische Ansatz und der deskriptive, qualitativ-hermeneutische dieser Arbeit, in der weniger kognitive, sondern motivationale, volitionale Strukturen untersucht werden, um individuelle Lernstrategien und Erfahrungen in singulären Lernsituationen schülerorientierten Unterrichts nachzuvollziehen. Es werden hier keine Programme zur Unterrichtsgestaltung entwickelt, sondern Ideen von Metakognition gegeben, die Lernende hier in ihrer Selbst- und Partnerevaluation einsetzen. Verschiedene qualitative Forschungsmethoden werden dabei in ihrer Erhebung, Aufbereitung und Auswertung aufgezeigt.

Als Mikroforschung untersucht Unterrichts-, Lehr- und Lernforschung Prozesse und Effekte im Unterricht. Sie diskutiert — in dieser Arbeit eher im Hintergrund — die Qualität und Effizienz von Unterricht, dabei Unterschiede zwischen frontalen und offenen Verfahren (Kap. 7). Die Lernenden beschreiben in ihren Selbst- und Partnerbeurteilungen Wirkungen von unterrichtlichen Methoden und

Elementen. Dadurch können überfachliche Leistungen festgestellt werden, für die keine Effektivitätsprüfungen möglich sind.

Unterrichts-, Lehr- und Lernforschung fordert mehr Gewicht auf der Verbindung zwischen pädagogischen Überzeugungen, Zielen (Kap. 2) und methodischem Vorgehen (vgl. Zweiter Teil) beim Lehren und Lernen. Einen konkreten Schritt zur Beschreibung von Lernen geht auch die konstruktivistische Didaktik, deren Elemente diese Arbeit ebenfalls prägen.

4.5. Konstruktivismus

Konstruktivismus wird knapp von der Bildungskommission NRW definiert: „In dieser Welt bewegt sich der Mensch entdeckend, deutend und gestaltend, und indem er dies tut, schafft er sich seine Welt." (1995: 30). Konstruktivismus in Evaluationen ist nach Kiely und Rea-Dickins eine spezielle alternative Form dieser Schaffung von Welt:

> "[This alternative perspective on experience] seeks to understand the success (or other outcomes) of innovations... in terms of subjective experience rather than the objective outcomes...It is rooted in the qualitative, interpretive research paradigm ...Each individual experience, and the way each interprets and makes sense of that experience, are different, and the task of evaluation is to understand these experiences and interpretations without seeking a single, universal, objective truth. The evaluation process involves discovery and assimilation stages... The assimilation phase is the sense-making task of the evaluator. (2005: 40f.)

Sie betonen die Subjektivität der Erfahrungen, untersucht von qualitativ-interpretierender Forschung, die Unmöglichkeit einer universell verallgemeinerbaren und objektiven Wahrheit, die Entdeckungs- und Sinngebungsstadien der evaluierenden Person. Dieses Zitat ist in mehrfacher Hinsicht auf diese Arbeit zu beziehen, da hier Evaluation auf verschiedenen Ebenen stattfindet (vgl. Einleitung): die Lernenden geben in ihren Evaluationen ihrem Unterricht und ihren Evaluationen davon Sinn, die aktionsforschende Lehrkraft gibt den Selbst- und Partnerevaluationen ihrer Lernenden Sinn, die Forscherin ordnet diese Sinngebungen in qualitativ-interpretative Forschungsparadigmen ein.

Wie konstruieren hier Lernende ihr Lernen? Dafür sei ein Beispiel gegeben. Gemeinsam erstellen hier Lehrkraft und Lernende Rahmenkriterien für dieses Lernen, die dann auch zur Einschätzung eignen und fremden Lernens dienen. Selbst- und Fremdsteuerung werden hierbei situationsspezifisch in ein entsprechendes Verhältnis gesetzt mit dem Ziel, den Lernenden durch eine möglichst hohe Selbststeuerung auf dem Weg zur Autonomisierung ihres Lernens zu helfen. Sie passen Inhalte und Methoden, Selbstständigkeit und Nähe bzw. Bedürfnisse nach Unterstützung ihrem individuellen Lernen an.(Kap. 11)

Wygotsky, einer der Hauptvertreter des Konstruktivismus, hebt dieses gemeinsame Lernen in seiner Theorie der *zone of proximal development* hervor, welches auch in vielen Einzelstudien dieser Arbeit sichtbar wird, in denen Lernende ihr eigenes Lernen evaluieren: Nach Wygotsky (1969: 240f.) lösen Lernende zunächst allein für sie lösbare Aufgaben, darüber hinaus können sie in Zusammenarbeit mit anderen (intellektuell weiter entwickelten Mitlernenden oder Erwachsenen) leichter die ihrem Entwicklungsstand am nächsthöheren stehenden Aufgaben lösen und bei unüberwindlichen Schwierigkeiten gemeinsame Lösungen anstreben. Der Hilfs- und Unterstützungsaspekt des scaffolding ist zentral in vielen Selbstevaluationen, so z. B. in denen von Gruppenarbeit in Kap. 8. Insofern ist Wygotskys Konstruktivismus grundlegend für individuelles und kollektives Lernen. (Kap. 2.2.3.1.) Min (2005: 294) erwähnt, dass Wygotskys Theorien des Lernens durch soziale Interaktion sich ideal in Partnereinschätzungen der schriftlichen Produkte äußere. Das wird in Kap. 11 deutlich.

Wygotsky hebt Entwicklung und Innovation bei konstruktivistischem Lernen hervor.

> „[Unterricht] beginnt immer damit, was beim Kinde noch nicht herangereift ist. Die Möglichkeiten des Unterrichts werden durch die Zone seiner nächsten Entwicklung bestimmt ... Das Lernen ist nur dann gut, wenn es Schrittmacher der Entwicklung ist ... Der Unterricht wäre überhaupt nicht nötig, wenn er nur das bereits in der Entwicklung gereifte verwenden könnte, wenn er selbst keine Quelle der Entwicklung und der Entstehung von Neuem wäre." (S. 240, 242)

Dieses Gedankengut ist zentral für die Arbeit. Es gilt nicht nur für die Selbst- und Partnerevaluationen von Lernenden, sondern auch für Entwicklung und Innovation im Bereich der Forschung. Dazu gehören bestimmte Eigenschaften der Forschenden, Forschungsdesigns und Gütekriterien, die in den folgenden Kapiteln beschrieben werden.

4.6. Merkmale von qualitativ Forschenden

Von der laienhaft aktionsforschenden Lehrkraft der Jahre 1996 bis 2008, allgemein charakterisiert in Kap. 2.4.2., zur qualitativ forschenden Lehrkraft dieser Arbeit in der Doppelrolle mit der der Lehrkraft haben sich Veränderungen ergeben. Daher ist es erforderlich, qualitativ Forschende näher zu beschreiben; Kap. 6 über allgemeine Gütekriterien qualitativer Forschung dient zur Ergänzung.

Winter (2009) plädiert für ein kritisches Verständnis von qualitativer Forschung, welche Phänomene und Probleme aus verschiedenen Perspektiven beschreiben und so alternative Sicht- und Denkweisen entwickeln könne — hier durch die aktionsforschende Lehrerin, ihre Lernenden und die Forscherin. Damit könne die Forschung Veränderungen im Alltagsleben von Menschen bewirken (z. B. größere Toleranz gegenüber Differenzen, neuen Perspektiven; Erzeugung von Handlungsmöglichkeiten). Für diese „Politik des Möglichen" brauche die Gesellschaft Forschende, die diesen Prozess begleiteten, unterstützten, voranbrächten.

Winter erwähnt Foucaults Diskursanalyse, nach der gelebte Erfahrungen nicht direkt wiedergegeben, sondern im Netz sozialer Beziehungen von den Forschenden sichtbar gemacht werden. Sie seien nicht mehr „objektiv" von außen Beobachtende, sondern der Forschungsprozess spiele sich in der Interaktion zwischen ihren Welten und denen der Beforschten ab. Sie hätten die ethische Verpflichtung, den untersuchten Welten gerecht zu werden. Diese sei mit demokratischen, partizipatorischen und egalitären Konzepten und daraus folgenden Handlungen verbunden.

Nach Denzin (2009: 108) beginnt jede interpretative Forschung in den Sozialwissenschaften mit der Biografie und dem Selbst von Forschenden (vgl. Einleitung). Die eigenen Erfahrungen sollten in die Forschung einfließen und zu detaillierten und dichten Beschreibungen und Analysen führen, die den Sinn, den sie ihrem Leben verleihen, verändern (Denzin 1989). Das bezieht sich sowohl auf die Forschenden als auch auf die Beforschten. Es wird in den vorliegenden Einzelstudien zu zeigen sein, wie Selbst- und Partnerevaluationen von schülerorientiertem Unterricht teilweise eine für das Individuum überraschende Erkenntnis über das eigene Lernen oder das von Mitlernenden hervorrufen. Sie könnten dazu führen, dass man gezwungen ist, sich selbst, anderen oder bestimmten Gedanken neue Bedeutungen zu geben. Dabei werden nach Denzins interaktivem Interaktionismus die Daten zu detailreichen kontextualisierten Beschreibungen verdichtet, die sowohl einzigartige Merkmale als auch Eigenschaften, die das Subjekt mit anderen teilt, zutage förderten. Denzin (1989: 139) begreift die Subjekte als universale Singularitäten. Diese sind besonders gut sichtbar in den drei Arbeitsprozessberichten von Kap. 7; in den Fragebogenstudien, die nur kurze Ausschnitte untersuchen, und Kurztexten kann es kaum solch detailreiche und kontextualisierte Beschreibungen durch die Subjekte geben.

Auch Breuer definiert als Stil von Forschung, dass Forschende selbst als Forscherpersönlichkeit und durch ihre eigene Person im Kontext einer sozialwissenschaftlichen Erkenntnisarbeit vorkommen. (2010^2: 115f.) Dies lasse sich an der seit Ende des 20. Jahrhunderts dominierenden historisch-sozialwissenschaftlichen Wissenschaftstheorie feststellen, die die normativ-methodologische über die Objektivität von Forschung ergänze. Heute träten andere Merkmale in den Vordergrund: Neben der Entwicklung neuer Methoden und Instrumente stehe die wissenschaftlich forschende Person im Mittelpunkt. Forschung sei eng an sie gebunden und von ihr geprägt. Breuer zitiert mehrere Vertreter der Grounded Theory, die die intensive Wechselwirkung der forschenden Person mit ihrer Arbeit zu einem persönlich-subjektiv geprägten Produkt machen. Es sei bisher üblich gewesen, individuell-subjektive Voraussetzungen eines Forschers (Personencharakteristika, Vorstellungen über Gegenstand, Präkonzepte) nicht zu thematisieren, dies berge jedoch die Gefahr, dass gegenstandsbezogene Vorverständnisse unreflektiert in Denkweisen und Forschungspraktiken einflössen. Forschende meinen, ihre Vorgehensweisen und Konzepte seien durch wissenschaftliche Theorien geleitet. Jedoch sei „ihr Wahrnehmen und Denken von soziokulturellen Schemata, Stereotypen, Haltungen von sozialisatorisch bedingten Relevanzen und Werthaltungen, von persönlichen Appetenzen und Vorlieben, ebenso wie von Aversionen, Vermeidensneigungen und Blindheiten mitbestimmt." (S. 117) Forschende sind nach dieser Definition also keine tabula rasa, sondern sie müssten ihre Präkonzepte[32] explizit gemachen und einbinden (vgl. Einleitung und Erster Teil). Muckel bezeichnet die Grenzziehung zwischen Forschenden als Wissenschaftlern und als alltagsweltliche Personen als zunehmend unscharf; dadurch seien sie höher gefordert in ihrer Selbstaufmerksamkeit, Selbstvertrauen, Sensibilität, Empathie, Reflexions- und Abenteuerbereitschaft, Geduld für kaum Lösbares, Freude an der Konzeptbildung mit sorgfältigen methodischen Überlegungen (1996: 88f.). In ihrer Arbeit versuchten Forschende durch ihre ständige Reflexion, Offenheit zu erreichen. Von diesem Verständnis geht die Forscherin in dieser Arbeit aus.

Auf S. 128f. beschreibt Breuer (2010^2) Verfahren und Praktiken zur Selbstreflexion, die die Forscherin angewendet hat:

Forschertagebuch (in dieser Arbeit Loseblattsammlungen zum Thema, zur Methodik)

Retrospektive Rekonstruktion von Beobachtungen (wegen der retrospektiven Beforschung der Daten zum Zeitpunkt der Erhebung nicht immer festgehalten)

Kollegialer Austausch unter Ko-Forschenden (Mitglied der Gruppe AQUA in der Methodenwerkstatt für Qualitative Forschung der FU Berlin und dem Berliner Methodentreffen 2010; Gruppenaktivitäten: Chats und persönliche Gespräche zu methodischen Fragen der Strukturierung, der Codierung; Interpretations- und Supervisionsgemeinschaft)

---

[32] http://wwwpsy.uni-muenster.de/imperia/md/content/psychologie_institut_3/ae_breuer/publikationen/alfb.pdf

Der Forschungsprozess ist nach Breuer immer interaktiv: Forschende beobachteten und würden beobachtet, ihre Anwesenheit und forschende Handlungen beeinflussten die Beforschten. Diese Beeinflussung ist durch die aktionsforschende Lehrerin, die durchgehend mit ihrer regulären Lerngruppe zusammenarbeitet, hier kaum ausgeprägt. Der Forschungsprozess sei auch partizipativ, da die Befragten umgekehrt auch die Forschenden fragen könnten. Vorkommende „Störungen" bei den Forschenden oder den Beforschten müssten thematisiert und nutzbar gemacht werden. Diese lassen sich bei den Einzelstudien, die retrospektiv beforscht werden, nicht mehr lückenlos rekonstruieren, was einen Nachteil bedeutet.

In diesem Zusammenhang spricht Breuer auf S. 122f. vom Kreisprozess des forschenden Zentrierens — dem Arbeiten mit den Daten, Dezentrierens — der Distanzierung der Forschenden von ihren Untersuchungen zum Zweck der Selbstreflexivität darüber — und Rezentrierens, um reflektierte Offenheit anzustreben. — Es müsse expliziert werden, welche Eigenschaften der Forschenden zu welcher Zeit bestanden bzw. sich im Forschungsprozess verändert haben. Die Eigenschaften der laienhaft aktionsforschenden Lehrerin sind in Kap. 2.4.2. expliziert. Durch den Forschungsprozess hat sich bei der Forscherin der Gefallen an offenen Strukturen, unvertrauten Kontexten und „Spiellust" verstärkt, die sprachliche und soziale Sensibilität und hermeneutische Kompetenz. Eine wesentliche Entwicklung der Forscherin von ihrer Rolle der laienhaften Aktionsforscherin betrifft die zu der Nähe hinzukommende Distanzierung. Diese lässt sich hier jedoch bei der Retrospektivität der Beforschung von schon erhobenen Daten wie es in den Kapiteln 7- 9, 11, 12 leichter einhalten. Darin liegt ein Vorteil.

5. Methodische Voraussetzungen dieser Arbeit: Forschungstechniken

Die Erhebungs-, Aufbereitungs- und Auswertungsmethoden werden den Zielen dieser Evaluationsstudie angepasst.

Wottawa stellt fest, dass die besondere Zielrichtung von Evaluationsprojekten häufig eine spezifische Neukonstruktion der Messinstrumente erfordere." (19982: 99) Der praktische Nutzen einer Evaluation sei umso geringer, je exakter das Testverfahren sei und es gebe nur wenige Bereiche, in denen der Einsatz von wissenschaftlich konstruierten allgemeinen Testverfahren wirklich empfehlenswert sei. (S.131) Er schließt: „Es kann sinnvoller sein, mit einer „weichen" weniger exakten und elaborierten Methode ein interessantes Kriterium zu messen als mit hoher Präzision etwas, was eigentlich nicht zu den eigentlichen Evaluationszielen passt." (S. 132) Auch Gudjons (2006a: 115) empfiehlt, ein geordnetes methodisches Instrumentarium für den eigenen Gebrauch zu entwickeln und einzuüben, welches auf die jeweilige Lerngruppe zugeschnitten sei. Jedoch sei der „Verteidigungswert" von so genannten bewährten Testverfahren gegen spätere Kritik höher als bei ad-hoc konstruierten Instrumenten.

5.1. Erhebung

Verschiedene zur Datenerhebung benutzte Primärmaterialien, die vorrangig Unterrichtsmaterialien sind und nicht zum Zwecke der Befragung konzipiert sind, sind oben beschrieben: die Lernarrangements „Präsentationen" (Kap. 2.2.2.1.), „Arbeitsprozessberichte" (Kap. 2.2.2.), „Schreibkonferenzen" (Kap. 2.2.2.3.); Klassenarbeiten und Klausuren (Kap. 2.3.) Als zentrale Erhebungstechnik durch Sekundärmaterial, welches den Unterricht evaluiert, werden hier Fragebögen angesprochen.

Fragebogen als zentrale Technik

Porst definiert „Fragebogen" als eine mehr oder weniger standardisierte Zusammenstellung von Fragen, die Personen zur Beantwortung vorgelegt würden mit dem Ziel, deren Antworten zur Überprüfung der den Fragen zugrunde liegenden theoretischen Konzepte und Zusammenhänge zu verwenden. Somit stelle ein Fragebogen das zentrale Verbindungsstück zwischen Theorie und Analyse dar. (20092: 13) Er spricht von der Entwicklung von Fragebögen als eigenständige wissenschaftliche Teildisziplin. Wie werden Fragebögen hier verwendet?

Die Befragungen werden von der forschenden Lehrerin selbst seit 1996 auf die spezifische Unterrichtssituation hin entwickelt; mögliche Konstruktionsfehler wie z. B. unzureichende Einschätzung des Schwierigkeitsgrades, ungünstige Fragefolge, Design oder Tiefe, die der Aktionsforscherin durch Literaturstudium später auffallen (vgl. Porsts zusammenfassende 10 Regeln auf S. 95f. u. v. m.), müssen deshalb bei den jeweiligen Teiluntersuchungen angesprochen und Alternativen entwickelt werden. Altrichter und Posch zeigen die Vorteile der selbst entwickelten Fragebögen auf: „Die Erfahrung zeigt, dass Fragebögen, durch die sich die Befragten sowohl vom Inhalt als auch von der Formulierung her angesprochen und ´verstanden´ fühlen, weniger Abwehr auslösen. Dies wird im Allgemeinen zumeist dann der Fall sein, wenn das Instrument auf die spezifische Situation der Befragten zugeschnitten ist." (2007: 169) Das bedinge auch, dass die Methoden den Fragestellungen folgten und nicht umgekehrt: ein Kernelement qualitativer Forschungsmethoden insgesamt. (Kap. 5)

Einige Einschränkungen sind dazu zu machen: Der häufig geäußerte oben beschriebene Vorwurf der Subjektivität — so bemerkt Wallace — sei nicht entscheidend, wenn man sich darüber bewusst sei, dass die Ergebnisse nur für die eine Klasse gälten, also letztlich nicht generalisierbar seien: "The most important thing is not to generalize from your data unless you have a sound basis for doing so." (1998: 128). Die Aktionsforscherin erkennt an, dass eine gewisse Subjektivität immer bleiben wird, dass sie das glauben muss, was die Befragten mitteilen; und sie kann nur die Daten auswerten, die die Befragten ihr liefern, nicht erraten, was sie ihr verschweigen. Die Daten bedeuten auch „nur", dass die Befragten die niedergeschriebenen Meinungen vertreten, nicht, dass es wirklich so ist. Auch die Forscherin könnte in ihrer subjektiven Wahrnehmung, Beschreibung, Interpretation, Bewertung Ergebnisse verzerren oder auslassen (Bohl 2006: 92). Insofern ist sich die Forscherin sehr bewusst über die begrenzte Aussagekraft jeder Befragung, die in dieser Arbeit beforscht wird, und über deren begrenzte Repräsentativität.

Sie eignen sich bei einer großen Anzahl an Befragten, hier ganzen Klassen bzw. Kursen, die teilweise miteinander verglichen werden. Es handelt sich immer um Totalerhebungen: Im Rahmen des „normalen" Englisch- bzw. Französischunterrichts wird die ganze Klasse/der Kurs in der Mutter- oder Zielsprache (Entscheidung der Lehrkraft nach Schwierigkeitsgrad) befragt, sodass alle die Befragung bearbeiten und abgeben[33]. Forschende Lehrkräfte haben es leichter, ihre Lernenden auf die Befragung einzustimmen, weil sie den Lernenden ihre Ausgangssituation und die Nützlichkeit oder Notwendigkeit der Befragung verständlich machen können. (Altrichter, 2007: 176) Zudem stellt die Fachlehrerin einen großen Vorteil gegenüber externen wissenschaftlich Forschenden dar, die erst nach einer umfänglichen Motivationsphase befragen können. Fehler durch Rahmenbedingungen der Untersuchung können hier minimiert werden, so z. B. das Problem, dass die Befragung vielleicht nicht von allen ernst genommen und folglich nicht oder unvollständig ausgefüllt wird. Das tritt gelegentlich bei fehlenden, rein schematischen oder inhaltsarmen Antworten auf oder bei Aufgaben, zu denen Text zu schreiben ist. Dennoch wird diesen besonderen oder extremen Fällen in dieser Arbeit eine besondere Bedeutung beigemessen.

---

33 Lamnek (1993²: 57) kritisiert die generelle Verwendung von Fragebögen in der qualitativen Sozialforschung, insbesondere dabei die ungewohnte und einseitig gelenkte Kommunikationssituation eines schriftlich zu beantwortenden Fragebogens vor dem Hintergrund des Kommunikativitätsprinzips. Dagegen ist einzuwenden, dass im normalen Klassenunterricht nicht alle zu allen Fragen zu Wort kommen können

Die Befragten stehen in einem direkten Abhängigkeitsverhältnis von der Fachlehrerin. Daher entscheidet sich sie sich dafür, die meisten Befragungen anonym durchzuführen. Winkelmann begründet allgemein:

„Eine ... nicht zu unterschätzende Stärke eines Fragebogens liegt in der Möglichkeit, ihn anonym zu gestalten. Sobald die Schüler/innen wissen, dass sie mit ihren Aussagen nicht identifizierbar sind, sind sie oft bereit, viel offener und ehrlicher ihre tatsächliche Meinung und Einschätzung wiederzugeben. Die Tendenz zur „sozialen Erwünschtheit" – also das anzugeben, von dem angenommen wird, dass es erwünscht ist – kann dadurch abgeschwächt und ein wirklichkeitsnäheres Informationsbild gewonnen werden, als es in vielen Fällen durch eine nicht anonyme Befragung möglich ist." (Winkelmann 2008: 115)

Die mögliche Problematik von sozial erwünschten Antworten bei namentlichen Befragungen (wie hier in Klassenarbeiten, Arbeitsprozessberichten), in evtl. Vortäuschung möglichst positiv die Fragen zu beantworten und dadurch zu einer guten Bewertung zu gelangen (Bohl 2006: 92), soll durch Datentriangulation relativiert werden und im Schlussteil beurteilt werden. Trotz aller Vorteile tritt bei anonymen Befragungen ein großer Nachteil auf: Die Lehrerin kann Einzelne nicht individuell beraten und mit ihnen Alternativen besprechen.34

Die Befragungen sind hier nicht standardisiert, weil ansonsten durch die starke Vorstrukturierung die Befragten in ihren Antwortmöglichkeiten zu stark eingeschränkt wären (Lamnek 1993^2: 57), Offenheit und Flexibilität nicht ausreichend gewährleistet. Porst definiert auf S. 53f. die hier verwendeten teilstandardisierten bzw. halb offenen Fragen und unstandardisierte bzw. offene (Blankofragebogen mit Frageimpuls vgl. Kap. 12): Offene Fragen haben keine vorgegebenen Antwortkategorien. Sie sind wegen ihrer schriftlichen Form der Befragung jederzeit für die Forscherin zugänglich. Der Nachteil, dass die Antworten stark von der Verbalisierungsfähigkeit der Befragten abhingen, tritt hier nicht entscheidend zutage, da es sich überwiegend um leicht verständliche Kurzaussagen zu verschiedenen Themen handelt. Halb offene Fragen sind nach Porst das Ergebnis von Entscheidungsschwierigkeiten des Fragebogenentwicklers und böten sich immer dann an, wenn mögliche Antworten zwar gut abgeschätzt, aber nicht definitiv bestimmt werden könnten. Die Aktionsforscherin

---

34 Dieses Problem wird vor einer überfachlichen Befragung zur Konzentrationsfähigkeit am 19.12.09 durch die Klassenlehrerin mit einer 7. Klasse besprochen. Nach Vorschlag der Lernenden entscheiden sie selbst, ob sie mit Namensnennung oder anonym abgeben. Diese Entscheidung lautet 12:17. Das zeigt, dass durchaus ein Teil zu individuellen Gesprächen über ihre Probleme bereit sind. - Eine weitere überfachliche Befragung zu Arbeits- und Sozialverhalten in derselben Klasse am 20.1.10 erfolgt namentlich; Ergebnis dieser im Vergleich zur ebenfalls erfolgten identischen Befragung der Klassenlehrerin über die Einzelnen ist die weitgehende Übereinstimmung., was die Ernsthaftigkeit der Selbstbeurteilung unterstreicht. In allen Fällen entwickelt sich ein sehr fruchtbares Gespräch über beide Datenerhebungen (Datentriangulation).

dieser Arbeit hat keine Entscheidungsschwierigkeiten, sondern möchte den Befragten neben einer genauen Abfrage möglichst viel Freiheit für ihre Antworten lassen. Porst spricht von der „Restkategorie" zur Aufrechterhaltung der Motivation und zur freien Antwortmöglichkeit. Wallace schreibt von höherer Aussagekraft und größerem Erkenntnisgewinn, der sogar zu überraschenden Ergebnissen führen könne: "Open questions are good for exploratory research where you have difficulty in anticipating the range of reponses. They are also more likely to yield more unexpected (and therefore, perhaps, more interesting) data." (1998: 135): Sie seien allerdings für qualitativ Forschende schwerer be- und auszuwerten.

In jüngeren Lebensjahren werden eher geschlossene Fragen gestellt und leicht auswertbare Skalierungsformen angewendet, die die Komplexität der Antworten reduzieren (Bohl 2006: 70f.), in fortgeschrittenerem Alter halb offene oder offene Fragen. Ähnliches gilt auch für die Vorgabe der Antworten.

Auch die Benutzung der Fremdsprache bei den verschiedenen Arten von Feedback hängt von dem Lernjahr und von der Komplexität der erfragten Inhalte ab. Selbstverständlich sollte die Fremdsprache möglichst Verwendung finden; sie übt wichtige Phrasen zur Evaluation (vgl. Heimes 2010), andererseits kann besonders in jüngeren Lernjahren nicht umfassend Auskunft gegeben werden und schwächere Sprachenlernende fühlen sich ggf. benachteiligt. Deshalb wird in den Befragungen zwischen Mutter- und Fremdsprache variiert.

Porst zitiert Studien aus kognitionspsychologischer Forschung, die zeigen, dass die offene bzw. geschlossene Fragestellung das Ergebnis beeinflussten kann. Offene Fragen stellten auch höhere geistige Ansprüche an Befragte, da sie den Rahmen für ihre Antwort selber ausloten müssten, während er bei der geschlossenen schon vorgegeben sei nach dem Motto: „Was der Fragebogen nicht vorgibt, interessiert den Forscher ... nicht." (S. 58) Das heißt für die Fragebogenkonstrukteure aber auch, dass die Frage umso besser durchdacht sein müsse, je offener sie sei.

In den Ausschnitten der Einzelstudien werden Einstellungen, Meinungen, Gefühle, Haltungen, Ideen, Erfahrungen, Einschätzungen und Verhaltensweisen erfragt (vgl. Porst, S. 25) Wallace (1998: 126) klassifiziert Fragebögen als "introspective", es sei normal, dass wir die Gefühle unserer Lernenden erfahren möchten. Die Erkenntnis-, Dialog-, Lernfunktion für alle an der Befragung Beteiligten steht im Vordergrund, teilweise die Legitimierung des Durchgeführten: Evaluationsdaten sollen nachweisen, mit welchem Input welcher Output und welche Wirkungen im Prozess erzielt werden, wie nachhaltig der Unterrichtsprozess wirkt. Es geht in den Fragebögen nicht um Abfrage, Kontrolle oder Bewertung von Fachwissen; das geschieht in Klassenarbeiten und Tests.

Die Textformen variieren: Fragebögen bestehen hier aus einzelnen Sätzen oder nur Stichworten. Befragungen zur Metaevaluation (Kap. 11) erfolgen halb offen und werden mit einem oder mehreren kurzen Texten beantwortet. Andere Befragungen erfolgen in Teilaufgaben von Klassenarbeiten bzw. Klausuren: Sie erfordern kurze Texte zur Antwort. Die Arbeitsprozessberichte zum Projektunterricht in Kap. 7 werden zu Hause geschrieben: In ihnen wird ein längerer, tagebuchähnlicher Text erstellt.

Die meisten Befragungen erfolgen summativ ex-post, wenige ex-ante (z. B. Zettelabfrage vor Arbeitsprozessberichten in Kap. 7), wenige formativ während des Lernprozesses (Arbeitsprozessberichte in Kap. 7). Bei Letzteren ist der Vorteil, dass man Informationen über den Verlauf sammeln, Zwischenergebnisse schon verwenden, ggf. Defizite im Verlauf erkennen, durch Veränderungen steuernd eingreifen, die Praxis „formend" weiterentwickeln kann (König, 2007[2]: 39). Ex-ante- und ex-post-Befragungen interpretieren zu ihrem Zeitpunkt auch immer eine bestimmte Denkweise.

5.2. Aufbereitung

Als Darstellungsmittel der empirischen Daten werden Texte, Tabellen, Mindmaps, Diagramme verwendet.(Kap. 3.1.2.)

Abb.4:

Untersuchung (Teilstudien)	Erhebung	Aufbereitung
Studie 1: Projektunterricht in Selbstevaluation (Kap. 7)	Zettelabfrage	Diagramm,
	Arbeitsprozessbericht	Tabelle
		Mindmap
		Text
	Abschlussbefragung	Tabelle
Studie 2: Selbstevaluation von Gruppenarbeit (Kap. 8)	Fragebogen	Tabelle
Studie 3: Selbst- und Partnerevaluation von Stationenlernen (Kap. 9)	Fragebogen	Tabelle
	Klassenarbeit	
Studie 4: Partnerevaluationen von Präsentationen (Kap. 10)	Partnerbeurteilung	Tabelle
	Klausur	Text
Studie 5: Wert von gemeinsamen Kriterien und Partnerbeurteilungen (Kap. 11)	Klassenarbeit	Tabelle
	Fragebogen	

Studie 6: Partner- und Lehrerbeurteilungen von Texten, Schreibkonferenzen, Metaevaluation (Kap. 12)	Hausaufgabe	Text
	Partnerbeurteilung	Tabelle
	Lehrerbeurteilung	
	Fragebogen	
Studie 7: Selbst-, Partner- und Lehrerevaluation von Präsentationen (Kap. 13)	Selbstbeurteilung	Tabelle
	Partnerbeurteilung	
	Lehrerbeurteilung	

5.3. Auswertung:

Zur Auswertung des empirischen Materials lehnt sich die Aktionsforscherin an die qualitativen Methoden der Grounded Theory und der Qualitativen Inhaltsanalyse an; sie stellen jeweils unterschiedliche Teilaspekte der Forschungsfrage dar.

Abb. 5:

Untersuchung (Teilstudien)	Forschungsfragen
Studie 1	Wie beurteilen Lernende ihr Lernen im traditionellem Unterricht und im Projektunterricht? Welchen Wert haben Arbeitsprozessberichte als Selbstevaluation von Lernprozessen?
Studie 2	Wie bewerten Lernende ihre Gruppenarbeit und die ihrer Mitlernenden? Welche Unterschiede ergeben sich in den Fragebögen für die verschiedenen Altersstufen?
Studie 3	Wie beurteilen Lernende Aspekte ihres Stationenlernens? Können Selbst- und Partnerevaluationen in Fragebögen ergänzt werden durch Befragungen in Klassenarbeiten?
Studie 4	Wie verarbeiten Lernende Partnerevaluation in der Klausur? Wie seriös sind Partnerbeurteilungen? Welche „anderen" Bildungsstandards werden durch die Partnerevaluation verdeutlicht?
Studie 5	Wie beurteilen Lernende ihre gemeinsame Erstellung von Kriterien und von Partnerbeurteilung für ihr eigenes Lernen? Gibt es Unterschiede in den verschiedenen Altersstufen?
Studie 6	Wie schätzen Lernende das Lernen ihrer Mitlernenden ein im Vergleich zur Beurteilung durch die Lehrkraft? Wie empfinden Lernende Schreibkonferenzen für ihr eigenes Lernen?

Studie 7 | Lassen sich die Beurteilungen von sich selbst, den Mitlernenden und der Lehrkraft vergleichen? Kann die Befragung in der Klassenarbeit weitergeführt werden?

6. Gütekriterien

Wie kann die einzelne qualitative Forschungsstudie nach ihrer Güte beurteilt werden? Dazu gibt es unterschiedliche Positionen (Lettau und Breuer, Abs. 5) und. Steinke (2000: 319-321) die zwei bzw. drei Grundpositionen unterscheiden:

Übertragung und Anwendung der quantitativen Standardbeurteilungskriterien von Objektivität, Reliabilität, Validität auf die qualitative Forschungsarbeit

Entwicklung eigener Kriterien, weil die Übertragung und Anpassung der Standard-Beurteilungskriterien für qualitative Forschung unangemessen betrachtet werden; jedes Forschungsprogramm entwickelt seine eigenen vielfältigen Maßstäbe

postmoderne Ablehnung von Kriterien. (Hinzufügung von Steinke)

Ad a. Zunächst wird diese Arbeit den klassischen Gütekriterien der empirischen Sozialwissenschaften (Kelle und Reith 2008[2]: 42f. u. v. m.) so gut wie möglich gegenübergestellt.

In neuerer Zeit diskutiert Winter (2009) die Krise der Legitimation qualitativer Forschung. Beobachtungen könnten nicht „objektiv" sein, sondern seien immer sozial in den Welten der Untersuchten und Untersuchenden lokalisiert. Deshalb kann auch hier vollständige Objektivität definiert als die Unabhängigkeit des Messinstruments von Forschenden nicht vorausgesetzt werden, da die teil- bzw. unstandardisierten Befragungen von der aktionsforschenden Lehrkraft selbst flexibel auf den jeweiligen Untersuchungskontext hin erstellt werden. Zweitens handelt es sich bei allen Befragungen nicht um Abfrage objektiver Daten, sondern um persönliche Urteile über Aspekte des eigenen Lernens und der Mitlernenden gemäß der Definition von Selbst- und Partnerevaluation in dieser Arbeit.

Aus dieser Offenheit folgt, dass die Durchführungsobjektivität eine geringere ist als bei voll standardisierten Befragungen. Daran schließen sich auch die Auswertungs- und Interpretationsobjektivität an: Unterschiedliche Bewertende würden offene Ergebnisse mehr oder weniger unterschiedlich interpretieren. Die Unabhängigkeit von individuellen Einflüssen der Forscherin kann also ebenso niemals garantiert werden, deshalb ist die unter dem Gütekriterium Validität erklärte kommunikative Validierung mit den Befragten so wesentlich und dient zur Erhöhung der Auswertungs- und Interpretationsobjektivität.

Noch weniger kann das Gütekriterium Reliabilität gelten: Eine Wiederholung der Messung unter gleichen Bedingungen mit gleichen Ergebnissen wird niemals möglich sein, da selbst dieselbe Lerngruppe und die jeweilige Untersuchungssituation sich bei einer erneuten Messung weiter entwickelt und somit verändert haben werden.

Das dritte klassische Gütekriterium beschreibt die Validität der Messung. Insbesondere die interne Validität ist hier am ehesten gegeben, da sie den subjektiven Faktor einbezieht (Fichten 1993: 53.): Die Gültigkeit der Interpretation wird in einem Prozess der Einigung zwischen Forschenden und Beforschten (Letztere werden hier als denkende Subjekte anerkannt, ihnen wird Analysekompetenz zugebilligt35) Schritt für Schritt festgelegt: Auswertungen und Deutungen werden den Beforschten vorgelegt, gemeinsam diskutiert und erst dann als (vorläufig) gültig angesehen werden, wenn die Beforschten ihnen zugestimmt haben, diese möglichst eindeutig interpretierbar sind. Die kommunikative Validierung, eines von vier von Steinke (2000: 320) genannten wesentlichen Gütekriterien qualitativer Forschung, ist in Kap. 10 protokolliert, für die anderen Studien lässt sie sich in der retrospektiven Beforschung der Daten nicht mehr nachvollziehen, weil die Lehrerin damals keine Aufzeichnungen über deren Verlauf gemacht hat.

Prinzipiell spricht für größere externe Validität von Ergebnissen der natürliche, nicht künstliche Untersuchungskontext aller Untersuchungen dieser Arbeit. Jedoch kann diese Form von Validität, die Repräsentativität und Transferierbarkeit von Ergebnissen beinhaltet, hier nur eingeschränkt gelten.: Beispielsweise geben die drei Stichproben aus den Arbeitsprozessberichten in Kap. 7 und die Eingangsbefragung aller Kursteilnehmenden in ihren Überschneidungen wohl ein recht repräsentatives Bild von Aspekten des Regelunterrichts. In den drei ausgewählten Arbeitsprozessberichten über den individuellen Lernprozess jedoch ergeben sich stark divergierende Bilder von Projektunterricht, die drei unterschiedliche Lernertypen darstellen und deshalb nicht verallgemeinerbar sind. Die Aussagen aus den Fragebogenstudien in Kap. 8-13 sind höchstens für eine bestimmte Lerngruppe generalisierbar.

Interne Kriteriumsvalidität erlauben ebenfalls die Arbeitsprozessberichtanalyse in Kap. 7: Außenkriterien sind die vorgegebenen Inhaltspunkte für den Bericht; in der abschließenden selektiven Codierungsphase werden drei Berichte nach

---

35 Mayring (20025: 147) bemerkt einschränkend zur kommunikativen Validierung, dass diese nicht das einzige Kriterium bleiben dürfe, denn sonst würde die Analyse immer bei den subjektiven Bedeutungsstrukturen der Betroffenen stehen bleiben.

diesem Kriterium verglichen. In den Befragungen sind es von der Lehrkraft vorgegebene Fragestellungen bzw. in Partizipation mit den Lernenden entwickelte Kriterien.

Vorhersagevalidität über zukünftiges Verhalten kann bei den Arbeitsprozessberichten in Kap. 7 eintreten, weil dies in dem großen Textzusammenhang noch eher möglich ist als bei Einzelaussagen in den Fragebögen. Ebenso kann prognostische Validität gelten für die drei ausgewählten Evaluationen der Beurteilungen durch die Mitlernenden in Kap. 10.2.

Validität wird ebenfalls erreicht durch die exemplarischen Ankerbeispiele aus dem Datenmaterial, in welchen die Rechtschreibung und Satzkonstruktion der Lernenden mit all ihren Fehlern beibehalten wird.

Winter (2009) äußert sich ausführlich zur Krise der Validität, womit er auch das Forschungsdesign dieser Arbeit legitimiert und die strenge Anwendung der klassischen Gütekriterien relativiert. Keine Methode oder Theorie habe einen universalen Anspruch auf „Wahrheit" oder auf Wissen, das mit endgültiger Autorität verbunden ist. (Kap. 4.1.) Validität werde vielfältig und partiell, bringe partikulare Formen des Verstehens hervor (Winter spricht von „Polyvokalität des Feldes"). Relevant sei in dieser Perspektive jede an einem besonderen Ort und zu einer besonderen Zeit untersuchte Praktik — wie auch diese spezifischen in dieser Arbeit. Dabei könnten die in einem spezifischen Kontext auftretenden Praktiken nicht einfach auf andere Kontexte generalisiert werden, sondern sollen in ihrer Singularität beschrieben, analysiert und diagnostiziert werden. Winter spricht von „verschiedenen Formen alternativer Validität" zur Entfaltung demokratischer, partizipatorischer und emanzipatorischer Perspektiven. Eine dekonstruktive Validität könne erreicht werden, wenn der historische, soziale und politische Charakter sozialer „Wahrheiten" und ihrer Effekte bestimmt werde. Die von der Hermeneutik geprägte dialogische Validität der Diskurse mit den Untersuchten basiere auf der Selbstreflexivität der Forschenden. (s. o.) Die kontextuelle Validität könne erreicht werden, wenn durch Bestimmung kultureller und sozialer Bedingungen der Befragten der Forschungsprozess in seiner sozialen Verankerung entsprechend zur Analyse positioniert würde. (Kap. 4.6.)

Neben Winter äußern sich andere Wissenschaftler kritisch zur Anwendung der drei klassischen Gütekriterien auf qualitative empirische Forschung. Böhm-Kasper (2004: 93) findet, dass ihre Kontrolle in der praktischen Forschung leider oft nur als Idealforderung angesehen und unzureichend beachtet werde. Sie könnten kaum kontrolliert werden, da geeignete Kontrolluntersuchungen fehlten; das gilt auch für diese Arbeit.

Bohl (2006: 87-88) stellt fest, dass diese drei Gütekriterien im Offenen Unterricht nicht beansprucht werden können. Daher deutet er sie um: Objektivität im intersubjektiven Sinne sei gegeben, wenn — wie in dieser Arbeit — auch die Sicht der Lernenden in Selbst- oder Partnerbewertung berücksichtigt werde oder wenn auch Lehrkräfte kooperierten. Durch die verschiedenen Sichtweisen werde der subjektive Charakter der Bewertung verringert, werde objektiver. Die Wahrscheinlichkeit unzutreffender oder extremer Bewertungen verringere sich. Diese These wird in den empirischen Untersuchungen zu überprüfen sein. Das klassische Gütekriterium Reliabilität ist nach Bohl für die Schule sehr ungeeignet, weil es die Entwicklungsfähigkeit der Lernenden, den Fortschritt unterlaufe. Es könne lediglich eine vorherige Bewertung bestätigen oder widerlegen. (s. o.) Validität lässt sich nach im qualitativen Verständnis erhöhen, wenn unterrichtliches Handeln und Bewertungsverfahren und -kriterien eng verknüpft seien wie in dieser Arbeit. Validität sei ebenso gegeben, weil die bewertete Leistung facettenreicher sei als traditionelle Bewertung; daher könnten Stärken und Probleme von Lernenden differenzierter beschrieben und gefördert werden. Beides zeigt sich z. B. in Kap. 9, 10, 12, 13.

Ad b. Es werden zunehmend Checklisten für die Bewertung und Kriterienkataloge entwickelt (Flick 2004: 43ff.), die am Ende dennoch die Frage offen lassen, ob das Wesen guter qualitativer Forschung überhaupt mit Kriterien bestimmt werden kann.

Steinke (2000: 321-331) schlägt einen Kriterienkatalog vor, ähnlich Frueh und Mayring (2002: 325-326), Lettau und Breuer und Mayring und Brunner (20103: 325-326). Bohl (2006: 75-77) kritisiert den Widerspruch zwischen der Logik der testtheoretisch begründeten Gütekriterien, die objektive Messung anstreben und der Schulpädagogik, deren Ziel die effektivere Auseinandersetzung des Menschen mit sich und seiner Umwelt ist, die offen für Veränderungen ist: „Der Mensch ist ein ganzheitliches und entwicklungsfähiges Wesen, daher muss auch die Diagnostik entwicklungsfähige Verfahren berücksichtigen." Für die schulische Prüf- und Bewertungspraxis müssten qualitative Gütekriterien benannt werden, die die testtheoretischen Ansprüche quantitativer Forschung ergänzten. Diese von Steinke, Frueh, Mayring und Bohl u. a. entwickelten Kriterien werden im Folgenden auf diese Arbeit angewendet:

- Intersubjektive Nachvollziehbarkeit und Untersuchungskontext werden zu Beginn jeder Teilstudie detailliert beschrieben, auftretende Probleme — sofern dokumentiert — ebenfalls. Wirkungen können nicht immer retrospektiv beschrieben werden (s. o.).
- Die Doppelrolle der aktionsforschenden Lehrerin bedeutet einen Vorteil (s. o.).
- Die Forschungsbedingungen sind zu 100 % konstant. da die jeweiligen Studien unter gleichen Bedingungen für alle Befragten stattfinden. Deshalb stellt sich hier auch nicht die Frage der Sampling-Strategie, da immer der gesamte Klassen- bzw. Kurssatz ausgewählt wird. — Eine Ausnahme bie-

Ausnahme bieten die zu Hause verfassten Arbeitsprozessberichte (Kap. 7), von denen drei zur Analyse ausgewählt werden.
Zur intersubjektiven Nachvollziehbarkeit gehört auch die Forscherin selbst (vgl. Einleitung), ihre Konzepte (erster Teil der Arbeit) und ihre spezifische Konstruktion ihres qualitativen Forschungsdesigns (zweiter Teil und Erklärungen zu Einzelstudien)
Mayring und Brunner schlagen den systematischen Einsatz von Intra- und Interkoderreliabilität vor. Gemäß der Intrakoderreliabilität arbeitet auch die Forscherin in dieser Arbeit nach Abschluss der Analyse zumindest Teile des Materials erneut durch, ohne auf die zunächst erfolgten Codierungen zu sehen. Hohe Übereinstimmung ist dabei ein Indikator für die Stabilität des Verfahrens. — Interkoderreliailität (=Objektivität) wird überprüft, indem mindestens ein Ausschnitt des Materials einem zweiten Codierer vorgelegt wird, der zunächst in das Regelwerk für die Codierung eingearbeitet wird. Bei Nicht-Übereinstimmungen werden fragliche Textstellen in Codierkonferenz besprochen; nur wenn der zweite Fehlcodierungen nachweist, gilt dies als Nicht-Übereinstimmung Dieses *peer debriefing* erfolgt für diese Arbeit exemplarisch mit den Mitgliedern der Arbeitsgruppe AQUA.
Bei der Indikation des Forschungsprozesses geht es um die Angemessenheit, Transparenz und Nachvollziehbarkeit des qualitativen Forschungsdesigns, darunter den Einsatz von verschiedenen Arten von Triangulation (Kap. 4.1.). Ebenso wird untersucht, ob die Methode den Befragten genügend Offenheit für ihre Perspektiven lässt. Die Indikation des Forschungsprozesses kann auch die Irritation des Vorverständnisses der Forscherin mit einbeziehen, beispielsweise der Erfahrungen, die sie mit ähnlichen schülerorientierten Arbeitsweisen oder mit ähnlichen Methoden der Befragung in anderen Klassen gemacht hat. (vgl. bisherige Publikationen der Aktionsforscherin)
Ebenso wesentlich für den Forschungsprozess ist die Sampling-Strategie der Aktionsforscherin: Aus dem reichen Datenschatz von ca. 80 Klassen-/bzw. Kurssätzen wählt sie jeweils Teile aus, die Selbst- bzw. Partnerevaluation besonders gut darstellen und die damit die Forschungsfragen aus Kap. 5.2 .beantworten können.
Die empirische Verankerung für die Bildung und Überprüfung von Hypothesen und Theorien erfolgt in Kap. 2.2. bzw. in den Einzeluntersuchungen. Sie soll dabei unterstützen, empirische Ergebnisse zu modifizieren bzw. Neues zu entdecken. Mögliche Theorien werden dicht an den Daten und systematisch entwickelt. Abweichungen, Widersprüchen und Ausnahmen wird besonderes Gewicht beigemessen.
Nach Kaiser (2005: 260) müssen die immer offen gehaltenen Forschungsfragen und -methoden ermöglichen, zur Weltsicht der Beforschten vorzu-

dringen, damit sie eigene Deutungen der Geschehnisse mit eigenen Akzentuierungen berichten können und nicht Forschende ihre eigene Sicht vor die der Befragten stellen. Besonders bei Befragungen findet immer eine Form von Interaktion zwischen forschenden und beforschten Personen statt. Dabei werden Begriffe nie vollkommen deckungsgleich von beiden verstanden, sondern jeder bringt eigene Deutungen ins Spiel.

Stete Aushandlungsprozesse sind von besonderer Wichtigkeit: "A major purpose of ... negotiation in the classroom is ... to reach a shared understanding at appropriate moments in classroom work." (Breen 2000: 9). In Transparenz und Partizipation werden gemeinsam mit den Lernenden einzelne Schritte des Unterrichtsprozesses in der Vorbereitungs-, Durchführungs- und Auswertungsphase (nach Breen 2000: 19f. und Bohl 2006: 81) — in dieser Arbeit bzgl. der Evaluation — durch die Lehrkraft offen gelegt oder gemeinsam festgelegt. Der Aushandlungsprozess ist speziell bei Methoden der Befragung immer eine Interaktion zwischen Forschenden und Beforschten: „Das bedeutet, dass 'Worte oder Begriffe nie vollkommen deckungsgleich von den Interaktionspartnern verstanden werden, sondern jeder immer auch eigene Deutungen ins Spiel bringt." (Kaiser 2005: 260) Druyen fasst zusammen: „Die intersubjektive Überprüfbarkeit von Bewertungen steigt mit der Klarheit der Kriterien, die eine Leistung definieren und differenzieren und mit der Beteiligung der Lernenden an Entwicklung und Einsatz der Bewertungsmaßstäbe. (Druyen 2008: 108)

Kommunikative Validierung in der Auswertungsphase ist ein zentrales qualitatives Gütekriterium für Unterricht und Leistungsbewertung. Sie führt dazu, dass Lernende eher ihr Verhalten im Unterricht mit der Bewertung verbinden können. Für diese Arbeit kann sie erst seit Beginn des Forschungsprozesses im März 2008 beschrieben werden, weil von diesem Zeitpunkt an sich die Forscherin detaillierte Aufzeichnungen darüber gemacht hat. (Kap. 10) Der nach Bohl nie endende Prozess müsse aktiv und gemeinsam gestaltet werden. Dadurch würden schulische Spannungsfelder minimiert. Das zeigt sich deutlich in Kap. 10 und 11.

Mit Prozesscharakter meint Bohl, dass im Offenen Unterricht sowohl der Unterrichtsprozess als auch die Bewertungsverfahren nicht strikt festgelegt sind, sondern sich an den Lernenden orientieren (Kap. 2.2.). Deshalb können alle Elemente des Prozesses, also auch die Evaluationsverfahren, verändert bzw. weiterentwickelt werden. Von diesem Prozessverständnis geht auch die Aktionsforscherin aus.

Gegenstand- und Zielangemessenheit bedeuten, dass die Evaluationspraxis mit den Unterrichtszielen und den methodischen Arrangements korrespondieren (Kap. 2.2.).

Limitation meint die Grenzen des Geltungsbereichs der entwickelten Theorien, hier die jeweiligen Unterrichtskontexte, in deren Bereich allein eine gewisse Verallgemeinerung möglich ist.

Flick (2004: 200f.) erklärt die Methode der analytischen Induktion als alternatives Gütekriterium: Sie orientiert sich vor allem an der Absicherung von gewonnenen Theorien durch die Analyse bzw. Integration abweichender Fälle oder Gruppen, in dieser Arbeit beispielsweise die Sampling-Entscheidungen bei den Arbeitsprozessberichtanalysen in Kap. 7.

Kohärenz, Schlüssigkeit oder Widerspruchsfreiheit der generierten Theorie sind nicht durchgehend zu erwarten bei den Teilstudien, die Einstellungen, Meinungen erfragen; sie können jedoch durchaus erwartet werden bei kriterienorientierten Einschätzungen (Kap. 7, 10).

Die Relevanz der möglicherweise generierten Theorie für neue Deutungen oder Erklärungen für Phänomene im Zusammenhang mit Selbst- und Partnerevaluation wird am Schluss beurteilt.

Reflektierte Subjektivität: Die aktionsforschende Lehrerin und ihre Subjektivität sind konstitutiver Bestandteil des gesamten Forschungsprozesses. (vgl. Einleitung, Kap. 4.6. und alle Einzelstudien) Deshalb wird mit diesem Kriterium beurteilt, inwieweit die Subjektivität und deren Rolle bei der Theoriebildung reflektiert werden. Knoblauch schreibt zur Reflexion Forschender: „Von einer reflexiven Methodologie ist ... zu fordern, die faktischen Prozesse der qualitativen Forschung selbst zum Gegenstand der Analyse und zugleich zur Ressource der Forschung zu machen ... [Die] Reflexion auf die eigene Forschungspraxis macht einen weiteren Aspekt der reflexiven Methodologie aus." (2000: 629-630)

Grunenberg und Kuckartz fordern, dass unter den Gütekriterien auch die angemessene Verwendung von Zahlen, tabellarischen Übersichtsdarstellungen und Verfahren deskriptiver Statistik sein solle (20103: 488). Diese wird allgemein in Kap. 3.1.2. und detailliert in den Einzelstudien erklärt.

Der Praxisbezug des Forschungsvorhabens kann bei ausschließlicher Selbsteinschätzung zum Problem werden: Wottawa (19982: 132) geht direkt auf das hauptsächliche Datenerhebungsmittel in dieser Arbeit ein: „Eine etwas weniger fundierte Meßmethode ist der Versuch, im Rahmen des Evaluationsprojektes Fragebögen für die interessantesten Variablen selbst zu konstruieren.". Deshalb ist ein Ziel dieser Arbeit, die Empirie soweit wie möglich an außenstehenden Standards bzw. Kriterien festzumachen.

In diesen teils neu entwickelten, teils schon älteren Gütekriterien sind gleichzeitig wesentliche Aspekte dieses Methodenteils über Aspekte qualitativer Sozialforschung und das Forschungsdesign dieser Arbeit zusammengefasst.

Ad c. Steinke (2000: 321f.) erwähnt Forschung zur postmodernen Ablehnung von Kriterien, kritisiert jedoch diesen Standpunkt, da die Zurückweisung von Kriterien die Gefahr der Beliebigkeit und Willkürlichkeit qualitativer Forschung berge und damit ihre weitere Anerkennung schmälere. Steinke relativiert zwar die strikte Übertragung von quantitativen Kriterien auf qualitative Forschung, jedoch erwähnt sie auch die vielen Anregungen für die Formulierung von Kriterien gerade aus der Auseinandersetzung mit quantitativen Kriterien. Das geschieht für diese Arbeit unter Punkt a. dieses Kapitels. Außerdem gehe es weniger um die Formulierung einzelner Gütekriterien, sondern ein System von Kriterien sei eher hilfreich, dass möglichst viele Aspekte der Bewertung qualitativer Forschung abdecke. Deshalb diskutiert die Aktionsforscherin im Methodenteil immer wieder verschiedenste Kriterien qualitativer Forschung bezüglich der Anwendung in dieser Arbeit. Steinke schließt: „Eine abschließende Kriteriendiskussion lässt sich nur unter Berücksichtigung der jeweiligen Fragestellung, Methode, der Spezifik des Forschungsfelds und des Untersuchungsgegenstands führen." (2000: 323) Diese Diskussion wird im Schlussteil versucht.

Zusammenfassung Kap. 3-6

Quantitative und qualitative Forschungsmethoden sind zwei grundlegende Arbeitsweisen der empirischen Sozialwissenschaft, die heute nicht mehr in Opposition zueinanderstehen. Qualitative Methoden sind objektiv, produzieren „harte" Daten bestehend aus Fakten und Zahlen. Ihre Ergebnisse werden in vergleichender Statistik dargestellt. Die Ausrichtung auf generalisierbare Fakten erlaubt keine Beachtung von Einzelfällen, die Orientierung an dem Endprodukt vernachlässigt den Prozess. Qualitative Methoden produzieren eher „weiche" Ergebnisse, die nicht objektiv, replizierbar und kaum generalisierbar sind. Sie streben mit uneinheitlichen, sehr offenen und jeweils flexibel an die Situation angepassten Methoden danach, Einzelbereiche von Lebenswelt zu (re-) konstruieren, damit sie die Menschen, Subjekte ihrer Forschung, — hier in ihren Lernprozessen — besser verstehen können. In diesem Rahmen wird Einzel- und Extremfällen große Wichtigkeit beigemessen. Die ständige Reflexion der forschenden Person kann Subjektivität mindern.

Die sieben Einzelstudien in dieser Arbeit orientieren sich in ihrer Datenauswertung methodisch an den qualitativen Auswertungsmethoden der qualitativen Inhaltsanalyse von Mayring und der gegenstandsbezogenen Theoriebildung von Glaser und Strauss.

Für die qualitative Inhaltsanalyse sind allgemeine Dimensionen durch Fragen der Lehrkraft deduktiv bereits festgelegt. Am Material wird induktiv ein Kategoriensystem entwickelt und durch Ankerbeispiele belegt; es wird mehrmals überarbeitet durch Hinzufügung weiterer Daten und nach *peer debriefing*. Durch Zusammenfassung werden Inhalte reduziert, durch Explikation aus anderen Textstellen erklärt, durch Strukturierung geordnet. Mayring erlaubt Quantifizierungen. Prozesse und Ergebnisse werden durch Methoden deskriptiver Statistik summarisch und übersichtlich dargestellt.

Der Schwerpunkt der gegenstandsbezogenen Theoriebildung liegt in der Theoriebildung während des Forschungsprozesses. In offenen, axialen und selektiven Codierungsschritten werden die Daten zunehmend organisiert. Erhebungs- und Analysephasen vermischen sich. Die Stichprobenziehung verläuft nach Regeln der Forschenden; theoretische Sättigung tritt ein, wenn sie nichts Neues mehr zu entdecken glauben.

Qualitative Forschungsmethoden werden kritisiert als subjektiv, unsystematisch, zu locker, kaum generalisierbar; Quantifizierungsversuche sind problematisch; die sequenzielle Gestaltung des Textes geht verloren. Schließlich sind die Vorgehensweisen sehr aufwendig und kompliziert. In jedem Fall erfordern sie eine ausführliche Darlegung der Entscheidungen und Reflexionen.

Qualitative Forschungsdesigns müssen der jeweiligen Untersuchung angepasst werden. Zu den in dieser Arbeit benutzten Designs zählt die Triangulation. Von den vier Arten wird hier häufig Methodentriangulation benutzt, um kaleidoskopartig das Bedeutungsspektrum von verschiedenen Perspektiven aus zu erweitern. Daten von Lehrenden und Lernenden, zwischen Klassen und Kursen werden verglichen und aufeinander bezogen. Ein zentrales qualitatives Forschungsdesign dieser Arbeit ist Aktionsforschung: Die Lehrerin arbeitet und forscht gleichzeitig im Feld. Ziel kann nur situatives Verstehen von Einzelsituationen sein (nicht Verallgemeinerung), um die Praxis weiter zu entwickeln, zu verändern, zu verbessern. Der Aktionsforschungskreislauf wird beschrieben, wie er sich spezifisch für diese Arbeit gestaltet. Erst seit dessen Beginn im März 2008 nimmt die forschende Lehrerin Distanz zu ihrem reichhaltig vorliegenden Datenmaterial ein und wählt daraus einzelne Datensätze aus, um sie aus der wissenschaftlich forschenden Perspektive neu zu betrachten. Vor- und Nachteile dieser retrospektiven Aktionsforschung werden diskutiert. Allgemein wird an Aktionsforschung kritisiert, sie sei subjektiv, nicht nachprüfbar und nicht generalisierbar, methodisch dilettantisch. Ebenso wie bei anderen qualitativen Methoden sollen alle Entscheidungen zu jedem Zeitpunkt intensiv reflektiert werden; dadurch entsteht Qualität.

Die qualitative Schulforschung als weitere Teildisziplin empirischer Sozialforschung ist mit der Aktionsforschung verbunden, ebenso die Unterrichts-,

Lehr- und Lernforschung. Gedankengut des Konstruktivismus, bei dem sich jeder Lerner sein eigenes Lernen konstruiert und hier in Selbstevaluation niederschreibt, spielt eine zentrale Rolle.

Da sich die Perspektive der aktionsforschenden Lehrerin in ihrer oben beschriebenen Lehrerinnenrolle seit Beginn dieser Arbeit zu der einer qualitativ forschenden Lehrkraft verändert hat, müssen auch Merkmale qualitativ Forschender beschrieben werden. Diese erforschen spezifische soziale Welten und deren Subjekte, aber auch die Persönlichkeit Forschender, ihre Biografie, ihre Erfahrungen sind wesentlich für die Forschung, denn alle Subjekte in diesem gemeinsamen Prozess agieren in Interaktion. Da Forschende nicht wissenschaftlich objektiv sein können, verpflichten sie sich zu einem Prozess ständiger Selbstreflexion über den Wechsel von Nähe zum Feld und Distanz zu den Daten oder von Zentrieren über Dezentrieren zum Rezentrieren.

Auch zu dieser qualitativen Forschungsarbeit ist eine spezifische Auswahl von Messinstrumenten nötig. Haupterhebungsmittel — neben anderen zur Erhebung benutzten Daten — sind diverse von der aktionsforschenden Lehrerin selbst entwickelte teil- oder unstandardisierte Fragebögen zur meist anonymen Befragung. Die Rahmenbedingungen sind durch die Unterrichtssituation vorgegeben; sie müssen nicht künstlich geschaffen werden. Die Befragten evaluieren Einstellungen, Meinungen, Verhaltensweisen, nicht sprachliche und inhaltliche Fortschritte. Die Aufbereitung der Daten erfolgt in Texten, Tabellen, Mindmaps und Diagrammen. Zu jeder der sieben Einzelstudien werden verschiedene vorläufige Forschungsfragen gestellt, die in der Auswertungsphase mithilfe von qualitativen Methoden angelehnt an die oben dargestellte qualitative Inhaltsanalyse und gegenstandsbezogene Theoriebildung beantwortet werden sollen.

Kann die Güte qualitativer Forschung durch die drei klassischen Gütekriterien Objektivität, Reliabilität, Validität beurteilt werden — dies wird für die Arbeit zunächst versucht — oder müssen andere Kriterien gefunden werden, die offeneren Forschungsmethoden genügen? Weitere Kriterien, die in diesem Sinne entwickelt worden sind, werden für diese Arbeit beschrieben: Es geht u. a. um intersubjektive Nachvollziehbarkeit, Angemessenheit der Forschungsmethoden, kommunikative Validierung, Transparenz und Partizipation, Limitation, und Generalisierbarkeit, Kohärenz, reflektierte Subjektivität der Aktionsforscherin.

Dritter Teil: Empirie
7. Studie 1: Projektunterricht in Selbstevaluation (12./13. Klasse Französisch)

> „Die Erhebung personenbezogener, reichhaltiger, ′tiefer′ Daten aus unterschiedlichen Quellen erlaubt, die Deskription und Analyse des spezifischen Untersuchungsgegenstandes aus verschiedenen Perspektiven anzugehen und abzusichern." (Riemer 2006: 452)

Diese erste Studie fragt, wie verschiedene Lernende ihr Lernen im traditionellen Unterricht und im Projektunterricht beurteilen. Dazu schreiben sie Arbeitsprozessberichte, deren Wert zur Selbstevaluation von Lernprozessen hier geprüft wird.

7.1. Befragung vor Projektbeginn

Untersuchungsbedingungen

Die Lehrerin unterrichtet den Grundkurs Französisch der Klassenstufen 12 (14 Lernende) und 13 (2 Lernende) im Schuljahr 1997/1998. Mit diesem Kurs wird im Februar 1998 ein Projekt zum Kursthema «L´Individu et la Société » durchgeführt. Da die Lernenden Schwierigkeiten haben, sich unter dem Begriff „Projekt" etwas vorzustellen, entscheidet sich die Lehrerin spontan, zwei offene Befragungen in Form von Pyramidendiskussionen durchzuführen, in denen die Lernenden ihre bisherigen Unterrichts- und Rollenerfahrungen und ihre Erwartungen an Unterricht reflektieren. Eine Pyramidendiskussion (Grieser-Kindel 2006: 127-129) ermöglicht, dass alle ihre Meinungen, Positionen oder Vorschläge einbringen und in mehreren sich vergrößernden Runden diskutieren, wobei sie immer neue Prioritätenlisten erstellen.[36] Am Ende stehen zwei pyramidenförmig angeordnete Prioritätenlisten aus der gesamten Lerngruppe. Die beiden so entstandenen Pinnwandaufschriften lauten:

---

[36] Arendt diskutiert die Problematik der Themenfindung unter dem Aspekt der Selbstbestimmung. (1999: 13)

(Abb. 6): Nachteile traditionellen Unterrichts:

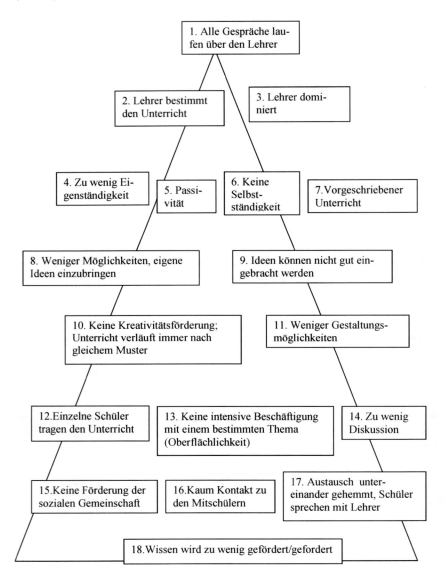

Anschließend erarbeiten die Lernenden in gleicher Weise ihre Wünsche an den Unterricht:

Die beiden erstellten Pyramiden werden in kommunikativer Validierung bestätigt; die weitere Vorgehensweise wird mit den Lernenden ausgehandelt. Die Projektskizze mit Themen- und Fragenvorschlägen und Initiationstext von der Lehrkraft; nach Wunsch eigene Entwürfe der Lernenden von Unterthemen und Gruppenbildung, Klausur und Leistungsbewertung sind detailliert nachzulesen in Wilkening (1999b).37

Die Lernenden beklagen demnach die starke Dominanz der Lehrenden, die zu wenig eigene Mitbestimmungs- und Gestaltungsmöglichkeiten erlaube. Dieses Ergebnis deckt sich mit dem aus der DESI-Studie, vgl. Kap. 2.1.. Die dort ebenso abgefragte Selbstentwicklung von Aufgaben, die noch ein düstereres Bild ergibt, nennen die Lernenden in dieser offenen Befragung nicht; vermutlich kommen sie gar nicht auf die Idee, dass dies möglich ist – Armutszeugnisse für die Mitbeteiligung von Lernenden am Fremdsprachenunterricht. Die Lernenden beklagen weiterhin mangelhaftes soziales Lernen und das angespannte Lernklima.

---

37 Eine interessante Alternative zu Gruppenpräsentationen ist das Gruppenportfolio (Inglin 2005), welches als Vision für künftige Gruppenprüfungen angedacht wird. – Inglin stellt ein Portfolio-Konzept im Umgang mit Literatur vor.

(Abb. 7): Wünsche an Unterricht:

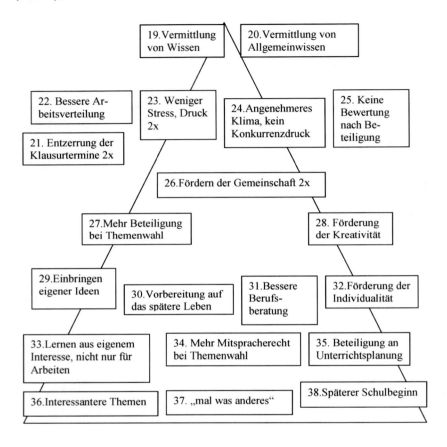

7.2. Arbeitsprozessberichte: qualitative Analyse

„Wer sich selbst viel zutraut, wird andere übertreffen." (aus China)

Untersuchungskontext und Datenerhebung: Die Lehrerin gibt zu Beginn der Unterrichtseinheit vor, dass nach jeder Französischstunde Arbeitsprozessberichte geschrieben werden sollen, die später gleichberechtigt mit den

Präsentationen gewertet werden38. Folgende Themen — nach Goetsch (1993³: 261) — sind darin zu berücksichtigen (später „deduktive Kategorien" genannt):

Abb. 8:
1. chronologische und realistische Darstellung des Arbeitsprozesses
2. Darstellung und Reflexion der Schwierigkeiten und Erfolge des Arbeitsprozesses:
2a. Warum habe ich das Thema gewählt?
2b. Was habe ich gelernt?
2c. Was möchte ich noch lernen?
2d. Was hat mir gefehlt?
3. Wertung des Lernprozesses
4. Selbsteinschätzung meines Arbeitsanteils in der Gruppe
5. Vergleich zum Regelunterricht

Bohl formuliert in neueren Indikatoren für Arbeitsprozessberichte (2006: 118) deutlicher die Schwierigkeiten und deren Lösungen und einen Ausblick auf das nächste Projekt.

Die 11 vorliegenden Berichte von sehr unterschiedlicher Länge (4800-550 Wörter) werden nach Beendigung des Gesamtprojekts abgegeben. Für diese Arbeit werden sie codiert. Die folgende Tabelle gibt einen Überblick über den Umfang der Daten (in der oberen Zeile: Proband, in der unteren: Wortzahl):

Abb. 9:

A	B	C	D	E	F	G	H	I	J	Z
552	3245	1481	1344	988	1491	1059	1359	757	965	805

Für diese Forschungsarbeit werden sukzessive die Arbeitsprozessberichte von drei Lernenden ausgewählt. A hat den kürzesten Bericht geschrieben. Aus diesem Grunde wählt die Forscherin diesen zur ersten Analyse aus. Diese lehnt sich an die Methoden der gegenstandsbezogenen Theoriebildung mit ihren drei Codierphasen an. (Kap. 3.1.3.)

---

38 De Florio-Hansen 1999 schlägt das Lerntagebuch zur Selbstreflexion vor, welches über einen längeren Zeitraum geführt wird.

Rosenthal (2005: 98) schreibt, dass eine vollständige Präsentation des Auswertungsprozesses kaum einem Leser zugemutet werden könne. Wegen der Lesbarkeit (das vollständige Kapitel 7 umfasst 113 Seiten!) beschränkt sich die Forscherin beim offenen Codieren auf exemplarischen Abdruck der Analyse des ersten Projektarbeitstages. Dabei geht insofern nicht viel verloren, weil die wesentlichen Aussagen zum gesamten Arbeitsprozess in den Schlüsselkategorien der Mindmaps des axialen Codierens mit genauen Fundstellen wieder erscheinen.

7.2.1. Arbeitsprozessbericht von A

1. Codierprozess: Offenes Codieren

Datenaufbereitung: Diese wird in der ersten Codierphase der besseren Übersicht halber tabellarisch dargestellt: Spalten 1 und 2 enthalten die Textbelege an den entsprechenden Textstellen, in Spalte 3 kommentiert die Forscherin bzw. stellt Fragen an den Bericht, in Spalte 4 wird eine vorläufige übergreifende Kategorie aus dem Textbeleg entwickelt.

(Abb. 10:) 3.2.98

Textbeleg	Seite, Zeile	Kommentare, Fragen	Vorläufige Kategorie
Thema 'Projektunterricht'	1, 1-2	'Thema' ist falsche Bezeichnung, Kennt A Unterschied zwischen 'Thema' und 'Methode'?	Nennung der Arbeitsmethode
Näher betrachtet	1,2	Genauigkeit betont; 'betrachtet' ist falsches Verb	
Unterschiede bzw. Vorteile	1, 3-4	Beide nicht genannt; d. h.: Projektunterricht ist anders und hat Vorteile	Definition von 'Projekt- unterricht'
Zu normalem Unterricht	1,4	Was ist das? Bedeutet das (wegen der „Vorteile" von Projektunterricht, s.o.), dass dieser nicht gut ist?	Definition von 'normaler Unterricht'
und haben herausgearbeitet, haben näher betrachtet, kamen zu dem Fazit	1, 4-6	Verben beschreiben Arbeitsintensität	Beschreibung der Stundenarbeit

Projektunterricht besitzt viele Vorteile	1, 6-7	Welche?	Vermutung über Projektarbeit

2. Codierprozess: Axiales Codieren

Das axiale Codieren dient zur gezielten Datenaufbereitung des gesamten Berichtes. Dabei werden deduktiv aus den von Goetsch vorgegebenen Themen und induktiv orientiert am Datenmaterial verschiedene Kategorien gebildet, zu denen sich der Lernende äußert; diese werden anschließend mit Textbelegen (Seite, Zeile im Bericht) auf Mindmaps dargestellt. (Abb. 11-16)

Folgende Schlüsselkategorien werden so gebildet: „Der Regelunterricht" (Goetsch Thema 5), „Der passive Schüler" (dieses aus dem Datenmaterial entwickelte Thema steht in Verbindung mit dem ersten Thema), „Arbeitsmethode Projektunterricht" (aus den Daten entwickelt; hierbei wird auch Goetsch Thema 1 angesprochen), „Gefühle u.a. subjektive Eindrücke", „sprachliche Phänomene" (die Forscherin entscheidet sich aus dem Datenmaterial zur Hinzufügung dieser beiden letztgenannten Kategorien), „Bewertung" (Goetsch Thema 3).

Bei der Analyse weiterer Arbeitsprozessberichte soll später versucht werden, der Vergleichbarkeit halber ähnliche Schlüsselkategorien zu bilden. Es fällt auf, dass Goetsch Thema 4 (Selbsteinschätzung des eigenen Arbeitsanteils in der Gruppe) hier nicht angesprochen wird.

3. Codierprozess: selektives Codieren:

Dabei werden — im Unterschied zur axialen Codierungsphase — die Kriterien von Goetsch, die die Lernenden vor Projektbeginn für die Abfassung des Arbeitsprozessberichts erhalten, systematisch mit den tatsächlichen Inhalten dieses Berichts abgeglichen; Mängel werden genannt; eine zusammenfassende Auswertung erfolgt. (vgl. Kap. 3.1.3.)
1. Chronologische und realistische Darstellung des Arbeitsprozesses: wird im Bericht v.a. erfüllt durch Beschreibung vielfältiger Aktivitäten der (wie auch immer) gebildeten Gruppe, indem A viele Verben aneinanderreiht; konkrete Inhalte, Definitionen von Arbeitsmethoden fehlen. Seinen eigenen Arbeitsprozess beschreibt A überwiegend als Vokabelarbeit.
2. Darstellung und Reflexion der Schwierigkeiten und Erfolge dessen:
2a. Warum habe ich das Thema gewählt? A sind das interessante Thema und der mögliche Lernerfolg daran wichtig (1,18-21).

2b. Was habe ich gelernt? A schätzt Projektunterricht als v.a. sprachlichen Profit (4,1-7) und die Arbeit aller Gruppenmitglieder in 4,8-12,14-15,16-20. A beschreibt vier Lernerfolge: den sprachlichen (4,24), den inhaltlichen (4,27) und den sozialen und methodischen (4,27-29).
2c. Was möchte ich noch lernen? Dazu wird nichts gesagt.
2d. Was hat mir gefehlt? Auch dazu wird nichts gesagt.
3. Wertung des Lernprozesses: nach der Beschreibung seiner Lernerfolge in 4,24-29 wertet A den gesamten Prozess noch einmal abschließend in einem Satz als sehr positiv im Gegensatz zu möglichen Lernerfolgen im traditionellen Unterricht.
4. Selbsteinschätzung meines Arbeitsanteils in der Gruppe: A beschreibt zwar die vielfältigen Aktivitäten in seiner Gruppe, hebt aber kaum seinen Anteil dabei hervor. Ausnahmen: sein Aushandeln des Themenvorschlags (1,16). Er betont aber in 4,16-20, dass alle Gruppenmitglieder gleiche Teile zur Gruppenarbeit beigetragen haben.
5. Vergleich zum Regelunterricht: erfolgt an mehreren Stellen: In 1,4 sieht er den Projektunterricht als Gegensatz zum „normalen Unterricht" (was das auch heißen mag), sieht Vorteile in jenem (1,6-7); findet Themen in letzterem aufgezwungen (2,2-4) und bewertet im Schlusssatz beide Unterrichtsformen kontrastiv (4, 31-32).

Abb. 11:

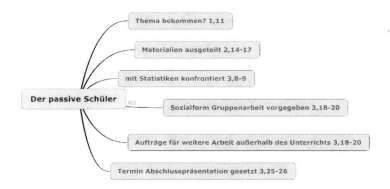

Abb. 12:

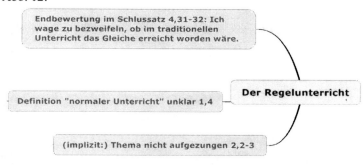

Abb. 13:

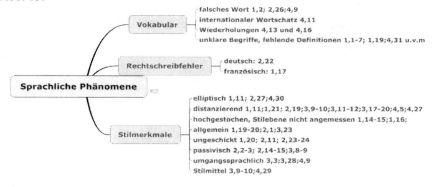

Abb. 14:

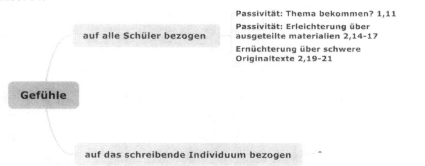

Abb. 15:

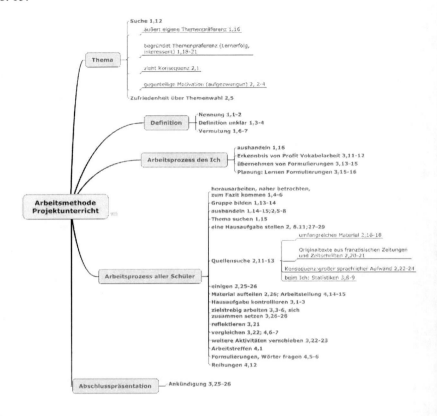

Abb. 16:

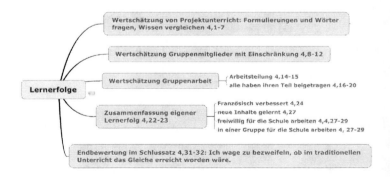

In den Vorgaben zum Arbeitsprozessbericht sind einige Punkte nicht erwähnt, die im vorliegenden Datenmaterial erscheinen und deshalb als zusätzliche Kategorien für die Mindmaps im axialen Codierprozess dienen:

„Gefühle u.a. subjektive Eindrücke" und „Der passive Schüler": die vom Schüler ausgedrückten Gefühle, die immer wieder die passive Rolle von A aus dem Regelunterricht durchscheinen lassen (s. auch Mindmap „sprachliche Phänomene"), der Arbeitsanweisungen erhält (1,11; 2, 2-4;3,25-2), durch die Projektarbeit jedoch Gruppen- (s. „Arbeitsmethode Projektunterricht: Arbeitsprozesse aller Schüler") und Eigeninitiative entwickelt (4,27-32); aber auch Erleichterung über die Hilfen der Lehrerin ist spürbar in 2,14-17. Zusammenfassend lässt sich sagen, dass der Leser im Bericht weniger über den Inhalt des Projekts erfährt als über den sehr positiv bewerteten Gruppenprozess.

„sprachliche Phänomene": Wie auch der Inhalt bewegen sich Vokabular und Stil auf recht allgemeiner Ebene. Eine große Zahl distanzierender, passivischer Konstruktionen fallen auf, ebenso viele unangemessene, ungeschickte oder allzu umgangssprachliche Formulierungen. Die unklaren Begrifflichkeiten rufen zu sehr vielen Fragen in allen Teilen des Berichtes auf, so auch über die nur kurz angedeutete Abschlusspräsentation am Ende. Da sich die Ausführungen auf recht allgemeiner Ebene bewegen, wäre es möglich, dass A seinen Arbeitsprozessbericht erst am Ende geschrieben hat.

Brief der Lehrerin

Die Arbeitsprozessberichte und Gruppenreferate werden zu gleichen Teilen bewertet und gehen mit 25% anstelle einer Klausur in die Semesternote ein. Im Gegensatz zu den Vorschlägen zur Bewertung von Gruppenarbeit von Behr (2006:11) entscheidet sich die Lehrkraft, Einzelne bei den Referaten nicht in der Gruppe zu bewerten, sondern nur allein gemäß Behrs erster Spalte über das Produkt (S. 10). Der Gruppenanteil der Einzelnen soll aus den Arbeitsprozessberichten sichtbar werden.

Zur Rückmeldung auf die Arbeitsprozessberichte und Gruppenreferate und zur Bewertung schreibt die Lehrerin jeweils persönliche Briefe. Im Folgenden sei der 1. Teil des Briefes der Lehrerin — der über den Arbeitsprozessbericht — abgedruckt und anschließend retrospektiv von der Forscherin bewertet aufgrund der hier erfolgten Codierung und dem Rückbezug auf die deduktiven Kriterien.

Lieber A,

Sie stellen chronologisch Ihren Arbeitsprozess dar, jedoch in sehr knapper Form, so dass viele allgemeine Andeutungen Fragen offen lassen (z.B. „Der Projektunterricht hat viele Vorteile.". Aber welche?? Keinen einzigen erwähnen Sie. Oder: Sie haben selber das Thema ihren Freunden vorgeschlagen, weil sie sich davon den größten Lernerfolg versprechen. Aber welchen??) Somit kommt auch die Darstellung Ihrer Schwierigkeiten und Erfolge, schon gar deren Reflexion und deren Wertung sehr zu kurz. Ihren Gruppenarbeitsprozess beschreiben Sie knapp. Am Ende resümieren Sie Ihre Erfahrungen aus dem Projektunterricht mit Lernzuwachs in der Sprache, neuen Informationen und ihrer freiwilligen Arbeit in der Gruppe — sicherlich nur einige von vielen Lernzielen, die Sie hier für sich erreicht haben.

Ihren Bericht beurteile ich mit 7 Punkten.

Die Forscherin schließt sich dem Urteil aus dem 1998 an A geschriebenen Feedback-Brief an, da er mit den wesentlichen Ergebnissen der Codierungen konform geht: Die vielen offenen Fragen werden erwähnt, die fehlende Reflexion über persönlichen und allgemeinen Profit. Inhaltlich hätte die Lehrerin noch auf die vorgegebenen Punkte 4 und 5 von Goetsch eingehen sollen: die fehlende Selbsteinschätzung vom Arbeitsanteil in der Gruppe und die nur gelegentlichen indirekten Vergleiche mit dem Regelunterricht.

Im Sinne von Datentriangulation sind As Arbeitsprozessbericht, der Feedback-Briefes der Lehrerin und die Anmerkungen der Forscherin in ihrer Aussage als komplementär zu betrachten. Deduktive Vorgaben (Goetsch Kriterien) und induktive Hinzufügungen im Datenmaterial, abschließend zusammengefasst, vervollständigen das Bild.

Typisierung (vgl. Kap. 3.1.2.)

Die induktiv aus dem Arbeitsprozessbericht gewonnenen Daten lassen sich nicht generalisieren sondern eher typisieren, denn A steht in seiner persönlichen Auffassung für sich. Deshalb wird am Ende der Einzelanalyse des Arbeitsprozessberichts in einem Schaubild (Abb. 17) versucht, die Kernthesen dieser Selbst-(teils auch Partner-)evaluationen über personale, soziale und methodische Kompetenzen darzustellen.

Diese Entscheidung zur Typisierung trifft die Forscherin erst nach Beendigung der Einzelanalysen als sie feststellt, dass die erwünschte Generalisierung nicht in diesen Kompetenzbereichen möglich ist. Die Schaubilder für diese und die noch folgenden Einzelanalysen werden der besseren Übersicht halber im Anschluss an die jeweiligen Einzelanalysen gedruckt.

Für A steht der Ertrag der Arbeiten in der Gruppe, der sich erst allmählich mit Unterstützung der Lehrkraft entwickelt, im Vordergrund.

Die Forscherin zieht folgende Schlüsse aus dieser Einzelfallstudie: Aufgrund der Auswertungen des axialen und selektiven Codierens und dem Schluss der Lehrerin im Feedback haben sich weitere Fragen zum Arbeitsprozess aufgetan. Die Forscherin beschließt deshalb, im Sinne der maximalen Variation nach diesem kürzestem Bericht nun den längsten Bericht zu analysieren, um festzustellen, ob in der Länge mehr Aussagekraft vorhanden ist.

Zur Forschungsmethodik lässt sich sagen, dass die qualitative Analyse des Arbeitsprozessberichts von A, angelehnt an die Grounded Theory von Glaser und Strauss, sich als angemessen für die Untersuchung von Selbstevaluation erweist, da sie A neben der Beachtung der vorgegebenen Kriterien von Goetsch genügend Spielraum für seine eigene Perspektive lässt. Sie kann deshalb ebenso für einen zweiten Bericht erfolgen.

(Abb. 17): Typisierung Schüler A:

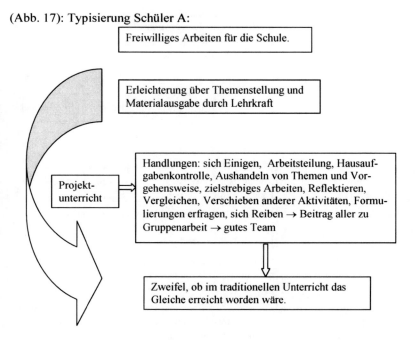

7.2.2. Arbeitsprozessbericht von B.

B unterscheidet sich in zwei wesentlichen Punkten von A.: B ist weiblich und eine der beiden Schülerinnen, die aus der 13. Klasse stammen.

Allein aufgrund seiner Länge von 15 Din-A 4-Seiten bietet dieser Arbeitsprozessbericht die maximale Variation zum vorhergehenden. Es gilt nun zu prüfen, welche zusätzlichen und besonders interessanten, aber auch welche abweichenden Aussagen hier gemacht werden. Insbesondere ist zu prüfen, ob B den Arbeitsprozessbericht nutzt, um ihren eigenen Arbeitsprozess und ihre eigene Perspektive ausführlich darzustellen.

1. Codierprozess: offenes Codieren

(Abb. 18:) Dienstag, 3.2.98

Textbeleg	Seite, Zeile	Kommentare, Fragen	Vorläufige Kategorie
Gruppenarbeit	1,1	Von wem stammt diese Überschrift? Anscheinend soll dies die Sozialform dessen werden, was im Folgenden beschrieben wird. – Definition?	Sozialform
L´individu et la société	1,1		Kursthema lt. Rahmenplan
EINFÜHRUNG	1,2	... in den Arbeitsprozess? Ins Thema? In die Sozialform? Lesende sind gespannt, was die selbst gefundene Überschrift für den Tag beinhalten wird.	Überschrift für den Tag
Ab heute werden wir im Französischunterricht	1,3	„Wann, wer, in welchem Fach?" werden angegeben.	Informationen über die Situation
Gruppenarbeit bzw. Projektarbeit machen	1,3-4	Definitionen von beiden? Werden sie hier synonym gebraucht oder sieht B Unterschiede ?	Informationen über die Arbeitsweise
So die Ankündigung	1,4	Sehr abstrakt: Kündigt die Lehrerin dies an? B scheint nur passiv Aufnehmende der Information zu sein.	Informationsweitergabe
Doch es stellte sich für mich als schwierig heraus	1,4-5	Das schreibende Ich tritt auf, indem es eine Schwierigkeit ankündigt; dies ist stilistisch	Ankündigung persönlicher Schwierigkeit

		umständlich formuliert.	
Zu beschreiben, wie der Unterricht jetzt konkret ablaufen werde.	1, 5-6	B kann sich unter dem folgenden Unterricht, d. h. wohl unter den in 1, 3-4 genannten Arbeitsweisen, nicht viel vorstellen. – Sprachliche Mängel: ein Kommafehler und falscher Modus.	Schwierigkeit: Definition der Arbeitsweise
Die einzige Vorstellung, Assoziation	1,6-7	Synonyme zur Verstärkung des subjektiven Eindrucks?	Ankündigung eigener Vorstellung
Die ich persönlich mit diesem Begriff hatte	1,7	Hier wird wiederum durch Verstärkung des Ich der subjektive Eindruck hervorgehoben.	Ankündigung eigener Vorstellung
War eine schöne, interessante	1, 7-8	„schön, interessant" sind sehr unspezifische positive Adjektive, d.h. außer zu der Vorstellung von etwas Positivem hat B kaum Ausdrucksmöglichkeiten..	Eigene Vorstellung: Charakterisierung
Abschlusspräsentation	1,8	Was soll abgeschlossen werden? Die Gruppen- bzw. Projektarbeit aus 1, 3-4? Wie wird die Präsentation definiert. Lesende sind gespannt, ob sich die Vorstellung Bs bewahrheiten wird.	Eigene Vorstellung
In der alle Projekte vorgestellt werden	1, 8-9	2. Relativsatz im Satz → eleganter Stil	Definition dieser
Für den gesamten Kurs zeichnete sich ab	1,9	Stilistisch ungeschickt und unpersönlich formuliert, eigentlich redundant wegen des Folgeteils	Adressaten der Arbeitsform
Dass keiner so recht wusste	1, 10	Allgemeine Unsicherheit, nicht nur die von B	Einleitung der Charakterisierung der Arbeitsform
Was mit dem Begriff „Projektarbeit" im Unterricht anzufangen war.	1,10-11	Die Unsicherheit über die Definition von „Projektarbeit" bleibt auf allgemeiner Ebene, verstärkt durch die Passivkonstruktion.	Charakterisierung
Meiner Meinung nach	1,11	Das schreibende Ich tritt hervor.	Ankündigung eigener Meinung

Gab uns der Auftrag	1,11-12	Wer hat einen Auftrag erteilt? Die Lehrerin? Es klingt recht förmlich.	Ankündigung einer Information
In Kleingruppen die Nachteile des herkömmlichen Unterrichts aufzuschreiben	1,12-13	Genaue Informationen über das „Wer" und das „Was". Wie wird die Kleingruppe gebildet?	Information über Arbeitsauftrag
Die Möglichkeit	1,13	Chance durch Arbeitsauftrag	
Uns eher ein Bild/eine Erwartung der neuen Unterrichtsform zu geben.	1,13-14	Wieder auf alle bezogen;„eher" nimmt „so recht" in 1,10 wieder auf. Der Schrägstrich bedeutet hier aber nicht, dass es sich um Synonyme handelt.	Chance
H., C und ich	1,15	B benennt zwei Mitlernende. Sind sie befreundet oder künftige Gruppenmitglieder oder nur Tischnachbarn?	Das Ich und zwei Mitlernende
Haben jeder die spontanen Ideen, die uns einfielen	1,15-16	Kreative Übung der drei Lernenden. Arbeiten sie zusammen oder getrennt?	Ideensammlung
Auf Zettel geschrieben	1,16	Lesende sind gespannt, wie die Methode weitergeht, um alle Ideen zu bündeln.	Festhalten dieser
Erst fiel es mir schwer	1,16	Einschränkung auf den Anfang der Arbeitsphase	Eigenes Problem
Doch nach kurzer Zeit	1,17	Einschränkung aufgehoben	Problem gelöst
Kamen mir immer mehr Ideen in den Sinn.	1,17	Eigene Kreativität	Eigene Ideensammlung
Was mir gut gefallen hat war	1,18	Durch diese Einleitung Betonung des Folgenden	Ankündigung eines Positivums
Dass wir so gesehen haben, welche gleichen Ideen wir haben und welche anderen „Gedankenrichtungen" möglich sind.	1,18-20	Anerkennung der Arbeitsmethode in der Gruppe: Erkenntnis, dass Gruppenmitglieder gleiche oder andere Gedanken haben können.	Vorteil der Ideensammlung
Anfangs (muss ich zugeben) hatte ich starke Bedenken	1,20-21	Die Bedenken werden durch die Formulierung doppelt betont.	Einschränkung
Was die Gruppenarbeit angeht	1,21-22	Warum?	Konkretisierung der Einschränkung: Sozialform
Doch allein das Anpinnen	1,22-	B lässt den ersten Schritt, die	Lob der Arbeitsmethode

der Zettel auf der Pinwand hat so viel Spaß gemacht.	23	Arbeitsmethode zu erklären, weg und informiert darüber gleich vollen Lobes und in allgemeiner Weise, so als ob es allen viel Spaß gemacht hätte..	
Ich bin der Meinung	1,23-24	Wiederum tritt das schreibende Ich hervor.	Eigene Meinung
Dass das Projekt allen etwas bringen kann	1,24-25	Umgangssprachlich wird ein Profit aller (auch der Lehrerin?) angekündigt.	Möglicher Profit des Projekts
Da wirklich jeder seine Ideen einbringen kann,	1, 25-26	Die Begründung ist auch sehr konkret auf die Vielfalt aller ausgerichtet. „wirklich" betont diese Vielfalt noch einmal lobend. Erstaunen klingt dabei mit, dass das Projekt für alle sein kann; bisher scheint B eine solche Erfahrung noch nicht gemacht zu haben.	Begründung
Dass wirklich alle mitarbeiten	1,25-26	Die dritte Erwähnung der gemeinsamen Erfahrung in diesem Satz betont diese besonders, ebenso das zweimalige „wirklich".	zweite Begründung
Ich finde es nämlich schade	1,26	B schreibt ihre Meinung bzw. Erfahrung nieder.	Eigene Meinung
Wenn man einen Beitrag zum Unterricht bringt	1,26-2,1	Etwas umständlich und unpersönlich ausgedrückt, besonders „bringt" ist unklar.	Erklärung für vorangehende Hervorhebung
Und kein Feedback von den Mitschülern bekommt.	1,1-2	B hebt Feedback von Mitlernenden als unbedingt notwendig für eine erbrachte Leistung hervor. Wie ist B zu dieser Erfahrung gekommen?	Fortsetzung der Erklärung
Ich dachte erst	2,2		
Dass es bei der Gruppenarbeit auch so wäre	2,2-3	Bedeutet „auch", dass es bei anderen Sozialformen so ist? Welche sind gemeint?	Anfängliche eigene Meinung
Dass viele gelangweilt sind.	2,3	Ohne weitere Information über diese Aussage werden andere Sozialformen als „langweilig" beschrieben. Die gegenteilige positive Bewertung für	Gegenteilige Charakterisierung der Sozialform

		Gruppenarbeit kann erschlossen werden.	
Doch in der „Arbeit"	2, 3-4	„doch" leitet einen Gegensatz zur Langeweile in der Gruppenarbeit ein. „Arbeit „ steht in Anführungszeichen; es ist also irgendwie besonders, erstaunlich, diese Tätigkeit „Arbeit" zu nennen.	Gegensatz
Mit M. und B. und später auch den anderen	2,4-5	Die beiden Gruppenmitglieder werden erneut genannt; weitere Mitlernende, mit denen wohl später auch zusammengearbeitet wird, werden angedeutet.	Benennung von zusammen arbeitenden Personen
Hat sich irgendwie gezeigt	2,5	B hat eine Erfahrung mit der Zusammenarbeit gemacht.	Ankündigung
Dass tatsächlich alle etwas machen wollen	2,5-6	„tatsächlich" drückt wiederum Erstaunen aus, ähnlich wie oben „Arbeit". Dieses wird noch verstärkt durch „wollen", heißt das, dass das im bisherigen Unterricht nicht unbedingt der Fall war und eher bisher so normal erschien, sozusagen Konsens unter Lernenden war, dass nicht alle etwas machen wollen`. Bedeutet „machen" „Ausüben verschiedener Tätigkeiten"?	Erkenntnis zur Zusammenarbeit
Und versuchen, ihr Bestes zu geben.	2,6	Der Wille aller wird hier nochmals bestärkt durch „versuchen", also die Bemühung, und den Superlativ „ihr Bestes zu geben.	2. Erkenntnis zur Zusammenarbeit
Zwar ist die Situation, dass der Lehrer sich zurückhält, für uns neu	2,6-7	B beschreibt die neue Rolle der Lehrenden als ungewohnt für alle.	Beschreibung einer neuen Situation
Doch das war ja eigentlich auch das, was am herkömmlichen Unterricht mit dominierendem Lehrer am meisten kritisiert wurde.	2,7-9	B nimmt die Kritik aus der Pinnwandphase auf. – „mit dominierendem Lehrer" ist sprachlich etwas ungeschickt.	Kritik am herkömmlichen Unterricht: Lehrerrolle
Eine zweite Pinnwand wur-	2,10-	Bezug auf die erste Pinnwand	Arbeitsmethode fort-

wurde in ähnlicher Prozedur	11	zum herkömmlichen Unterricht (so.)	gesetzt
Zum Thema „Wünsche an Schule/Unterricht" gefertigt.	2,10-11	Thema für die zweite Pinnwand genau bezeichnet	Information über 2. Arbeitsauftrag
Es erwies sich als viel schwerer für mich	2,11-12	Stilistisch hochgestochen, etwas unpersönlich ausgedrückt	Ankündigung einer persönlichen Schwierigkeit
Ideen dazu zu finden.	2.12		Persönliche Schwierigkeit
Ohne die Vorschläge/Bereiche, die an der Tafel standen	2,12-13	„Vorschläge, Bereiche" sind hier zusammengefasst worden, das heißt nicht, dass sie synonym sind. – Wer hat diese an die Tafel geschrieben? Die Lehrerin?	Ankündigung einer Hilfe
Wären wir, denke ich, gescheitert.	2,13-14.	Meinung Bs über sich und Mitlernende. „scheitern" klingt sehr verzweifelt.	Mögliche Konsequenz ohne Hilfe
Dadurch bin ich mir bewusst geworden	2,14	Reflexion Bs über die Schwierigkeit, die die Lehrerin versucht hat abzumildern	Persönliche Erkenntnis
Dass man zwar schnell bereit ist, etwas zu kritisieren	2,14-15	Wechsel zum allgemeinen „man", weil die Erkenntnis nicht für B allein spezifisch ist.	Allgemein bekannte Weisheit
Aber keine wirklichen Verbesserungsvorschläge hat, die konstruktiv sind.	2,15-16	„Verbesserungsvorschläge" wird untermauert durch „konstruktiv", ist eigentlich redundant.	Allgemein bekannte Weisheit
Mir fiel dies (für mich selbst überraschend) schwerer, als ich dachte.	2,16-17	B äußert ehrliches Erstaunen über diese Schwierigkeit.	Selbsterkenntnis
Dadurch ist mir bewusst geworden	2,17-18		Selbsterkenntnis
Dass ich in diesem Schulsystem sehr festgefahren bin	2,18-19	B erkennt seine Erstarrung im Schulsystem. – Warum erwähnt sie das „System"?	Selbsterkenntnis
Obwohl ich eigentlich auch für viel Neues offen bin.	2,19-20	B wundert sich über sich selbst: Passen Erstarrung im System und Offenheit zusammen? Oder unterdrückt vielleicht das System diese Offenheit?	Meinung über sich selbst

Ich freue mich auf die Projektarbeit	2,20		Vorfreude
Die bestimmt „schwerer" als der „normale" Unterricht wird	2,21	Wenn man die bisherigen sehr detaillierten Ausführungen, den ausgefeilten Sprachstil und die komplexen Satzstrukturen betrachtet, bedeuten die Anführungszeichen hier vermutlich, dass B die Schwammigkeit dieser beiden Begriffe bewusst ist, sie sie jedoch hier nicht vermeiden kann, da sie sie erst in den folgenden Stunden an der konkreten Projektarbeit überprüfen kann.	Vermutung über Projektarbeit
Da sie eine völlig neue Erfahrung/Arbeitsweise mit sich bringt.	2,21- 22	Der Schrägstrich bedeutet wiederum nicht, dass die Begriffe synonym sind, sondern sie stehen nebeneinander. B wird eine neue Erfahrung mit einer neuen Arbeitsweise machen.— „völlig" betont die Neuigkeit beider, es klingt etwas stau-nende Erwartung mit. – Die stilistische Konstruktion lässt an passiv Lernende denken und ist hier verallgemeinert.	Begründung

2.Codierprozess: axiales Codieren:

Dabei werden folgende, an die Kategorien von A zwecks besserem Vergleich angelehnten Kategorien gebildet, zu denen sich B äußert: „Der Regelunterricht, Der distanzierte oder passive Schüler, Arbeitsmethode Projektunterricht, Sozialformen", letzteres aus Platzgründen abgeteilt vom vorigen (Goetsch Themen 1, 4 und 5), „Das schreibende Ich" (Goetsch Themen 1 und 2, Kategorie erweitert von Schüler A zu Schülerin B, da umfangreiche Gefühls- und Denkbewegungen geäußert werden), „Lernerfolge" (Goetsch Thema 3), „Alternativen" (Goetsch Thema 2 und 3, Kategorie neu hinzugefügt im Vergleich zu Schüler A, da B hierzu umfangreiche Ideen äußert); diese werden ggf. noch in Unterkategorien aufgeschlüsselt und anschließend mit Textbelegen auf Mindmaps (Abb. 19-25) dargestellt. Die bei A auffälligen sprachlichen Phänomene können bei B als unwesentlich ausgelassen werden.

Die aus dem Datenmaterial von Schüler A erstellten Kategorien werden hier teilweise ergänzt, da sie durch den mehr als sechsfachen Umfang und die konzentriertere Darstellung einer riesigen Datenmenge in wesentlich differenzierterer Weise dargestellt werden (zum Vergleich: das ungekürzte Kapitel 7 umfasst in der offenen Codierung von Schüler As Arbeit 8 ½ Seiten, in der von Schülerin Bs Arbeit 38 ½ Seiten)

3.Codierprozess: selektives Codieren:
Ebenso wie Schüler As Bericht wird auch dieser mit den vorgegebenen Kriterien von Goetsch abgeglichen und ausgewertet:
1. Chronologische und realistische Darstellung des Arbeitsprozesses: wird im Bericht voll erfüllt. Die Schülerin B gibt einige Eckdaten zum Projektunterricht an wie Thematik, Materialien, Abschlusspräsentation. Ausführlich äußert sie sich zur Lehrerrolle, die v.a. in Planung und Strukturierung, Zurückhaltung und Hilfen besteht. An einigen Stellen deutet die distanzierende Ausdrucksweise oder gar die Passivform auf Lehrerintervention hin, so beim Thema, den ersten Ideen, der ersten Materialsuche, den ersten Arbeitsaufträgen, also in impulsgebenden Phasen. Diese bewertet die Schülerin grundsätzlich positiv: Sie zeigt sich dankbar für Hilfe. Die Sozialform Kleingruppe ist für sie zentral: minutiös werden die einzelnen Arbeitsschritte der Gruppe mit auftauchenden Problemen und erwachsenden Erkenntnissen dargelegt. Da hier der Hauptteil der Projektarbeit stattfindet, schreibt die Schülerin entsprechend weniger über die Arbeitsweisen in der Großgruppe. - Zusammenfassend lässt sich sagen, dass die sehr ausführlichen, sehr präzise formulierten Tagesberichte kaum Fragen offen lassen. B scheint sie direkt nach der jeweiligen Arbeitsphase geschrieben zu haben. Lesende können sich ein genaues Bild über den gesamten Projektverlauf machen.
2. Darstellung und Reflexion der Schwierigkeiten und Erfolge dessen:
2a. Warum habe ich das Thema gewählt? Die Schülerin hat schon häufig die Bretagne bereist und ist davon fasziniert. (4,21-23).
2b. Was habe ich gelernt? Die Schülerin beschreibt vor allem auf den letzten Seiten ihres Berichts vielfältige Lernerfolge für die Stärkung ihrer inhaltlichen, methodischen, sozialen und persönlichen Kompetenzen sowie übergreifende Lernerfolge. Sie stellt ihre Flexibilität durch Darstellung von Alternativen unter Beweis (vgl. Mindmap „Alternativen" zu allen wesentlichen Bereichen). Auch ihre persönlichen Erkenntnisse und Erkenntnisse der Gruppe können zu ihren Lernerfolgen gezählt werden (vgl. Mindmaps „Das schreibende Ich", „Sozialformen", „Lernerfolge").

Insgesamt lässt sich sagen, dass der Arbeitsprozessbericht durchzogen ist von sehr intensiver persönlicher Reflexion (immer wieder werden Begründungen für Entscheidungen gegeben, Erkenntnisse daraus gezogen; Planung, Durchführung von Arbeitsschritten, Schwierigkeiten werden reflektiert; mehr oder weniger vom Gefühl bestimmte Bewertungen werden sehr häufig gemacht (diverse, globale Bewertungen, aber auch konkrete Vermutungen, Hoffnungen, Wünsche, Vorstellungen, Meinungen, Bedauern werden artikuliert); positive Erfahrungen werden allgemein beschrieben (durch Adjektive interessant, gut). — Auffällig ist, dass sprachliche Fortschritte nicht näher bezeichnet werden.

2c. Was möchte ich noch lernen? Die Schülerin möchte in ihrer nächsten Präsentation das Thema sorgfältiger und weitblickender auswählen (9,19-24; 10,4-6,19-21) und ihre Zeit besser planen (9,11-12 und 15-18).

2d. Was hat mir gefehlt? Die Schülerin benennt einige Probleme, die sie persönlich, die Klein- und die Großgruppe bei der Arbeit hatten (vgl. Mindmaps „Das schreibende Ich", „Sozialformen") und sie benennt Alternativen.

3. Wertung des Lernprozesses: vgl.. Mindmap „Lernerfolge"

4. Selbsteinschätzung meines Arbeitsanteils in der Gruppe: Die Schülerin stellt dar, welche Arbeitsschritte sie für ihr Einzelthema und für die Kleingruppe vollzogen hat (vgl. Mindmaps „Das schreibende Ich: Arbeitsmethoden" und „Sozialformen: Arbeitsformen, Tätigkeiten"). Sie unterstreicht u.a. die Selbstverantwortung der Einzelnen für den Beitrag zum Ganzen (11,7-8). Eine direkte Selbsteinschätzung ihres Arbeitsanteils in der Gruppe nimmt sie nicht vor. Sie beschreibt jedoch immer wieder die sehr gute Zusammenarbeit.

5. Vergleich zum Regelunterricht: vgl. Mindmap „Regelunterricht". Ein Hauptthema des gesamten Arbeitsprozessberichtes ist die implizite und explizite Definition von Regelunterricht. B schreibt über die dominierende, immer lenkende Lehrkraft, die auch die Materialien bestimmt, die Themen auswählt, was deshalb nicht immer Interesse, Engagement und intensives Arbeiten der Schüler hervorruft; der oft zu geringe Gebrauch der Fremdsprache wird thematisiert ebenso wie soziale und persönliche Kompetenzen, darunter auch die Selbstverantwortlichkeit und -einschätzung, die im Regelunterricht eine sehr geringe Rolle spielen. Die anfängliche Vermutung, Regelunterricht sei nicht so schwer (eher gemeint: so anspruchsvoll für den Einzelnen) wie Projektunterricht, bestätigt sich allein durch die vielen Reflexionen über verschiedenste Bereiche des Projektunterrichts. Zusammenfassend müssen die sehr positiven Erfahrungen mit den verschiedenen Phasen des Projektunterrichts hervorgehoben werden. Im Vergleich dazu klingen immer wieder enttäuschte Äußerungen zum Regelunterricht an.

Es fehlen in den Vorgaben von Goetsch zum Arbeitsprozessbericht einige Punkte, die hier erscheinen: die Beschreibung der Rolle Lehrender im Projektunterricht (vgl. Mindmap „Arbeitsmethode Projektunterricht: Lehrerrolle") und die distanzierenden Aussagen, teils im Passiv, über die Rolle Lernender (vgl. Mindmap „Der distanzierte oder passive Schüler"), die Alternativen (vgl. Mindmap). Am Ende erfolgt ein ausführliches Resümee der Projektarbeit.

Der gesamte Bericht bewegt sich zwischen objektiver Darstellung, intensiver Reflexion und (teils gefühlsbetonter) Wertung. Es erscheint erstaunlich, wie offen eine Schülerin der 13.Klasse über sich selbst und andere reflektiert. Lesende empfinden es als persönlichen Gewinn, den Bericht zu lesen.

Abb. 19:

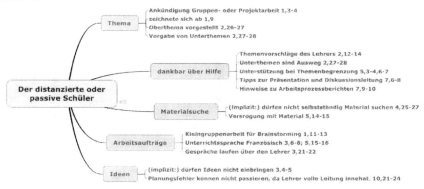

Abb. 20:

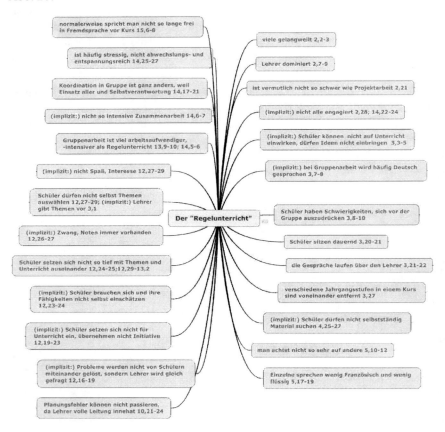

Abb. 21:

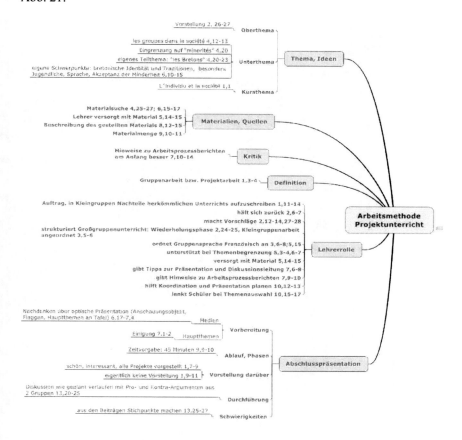

Abb. 22:

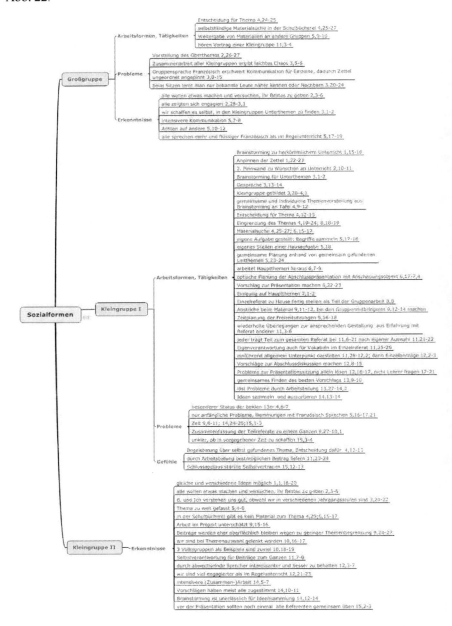

Abb. 23:

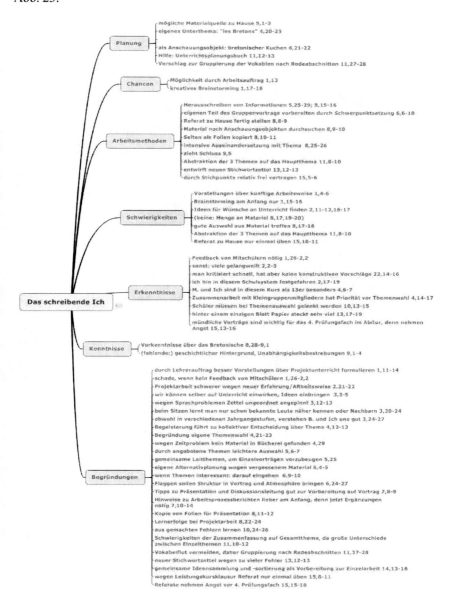

Abb. 24:

Abb. 25:

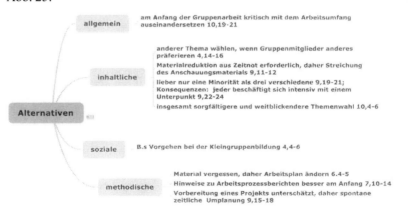

Brief der Lehrerin

Im Folgenden sei der 1. Teil des Briefes der Lehrerin abgedruckt und anschließend retrospektiv von der Aktionsforscherin bewertet aufgrund der vorangehenden Analyse:

Liebe B.,

in Ihrem Arbeitsprozessbericht beschreiben Sie (gemäß der Ihnen vorgegebenen inhaltlichen Vorschläge zu dessen Gestaltung) sehr ausführlich und realistisch Ihren gesamten Arbeitsprozess, immer im Rahmen Ihrer Gruppe.

Sie stellen Schwierigkeiten und Erfolge dar und werten implizit und explizit ständig ihre Projektarbeit, auch im Gegensatz zum Regelunterricht. Ihr eigener Anteil in ihrer harmonisch zusammenarbeitenden Gruppe wird zwischen den Zeilen deutlich.

Ich beglückwünschte Sie zu all den Erkenntnissen, die Sie über sich und andere während des Projekts gewonnen haben, dass Sie Ihr Interessengebiet weiter ausbauen konnten und dass Sie sich immer bemüht haben, sich in der französischen Sprache zu üben.

Ihren Bericht bewerte ich mit 15 Punkten.

Die Forscherin schließt sich dem damals an den Schülerin geschriebenen Feedback-Brief an. Sie stellt jedoch fest, dass die Lehrerin noch hätte hinzufügen können, dass die Schülerin nicht nur umfangreiche Lernerfolge in verschiedensten Kompetenzen verzeichnet, sondern sogar Alternativplanungen zu bestimmten Arbeitsschritten entwickelt. (vgl. Gudjons 2006a: 17 zur Definition selbst gesteuerter Lernender, nach der sie ihre Zielerreichung während und nach Abschluss bewerten und ihre Lernstrategie ggf. korrigieren; auf S. 92 charakterisiert er die explorative Struktur von offenen Lernumgebungen; vgl. auch Kliemes „zukunftsfähiges Selbstlernen" in 2003: 65) Die Daten aus dem Arbeitsprozessbericht der Schülerin und dem Feedback-Brief der Lehrerin sind auch hier wiederum in ihrer Aussage als komplementär zu betrachten

Wie schon für Schüler A wird auch hier eine Typisierung der Hauptaussagen versucht:

Typisierung

Abb. 26: Typisierung Schülerin B

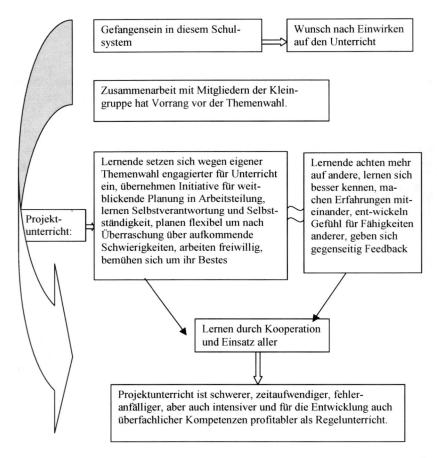

Schülerin B verzeichnet durch Projektunterricht einen signifikanten Zuwachs in ihren persönlichen, sozialen, methodischen Kompetenzen, dieser manifestiert sich in ihrer intensiven Reflexion im Arbeitsprozessbericht.

Die Forscherin zieht aus der Untersuchung des Arbeitsprozessberichts von B folgende Schlüsse: Aufgrund der Auswertungen in allen Codierphasen, dem Schluss der Lehrerin im Feedback und dem ergänzenden Kommentar der Forscherin ist festzustellen, dass es sich hier — im Gegensatz zu dem ersten Arbeitsprozessbericht — um einen sehr sorgfältig durchdachten Bericht handelt. Da die Forscherin den Eindruck hat, dass es sich hier um zwei maximal variie-

variierende Berichte handeln könnte, beschließt sie, noch einen dritten Bericht zu analysieren. Sie wählt dazu einen Arbeitsprozessbericht von einem Lernenden aus, der in derselben Kleingruppe wie B arbeitet, der aber der Jahrgangsstufe 12 angehört und maskulinen Geschlechts ist. Sie erhofft sich dabei, eventuell einen „mittleren" Bericht vorzufinden und gleichzeitig innerhalb einer Kleingruppe vergleichen zu können.

7.2.3. Arbeitsprozessbericht von C
1. Codierprozess: selektives Codieren

(Abb. 27:) Di 3.2.98

Ab heute beginnen wir mit der Projektarbeit	1,1	Der Leser ist gespannt, wie der Schüler Projektarbeit definieren wird.	Einführung
Und mit dem heutigen Tage sollen wir zu jeder Stunde Arbeitsprozessberichte schreiben.	1,1-2	„mit" sollte wohl eher „ab" heißen, und es handelt sich um einen Bericht pro Doppelstunde. – „sollen" bezieht sich wohl auf eine Anweisung der Lehrerin, hier erscheint erstmals „der passive Schüler"	Arbeitsanweisung: Arbeitsprozessberichte
In dieser Stunde sollten wir uns einen Eindruck über Projektarbeit machen.	1,4	Was ist „ein Eindruck"? Ist eine Beschreibung gemeint? Wer hat den Arbeitsauftrag formuliert?	Stundeninhalt: Projektarbeit
Wir sollten beschreiben, was Projektarbeit überhaupt ist.	1,4-5		Arbeitsanweisung: Beschreibung Projektarbeit
Nach dem Brainstorming	1,5	Wozu erfolgte das Brainstorming?	Arbeitsmethode: Brainstorming
Schrieben wir auf kleine Zettel	1,6		Arbeitsmethode: Aufschreiben
Die Nachteile des herkömmlichen Unterrichts	1,6	Warum? Wer hat die Idee zu dieser Aufgabe gehabt oder ist es eine Arbeitsanweisung? Auf welches Fach bezieht sich „herkömmlicher Unterricht"	Inhalt des Geschriebenen

		und ist damit die bisherige Erfahrung des einzelnen Schülers gemeint?	
Und ordneten sie an einer Pinnwand an.	1,6-7	In Einzel-, Gruppen-, Kursarbeit? Wie viel Pinnwände gab es für die Aufgabe? Was heißt „anordnen"? Ist ein Ordnen nach Prioritäten gemeint?	Arbeitsmethode: Ordnen dessen

2. Codierprozess: axiales Codieren

Folgende Kategorien für die Mindmaps (Abb. 28-33) werden gebildet (s. auch Schülerin B): „Regelunterricht, Arbeitsmethode Projektunterricht, Sozialformen, Der distanzierte oder passive Schüler, Das schreibende Ich, Lernerfolge."

3. Codierprozess: selektives Codieren

Ebenso wie Schüler As und Schülerin Bs Bericht wird auch dieser mit den vorgegebenen Kriterien von Goetsch abgeglichen und ausgewertet:
1. Chronologische und realistische Darstellung des Arbeitsprozesses: wird im Bericht i.a. erfüllt. Das schreibende Ich ist für den Schüler zentral. Er beschreibt ausführlich seine individuellen Arbeitsschritte, seine Probleme (insbesondere mit der Selbstständigkeit) und Erkenntnisse, seine Meinung zu verschiedenen Aspekten des Lernens; viele seiner Gedanken begründet er. Hervorzuheben ist sein Ausblick ins künftige Arbeitsleben im Rahmen der Projektarbeit. — Häufig gebraucht der Schüler eine distanzierende Ausdrucksweise („man"), grenzt diese jedoch anschließend gleich auf seine eigene Person ein (z. B. 4,27-28) Er gibt damit zu, dass alle Äußerungen persönlich, nicht allgemeingültig zu verstehen sind. C beschreibt allgemeine Eigenschaften von Projektunterricht (wie: Selbstständigkeit, Gruppenarbeit, freies Sprechen im im- oder expliziten Vergleich zum Regelunterricht). Ausführlich äußert er sich zur Rolle Lehrender, die v.a. in Planung und Anweisungen besteht. Sie würden benötigt zum Ausüben von Druck und zum „Wachhalten" der Lernenden, entmutigten hingegen durch ihre Präsenz schwache Lernende. Summa summarum werden nach C Lehrende im Projektunterricht überflüssig. Die Sozialform der Kleingruppe ist hier für Lernende wichtig: C beschreibt einige Arbeitsmethoden eher vom äußeren Ablauf her und reflektiert

Einiges. Die Großgruppe spielt vor allem in der Einstiegsphase und bei der Themenauswahl eine Rolle. Formal fällt die Gleichgültigkeit gegenüber Rechtschreibung und Kommasetzung auf. Inhaltlich schreibt C so nüchtern und summarisch über einige Schritte des Projekts, dass Lesende an manchen Stellen weitergehende Information vermissen (z. B. Bruch zwischen 1,6-7 und 1,8) oder gar einen Widerspruch entdecken (z. B. zwischen 4,12 und 1,16-17;3,2-3). Beim Ablauf des Projektunterrichts fehlt die Information und Reflexion über die Abschlusspräsentation fast völlig.

2. Darstellung und Reflexion der Schwierigkeiten und Erfolge dessen:

2a. Warum habe ich das Thema gewählt? Wahl erfolgt aus Interesse an spannendem Thema Minderheiten (3,3-10)

2b. Was habe ich gelernt? C beschreibt Lernerfolge für die Stärkung seiner inhaltlichen, sprachlichen, sozialen und persönlichen Kompetenzen; für sich selbst bewertet er seinen Lernprozess eher negativ, da es ihm noch an Selbstständigkeit mangele, sein Lernen zu organisieren. Er stellt es jedoch Lernenden frei, ob sie von Projektunterricht oder von Regelunterricht mehr profitierten. Auch seine Bewertungen und Erkenntnisse können zu Lernerfolgen gezählt werden. (vgl. Mindmaps „Das schreibende Ich", „Sozialformen", „Lernerfolge"). Auffällig ist, dass methodische Fortschritte nicht näher bezeichnet werden (lediglich in Form einer Bewertung in 5,10-11; 6,2-3), , dass er aber im Ausblick in seine berufliche Zukunft der Gruppen- und Projektarbeit einen hohen Stellenwert zuschreibt (4,9-11,15).

2c. Was möchte ich noch lernen? C plant eine Reise nach Korsika, um seine inhaltlichen Kenntnisse zu erweitern (3,26-27).

2d. Was hat mir gefehlt? C benennt verschiedene individuelle Probleme, die er noch mit selbstständigem Arbeiten hat (vgl. Mindmap „Das schreibende Ich").

3. Wertung des Lernprozesses: s. Mindmaps Abb. 31-33

4. Selbsteinschätzung meines Arbeitsanteils in der Gruppe: C stellt dar, welche Arbeitsschritte er für sein Einzelthema und für die Kleingruppe vollzogen hat (vgl. Mindmaps „Das schreibende ich: Arbeitsmethoden" und „Sozialformen: Arbeitsformen, Tätigkeiten"). Eine direkte Selbsteinschätzung seines Arbeitsanteils in der Gruppe nimmt er nicht vor. Er beschreibt jedoch die gute Zusammenarbeit (5,10-11; 6,2-3)

5. Vergleich zum Regelunterricht: vgl. Mindmap „Regelunterricht". C beschreibt ihn an vielen Stellen seines Berichts im- oder explizit, insbesondere in einem Abschnitt auf S. 5-6. Immer wieder erwähnt er die zentrale Steuerung Lehrender, die behindern aber auch helfen könne. Die Bedeutung der Lerngruppe tritt dabei in den Hintergrund.

In den Vorgaben zum Arbeitsprozessbericht fehlen einige Punkte, die hier erscheinen: die Beschreibung Rolle Lehrender im Projektunterricht (vgl. Mindmap „Arbeitsmethode Projektunterricht: Lehrerrolle"), der Ausblick in die Zukunft (vgl. Mindmap „Das schreibende Ich") und die distanzierenden Aussagen, teils im Passiv, über die Schülerrolle (vgl. Mindmap „Der distanzierte oder passive Schüler"). Am Ende stehen „Schwierigkeiten und Erfolge des Arbeitsprozessberichtes" (S.3, allerdings hat der Inhalt nichts mit diesem Titel zu tun), „Bewertung des Lernprozeses" (S.4), „Selbsteinschätzung des Arbeitsbeitrages in der Gruppe" (S. 5) und „Vergleich zum Regelunterricht" (S.5-6).

Abb. 28:

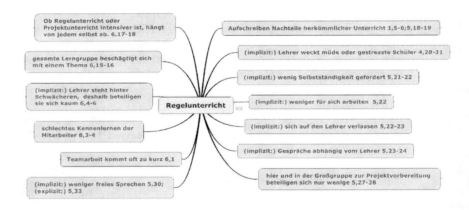

Abb. 29:

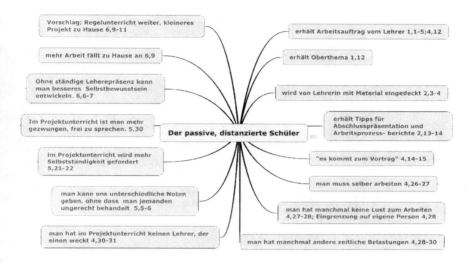

Abb. 30:

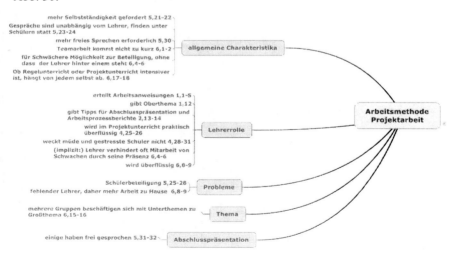

Abb. 31:

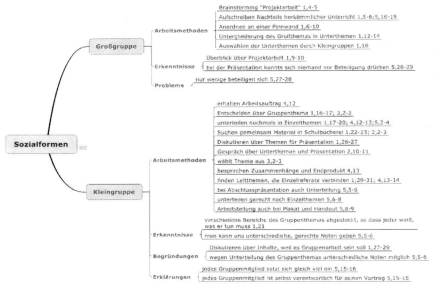

Abb. 32:

Abb. 33:

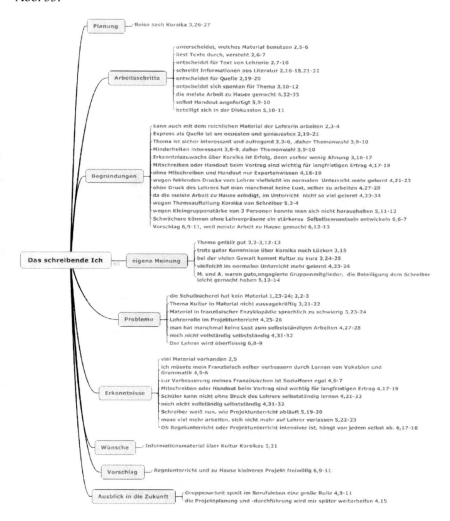

Zusammenfassend lässt sich sagen, dass die intensive Auseinandersetzung des Schülers C mit der Entwicklung seiner Persönlichkeit ihn zu einem enttäuschten, sehr persönlichen Schluss veranlasst. Typ C repräsentiert einen Durchschnittsschüler, der sich zwar um Lernerfolge bemüht, dem dies aber aufgrund seiner

Entwicklung noch nicht vollständig gelingt. Die Erkenntnis dieses Mangels allein bedeutet, dass er auf dem Weg ist. Insofern hat er für sich einen wesentlichen persönlichen Lernprozess vollzogen.

Brief der Lehrerin

Lieber C,

in Ihrem Arbeitsprozessbericht erläutern Sie chronologisch Ihren Arbeitsvorgang und denen Ihrer Gruppe, mit der Sie wohl sehr harmonisch zusammengearbeitet haben.

Sie erklären, warum Sie Ihr Thema interessiert (Geschichte sehr belebt; Thema Minoritäten allgemein gültig; spontane Wahl, trotzdem zufrieden damit), wie Sie sich für Ihr Thema entscheiden und wie Sie in der Gruppe alle Themen zu Minoritäten für einen.

Ihr Interesse am gewählten Thema bekunden Sie weiterhin darin, auch selber Material zu suchen. Zu Arbeitsbeginn entscheiden Sie sich mit Begründung für die Hauptquelle Ihres Referats.

Als Erfolg sehen Sie Ihren Wissenszuwachs und werden sich bemühen, in Ihrem Leben noch mehr über Ihr Thema zu erfahren, z. B. durch Reisen, wo sie vor allem Ihre Kenntnisse über Kultur erweitern wollen. Des weiteren haben Sie gelernt, sich in einer Gruppe auf Französisch auszudrücken. Sie haben jetzt Mut, sich vor anderem auszudrücken, denn genau so wie im Projekt ist der Prozess im Berufsleben.

Kritisch stellen Sie fest, dass sich Ihr Französisch nur durch Lernen von Vokabeln und Grammatik verbessern wird.

Sie meinen, mit ihrem Lernprozess vor allem negative Erfahrungen gemacht zu haben, weil Sie Schwierigkeiten haben, selbstständig zu arbeiten und weil Sie Ihren Lehrer brauchen, um sie" wach" zu machen. Ist es nicht eine wichtige Erkenntnis für Sie, dass Sie noch an ihrem Selbstständig werden arbeiten müssen, damit Sie nicht immer den Druck des Lehrers brauchen? Sie glauben, in der jeweiligen Unterrichtsstunde vielleicht nicht viel gelernt zu haben. Es waren sicherlich andere Lernziele als die, die sie bisher alle" Unterricht" kennen: z.B. sagen Sie, dass Sie gelernt haben, in einer Gruppe zu arbeiten und sich gar noch mutig in dieser auf Französisch ausdrücken. Sind das nicht Lernerfolge für Ihr ganzes Leben?

Ich gratuliere Ihnen, dass Sie so offen, so selbstkritisch sind und auch, dass sie so viel Verschiedenes gelernt haben! Zuhause hätten Sie das alles — wie Sie vorschlagen — nie gelernt. Ihren Beitrag zur Gruppenarbeit schildern Sie sehr einleuchtend; Ihre Rolle im Gesamten und im Einzelnen wird — mit der Präsentation zusammen gesehen — deutlich.

Sie gehen beim Vergleich zum Regelunterricht nochmals auf die Anfangsstunden ein, in denen" Projektarbeit" definiert und besprochen wurde und auf das Endergebnis (Probleme vieler mit selbstständigem Arbeiten, Gruppenarbeit, Beteiligung auch Schwächerer, Französisch sprechen in den Gruppen, freies Sprechen in weitaus höherem Anteil, intensivere Beschäftigung mit einem Thema).

Dieser Vergleich hätte besser geordnet sein können; die zahlreichen Rechtschreib- und Tippfehler im Bericht sind überflüssig.

Ihren Bericht beurteile ich mit 11 Punkten.

Die Forscherin schließt sich dem damals von der Lehrerin an C geschriebenen Feedback-Brief an. Der Ausblick auf zukünftiges Lernen hätte noch positiv vermerkt werden können.

Die verschiedenen Codierungsphasen des Arbeitsprozessberichts, der Feedback-Brief der Lehrerin und die Schlüsse der Forscherin sind auch hier wiederum in ihrer Aussage als komplementär zu betrachten. Das Feedback der Lehrerin als Dialog mit Schüler C ist hier besonders wichtig, da er meint, mit seinem Lernen im Projektunterricht so viele negative Erfahrungen gemacht zu haben — eine Fehleinschätzung, die seine Lehrerin ihm erklärt.

Typisierung

(Abb. 34:) Typisierung Schüler C:

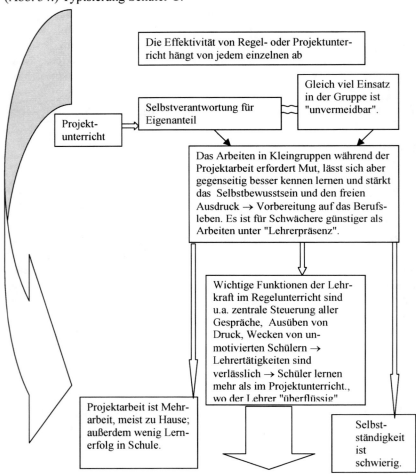

Schüler C evaluiert sehr intensiv seine eigenen Erfahrungen mit Projektarbeit, die ihn zu dem Schluss bewegen, dass er sich dem lobenswerten Ziel der Selbstständigkeit und –verantwortung bedauerlicherweise noch recht fern fühlt und daher traditionell angeleitete Arbeiten vorzieht.

Es ist festzustellen, dass auch der dritte Arbeitsprozessbericht eine dritte maximale Variation bedeutet, dass er besonders interessante, abweichende, teils negative Aussagen macht. Die anfängliche Vermutung der Forscherin, durch die Datentriangulation mit einem zweiten Bericht aus derselben Kleingruppe mehr zu erfahren über deren Arbeit, hat sich nicht bestätigt, da C überwiegend Aussagen über sich selbst macht, die nicht immer mit der konkreten Arbeit am Projekt zusammenhängen.

Auch hier hat sich das Datenerhebungsinstrument Arbeitsprozessbericht als besonders angemessen erwiesen, da wiederum eine maximal variierende Sichtweise dargelegt wird.

7.2.4. Vergleiche der drei Arbeitsprozessberichte

Die Datentriangulation aus den drei Berichten über den exemplarisch ausgewählten 1. Arbeitstag, die hier wegen geringer Ergiebigkeit für das Thema der Arbeit nur kurz erfolgt, ergibt als Gemeinsamkeit lediglich, dass es sich in den folgenden Unterrichtsstunden um Projektarbeit bzw. -unterricht handeln wird. Schüler A schreibt knapp, Schüler C etwas ausführlicher allgemein über die Thematik dieser Einführungsstunde; Schülerin B hingegen fügt den detaillierten Informationen über genaue Vorgehensweisen ihre eigene Meinung hinzu und antizipiert freudig die kommende Projektarbeit im Namen aller.

Die drei Arbeitsprozessberichte stellen drei verschiedene Lernende dar, die in drei Schaubildern versuchsweise und zusammenfassend von der Forscherin typisiert werden. Wegen der großen individuellen Unterschiede in allen Bereichen ist klar festzustellen, dass dennoch keiner der drei Lernenden wirklich als repräsentativ gelten kann. Eine Verallgemeinerung dieser qualitativen Studien schließt sich also vollkommen aus. (Kap. 3.1.: Strauss Bestimmung des Typischen eines Falles als Bestandteil der sozialen Wirklichkeit ohne Berücksichtigung der Häufigkeit seines Auftretens; Rosenthal fügt hinzu, dass jedes Individuelle ein Teil des Allgemeinen sei)

Nach der ausführlichen inhaltlichen Analyse, die zu dem Schluss geführt hat, dass die drei Studien nicht verallgemeinerbar sind, entscheidet sich deshalb die Forscherin, sie formal im Sinne der Kriteriumsvalidität nach der Beachtung der vorgegebenen Kriterien von Goetsch (deduktiv) und anschließend nach Art ihrer Aussagen (induktiv) zu vergleichen. (Abb. 35 und 36)

Ebenso wie beim Inhalt lässt sich auch über Formalien der Arbeitsprozessberichte sagen, dass die drei Lernenden sowohl den deduktiv vorgegebenen Kriterien in unterschiedlicher Weise entsprechen als auch persönlich die Qualität ihrer Aussagen beeinflussen. Auch diese individualisierten Darstellungsformen lassen keine Verallgemeinerungen zu.

Abb. 35: Vergleich der formalen Kriteriumsvalidität der deduktiven Kriterien (von Goetsch)

	Schüler A	Schülerin B	Schüler C
1. Darstellung des Arbeitsprozesses	Weitgehend erfüllt	Voll erfüllt	Weitgehend erfüllt
2a. Warum Themenwahl?	Allgemein: interessantes Thema, Lernerfolg	Persönliches Interesse am Thema	Persönliches Interesse am Thema
2b. Lernerfolge	Allgemein: sprachliche, inhaltliche, soziale, methodische Lernerfolge	Vielfältige Lernerfolge auf verschiedenen Gebieten, auch persönliche Lernerfolge	Inhaltliche, sprachliche, soziale, persönliche Lernerfolge
2c. Weitere Lernbedürfnisse?	—	Planung für nächste Präsentation	Erweiterung inhaltlicher Kenntnisse
2d. Fehlendes	—	Benennung von Problemen und Alternativen	Benennung von individuellen Pro-blemen (persönliche und methodi-sche Kompetenzen)
3. Bewertung des Lernprozesses	Zwischendurch teils global, abschließende Bewertung im Schlusssatz	Ausführlich an vielen Stellen und im Resümee	Ausführliches Abwägen von positiven und negativen Aspekten; Seite 4:" Bewertung des Lernprozesses"
4. Eigener Arbeitsanteil Gruppe	—, höchstens implizit	Ausführlich Eigenarbeit und Arbeit in	Seite 5:" Selbsteinschätzung des Ar-

			der Kleingruppe, aber nicht direkt eigene Arbeitsanteil	Arbeitsbeitrags in der Gruppe"
5. Vergleich zum Regelunterricht		zwischendurch, nicht direkt	Sehr ausführlich	Explizit und implizit; Seite 5-6: „Vergleich zum Regelunterricht"

Abb. 36: Vergleich der formalen Kriteriumsvalidität der induktiven Kriterien aus den Daten

	Schüler A	Schülerin B	Schüler C
Aussagen	Viele Andeutungen, aber keine Definitionen von erwähnten Methoden und Arbeitsprozessen; passive Rolle des Schülers, gelegentlich Gefühlsbezeichnungen; insgesamt sind Inhalt und Sprache auf sehr allgemeiner Ebene; die Sprache ist sehr umgangssprachlich, teils ungeschickt oder unangemessen	Minutiöse Schilderung der Arbeitsschritte mit Problemen, Alternativen und Erkenntnissen; als Sozialform stehen die Kleingruppe und dass Ich im Zentrum; sehr intensive persönliche Re-flexion über und Bewertung von Schritten und Lernerfolgen; aus-führliche Kontrastierung zum Regelunterricht	Schilderung vieler Arbeitsschritte; kritischer Auseinandersetzung damit; als Sozialform steht das Ich, teils die Kleingruppe im Zentrum
Fehlende Aussagen	viele Fragen zu allen Teilen bleiben offen	fast keine Fragen bleiben offen	einige Fragen bleiben offen, insbesondere zur Präsentation
Unterschwellige Aussagen	Vermutung: Bericht wird ganz am Ende geschrieben, deshalb so ungenau; negative Erfahrungen mit passiven Schülern im Regelunterricht, positiver Erfahrungen mit der Gruppe	Bericht wird nach jeder Arbeitsphase geschrieben (7, 11-12), deshalb so ge-nau; sehr positive Erfahrungen mit Projektunterricht; sehr offene und in-tensive Darstellung und Wertschätzung dessen im Gegensatz zum Regel-	Vermutung: Bericht wird nach jeder Arbeitsphase geschrieben, Sonderka-pitel zu Kriterien nach Gudjons am Ende als Resümee; der Schüler ist enttäuscht über seine Mängel im persönlich-methodi-schen Bereich

			unterricht	
Wirkungen		Der sparsam arbeitende Schüler erkennt die Vorzüge der Gruppenarbeit	Die überragend engagierte Schülerin berichtet, beschreibt, reflektiert, bewertet durchgehend ausführlich.	Der Durchschnittsschüler erkennt seine Mängel; damit macht er einen wichtigen Lernprozess durch.

Im Bemühen um wenigstens gewisse Verallgemeinerung entschließt sich die Forscherin, die Anfangs- und Abschlussbefragung der gesamten Lerngruppe noch einmal genau zu betrachten.

7.3. Datentriangulation der Anfangs- und Abschlussbefragung.

Untersuchungskontext zur Datenerhebung: Zu einer anonymen Abschlussbefragung nach Beendigung der Projektarbeit erhalten die Lernenden eine Kopie der Ergebnisse aus ihrer Anfangsbefragung zu Nachteilen traditionellen Unterrichts und Wünschen an Unterricht (vgl. Kap. 7.1.), woraus sie sich drei bis vier ihnen wesentlich erscheinende Punkte heraussuchen, um diese auf ihre Erfahrungen aus dem Projektunterricht anzuwenden und ggf. den Zustand vor und nach der Projektarbeit vergleichen. Sie schreiben anonym und auf deutsch Kurztexte. Neun Befragungen liegen zur Analyse vor.

Es handelt sich hier um kürzere Textabschnitte. Deshalb erfolgt die Analyse der Abschlussbefragung angelehnt an Mayring, jedoch ist es keine qualitative Inhaltsanalyse im klassischen Sinne. Bestimmte Aspekte werden aus dem Material (hier: Abschlussbefragung und Arbeitsprozessbericht) herausgefiltert und wegen bestimmter vorher festgelegter Ordnungskriterien (hier: Anfangsbefragung als Selektionskriterium) gesammelt und eingeschätzt. Diese „deduktive" Kategorienbildung wird folgendermaßen begründet: Zu Beginn der Unterrichtseinheit haben sie die Lernenden durch die zwei Zettelabfragen über ihre Erfahrungen im traditionellen Unterricht und ihre Wünsche an Unterricht selbst erstellt. Diese wesentlichen Überlegungen der Subjekte zu ihren eigenen Lernprozessen dienen als Grundlage für den Abgleich mit der anonymen Abschlussbefragung. Also sind die deduktiven Kategorien für die Abschlussbefragung gleichzeitig induktive, denn die Lernenden haben sie in der Anfangsbefragung selbst gebildet. Sie werden durch Ankerbeispiele aus der Abschlussbefragung konkretisiert. Die folgende Datentriangulation von Anfangs- und Abschlussbefragung ist somit extrem schülerorientiert.

Da die Kategorien von den Lernenden festgelegt worden sind, erfolgt Mayrings zentrale Kategorienrevision hier nicht. — Zunächst seien für die Datentriangulation die Schritte für die qualitative Analyse der Abschlussbefragung erläutert:

- Codierung aller Arbeitsprozessberichte (A-J, die in diesem Untersuchungsteil nicht mehr gebraucht werden) und anonymen Abschlussbefragungen (K-S)
- Zusammenfassung von ähnlichen Themen auf Papieren der anfänglichen Pyramidendiskussion zu Kategorien, dabei Nennung der Quelle damit gegebenenfalls der Kontext zur Explikation dienen kann
- Quantifizierung der Nennungen von relevanten Äußerungen in den Abschlussbefragungen, die aber nicht wesentlich für die Interpretation sind
- Zuordnung von relevanten Äußerungen zu den Kategorien
- Zur besseren Anordnung erfordert die Analyse des Materials bei einigen Kategorien, dass weitere zusammenfassende Kategorien gebildet werden.
- Nicht in Kategorien einzuordnende Aussagen werden unter der Tabelle gesammelt und in ihrem näheren Textzusammenhang expliziert.

Abb. 37:

Papiere von Anfangs- befragung (nummeriert)	Kategorien aus Anfangsbefragung	Zuordnung von Äußerungen aus Abschluss- berichten zu Kategoriendimensionen	Anzahl der Äußerungen	Ankerbeispiele aus den Abschlussberichten mit Zeilenangaben
1-3	Lehrer dominiert Unterricht	Projektunterricht allgemein		„Die Schüler haben die dominierende Rolle in der Hand." (N, 9-10)
		Dominanz der Schüler: N, P	2x	„In dieser Projektarbeit wird auf jeden Fall die Dominanz des Lehrers durchbrochen." (L, Z. 1-2)
		Fehlende Dominanz des Lehrers: L, N, P	3x	
		Lehreraktivitäten im Projektunterricht		
		Keine Bestimmung des Unterrichtsverlaufs		
		Hilfe bei Themen- und Medienwahl: L, M	2x	
		Unterstützung bei Problemen: L	1x	
		Wertung von Projektunterricht		
		Positive Lehrerrolle: N	1x	
		Positiv für schüchterne Schüler (fehlender Notendruck): N	1x	
		Regelunterricht:		
		Mangelnde Passung Schüleraussage- Denkschema des Lehrers: N	1x	
		Abhängigkeit der Schüler von Lehrer- meinung: Q	1x	

8-11, 28-29, 31-32	Einbringen von Individualität und Kreativität	Schüleraktivitäten im Projektunterricht		Kreativität und eigene Ideen einbringen: Dies ist für mich der wichtigste Punkt. Hier werden die Unterschiede zum herkömmlichen Unterricht am deutlichsten." (K, Z. 14-16)
		Mehr Kreativität: N	1x	
		Freie Entfaltung von Fantasie: M, N	2x	"Eigene Ideen einzubringen traut man sich dann [=im traditionellen Unterricht] weniger. Das war in der Projektarbeit gegenteilig der Fall." (Q, Z. 13-16)
		Sich frei entfalten	1x	
		Einbringen eigener Ideen: P, Q	2x	
		Projektunterricht: Wertung		
		Wichtigster Punkt: K	1x	"Der Schüler befasst sich auch mehr mit dem Thema und ist engagierter." (N, Z. 17-18)
		Deutliche Unterschiede zum herkömmlichen Unterricht: K	1x	
		Gesteigertes Engagement durch Berücksichtigung von Kreativität und Fantasie: N	1x	
		Lockerung des Unterrichts durch neue Methoden: N	1x	
		Regelunterricht:		
		Autoritäre Vorgabe des Themas durch Lehrer: N	1x	
		Fehlender Mut von Schülern, eigene Ideen einzubringen: P, Q	2x	
12	Einzelne Schüler tragen Unterricht	Lehrer oder einige Schüler gestalten den Regelunterricht: L	1x	"[Im Projektunterricht] hat man nicht so die Möglichkeit sich zurückzulehnen wie beim traditionellen Unterricht, wo entweder der Lehrer oder einige

				oder einige Schüler den Unterricht gestalten." (L, Z. 17-20)
14	Diskussion	Projektunterricht:		
		Viel: R	1x	„Zu wenig Diskussion ist während des Projektes nicht gegeben." (R, Z. 15-16)
		Schwierigkeit in der Fremdsprache: R	1x	
		Wertung:		
		Verzeichnen großer Fortschritte: R	1x	
15-17,26	Kontakt untereinander	Schüleraktivitäten im Projektunterricht:		
		Schüleraktivitäten im Projektunterricht:	1x	„Die Schüler lernen nicht nur 'Stoff', sondern auch, intensiver miteinander umzugehen, da der Kontakt zwischen ihnen tiefer als im Regelunterricht ist." (P, Z. 16-18)
		Gespräche laufen nicht nur über den Lehrer: R		
		Durch gemeinsame Arbeit mehr Kontakte: N, P	2x	„Da ... man zusammen zu einer Lösung kommen muss, befasst man sich mehr mit seinen Mitschülern und geht auf sie ein." (N, Z. 19-22)
		Aufeinander eingehen, miteinander umgehen: N, P, P	3x	„Ich muss sagen, dass ich B und C in der kurzen Zeit der Projektarbeit viel besser kennengelernt habe, als ich es all die lange Zeit vorher, die ich mit ihnen im regulären Unterricht verbrachte, gemacht habe." (Q, Z. 23-28)
		Unmöglichkeit des Entzugs von Gruppenarbeit : L. S	2x	
		Gegenseitige Motivation: L	1x	
		Gegenseitige Hilfe: S, S	2x	„Daher weist der Projektunterricht den Vorteil auf, dass soziale Kooperation und Freundschaft gefördert werden. Man lernt, wirklich miteinander umzugehen und nicht nur hohle Phrasen zu sagen."
		Aufteilen des Arbeitsmaterials: S	1x	
		Projektunterricht — Wertung:		

	Entwicklung eines sehr guten Verhältnisses zu Gruppenmitgliedern: N, P	2x	(P, Z. 19-22)
	Besseres Kennenlernen der Gruppenmitglieder als im Regelunterricht: Q	1x	„Man konnte sich der Arbeit nicht entziehen, um die anderen im Team nicht zu enttäuschen. Man wurde pflichtbewusster." (S, Z. 11-13)
	Profit für Gemeinschaft, Kooperation, Freundschaft: N, P	2	„In einer Gruppe wird man automatisch von den anderen motiviert und man hat ein schlechtes Gewissen gegenüber seinen Mitschülern, wenn man seine Aufgaben nicht erledigt." (L, Z. 21-26)
	Steigerung des Pflichtbewusstseins, schlechtes Gewissen bei Nichterledigung: L, S	2x	
	Regelunterricht:		
	Schüler lernen nur Stoff: P	1x	
	Schüler lernen sich nicht richtig kennen: Q	1x	
18-20	Wissen		
	Projektunterricht		
	Informationen nur zu einem Thema: S	1x	„Man hat nur für ein Thema Informationen erhalten, wurde jedoch durch spätere Präsentation ausgeweitet." (S, Z. 4-6)
	Informationen durch spätere Präsentationen ausgeweitet: S	1x	
37	„mal was anderes"	Projektunterricht vs. Regelunterricht Gegensatz: M	1x	„Das Projekt war ja das genaue Gegenteil des gewöhnlichen Unterrichts." (M, Z. 89)
23	Stress und Druck	Projektunterricht:		„In der Projektarbeit habe ich überhaupt nicht mehr an die Note gedacht und es auch nicht so sehr bei

				den anderen gespürt (und wenn doch, dann war ich nicht unter Druck oder fühlte mich nicht als Konkurrent)." (Q, Z. 17-22)
		Kein Gedanke an die Note: Q	1x	
		Kein Druckgefühl: Q.	1x	
		Stressproblem nicht gelöst, denn Noten- und Termindruck auch bei Projektarbeit: R	1x	
		Regelunterricht:		
		Angst der Schüler vor schlechter Benotung: N	1x	
24	Klima	Projektunterricht:		„Mir hat das Klima in der Klasse in den Stunden während des Projektes sehr gut gefallen. Ich hatte den Eindruck, als wären wir offener zueinander gewesen. Außerdem war es nicht so streng wie sonst und es war ein angenehmes Arbeitsklima, bei der die Arbeit aber trotzdem nicht zu kurz kam. Es würde mir gefallen, wenn dieses Klima so bleiben würde." (M, Z. 1-7)
		Konkurrenzgefühl fehlt: Q	1x	
		Offeneres, angenehmeres Klima: L, M, M	3x	
		Weniger Strenge: M	1x	
		Intensität der Projektarbeit trotz guten Klimas: M	1x	
		Projektunterricht - Wertung:		
		Sehr gutes Klima: M	1x	
25	Bewertung	Regelunterricht		„Die Beteiligung der Schüler am Unterricht zählt zu den wichtigsten Elementen des Unterrichts, jedoch bewerten einige Lehrer diese Beteiligung zu stark nach der schriftlichen Leistung." (O, Z. 1-4)
		Schriftliche Leistung zu hoch bewertet: O	1x	
		Beteiligung am Unterricht sollte mindestens 50 % bewertet werden: O	1x	
33	Lernen aus eige-	Projektunterricht:		„Lernen aus eigenem Interesse, nicht nur für Ar-

	eigenem Interesse	Lernen aus eigenem Interesse: L	1x	Arbeit: Dies ist sehr wichtig. Man erkennt eher einen Sinn am Unterricht." (K, Z. 19-21)
		Entdecken von Sinn am Unterricht durch Lernen aus eigenem Interesse: L	1x	
		-	-	-
35	Beteiligung			

Nicht einzuordnende Aussagen

Es folgt eine Sammlung von Äußerungen aus der Abschlussbefragung, deren Gedankengut nicht in der anfänglichen Pyramidendiskussion (vgl. Kap. 7.1.) von den Lernenden genannt wird. Sie lassen sich deshalb nicht den Kategorien zuordnen und sollen hier einer Explikation (aus dem engen Textkontext, vgl. Mayring 20025: 118) unterzogen werden. Die Aussagen sind geordnet nach Themen und anschließend Einzelprofilen von Lernenden.

Allgemein zu Projektunterricht:

„ Man findet [durch das eigene Ziel vor Augen] vielleicht eher einen Sinn am Unterricht.": K
„ Man hat ein Ziel vor Augen: das Referat vorzutragen": K
„Man teilte das Arbeitsmaterial so auf, dass jeder Freude an der Arbeit hatte und keinem etwas aufgezwungen wurde.": S

Zu Gruppenprozessen:

Motivation durch die Mitschüler: L
Keine Möglichkeit, sich der Mitarbeit zu entziehen: L, S
Bei Nichterledigung seiner Aufgaben Enttäuschung der Mitschüler/ schlechtes Gewissen gegenüber den Mitschülern in der Gruppe: S, L

Zur Selbstständigkeit:

Entwicklung eines Gefühls, für sich selbst etwas zu entwickeln: K
Selbsteinschätzung der Fähigkeiten: M
Erlernen des kritischen Umgangs mit sich selbst P.
Lernen, auf sich selbst zu hören P.
Problem der Lehrerdominanz gelöst, falls man es als Problem sieht. R
Lehrer im Projektunterricht lediglich für Fragen zuständig. R
Im Projektunterricht ist es nicht möglich, Schülern etwas Schwieriges zu vermitteln, was nur ein Lehrer kann. R
Im Projektunterricht muss er sich seinen Lernstoff selbst vermitteln. Dieses ist erst in höheren Klassen möglich. R
„Ich glaube nicht, dass die Selbstständigkeit im normalen Unterricht nicht auch

existiert." R
Sammeln eigener Erfahrungen S
Stärkung des Pflichtbewusstseins S

Explikation von Aussagen 1, 2 und 7 von K.:

Zu Aussage 5 bei den Nachteilen vom traditionellen Unterricht (Passivität der Schüler) schreibt K über erhöhte Schüleraktivität im Projektunterricht. Im Schlusssatz schreibt K über das Ziel dessen: das Referat vortragen. — Dieses sieht K etwas kleinschrittig. Der Endpunkt der Projektarbeit (summativ gesehen) ist der Vortrag, aber K ignoriert hier den gesamten Lernprozess, den K allein und mit seinen Mitlernenden während der gesamten Projektarbeit durchläuft (formativ).

K beschließt seine Überlegungen zur Passivität von Schülern damit, das Ziel sei der Vortrag, durch den K möglicherweise eher einen Sinn am Unterricht finde. Ebenso beschließt K die Überlegungen zum Lernen im Projektunterricht aus eigenem Interesse mit derselben möglichen Sinnfindung am Unterricht. (Betonung dieses Gedankens durch doppelte Nennung) — K äußert hier sehr negative Erfahrungen mit Unterricht und hält es nur vage für möglich, dass sich diese durch Projektarbeit ändern.

Die „Sinnlosigkeit des Unterrichts" war in der anfänglichen Pyramidendiskussion nicht von der Großgruppe als Klassenthema ausgewählt worden. Sie scheint deshalb die besondere Einstellung von K zu sein.

Explikation von Aussagen 3, 5, 6, 16-17 von S.:

Aus der Abschlussbefragung geht nicht hervor, zu welchem Punkt S hier geschrieben hat. Deshalb lassen sich diese vier Äußerungen der anfänglichen Befragung nicht zuordnen. Dass S sie dennoch niedergeschrieben hat, zeigt deren Bedeutung.

Der Gruppenarbeit konnte sich demnach niemand entziehen (versuchte das vielleicht der Schüler vorher?), um die anderen Gruppenmitglieder nicht zu enttäuschen. Diese Begründung zeugt von Sensibilität und Erkenntnis der Wichtigkeit der Gruppenarbeit. (Waren bisherige Gruppenarbeiten nicht so wichtig? Worin bestanden die Unterschiede zu dieser?)

S erwähnt auf kommendes Pflichtbewusstsein, mit dem S wohl erklärt, dass die anderen nicht enttäuscht werden sollten. Mit der Sensibilität und dem Pflichtbewusstsein für die Gruppe stärkt S zwei wesentliche persönliche und soziale

Kompetenzen. Eine weitere persönliche Kompetenz fördert S. durch das Sammeln von eigenen Erfahrungen, z. B. mit der erwähnten Zeiteinteilung.

Im Folgenden benennt S verschiedene Arbeitsschritte der Gruppe. Bei der Aufteilung des Arbeitsmaterials bemerkt S., dass jeder Freude an seiner Arbeit haben solle und dass sie ihm nicht aufgezwungen werden solle. (Das impliziert, dass S bisherige Erfahrungen mit seiner Arbeit entgegengesetzt gewesen seien mögen und dass die affektive Hinwendung des Einzelnen zu seiner Arbeit sehr bedeutsam sind.)

Explikation der Aussagen 4., 5. und 6 von L:

Zur Vermeidung der Passivität Lernender im Projektunterricht schreibt L den dritten Beitrag im Rahmen eines zusammenhängenden Textes zur Projektarbeit (erster Beitrag über Durchbrechen der Dominanz des Lehrers, zweiter über größere Eigenständigkeit). L vergleicht zunächst traditionellen Unterricht mit Projektarbeit bezüglich des Entzugs der Mitarbeit („sich zurücklehnen") und kommt zu dem Schluss, dass dies im Letzteren nicht unbedingt möglich sei (hier besteht aber trotzdem noch eine geringe Möglichkeit dazu). Die zwei Begründungen dafür lauten, dass die Gruppenmitglieder L automatisch motivierten — gegenseitige Motivation liegt also als soziale Kompetenz einer Gruppenarbeit zugrunde — und dass L bei Nichterledigung von Aufgaben ein schlechtes Gewissen gegenüber den Mitlernenden — sicher meint L hier die Gruppenmitglieder — habe. Interessant ist hier der Vergleich zum Kontext der ähnlichen Äußerung von I, der an die enttäuschte Reaktion der Mitlernenden denkt (Empathie), mit L, der an sein eigenes schlechtes Gewissen denkt (Selbstzentrierung mit positiver Einsicht).

Explikation der Aussage 8 von M:

Als einziger von allen Lernenden schreibt M zu eigenen Gestaltungsmöglichkeiten, dass sie dadurch gelernt hätten, ihre Fähigkeiten selbst einzuschätzen und selbst zu entscheiden, was wichtig und was unwichtig ist. Zumindest Letzteres suggeriert, dass sie das im traditionellen Unterricht nicht dürfen.

Leider beschreibt M hier nicht konkret, was mit „Fähigkeiten einschätzen" genau gemeint ist. Es kann „sprachliche" Fähigkeiten bedeuten, aber ebenso „methodische" oder andere. An dieser Stelle zeigt sich, dass die Anonymität der Befragung leider keine klärende Rückfrage zulässt. Es hätte lediglich die gesamte Lerngruppe befragt werden können.

Explikation der Aussagen 9. und 10. von P:

P schreibt einen zusammenhängenden Text über Projektarbeit. Nach „Eigenständigkeit" im 1. Absatz schreibt P über „Verwirklichung eigener Ideen". Unvermittelt folgt darauf, dass man lerne, kritischer mit sich umzugehen und „auf sich selbst zu hören". Leider wird beides nicht erklärt. Bezieht es sich auf Erkennen der eigenen Fähigkeiten (welcher auch immer) und Handeln danach? Und was heißt der von P selbst in Anführungszeichen gesetzte Ausdruck für die Projektarbeit? P fügt allerdings zu Letzterem hinzu, dass es im Regelunterricht eher nicht der Fall sei, da Lernende eher passiv seien. Es wird also implizit positiv bewertet, dass Lernende im Projektunterricht ihre eigenen Ideen verwirklichen könnten und (dabei?) ihr Inneres (?) aktiv beobachten lernten. P fügt schließlich einen Hinweis auf die Vorteile der Gruppenarbeit hinzu, die durch ihre höheren Ansprüche Vorteile besitze. Aus allem folgen im weniger anspruchsvollen Regelunterricht passiver Lernende, die nicht selbstkritisch „auf sich selbst hören" lernten.

Explikation der Aussagen 11.-15. von R:

Die ersten beiden Absätze beziehen sich auf die Selbstständigkeit der Lernenden im Projektunterricht. Gleich zu Anfang scheint sich R darüber zu mokieren, dass man die Dominanz der Lehrerkraft als Problem sehen könnte. R sieht es anscheinend nicht so, fühlt sich vielleicht wohl unter dieser. R definiert auch ausführlich die Lehrerrolle im Projektunterricht: Dieser sei lediglich für Fragen „zuständig" und könne Lernenden nichts Schwieriges erklären oder vermitteln. — An dieser Stelle unterliegt wohl R seinen eigenen Missverständnissen bzw. Vorurteilen. Denkt R sich diese „Zuständigkeit" aus? Hat R in der Projektarbeit mit schwirigen Fragen Kontakt zur Lehrkraft gesucht, deren Antworten ihn nicht zufrieden gestellt haben und denen er aus Frustration nicht weiter nachgegangen ist? Man erfährt es nicht. R stellt seine Behauptungen ohne Beispiele in den Raum. Und er ignoriert beispielsweise völlig die Moderation des gesamten Projekts durch die Lehrerin. Für Lesende hört es sich sogar dramatisch an, dass sich Lernende ihren Lernstoff selbst vermitteln müssten. Die traditionelle Rolle Lehrender bei der Stoffvermittlung scheint für R völlig verloren gegangen zu sein, was er möglicherweise bedauert und was er höchstens höheren Klassen zutraut. Auch hier wieder unterliegt R seinen Missverständnissen bzw. Vorurteilen. Das Thema, das er sich für dieses Projekt ausgesucht hat, ist nicht „sein Lernstoff", sondern der Inhalt, den er aus Interesse ausgewählt hat, um daran seine selbstständige Erarbeitung und Präsentation innerhalb und mit seiner Gruppe zu üben. Und wenn das so ist, können das auch jüngere Lernende mit etwas mehr Hilfestellung durch Lehrkräfte leisten. Alle hier diskutierten Äußerungen könnten darauf hindeuten, dass R aus Scham,

Ignoranz, Hilflosigkeit, Gleichgültigkeit oder anderen Beweggründen nicht die Hilfe von anderen Menschen (denn Mitlernende können auch helfen) oder Materialien (wie Wörterbüchern, Lexika, Internet etc.) gesucht hat, die er jetzt beklagt.

Was „selbstständig arbeiten" eigentlich heißt, scheint R bis zum Schluss gar nicht klar zu sein. Er benutzt den Ausdruck dreimal in diesen beiden Absätzen, aber es scheint nur eine leere Phrase für ihn zu sein. Er ist wohl enttäuscht, mit dieser Selbstständigkeit – was auch immer sie bedeuten mag – schlechte Erfahrungen gemacht zu haben. Die Krönung seiner Zweifel über Selbstständigkeit ist seine geäußerte Überzeugung, dass sie im normalen Unterricht auch existiere. Diese bekräftigt er durch doppelte Verneinung. Was er mit dieser aber meint, steht in den Sternen, denn er konkretisiert sie nicht.

7.4. Zusammenfassung Kap. 7

Es erscheint der Forscherin faszinierend, wie die Daten von Anfangs- und Abschlussbefragung aufeinander bezogen werden können: Die Lernenden selbst gehen in ihrer Abschlussbefragung auf die von der Lerngruppe nach mehreren Aushandlungsphasen gemachten Anfangsäußerungen ein (deshalb deduktiv-induktiv) und gleichen sie im Nachhinein mit ihren Erfahrungen von der Projektarbeit ab. Bei der tabellarischen Analyse der Abschlussbefragung mit quantitativer Auswertung ergeben sich Themenschwerpunkte, nur wenige Themen werden gar nicht angesprochen, sind also wohl für die Lernenden sekundär. Durch ihre Schwerpunktsetzung erfährt die Analyse der Abschlussbefragung ein weiteres induktives Element. Die folgende Zusammenfassung einiger wesentlicher Themen orientiert sich in ihrer Abfolge an den von den Lernenden gewählten Themen in der offenen Anfangsbefragung.

In 11 % ihrer Aussagen thematisieren die Lernenden die dominierende Rolle der Lehrkraft im Regelunterricht (dabei insbesondere die Abhängigkeit von deren Ansichten) und vor allem das Fehlen dieser Dominanz im Projektunterricht; die veränderte Rolle der Lehrkraft wirke sich insgesamt positiv aus und sei vor allem im helfenden Bereich angesiedelt. Mit 27 % ihrer Aussagen heben die Lernenden ihr dadurch ermöglichtes eigen- und selbstständiges Arbeiten durch vielfältige Aktivitäten hervor, z. B. bei der Themenwahl, der Projektgestaltung und der Zeiteinteilung. Sie bewerten daher Projektunterricht insgesamt als förderlich für ihre Motivation. 11 % der Lernenden sehen hier größere Chancen, ihre Individualität und Kreativität einzubringen, was allerdings Mut voraussetze. In 17 % der Äußerungen wird der Kontakt untereinander während der Projektarbeit betont: Neben der Motivation zu gemeinsamen Aktivitäten wird die daraus folgende lernförderliche Gruppenatmosphäre häufig erwähnt, ebenso in den 6 % der Äußerungen zum offeneren, angenehmeren Lernklima.

17 % der Aussagen aus den Abschlussbefragungen lassen sich den Äußerungen in der offenen Anfangsbefragung nicht zuordnen, da sie während der Projektarbeit neu entstanden sind (formativer Aspekt). Der Hauptanteil bezieht sich auf sehr positive, aber auch sehr kritische Beurteilungen der eigenen Selbstständigkeit im Projektunterricht. Die Explikation dieser Aussagen im engen Textkontext und ihre Interpretation und Hinterfragung ergeben aufschlussreiche Profile von einzelnen Lernenden. Zusammen mit den ausführlichen drei Lernerprofilen (genannt: Typisierungen) aus den intensiven qualitativen Analysen von drei Arbeitsprozessberichten nach Glaser/Strauss in Kap. 7.2. ergänzen sie sich kaleidoskopartig in Tiefe und Inhalten. Die unterschiedlichen qualitativen Analysen formen ein Gesamtbild von Projektunterricht, den die Lernenden in detaillierter Selbst- und teils auch Partnereinschätzung beschreiben. Dieses aus vielen Mosaiksteinen bestehende Gesamtbild steht am Ende anstelle einer Generalisierung, die kaum möglich ist. Einzelheiten aus Detailanalysen, durch die sich Lernende zu sehr individuellen Lernertypen formen oder durch die sich mehrere Lernende zusammenfassend beschreiben, sind stattdessen wesentlich.

Fazit zu den Forschungsmethoden: Die Methodentriangulation von Verfahrensweisen angelehnt an die gegenstandsbezogene Theoriebildung (bei der Analyse der Arbeitsprozessberichte) und sehr lose angelehnt an die qualitative Inhaltsanalyse (bei der Abschlussbefragung) kombiniert mit vielfältiger Datentriangulation dien   en vorzüglich dazu, viele Aspekte der Selbst- und teils Partnereinschätzung von Projektarbeit darzustellen und zu beforschen.

8. Studie 2: Selbstevaluation von Gruppenarbeit (6., 8., 10., 11. Klasse Englisch)

Diese Studie untersucht, wie Lernende ihre Gruppenarbeit und die ihrer Mitlernenden bewerten. Sie fragt, ob sich Unterschiede in den Fragebögen für die verschiedenen Altersstufen ergeben.

Befragungen und Untersuchungsdesign

Vier Befragungen — klassenweise aufsteigend — zu Selbst-, Partner- und Gruppenevaluation aus dem Englischunterricht werden dargestellt. Alle anonymen Befragungen der jeweiligen Lerngruppe (Auswertungseinheit) werden anonymisiert. Die Fragen bzw. Impulse aus dem Fragebogen stehen der Datenauf-

Datenaufbereitung voran. Der jeweilige Untersuchungskontext wird zur besseren Übersicht tabellarisch wiedergegeben.

Zur Datenaufbereitung dienen als erste grobe Selektionskriterien die Fragestellung und weitere Aspekte in dem gegebenen Impuls (Codiereinheit mit deduktiver Herangehensweise). Die Forscherin geht – angelehnt an Mayrings qualitative Inhaltsanalyse – das Material durch, findet Unterkategorien (induktive Herangehensweise), ordnet in einem zunächst in seiner Abstraktion noch niedrig gehaltenen ersten Auswertungsgang die Daten, quantifiziert sie und wählt Ankerbeispiele aus. – Dieser erste Auswertungsgang kann aus Platzgründen nicht mit abgedruckt werden.

In einem zweiten Auswertungsgang werden die induktiven Daten an dem externen Vergleichsmaßstab des GER zur Sicherung der Kriteriumsvalidität abgeglichen. Aus ihm lassen sich folgende Maßstäbe direkt auf die in den Befragungen genannten Aspekte von Gruppenarbeit beziehen: Persönlichkeitskompetenz bzw. *savoir-être* (S. 106-108), Lernfähigkeit bzw. *savoir-apprendre* (S. 108-109), soziolinguistische Kompetenzen (S. 118-119), pragmatische Kompetenzen (S. 123-130). Aus dieser Auswertungsphase wird in Kap. 8.5.4. exemplarisch abgedruckt, wie einige Persönlichkeitsfaktoren (5.1.3., Punkt 6) aus dem Abschnitt „Persönlichkeitskompetenzen" und einige Lerntechniken (5.1.4.3.) aus dem Abschnitt „Lernfähigkeit" auf die Daten der Einzeluntersuchungen bezogen werden, um in der Zusammenschau aller vier Einzelstudien ggf. altersgemäße Tendenzen oder gar Ansätze zu Generalisierungen aufzeigen zu können. Die Forscherin entscheidet sich nach ihrer ersten ausführlichen Auswertung auf diese Beschränkung in der Präsentation, da sie feststellt, das das zentrale Element von Gruppenarbeit und Thema dieser Studie, die Förderung sozialer Kompetenzen, in den vier allgemeinen Kompetenzen des GER gar nicht explizit wird. Sie begegnet ihrer Feststellung durch ein *peer debriefing*.

Nach dieser Form von Qualitätssicherung entschließt sie sich zu einer Revision ihres Kategoriensystems. Die bereits entwickelten detaillierten Kategorien zur Befragung über das Thema „Gruppenarbeit" werden nach den inzwischen erschienenen „überfachlichen Kompetenzen" in den Hessischen Kompetenzstandards vom Mai 2010, S. 8-16 (Kategorien „Personale Kompetenz, Sozialkompetenz, Sprach- und Textkompetenz, Lern- und Arbeitskompetenz") zusammengefasst und unter den Standards in den jeweiligen Kompetenzbereichen neu geordnet und quantifiziert (in Form von Matrizes, bestehend aus kurzen Textblöcken). Ankerbeispiele mit Fundstelle (anonymisierter Fragebogen, Frage) in dem jeweiligen Fragebogen folgen. Der vollständige Abdruck von je einer Befragung pro Klasse ist in den Anlagen 7-10 zu finden. Auf die Abschrift der den zentralen Dimensionen folgenden Formulierungen von detaillierten Bildungsstandards wird aus Platzgründen verzichtet. Mehrfach betreffen differenzierte Äußerungen der Befragten verschiedene Dimensionen aus verschiedenen Kompetenzbereichen. In diesem Fall entscheidet sich die Forscherin für den dominanten Kompetenzbereich, um später ggf. leichter allgemeine Aussagen formulieren zu können.

Allerdings erscheint diese Entscheidung teilweise arbiträr. Das zeigt sich z. B. in den Fragebögen der 11. Klasse an der Äußerung „gestalten den Unterricht selbst, sind in die Hauptrolle übergegangen" aus R (3): Sie wäre mit gleicher Gewichtung der personalen Kompetenz „Selbstregulierung" (Standard: „Die Lernenden steuern und reflektieren ihre Arbeitsprozesse") wie der sozialen Kompetenz „gesellschaftliche Verantwortung" (Standard: „Die Lernenden übernehmen Mitverantwortung, üben die Achtung und den Schutz demokratischer Grundrechte ein und nehmen ihre Mitsprache- und Mitgestaltungsrechte wahr.") wie den Lern- und Arbeitskompetenzen „Problemlösekompetenz und Lernkompetenz" (Standards: „Die Lernenden planen ihren Arbeitsprozess, realisieren ihre Planungen selbstständig, setzen sich Ziele, entwickeln Lernstrategien und wenden sie an") zuzuordnen. — Teilweise müssten längere Aussagen aufgeteilt und in verschiedene Kategorien eingeordnet werden, wobei allerdings die Interpretation, die der Kontext liefert, verloren ginge: Die Äußerung aus A (7) „Ich denke eher ein wenig uneffektiver, da es in einem Workshop auch Freiräume gibt, in denen man sich über andere Sachen unterhält. Dies fördert jedoch die Kommunikation untereinander." enthält die Wertung des Lern- und Arbeitsprozesses und wäre damit unter „Problemlöse- und Lernkompetenz" einzuordnen; im zweiten Teil enthält sie jedoch Aspekte von Sozialkompetenz, die unter „soziale Wahrnehmungsfähigkeit" einzuordnen sind. Man könnte den zweiten Teil auch als „Wertehaltungen" unter „personaler Kompetenz" einordnen. Die differenzierten Einzelaussagen, die ab der 8. Klasse abgegeben werden, bleiben als solche stehen; die vorgenommenen Quantifizierungen der übrigen Aussagen stellen ihnen gegenüber keinen höheren Wert dar.

Nach der jeweiligen Datenaufbereitung und -analyse und werden die Befragungen in Kap. 8.5. verglichen. In Kap. 8.5.1. wird der Herausforderungscharakter der Untersuchungsdesigns für den Ertrag und in Kap. 8.5.2. ihre Entwicklung im Laufe der Jahre laienhafter Forschung durch die Lehrerin aufgezeigt; in Kap. 8.5.3. werden die Ergebnisse aus der neueren Analysephase in Mindmaps zusammengefasst und damit der Ertrag der Selbst- und Partnerevaluation von Gruppenarbeit übersichtlich dargestellt und ausgewertet.

Warum wählt die Aktionsforscherin das Thema „Gruppenarbeit" für Selbst- und Partnerevaluation exemplarisch aus? Es eignet sich deshalb so gut, weil in dieser Evaluation ist eine direkte Befragung nach der Reaktion auf eine vorgegebene Situation (Altrichter 2007: 171) durchgeführt wird, die nicht allein die befragte Person betrifft (also nicht so „gefährlich" ist), aber doch ihre persönliche Mei-

Meinung erbittet und dadurch indirekt – oder, wenn es die Befragten wünschen, auch ganz direkt — über sich und andere Gruppenmitglieder (Einstellungen, Verhaltens- und Arbeitsweisen mit Vorzügen und Mängeln) Auskunft gibt. Die Grenzen zwischen Selbst- und Partnerevaluation sind hier fließend.

8.1. Befragung einer 6. Klasse
Untersuchungskontext, Datenerhebung und -aufbereitung

Titel: Übungs- und Wiederholungsstunden für die Arbeit am 20.5.05, Kl. 6b. Bewertungs- und Selbsteinschätzungsbogen

Unterrichtsreihe: Green Line New 2, ch. 7, 8. Die Lernenden stellen zur Übung und Wiederholung für ihre Klassenarbeit nach Anleitung in Gruppen selbst Stationen her, die sie anschließend nach individuellen Bedürfnissen in Einzel-, Partner- und Gruppenarbeit durchführen. (Wilkening 1997b und 1997c)

Zahl der Befragten: 29
Datum: Mai 2005
Sprache: deutsch
Namensnennung: anonym
Anzahl der Themen: neun (Unterschiede zu anderen Wiederholungsstunden; Effektivität der Vorbereitung, sonstige Vorbereitung, Deine Stationen, Benotung dieser, Deine Schwierigkeiten, Gruppenarbeit, am besten gefallen, Alternativvorschläge)
Befragungsausschnitt: Aufgaben 1, 7 (ca. ein Fünftel des Fragebogens)

Die offene Einleitungsfrage 1 lautet: „Welche Unterschiede gab es zu den bisherigen Wiederholungsstunden für eine Arbeit?" Von den 34 Nennungen (von 20 Lernenden) werden 23 Nennungen zur lernerorientierten Gruppenarbeit gemacht. — Frage 7 lautet: „Was hat dir die Gruppenarbeit gebracht? (Vor- und Nachteile)". Achtmal werden keine Antworten gegeben, zehnmal erfolgt eine Nennung, elfmal erfolgen zwei, zweimal drei, einmal vier Nennungen (insgesamt 42).

Auswertung und Bewertung der Daten

Zu den offen gehaltenen Fragen 1 und 7 können sich 8 von 20 Lernenden keine Gedanken machen. Gründe können Anonymität oder Offenheit der Fragen sein; sie müssen mit der Klasse im Gespräch zur Validierung der Ergebnisse geklärt werden. Die anderen Lernenden geben eine breite Palette von Antworten.

Unterschiede zu anderen Wiederholungsstunden liegen v. a. im Bereich der persönlichen Selbstbestimmung über die Auswahl der anzufertigenden Station, die selbstständige Anfertigung dieser in der Gruppe, die von 70 % der Lernenden genannt werden, eine erstaunlich hohe Zahl für Lernende der 6. Klasse, die auf eine offene Frage antworten. Das unterstreicht die Wichtigkeit, die sie dem Aspekt der Lernerautonomisierung beimessen. Zu diesem gehört auch Lernkompetenz: die selbstständige Aufteilung in Gruppen, das spielerische Lernen und die verschiedenen Lernorte. Persönlich beurteilen die Lernenden ihren Unterricht mit geteilten Meinungen. Da es sich um eine anonyme Befragung handelt, können die Urteile nicht an Personen festgemacht werden, man kann vermuten, dass die negativen Äußerungen entweder aus der bisher noch geringen Übung an solchen Gruppenarbeiten erfolgen oder dass es sich vor allem um Leistungsschwächere handelt, die negativ urteilen, da sie mit Autonomie schlechter umgehen können als mit starker Lenkung durch die Lehrkraft. In jedem Fall sind häufige Gespräche und Übungen in schülerorientierten Unterrichtsformen vonnöten.

Als persönliche Erfolge nennen Lernende einen zusätzlichen Verbesserungseffekt durch Übung und Wiederholung, individuelle Anstrengung, sogar Selbstkontrolle; negativ wird langsameres, teils abgelenktes Arbeiten beobachtet. Diese negativen Einzelaussagen sind von besonderer Bedeutung: Eine Person fühlt sich mit ihren Fehlern im Stich gelassen daher kritisiert sie das Stationenlernen; andere machen organisatorische Entscheidungen für persönliche Misserfolge verantwortlich. Diesen Lernenden muss im Klassengespräch aufgezeigt werden, wie sie sich Hilfe verschaffen können. Neben Vorteilen im Bereich sozialen Lernens werden als Nachteile von Gruppenarbeit verschiedene gruppendynamische Probleme genannt, aber auch eine organisatorische Entscheidung. Das zeigt ebenfalls die Notwendigkeit, auch Einzelprobleme im Klassengespräch zu thematisieren und evtl. gemeinsam Lösungen zu finden.

Abb. 38:

Kompetenzbereiche	Zentrale Dimensionen	Induktiv gebildete Kategorien	Anzahl	Ankerbeispiele	Fundstelle Frage
Personale Kompetenz	Selbstkonzept, Selbstregulierung	Selbstbestimmung über Stationsauswahl, Selbstgestaltung, Selbstständigkeit	14	„durften Aufgaben selbst machen"	B (1)
	Selbstwahrnehmung, Selbstkonzept	Spaß	7	„man hatte Spaß"	V (7)
		Positive Bewertung des Lernerfolgs	5	„Jeder lernt was."	N (7)
		Negative Bewertung des Lernerfolgs	4	„War nicht sehr evektiv"	BB (7)
	Selbstwahrnehmung	Freude an spielerischem Lernen	3	Abwechslungsreicher, mehr Spaß"	AA (1)
	Selbstregulierung	Wiederholung, Übung, Verbesserung	5	„Dass wir für die Arbeit geübt haben."	J (7)
		Erhöhte Anstrengung	1		
		Selbstkontrolle	1		
	Selbstwahrnehmung, Selbstregulierung	Konzentrationsschwierigkeiten	5	„Manchmal konnte man sich nicht konzentriren."	Q (7)
Soziale Kompetenz	Rücksichtnahme und Solidarität, Kooperation	Gemeinsames Lernen	2	„Ich konnte mit meinen Freundinen zusammen lernen."	L (7)
		Gegenseitiges Abfragen	2	„Man konnte sich gegenseitig abfragen."	T (7)
	Rücksichtnahme und	Störungen durch Lernpartner	1	„Meine Partner haben nur Quatsch ge-	BB (7)

	Solidarität, Kooperation, gesellschaftliche Verantwortung		„macht und mich abgelenkt."	
		Streit um Ergebnis	1	„streit um richtiges Ergebnis"	AA (7)
		Mangelnde Beteiligung Einzelner	1	„Manchmal konnten nicht alle mitmachen"	T (7)
Lern- und Arbeitskompetenz	Lernkompetenz	Eigene Aufteilung und Zusammenlernen in Gruppen	3	„Wir haben uns in Gruppen aufgeteilt."	M (1)
		Verschiedene Lernorte	3	„Wir haben andere Räume genutzt."	A (1)
		Spielerisches Lernen	2	„Ich habe dadurch mal gelernt, dass man auch spielerisch viel lernen kann."	A (7)
	Problemlösekompetenz	Erhöhter Zeitbedarf	3	„Es hat alles viel länger gedauert."	I (7)
		Fehlende Erklärung der Fehler	1	„Das wenn man Fehler gemacht hat diese nicht erklärt werden."	S (7)
		Lückentext für Einzelarbeit	1	„Beim Lückentext war es doof das wir zu dritt waren man hätte es auch allein geschafft."	E (7)

8.2. Befragung einer 8. Klasse

Untersuchungskontext, Datenerhebung und -aufbereitung
Titel: Fragebogen zum Workshop Englisch
Unterrichtsreihe: Projekt über Indianer, Befragung erfolgt nach Abschluss
Klasse: 8b
Zahl der Befragten: 25
Datum: März 1997
Sprache: deutsch
Namensnennung: anonym
Anzahl der Themen: fünf (Unterschied zum sonstigen Unterricht, Lehrerrolle, Schülerrolle, Lernergebnis für Dich und in Gruppe, gleiche Gestaltung)
Befragungsausschnitt: 4b.

Die offene Frage 4b. lautet: „Was hast Du in dieser Stunde geleistet/gelernt ... in der Gruppe". Nur ein Lernender antwortet „?", zwanzig geben eine Antwort, drei zwei Antworten und eine Lernender drei.

In diesem Kapitel wird exemplarisch für andere offene Befragungen an diesem Fragebogen dargestellt, wie Daten zum Thema „Gruppenarbeit" an ganz anderen Stellen erscheinen (in Frage 1 nach allgemeinen Unterschieden zum sonstigen Unterricht, Frage 4a zur eigenen Leistung/dem Lerneffekt oder Frage 5 zu möglicher Wiederholung der Stunde). Mögliche Gründe sind, dass die Befragten die Frage nicht verstanden haben oder sie nicht beachtet haben, ihre Gedanken jedoch noch an irgendeiner Stelle anbringen möchten. Hier tritt eine „Gefahr" offener, qualitativer Befragung zutage, die durch geschlossene Fragestellungen vollkommen ausgeschaltet werden kann. Es zeigt sich, dass Fragebogenkonstrukteure offene Fragen besonders klar formulieren, die Antworten sorgfältig antizipieren müssen.

In den genannten drei Fragen 1, 4a und 5 erfolgt eine wesentlich größere und differenziertere Zahl von Nennungen zum Thema als in der dafür vorgesehenen Frage 4b: zweimal eine, zwei und drei Nennungen, dreimal vier, zweimal fünf, viermal sechs, einmal zwölf Nennungen.

Zur Gruppenarbeit werden allgemeine aber auch so differenzierte Äußerungen gemacht, dass sie sich teils schwer in Kategorien fassen lassen und sie die Forscherin deshalb als in vivo-Kategorien (hier genannt „Einzelaussagen") bestehen lässt.

Aus- und Bewertung aller Daten

Die offene Frage 4b. zur Selbstbewertung der eigenen Arbeit in der Gruppe ergibt viele allgemeine Äußerungen und einige zur Gruppenarbeit insgesamt. Nur eine einzige Äußerung bezieht sich wirklich auf das Thema 4b.: „... hab sie gestört, weil ich gelacht habe." Das zeigt, dass die Fragestellung zu unpräzise formuliert worden ist. Die Befragten treten hier mit der Fragebogenkonstrukteurin in einen Dialog ein, der zu einer veränderten Fragestellung führen muss, wenn ganz gezielt persönliche Details beschrieben werden sollen. Ob dann überhaupt noch viele Antworten zu verzeichnen sind, ist allerdings fraglich.[39] Ein ähnliches Ergebnis bietet die Befragung in Klasse 11, vgl. Kap. 8.4. .

In anderen Teilen des Fragebogens werden auch Aussagen zur Gruppenarbeit gemacht, auch hier „verdeckt" unter Aussagen, die das befragte Individuum oder die Gruppe meinen können. Das wird nicht immer deutlich, da die Befragten durch die insgesamt offenen Fragen in diesem Fragebogen diese Möglichkeit bekommen haben. Ein möglicher Schluss für die Fragebogenkonstrukteurin wäre, bei ersten Befragungen in unteren Klassenstufen auf alle Fälle geschlossene Fragen zu stellen, um ihr wesentliche Themen abzufragen – auf Kosten von Meinungsvielfalt.

Auf diese kann allerdings kaum verzichtet werden: Die große Zahl an allgemeinen und spezifischen Äußerungen zur Gruppenarbeit in den anderen Teilen des Fragebogens ergänzt auf wertvolle Weise die zu Punkt 4b abgegebenen Äußerungen; die spezifischen Angaben sind oft viel genauer. Detailliert wird auf konkrete Rahmenbedingungen des Lernens (mehr Zeit, freie Arbeitsplatzwahl) und soziale Funktionen der Gruppe eingegangen, aber auch die Einzelaussagen im Bereich der sozialen Kompetenzen sind für sich bedeutsam. Häufig geht es um soziales Miteinander. Argumente wie „Jeder arbeitet, wie er es für richtig hält" dienen als Ansatzpunkte für eine Klassendiskussion über die positiven und negativen Implikationen dieser Aussage sowie deren Realisierbarkeit im Unterrichtskontext. Die Person, die „mehr als sonst mit anderen zusammenarbeiten" muss, muss die implizierte Tendenz näher erklären. Und was bedeutet die Aussage, man sei mit anderen zusammen? Ist man dies im Regelunterricht also nicht? Erhöhte Kommunikation lässt eine Person auf eine für die Arbeitswelt relevante Schlüsselqualifikation schließen — ein weiter Blick für Lernende der 8. Klasse.

Die dialogische Funktion zwischen Lernenden und Lehrkraft zur positiven oder negativen Legitimierung eines Schrittes (Stockmann 2006: 20) neben der Erkenntnisfunktion einer Befragung zeigt sich deutlich in der kritischen Äußerung

---

[39] Alle Ausführungen zur Konstruktion von Fragebögen warnen vor allzu persönlichen Fragen.

über die Lernform des Gedichte Schreibens: Sicherlich muss die Lehrkraft gemeinsam mit ihrer Lerngruppe überlegen, wie sinnvoll es in der Kleingruppe ist und Vor- und Nachteile für einen Wiederholungsfall abwägen. Der „Lerneffekt" aus diesem Fragebogendialog kann auch sein, dass Gedichte nur noch individuell und freiwillig geschrieben werden.

Fazit: Die sehr persönlichen Gedanken über vor allem soziale und methodische Aspekte von Gruppenarbeit sind in allen Teilen des offenen Fragebogens zu lesen, besonders häufig in der offenen, indirekten Abschlussfrage 5: „Würdest Du einer anderen Klasse auch vorschlagen, eine Stunde so zu gestalten? Warum/warum nicht?" Das mag auch an ihrem projektiven Charakter[40] liegen, durch den sie nicht so persönlich „bedrohlich" erscheint wie die direkte Frage 4 und dadurch eher zu Offenheit anregt.

---

[40] Altrichter und Posch, S. 171 schlagen vor, eine projektive Frage vor die direkte persönliche zu stellen. In dieser Befragung wurde erstere als offene Abschlussfrage an das Ende der persönlichen Befragung gestellt, um eine abschließende Meinung der Befragten zu den Punkten zu erhalten, die sie persönlich für wichtig erachten. Sie haben dadurch mehr Freiheit, als eine Festlegung am Anfang bedeutet hätte.

Abb. 39:

Kompetenzbereiche	Zentrale Dimensionen	Induktiv gebildete Kategorien	Anzahl	Ankerbeispiele	Fundstelle Frage
Personale Kompetenz	Selbstkonzept, Selbstregulierung	Eigene Themenwahl	2	„man arbeitet in Themen, die man/frau sich aussuchen kann"	A (1)
		Eigenes Arbeitstempo (Einzelaussage)	1	„Ich muss mit den anderen viel mehr zusammenarbeiten als sonst."	A (3)
			1	„Jeder macht seine Arbeit so, wie er sie für richtig hält."	P (1)
	Selbstwahrnehmung, Selbstkonzept	Spaß	2	„Spaß"	X (4b)
		Geringe Leistung	1	„Unsere Gruppe hat in der Stunde nur wenig geleistet! (Blödsinn gemacht)"	B (4b)
Soziale Kompetenz	Soziale Wahrnehmungsfähigkeit	Positive Bewertung der Gruppenarbeit	22	„gute Gruppenarbeit"	J (4b)
		(Einzelaussagen)	1	„Ich ahne wie es in einem Radiosender zugeht."	Z (4a)
			1	(Zustimmung zur Wiederholung) „Man ist mit anderen zusammen"	K (5)

227

	Soziale Wahrnehmungsfähigkeit, Kooperation	Zusammenarbeiten	2	„auf anderer eingehen"	J (1)
	Kooperation, Rücksichtnahme und Solidarität	Kommunikation, gegenseitige Hilfen	6	„Gruppe ergänzt sich gegenseitig"	R (4b)
		Guter Umgang miteinander	1	„mit anderen umzugehen"	D (4b)
	Soziale Wahrnehmungsfähigkeit, Rücksichtnahme und Solidarität	Eigene Störung	1	„hab sie gestört, weil ich gelacht hab"	V (4b)
		Wichtigkeit Einzelner	4	„jeder ist ʻgleichberechtigtʼ"	D (3)
Lern- und Arbeitskompetenz	Lernkompetenz	Üben der englischen Sprache	5	„man [kann] nebenbei auch noch Aussprache/Anwendung von Englisch üben"	A (1)
		Malen eines Bildes	1	„Bild gemalt"	W (4b)
		Schreiben eines Briefes	2	„Brief geschrieben"	S (4b)
		Alternative Textbehandlung	5	„Außerdem kann man gewisse Themen anders behandeln. (nicht nur Lesen)."	L (5)
		Produktive Textgestaltung	1	„Etwas produktives zusammen zu gestalten und zu bearbeiten."	F (5)
		(Einzelaussage zu einer Wiederholung einer ähn-	1	(Ablehnen) „da man so etwas nicht unter Zeitdruck erledigen sollte und da es uns nicht im Wesentlichen hilft. (Wer würde	N (5)

	lichen Unterrichtseinheit)		so etwas im realen Leben erledigen)"	
		1	(Zustimmung) „da der Unterricht mehr auf Kommunikation ankommt, und diese Fähigkeit in der Arbeitswelt sehr gefragt wird."	J (5)
Problemlösekompetenz	Notwendigkeit von Ruhe	1	„je mehr Leute in einer Gruppe sind, desto schwieriger ist es ein Hörspiel aufzunehmen, denn es muss ruhig sein, keiner darf lachen."	M (4b)
	Zeitgewinn	3	„Man hat mehr Zeit"	K (1)
	Kleine Lerngruppen an verschiedenen Lernorten	4	„getrennte Klasse, die an unterschiedlichen, selbst gewählten Orten für sich arbeiten konnten"	N (1)
	nicht dominante Lehrkraft	2	(Bitte: Wiederholung) „weil man alleine ist und nicht rumkommandiert wird!!!"	H (5)

8.3. Befragung einer 10. Klasse

Untersuchungskontext und Datenerhebung

Titel: Questionnaire for self-evaluation

Unterrichtsreihe: Lektüre von Betrayed von Carl Taylor, Lernende formulieren Regeln für Gruppenarbeit, nennen after-reading activities und führen einige davon in selbst gewählten Gruppen durch

Klasse: 10e

Zahl der Befragten: 23

Datum: Oktober 2003

Sprache: englisch

Namensnennung: anonym

Anzahl der Themen: sechs ("Rule 1: Speak English, rule 2: all work together, rule 3: problems are solved by the group, rule 4: refer to novel, rule 5: justification for rule 4, 6. alternatives")

Befragungsausschnitt: Teile aus Rules 1, 2, 3 (ca. die Hälfte des Fragebogens)

In extrem schülerorientierter Arbeitsweise formulieren die Lernenden mit ihrer Lehrkraft vor ihrer Gruppenarbeit selbst Regeln, die sie in dieser Befragung selbst evaluieren – nach verschiedenen von der Lehrkraft entwickelten Indikatoren.

Zur ersten Regel "Speak English: in your group, have you spoken English" ist zunächst eine Bewertung aus vier vorgegebenen Stufen ("only/most of the time/seldom/not at all?") vorzunehmen. Danach folgen neun geschlossene Impulse und ein offener, woraus die ersten acht für diese Untersuchung ausgewählt werden. In der zweiten Regel geht es um Zusammenarbeit. Alle drei geschlossenen Indikatoren und ein offener werden untersucht. Zur dritten Regel (Probleme in Gruppe) gibt es sieben geschlossene und vier offene Indikatoren, die auch untersucht werden. Alle Indikatoren werden von den Befragten angekreuzt, wenn sie für sie infrage kommen. An verschiedenen Stellen fügen einige stichpunktartige Ergänzungen hinzu, andere belassen es beim Ankreuzen. Deshalb kann bei dieser Teiluntersuchung auf Ankerbeispiele verzichtet werden.

Datenaufbereitung, -auswertung und –bewertung

Die quantitativen Daten der geschlossenen Fragen zur ersten Regel werden in Diagrammen und Tabellen mit Textblöcken dargestellt.

(Abb. 40:) Rule No. 1: Speak English: In your group, have you spoken English

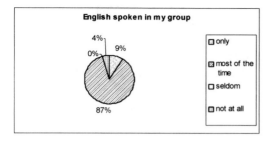

(Abb. 41:) Rule No. 1: Speak English. Level of English and practice:

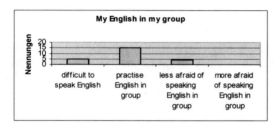

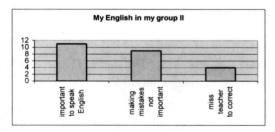

Diese Befragung kann als sehr reliabel gelten, denn beim Ankreuzen der entsprechenden Antworten entfällt auch die mögliche Angst, die Lehrkraft könne die Handschrift erkennen. Wenn man unter Punkt 6 keine Alternativen hinzugeschrieben hat, ist die Befragung in keiner Weise einer Person zuzuordnen.

Im ersten Punkt zeigt sich, dass die Lernenden sich fast alle sehr um das Englisch sprechen bemüht haben. Es fällt ihnen nicht schwer, sie üben es gern, es ist ihnen wichtig. Fehler spielen eine geringere Rolle, die korrigierende Lehrkraft fast keine. Der Indikator „I was less afraid ..." ist vermutlich nicht von allen verstanden worden, denn der darauf folgende Kontrollindikator ist erwartungsgemäß negativ beantwortet worden.

(Abb. 42:) Rule No. 2: All should work together to produce one project. (geschlossene Fragen):

In our group work for our after-reading activity we all cooperated to produce one group project.	20x
In our group work we did not cooperate enough.	1x
In our group work I was tolerant enough to listen to the others' proposals.	6x
What I would change in group work next time (offene Frage):	
Nothing	2x
Time too short	1x
Dictionary	1x

In der zweiten Regel bestätigen die Lernenden die Kooperation; die folgende Kontrollfrage hat dementsprechend eine Antwort. Der dritte Indikator könnte nicht verstanden worden sein, da hier mehr Kreuze zu erwarten gewesen wären. Der letzte (offene) Indikator ist missverständlich: Wenn nichts verändert werden soll, soll dies niedergeschrieben werden oder nicht? Daher kommt vermutlich die geringe Zahl von Antworten.

(Abb. 43:)Rule No. 3: If problems arise, the group should try to solve them. If this is not possible, the teacher should be asked. Role of the teacher:

In our group we did not have any problems at all.(geschlossen)		11x
In our group we solved our problems ourselves, for example (offen)		7x
- with a dictionary	(3x)	
- define new words	(2x)	
- find new ideas	(1x)	
- by asking other group members	(1x)	
We asked the teacher about (offen)		9x
- some vocabulary	(8x)	
- our presentation	(1x)	
We did not have to ask the teacher at all. (geschlossen)		3x
We did not dare to ask the teacher because (offen)		1x
- computer at home	(1x)	

I think in the after-reading phase the teacher is just the moderator. He/She is only physically present just in case anybody needs him/her.(geschlossen)		6x
I think the teacher should tell all the groups exactly (geschlossen/offen von Einigen interpretiert)		6x
what to do,	(2x)	
how to do it etc.	(2x)	
He/she should control all the groups as often as possible.(geschlossen/ offen von Einigen interpretiert)	(2x)	
at first	(1x)	
sometimes	(1x)	
The teacher should not allow us to leave the room because (offen)		2x
- some did not do their work	(1x)	
- she does not know what we do	(1x)	
I think it was great to do group work anywhere in school. But the teacher should always know where we work. (geschlossen)		14x
- and make sure nobody does anything else (selbst hinzugefügt)		1x

Hier zeigt sich deutlich, dass eine Mischung von offenen und geschlossenen Impulsen auf engem Raum zu unübersichtlich für die Befragten wird und sie teilweise nicht wissen, ob die Frage offen oder geschlossen sein soll (s. letzter Impuls). Einige geschlossene Fragen werden flexibel von Lernenden als offene behandelt und ergänzt. — Auch bei einem Thema sollten offene und geschlossene Impulse deutlicher getrennt werden. Einige Fragen (wie die erste) müssen skaliert werden. Dennoch ist aufgrund der Nennungen festzustellen, dass die Zehntklässler hier so flexibel sind, beide Arten von Fragen zu bearbeiten.

Inhaltlich bestätigt etwa die Hälfte die reibungslose Gruppenarbeit. Teils löst die Gruppe selbst Probleme, teils wird die Lehrkraft gefragt (das betrifft eigentlich nur Vokabeln, ansonsten herrscht scheinbar große Scheu vor Fragen an die Lehrkraft). Über die Vorteile der freien Arbeitsplatzwahl sind sich über die Hälfte aller Befragten einig. Auch die Hintergrundrolle der Lehrkraft wird von vielen gesehen, der allerdings für Arbeitsanweisungen und Kontrolle einzelner wichtig ist. Letzteren Punkt fügen fünf Lernende von sich aus hinzu; er ist Anlass für ein Klassengespräch und Ausgangspunkt für engmaschigere Übungen im Bereich des selbstverantwortlichen Lernens.

Die überwiegend geschlossene Befragung ist bei Weitem nicht so ertragreich für die Analyse wie die bisherigen beiden offenen.

8.4. Befragung einer 11. Klasse

Untersuchungskontext und Datenerhebung:
Titel: Auswertung Workshop English, 25-4-96
Unterrichtsreihe: Lektüre von John Raes „Parable of the Good Lunatic", danach Workshop mit *after-reading activities* aus selbst gebildeten Gruppen
Klasse: 11
Zahl der Befragten: 27
Datum: 25. 4. 1996
Sprache: deutsch
Namensnennung: anonym
Anzahl der Themen: 7

Bei dieser ersten Befragung der laienhaft aktionsforschenden Lehrerin zeigen sich besonders die anfänglichen Schwächen in der Fragebogenkonstruktion. Aus diesem Grunde werden alle Daten – wie bei der obigen Analyse der Befragung einer 8. Klasse – zum Thema „Gruppenarbeit" aus dem gesamten Fragebogen in der Aufbereitung, Aus- und Bewertung zusammengefasst; die Fundstelle bei der jeweiligen Frage wird in Klammern vermerkt.

Dazu werden alle Fragestellungen aufgelistet und die Fragen 4b und 5 zur Gruppenarbeit kritisch beleuchtet:
wichtigster Unterschied zum traditionellen Unterricht
neue Lehrerrolle: +, -
neue Schülerrolle: +, -
Selbstbeurteilung: Wie fühle ich mich in meiner Rolle?
Was habe ich in der Stunde geleistet/gelernt? a) für mich selbst; b) in der Gruppe
Zusammenarbeit in der Gruppe:
 wie intensiv? Beurteilung
Nebeneffekte der Zusammenarbeit? Beurteilung?
evtl. Veränderungsvorschläge für diese konkrete E-Std.
Effektivität:
Eher effektiver oder eher ineffektiver für mich persönlich als traditioneller Unterricht?
Warum?

Altrichter (2007: 170) betont, dass eine Frage nur eine Aussage enthalten dürfe. Wenn sie zwei oder mehr Aussagen enthalte, sei diese nicht eindeutig zu interpretieren, weil unsicher sei, welcher der Aussage sie gelte.
Die offene Frage 4, aus zwei Teilen bestehend, enthält mehrere Aussagen (Selbstbeurteilung — Gefühle — Lerneffekt); es ist zu vermuten, dass sie wegen dieser Überfrachtung nicht eindeutig von den Lernenden interpretiert wird. Die offene Frage 5 hat auch zwei Teile, enthält aber nur „Zusammenarbeit".

Teilfrage 5: Zusammenarbeit in der Gruppe: wie intensiv?
Zur Intensität äußert ein Schüler, sie sei vermutlich höher als bei anderen Arbeitsmethoden (P); einer, sie richte sich auch nach dem Thema (R) und einer, es gebe nur wenige Ablenkungen (K). –

Abb. 44:

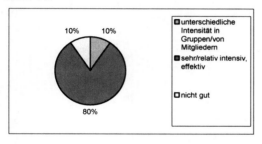

Abb. 45:

Kompetenzbereiche	Zentrale Dimensionen	Induktiv gebildete Kategorien	Anzahl	Ankerbeispiel	Fundstelle Befragung
Personale Kompetenz	Selbstwahrnehmung	Entspannte Atmosphäre	3	„effektiver, weil man im Unterricht doch eher angespannt ist, jedoch bei der Zusammenarbeit eher entspannt ist und es manchmal recht lustig zugeht"	Q (7)
	Selbstkonzept	Spaß	6	„Ich finde, diese Art von Unterricht eher effektiv, da man Spaß hat und so auch viel leichter lernt."	O (7)
	Selbstkonzept und -regulierung	Motivation für Fremdsprache	2	„man lernt, mit der Sprache unkompliziert umzugehen"	F (5)
	Selbstwahrnehmung, -konzept, -regulierung, Werthaltungen	Selbstverantwortlichkeit	1	„man ist aktiver/verantwortlich für seine Gruppenarbeit	C (3)
		Kreativität	1	„Man kann kreativ arbeiten und Ideen in die Gruppe hineinbringen und darüber sprechen."	O (1)
Sozialkompetenz	Soziale Wahrnehmungsfähigkeit	Kennenlernen	4	„Man lernt seine MitschülerInnen kennen"	O (5)
		(gute) Zusammenarbeit	11	„Gute Zusammenarbeit, die Spaß macht"	W (4b)
		eigene Meinung	2	„eigene Meinung besser mit einbringen"	G (3)
Sozialkompetenz	Soziale	Freiräume	1	„Ich denke eher ein wenig uneffektiver, da es in	A (7)

			einem Workshop auch Freiräume gibt, in denen man sich über andere Sachen unterhält. Dies fördert jedoch die Kommunikation untereinander."	
	fähigkeit			
	Soziale Wahrnehmungsfähigkeit, Rücksichtnahme und Solidarität			
		Aufmerksamkeit	3	„Zuhören"	I (4b)
		Individuelle Freiheit	2	„weniger individuelle Freiheit, mehr Gruppenabhängigkeit"	K (5)
		Benachteiligung Einzelner	1	„einzelne kommen in Gruppe zu kurz?"	J(3)
	Kooperation				
		Förderung von Kooperation und deren Wirkungen	6	„fördert Kooperationsfähigkeit und -bereitschaft"	T (5)
		(positive:)	(2)	„hat gut geklappt"	H (5)
		(abwägend:)	(3)	„Eine bessere Zusammenarbeit wäre trotzdem noch wünschenswert gewesen."	X (5)
			(1)		
	Kooperation, Rücksichtnahme und Solidarität	Guter Umgang miteinander	2	„gute Zusammenarbeit, auch wenn man locker miteinander umgeht"	F (5)
	Gesellschaftliche Verantwortung (politische Teilhabe	Motivation zur Handlung	5	„Als Gruppe waren wir motiviert, etwas dagegen [= Nachteile von Randgruppen] zu tun"	M (4b)
	Gesellschaftliche Verantwortung (politische Teilhabe)	Unterrichtsführung	1	„+: gestalten den Unterricht selbst, sind in die Hauptrolle übergegangen"	R (3)

237

Soziale Wahrnehmungsfähigkeit, Rücksichtnahme und Solidarität, Kooperation, Konfliktbewältigung, gesellschaftliche Verantwortung	Zeitplanung	2	„dauert manchmal etwas länger bis man sich geeinigt hat"	R (5)
	Gemeinsame Erarbeitung	9	„zusammen etwas aufzubauen, ein gemeinsames Konzept zu erarbeiten"	F (4b)
	Diskussion	11	„Meinungen austauschen"	Q (4b)
	Hilfe	4	„im Team anderen zu helfen und Hilfe zu bekommen"	X (4b)
	Kompromisslösung	8	„eigene Ideen werden mit den Ideen der Gruppe verarbeitet"	
	Desinteresse an Gruppenarbeit	2	„Ausruhmöglichkeit, wenn andere Schüler aktiv sind (da Gruppenergebnis entscheidet)"	S (4b)
	Schwächen Einzelner	1	„[ineffektiver]: Gruppenmitglieder Schwächen ausgleichen"	
	Aus- und Bewertung (neutral)	3	„die Ideen/Vorschläge gemeinsam zu besprechen und zu bewerten"	N (3)
	(negativ)	1	„muss nicht wiederholt werden. Nicht so effektiv wie Arbeit alleine"	D (7) O (4b) V (6)
Sprach- und Textkompetenz	Kommunikative Kompetenz	Deutsch Sprechen	3	„trotz guter Konzentration auf das ʼenglischeʼ Ergebnis in der Vorbereitung viel Deutsch ge-	H (5)

				sprochen"	
Lern- und Arbeitskompetenz	Problemlöse-, Lern- und Medienkompetenz	Arbeitseffektivität	1	„effektiver, weil man in einer kleinen Gruppe schneller vorann kommt"	E (7)
		Ergebnispräsentation	1	„Ergebnis dem Kurs vortragen"	B (4b)
	Problemlösekompetenz	Arbeitsteilung	2	„die Arbeit wird geteilt → positiv"	L (5)
		Zeitplanung	1	„teils zu wenig Zeit"	G (5)
		Aus- und Bewertung	2	„Ich denke, dass die Arbeit in einer Gruppe vielleicht nicht ganz so konzentriert verläuft, wie es sonst der Fall ist. Jedoch ist vielfältiger und oft interessanter"	A (5)
		Planung weiteren Unterrichts	6	„effektiv = beiden zusammen/im Wechsel; Workshop English aufgrund selbstständiger Gruppenarbeiten, traditionell aufgrund besserer Lernvorgänge"	J (7)
		Ausblick auf Arbeitsleben	1	„recht gut, ist aber nicht vergleichbar mit ‚richtiger' Team-Arbeit, wie sie vielleicht später verlangt wird. Hierarchien fehlen!"	V (5)

239

Datenauswertung

Das Arbeiten in der Gruppe wird überwiegend als intensiv und effektiv beurteilt; Gruppenarbeit insgesamt als positiv in verschiedenen Facetten:

Persönlich bedeutsam empfinden die Lernenden eine entspannte Unterrichtsatmosphäre, was bedeuten kann, dass diese in anderen Lernphasen angespannt ist, Gründe dafür werden nicht gegeben. Anspannung, Stress, Mangel an Abwechslung im Regelunterricht wird in anderen Befragungen bestätigt, so z. B. in den Punkten 22, 23 und 24 der Eingangsbefragung der Untersuchung „Arbeitsprozessberichte Französisch" und einzeln bei B, S. 14, Z. 25-27 und C, S. 6, Z. 3-4. — Spaß und Motivation, die Fremdsprache zu sprechen werden von einem Viertel der Lernenden pauschal bemerkt. Schließlich nehmen Einzelne die Selbstverantwortlichkeit für das eigene Lernen wahr und benutzen diese zur Steuerung dessen, was auch Einbringen von Kreativität bedeuten kann.

Da die Ausschnitte aus den Fragebögen so gewählt sind, dass sie die Bewertung der Lernenden von ihrer Gruppenarbeit und der ihrer Mitlernenden vornehmen, ergibt sich, dass von den 112 hier untersuchten Nennungen 70 % hauptsächlich im Bereich der Standards von Sozialkompetenz liegen. (zu Gruppenarbeit vgl. 2.2.3.1.)

Ein mehrfach angesprochener Bereich ist die Wahrnehmung der Mitlernenden (gegenseitiges Kennenlernen und sich Aufmerksamkeit schenken, Kommunizieren über schulische und nicht schulische Themen). Dieser Mangel an Wahrnehmung im Regelunterricht bestätigt sich umgekehrt u. a. in der Eingangsbefragung zu Wünschen an Unterricht (Punkte 15-17 und 26) und einzeln bei Schülerin B, S. 5, Z. 7-8 und 10-12.

Zur Wahrnehmung der Gruppe gehört auch, dass sich die Individuen in diese einfügen. Das betrachten einige als Einschränkung individueller Freiheit bzw. als Möglichkeit, Freiräume auszunutzen. Hier ist noch Unterstützung vonseiten der Lehrenden erforderlich, diese vermeintliche Einschränkung positiv für Rücksichtnahme, Solidarität, Kooperation, Konfliktbewältigung, schließlich die gesellschaftliche Mitverantwortung innerhalb der Gruppe zu nutzen. Im Bereich dieser Mitverantwortung liegt auch die wichtige Rolle der Lernenden als Subjekte, die ihnen jedoch nur in einer einzigen Nennung auffällt, ähnlich in der Untersuchung 1 bei C, S. 4, Z. 25-26 und S. 6, Z. 8-9.

In der Kategorie der Lern- und Arbeitskompetenz bewerten mehrere Lernende abschließend die Gruppenarbeit in verschiedenen Ausprägungen als positiv; der mehrfach geäußerte Vorschlag von Abwechseln dieser schülerorientierten Arbeitsweise mit anderen Unterrichtsmethoden entspricht denen der Fachdidaktik (vgl. Sandwichmodell und Thalers Balanced Teaching in Kap 2.2.). Als problematisch wird von Einzelnen geäußert, dass dies kein „richtiges" Lernen sei. Des Weiteren wird kritisiert, dass die Dominanz der Lehrkraft über die Lernenden fehle – parallel zu den bei den Sozialkompetenzen genannten Freiräumen, die die nicht ständig von der Lehrkraft kontrollierte Gruppenarbeit zum „Abtauchen" biete. Diese Meinung teilt auch C in Kap. 7.3., wenn er sein Bedürfnis nach dem Druck der Lehrkraft auf S. 4 mit seiner noch übungsbedürftigen Selbstständigkeit erklärt.

8.5. Vergleich der Befragungen
8.5.1. Entwicklung im Befragungsdesign

Der Vergleich erfolgt zunächst formal, dann inhaltlich nach Außenkriterien (Kriteriumsvalidität).

Es findet eine Entwicklung in den Befragungen statt, die die Lehrkraft seit 1996 laienhaft zu ihrem Unterricht formuliert und diese mit ihren Lerngruppen durchführt. Die Befragung der 11. Klasse im April 1996 erfolgt nach allgemeinen und offenen Fragen. In den Fragen befinden sich jeweils mehrere Impulse (Frage 4: „Selbstbeurteilung, fühle, meine Rolle, gelernt, für mich selbst, in der Gruppe"; Frage 5, 1. Teil: „Zusammenarbeit, intensiv, Beurteilung", 2. Teil von 5: „Nebeneffekte, Zusammenarbeit, Beurteilung"; letzterer ist zudem unklar formuliert, sodass Antworten dazu an beinahe jeder Stelle der Befragung stehen könnten.

Auch die Befragung der 8. Klasse vom März 1997 enthält allgemeine und offene Fragen; wie oben sind Fragestellungen unklar wegen Mehrfachimpulsen (Frage 4b: „ ... Du gelernt, geleistet, in der Gruppe"). Das zeigt sich in den vielen Antworten zum Thema in anderen Teilen des Fragebogens und in der geringen Variationsbreite der Antworten, die jedoch für den gesamten Fragebogen gesehen recht hoch ist.

Fazit: Die Fragen bzw. Impulse sind zu offen und durch Mehrfachthemen zu ungenau. Daher entscheidet sich die forschende Lehrkraft, zunehmend geschlossene Fragen bzw. Indikatoren vorzugeben, um konkrete Informationen abzufragen, die von Erkenntnis-, Dialog- und Legitimierungsinteresse sind. Der Nachteil dieser Indikatoren ist, dass sich die Lernenden nur zu den gefragten Punkten äußern können — wenn sie klar formuliert sind, nichts selbst hinzufügen können und ihre Antworten in keiner Weise abstufen können. (Wegen der geringen Aussagekraft solch geschlossener Fragen entfernt die Forscherin die Befragung einer 12. Klasse aus dem Dezember 1997 wieder aus dem Manuskript.) Sie entscheidet sich deshalb zum damaligen Zeitpunkt, wieder eine teilweise Öffnung zu versuchen.

Die Befragung der 10. Klasse vom Oktober 2003 enthält geschlossene und offene Indikatoren. Zu den offenen Indikatoren sollen Begründungen gegeben werden, die Hintergründe erklären. Fazit: Auch mit der Kombination sind die Antwortmöglichkeiten noch zu beschränkt; sie bieten sich deshalb nicht einmal für die Zusammenschau in den Mindmaps in Kap. 8.5.3. an.

Die Befragung der 6. Klasse vom Mai 2005 beinhaltet als Konsequenz nur offene Fragen. In der ganz offenen Frage 1 wird sehr häufig Gruppenarbeit erwähnt. Frage 7 scheint zu lang oder zu unverständlich zu sein, sodass nicht alle antworten können. Ansonsten äußern die Lernenden viele Meinungen zu Gruppenarbeit, einige Rahmenbedingungen, Arbeitsweisen und Nachteile von Gruppenarbeit werden beschrieben. Fazit: Dies ist ein gutes Ergebnis für eine 6. Klasse in seiner Antwortbreite und es zeigt, dass auch schon junge Lernende durchaus fähig sind, offene Fragen zu beantworten, wenn sie mit offenen Arbeitsweisen vertraut sind.

8.5.2. Herausforderungscharakter der Befragungsmethoden für den Ertrag

Inwiefern sind die Befragungsmethoden mit dem Ertrag vereinbar? Wo sind sie ergiebig, zeigen höhere Variationsbreite für die Selbst- und Partnerbeurteilung, wo eher weniger ergiebig?

Alle vier Fragebögen sind summativ und ex-post zum Hauptzweck einer Erkenntnisgewinnung über die jeweilige durchgeführte lernerorientierte Unterrichtseinheit (*after-reading activities* nach einer Kurzgeschichte in Klasse 10, verschiedenster Workshop- oder Projektarbeit in Klassen 8 und 11, Stationsarbeit als selbst angefertigter Übungszirkel in Klasse 6) von der Lehrkraft selbst für die Lernenden angefertigt worden, damit in Selbst- und Partnerevaluation Arbeitsweisen des Ich in der Gruppe und der anderen Gruppenmitglieder, Rollenverteilungen, Vergleiche zu traditionellen Unterrichtsformen und Alternativplanungen anonym aufgeschrieben werden. — Eine weitere Funktion ist die Legitimierung der durchgeführten schülerorientierten Unterrichtsreihe in methodischer Hinsicht und in Bezug auf den Erkenntnisgewinn. — Die dritte Funktion ist der Dialog: Durch die schriftliche Befragung tritt die forschende Lehrkraft in einen Dialog mit den Lernenden ein, der im Folgenden zu bestimmten — meist zu kontroversen oder problematischen — Punkten jeweils im Unterrichtsgespräch weitergeführt werden soll.

Die offenen Befragungsteile geben sehr differenzierte Auskunft, die Vielfältigkeit steigt mit dem Alter an, differenziertere Aussagen sind teils schwer in Kategorien zu fassen. Teils schreiben die Lernenden in Sätzen, deren Aussage bei der

Kategorisierung der verschiedenen genannten Aspekte an Zusammenhang verliert. Davon zeugen exemplarisch „Einzelaussagen". Die Forscherin entschließt sich, die qualitative Vielfältigkeit der Daten so weit wie möglich beizubehalten, was teils zulasten von Kategorienbildung oder von Übersichtlichkeit geht. Die Befragung der 9. Klasse, Punkt 3, mit 6 geschlossenen Indikatoren zum Ankreuzen ist in ihrer Variationsbreite beschränkt; daher ergibt sie recht flache Ergebnisse nach den Fragen, die die Lehrkraft als Ergebnis der *after-reading activity* zur Kurzgeschichte beantwortet haben möchte. Die Befragungen der 8. und 11. Klasse zeigen exemplarisch auch für andere Befragungen, dass die Lernenden an verschiedenen Stellen des Fragebogens Auskünfte zum Thema „Gruppenarbeit" geben, nicht nur bei der jeweiligen Frage danach. Das spräche dafür, einen Fragebogen als Ganzes zu analysieren.

Wenn ein Teil der Befragten zu einer Frage keine Antwort gibt, kann der Grund dafür bei den Lernenden liegen (nicht in der Lage oder gewillt) oder in der Fragebogenkonstruktion (unklare Ausdrucksweise der Impulse, Mehrfachimpulse oder andere Hindernisse in der Fragestellung, die besonders in jüngeren Befragungen der laienhaft forschenden Lehrerin auftreten).

8.5.3. Zusammenfassung Kap. 8: Ertrag der Gruppenarbeit nach Vergleichsmaßstab hessische überfachliche Kompetenzbereiche

Welches ist der personale, soziale, arbeitstechnische/methodische Ertrag der Gruppenarbeit für einzelne Lernende und für ihre Gruppe? Die Grenzen zwischen Selbst- und Partnerevaluation sind hier fließend.

Die folgenden Triangulationen in vier Mindmaps ordnen Datenmaterial aus den Klassen 6, 8 und 11 (induktives Element) unter die zentralen Dimensionen der überfachlichen Kompetenzbereiche der Hessischen Bildungsstandards ein (beides deduktive Elemente). Sie erheben wegen ihres induktiven Grundelements keinen Anspruch auf Vollständigkeit, sondern sind spontane Rückmeldungen zu den konkret abgelaufenen lernerorientierten Unterrichtsreihen in ihrem speziellen Kontext. Die überwiegend geschlossene Befragung der 10. Klasse wird hierbei nicht wiedergegeben. Wie auch in anderen Teilen der Arbeit, die die Daten nach Mayrings qualitativer Inhaltsanalyse bearbeiten, spielen markante Einzelfälle, hier als „Einzelaussagen" ab der 8. Klasse auftretend, eine gleichberechtigte Rolle neben anderen quantitative Auswertungen aus der Datenaufbereitung.

Abb. 46:

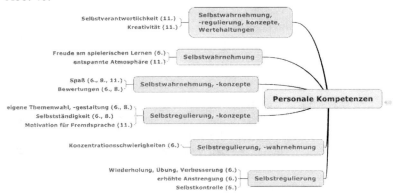

Alle Altersstufen nehmen die schülerorientierte Unterrichtseinheit überwiegend als gut wahr. Jüngere Lernende der 6. Klasse erkennen sinnvolle oder angenehme Rahmenbedingungen für das eigene Lernen, die die Entwicklung ihrer Autonomie fördern oder behindern. Erstaunlich ist in dieser Altersgruppe die spontane Äußerung zur Selbstkontrolle. – Lernende der 8. Klasse sind gegenüber den personalen Kompetenzen relativ zurückhaltend — sicher im Rahmen ihrer Entwicklung. – Lernende der 11. Klasse schreiben eher über ihre lernpsychologischen Selbstkonzepte der Lernerautonomisierung.

Zu den personalen Kompetenzen wird in allen drei Befragungen wesentlich weniger geschrieben als zu den sozialen in der folgenden Mindmap.

Abb. 47:

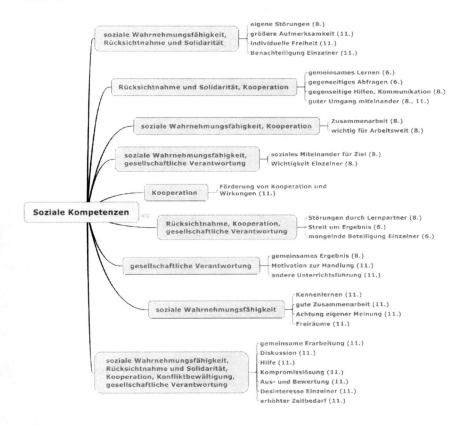

Bei den personalen Kompetenzen überwiegen die Nennungen aus der 6. Klasse, bei den sozialen die der 11. Klasse – sicher aus altersbedingten Erkenntnissen über das Ich und seine Lerngruppe. Man wägt profitable Rahmenbedingungen zum Lernen ab, vor allem aber nimmt man Andere in ihrer Person, deren Reaktionen gegenüber dem Ich und als Mitarbeitende am gemeinsamen Ziel wahr. Dabei mutet das „Kennenlernen anderer" etwas eigenartig an; es lässt darauf deuten, dass die Lernenden diesen Umgang miteinander zu wenig spüren, ja eher als Einzelkämpfende den Unterricht wahrnehmen. – Jüngere Lernende hingegen sehen eher die Gruppe von außen, die nicht immer nur profitabel arbeitet. Interessant ist aus der erst 8. Klasse der Einzelbezug der Unterrichtseinheit zur Arbeitswelt und die Erkenntnis, dass jedes Individuum gewürdigt werden müsse, könnte bedeuten, dass dies im sonstigen Unterricht eher untergeht, vielleicht weil er sich an einen imaginären Durchschnittslernenden wendet.

Abb. 48:

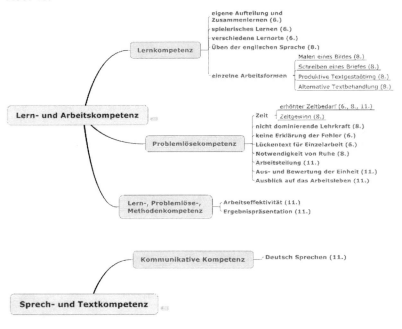

Zur Lern- und Arbeitskompetenz bemerken alle drei Altersstufen etwa gleich viel. Der erhöhte Zeitbedarf im lernerorientierten Unterricht wird von allen drei Gruppen genannt; dies unterstreicht seine Wichtigkeit, ist aber keine Wertung. Die jüngeren Lernenden zählen einzelne oder globale Arbeitsformen auf, die ihnen (nicht) profitabel erscheinen, sie beurteilen die Rolle Lehrender und andere Rahmenbedingungen. Die Lernenden aus der 11. Klasse gehen weit darüber hinaus: Bei ihnen geht es um (in-)effektives Arbeiten — wozu auch der Rückfall in die Muttersprache in der Sprech- und Textkompetenz gehört, um Präsentation, Wertung, Zukunft. — Noch ausstehende Fragen von Interesse können in geschlossenen Impulsen (wie in der Befragung der 12. Klasse, die hier nicht einbezogen wird) abgefragt werden.

8.5.4 Vergleichsmaßstab GER

Folgende Maßstäbe aus dem GER werden exemplarisch auf die in den Befragungen genannten Aspekte von Gruppenarbeit bezogen. Die Ausführungen erheben keinen Anspruch auf Vollständigkeit. Außerdem muss einschränkend erwähnt werden, dass i.a. nur die offenen Teile der Befragungen dem Abgleich zugrunde gelegt werden, da sie wirklich dem eigenen Gedankengut der Lernenden entstammen.

    a. Persönlichkeitskompetenz (*savoir-être*), S. 106-108, darunter Persönlichkeitsfaktoren
    b. Lernfähigkeit (*savoir-apprendre*), S. 108-109, darunter Lerntechniken

Ad a. Persönlichkeitsfaktoren (5.1.3., Punkt 6) sind in jeder Hinsicht für die Gruppenarbeit bedeutsam. Im GER werden nur einige exemplarisch genannt, wovon einige wiederum auf Teile der Ergebnisse angewendet werden.

In der 6. Klasse werden folgende Nachteile von Gruppenarbeit genannt, die die gesamte Gruppe bzw. einzelne daraus bzw. die schreibende Person selbst evaluieren (das bleibt in den Aussagen unklar): „oft abgelenkt", „nicht immer konzentriert", „Partner haben Unsinn gemacht", „manchmal machen nicht alle mit". Der GER nennt dazu eine Auswahl von möglichen verursachenden Persönlichkeitsfaktoren: „Schweigsamkeit, Schüchternheit, Pessimismus, Extroversion, Reaktivität, Schuld bei anderen suchen, Verlegenheit, Engstirnigkeit, Faulheit". Selbstverständlich können die Ursachen auch im Bereich der Einstellungen, der Motivationen o. a. liegen.

Die 8. Klasse zeigt bei den genannten Nachteilen von Gruppenarbeit schon deutliche Selbstevaluation: „Selbst stören durch Lachen" entspricht „Selbstwahrnehmung, Schuld bei sich selbst suchen" im GER; der Satz „Gefühle in Form eines Gedichtes unter Zeitdruck auf Englisch zu schreiben ist problematisch und keine wirkliche Hilfe für das Leben" zeugt u. a. von großem Selbstbewusstsein, Kritik an der Arbeitsform zu üben – sicher durch die anonyme Befragung begünstigt.

Ein weiterer Persönlichkeitsfaktor ist „Flexibilität". In einem offenen Teil der überwiegend geschlossenen Befragung einer 10. Klasse vom Oktober 2003 fügen Lernende zu "Rule 3: In our group we solved our problems ourselves, for example..." hinzu: "with a dictionary, find new vocabulary, define new words, roles in the group". Diese Aussagen zeugen u. a. von Aufgeschlossenheit, Proaktivität, Flexibilität, schließlich Fleiß und Intelligenz aus dem GER. In derselben Befragung äußern sich bei 2 geschlossenen Impulsen interessanterweise genauso viele Lernende mit Selbstbewusstsein, Aufgeschlossenheit und hohem Selbstwertgefühl zur Lehrerrolle (*teacher as moderator*) wie zu deren Mangel (*teacher as instructor*), der selbstverständlich auch fachliche Gründe haben kann.

Einige Persönlichkeitsfaktoren werden durch geschlossene Indikatoren abgefragt, so „Regelbewusstsein" in der Befragung der 9. Klasse: "I spoke English to the others in my group". In der Befragung der 11. Klasse überrascht das Abwägen der Eigenschaften verschiedener Persönlichkeiten: „nicht alle Gruppenmitglieder arbeiten gleich intensiv", „intensive/nicht intensive Gruppenarbeit" zeugen von aufgeschlossener Wahrnehmung des Selbst und der anderen aus dem GER; bei „bessere Zusammenarbeit trotzdem wünschenswert" wird wiederum nicht klar, ob die befragte Person sich und/oder die Gruppe evaluiert. Erklärungen wie „vermutlich intensiver als bei anderen Arbeitsmethoden" von intelligenter Wahrnehmung und Bewertung verschiedener Methoden. — „Individuelle Bemühungen um weitere Aspekte" und „Bemühen um Integration eigener Vorstellungen" zeugen von Selbstvertrauen und -bewusstsein. „Vorgespieltes Selbstbewusstsein, verbunden mit Pessimismus, Schuld bei anderen suchen, Engstirnigkeit, mangelnde Intelligenz" ist in der folgenden kritischen Äußerung dokumentiert: „nicht vergleichbar mit richtiger Teamarbeit, wie sie später verlangt wird. Hierarchien fehlen."
Die hier exemplarisch dargestellten Persönlichkeitsfaktoren des GER sind alle integrativer Bestandteil von Gruppenarbeit in den Befragungen.

Ad b. Lernfähigkeit, *savoir-apprendre*, darunter Lerntechniken (5.1.4.3.): Die Fähigkeit, in Partner- oder Gruppenarbeit effektiv zusammenzuarbeiten, wird in allen Befragungen global und detailliert diskutiert, ebenso die Anwendung der gelernten Sprache Englisch. Die Fähigkeit, vorhandene Materialien für selbstständiges Lernen zu organisieren und nutzen, wird von jüngeren Lernenden in offenen Befragungen nicht erwähnt; in der geschlossenen/offenen Befragung der 9. Klasse werden diverse Hilfsmittel genannt (vgl. Persönlichkeitsfaktoren); die Lehrkraft braucht nicht befragt zu werden, weil ein Computer zu Hause verfügbar ist. Insgesamt ist zu konstatieren, dass in allen Befragungen recht wenig auf den Punkt Materialien eingegangen wird.

Die Fähigkeit, aus Kommunikationsereignissen effektiv zu lernen, indem man perzeptuelle, analytische und heuristische Fertigkeiten ausbildet, erscheint in vielen Befragungen. So zeigt sie sich in zwei geschlossenen Indikatoren zu Punkt 3 der Befragung der 9. Klasse: Es fällt den Lernenden leichter, Rat und Hilfe zu geben als zu empfangen. Diese Fähigkeit bedarf also der Förderung. Auch gibt es Äußerungen in der Befragung der 11. Klasse zur Frage 5 nach der Zusammenarbeit: Man habe unterschiedliche Ansichten, deshalb dauere die Einigung länger.

Die Kenntnis der eigenen Stärken und Schwächen als Lernende/r werden seltener direkt erwähnt, da die absichtlich offeneren Befragungen Selbst- und Partnerevaluation erlauben. Einzig in dem Fragebogen der 8. Klasse wird die direkte, offene Frage 4b zur Selbstevaluation in der Gruppenarbeit gestellt, die bis auf bis auf eine konkrete Antwort („Ich habe die anderen durch mein Lachen gestört.") gar nicht konkret beantwortet wird. Die geschlossenen Fragen der Fragebögen für die 9. (Punkt 3) und 10. Klasse vom Oktober 2003 (Rules 1, 3) nach der Selbstevaluation werden durchaus erwartungsgemäß beantwortet. Zu diesem Punkt ist es sicher nötig, auch älteren Lernenden durch geschlossene Indikatoren mögliche Lernstärken und –schwächen vorzugeben, die sie dann reflektieren sollen.

Zu der Fähigkeit, die eigenen Bedürfnisse und Ziele zu identifizieren, können sich durchaus mehr Lernende Gedanken machen. Pauschale Zustimmungen (auch einige Ablehnungen) bzgl. Gruppenarbeit finden sich in allen Befragungen, aber es gibt auch viele konkrete Formulierungen. Schon die 6. Klasse bemerkt: „bestimmte Themen gut wiederholt" oder als negativer Aspekt der Gruppenarbeit: „Fehler nicht erklärt", „kann Stoff noch nicht". „Mehr Zeit ohne Druck", „den Text einmal anders behandeln und dadurch verstehen" sind konkrete Äußerungen aus der 8. Klasse. — Allen scheint klar zu sein, dass sie in der Gruppe ein gemeinsames interessantes Projekt erarbeiten (mit altersgemäß wachsender Differenzierung in den erwähnten Tätigkeiten) und das auf Englisch, in der Zielsprache, die sie ständig üben wollen, mit noch mehr Lust. — In vielen Befragungen ist die freie Raumwahl, das „freie Arbeiten" in persönlicher Freiheit als ein großes erfülltes Bedürfnis erwähnt (ohne „Herumkommandieren durch Lehrer", wie ein Achtklässler schreibt).

Schließlich wird die im GER erwähnte Fähigkeit, die eigenen Strategien und Verfahren den eigenen Persönlichkeitsmerkmalen und Ressourcen entsprechend zu organisieren, auch nur gelegentlich direkt angesprochen, meist geht es um die Strategien und Verfahren der Gruppe, also Gruppenevaluation. Ein nächster Schritt wäre auch hier, durch geschlossene Indikatoren detaillierte Aspekte zur Stellungnahme anzubieten.

8.5.5. Ertrag der beiden Vergleichsmaßstäbe

Die Aktionsforscherin beforscht die Daten in dieser Einzelstudie ganz zu Anfang ihres Promotionsvorhabens. Sie wendet zunächst den deduktiven Vergleichsmaßstab des GER auf das induktiv von den Lernenden gelieferte Datenmaterial an. Unbefriedigt über die Möglichkeiten der Datentriangulation zu „Gruppenarbeit" in Selbst- und Partnerevaluation führt sie nach einem *peer debriefing* einen weiteren Auswertungsgang durch. Sie entschließt sich, die zu diesem Zeitpunkt gerade erschienenen hessischen überfachlichen Kompetenzstandards zugrunde zu legen. Diese haben den Vorteil, dass sie durch ihre Unterteilung in personale und soziale Kompetenzen erlauben, das vorliegende Datenmaterial sehr viel übersichtlicher in Tabellen zuzuordnen; in zusammenfassenden Mindmaps dazu können die Entwicklungen in den verschiedenen Altersstufen eher verglichen werden. Der größte Vorteil ist, dass die für „Gruppenarbeit" zentralen sozialen Kompetenzen hier explizit dargestellt werden können, während diese in den allgemeinen Kompetenzen des GER nicht separat aufgelistet sind, sondern nur verstreut einzelne Elemente erwähnt werden.

Als Ergänzung der Übersichten nach den hessischen überfachlichen Kompetenzstandards wird exemplarisch der Bezug des Datenmaterials auf einige Persönlichkeitsfaktoren und einige Lerntechniken, die im GER erwähnt sind, in einzelnen Studien dargestellt. Diese Untersuchung hat den Vorteil, dass sie in ihren beispielhaften Ausführungen eher in die Tiefe geht, indem sie den Kontext der jeweiligen Aussage detailliert analysiert.

Insofern ist die Anwendung beider Vergleichsmaßstäbe in ihrem Ertrag für das Thema „Gruppenarbeit" in der Selbst- und Partnerevaluation der Lernenden aus vier verschiedenen Englischklassen als komplementär zu betrachten.

9. Studie 3: Selbst- und Partnerevaluationen von Stationenlernen (8. Klasse Französisch)

Diese Studie will die folgenden Forschungsfragen beantworten: Wie beurteilen Lernende Elemente von Stationenlernen? Können anonyme Selbst- und Partnerevaluationen in Fragebögen ergänzt werden durch namentliche Befragungen in Klassenarbeiten und auf welche Weise?

9.1. Befragung in der Klassenarbeit

Untersuchungskontext

Dieser ist detailliert dargestellt in Wilkening (2008b). Die Lernenden der Klasse 8b/c erarbeiten zu Beginn des 2. Lernjahres Französisch Aufgaben zur Wiederholung und Übung für ihre erste Klassenarbeit selbst. Dazu gibt die Lehrkraft Beispiele für Übungen an, anhand derer die Lernenden in Gruppen ein Stationenlernen erstellen. Anschließend führen sie alle Stationen durch.41 Die darauf folgende Klassenarbeit besteht aus Elementen und Transferaufgaben dieses Stationenlernens. (zur schülerorientierten alternativen Klassenarbeit vgl. Wilkening

---

41 Diese Vorgehensweise nimmt direkt ein Ergebnis der DESI-Studie auf, dass Lernende nie oder fast nie selbst Aufgaben entwickeln dürfen. (Helmke et al 2008: 380)

Wilkening 2002c und Kap. 2.3.) Die Klassenarbeit versucht, neben sprachlichen Lernergebnissen Nachweise von Lernenden, dass sie bestimmte Lern- und Arbeitstechniken praktisch beherrschen, miteinzubeziehen. Ebenso sollen sie ihren individuellen Lernprozess in der Arbeit charakterisieren.42 Die Lehrerin übernimmt einige Fragen und Frageformen aus den Stationen, erbittet Transferleistungen und die Arbeit endet in den Teilen 8a. und 8b. mit Fragen zu den Arbeitsmethoden und dem Gruppenprozess. In diesen beiden — für die Lernenden in der Klassenarbeit unerwarteten — Fragen werden zwei ganz allgemeine methodische Aspekte zur Reflexion angeboten. Die erste Frage erfragt schülerorientierte Arbeitsweisen allgemein; dies ist hier die für alle ganz offensichtlich andere Vorbereitung der Arbeit durch eigenes Anfertigen eines Stationenlernens in Gruppen zur Übung und Wiederholung und dessen Durchführung; die zweite Frage geht auf die Sozialform der Partner- bzw. Gruppenarbeit ein. Die Antwort zu 8a. wird mit bis zu 2 Punkten von 84 der gesamten Arbeit bepunktet, Frage 8b mit bis zu 1 Punkt.

Beide Befragungen bzw. Befragungsteile sind in deutscher Sprache zu schreiben, da bestimmte Sachverhalte aus dem Unterricht nach einem Lernjahr Französisch noch nicht vollständig in der Fremdsprache ausgedrückt werden können und damit auch schwächere Lernende gegenüber fremdsprachlich versierteren nicht benachteiligt werden.

Datenerhebung, -aufbereitung und -auswertung

In der Datenaufbereitung der 29 vorliegenden Kopien aus den Klassenarbeiten dienen als erste grobe Selektionskriterien die Aspekte in dem gegebenen Impuls. Die Forscherin analysiert das Material und codiert es gemäß der Qualitativen Inhaltsanalyse nach Mayring. Ausgewählte Ankerbeispiele zu wesentlichen Unterkategorien mit Fundstellen werden zitiert. Explikationen (Mayring 2007: 116) können nicht gegeben werden, da die Kurzantworten auf jede der beiden Fragen für sich stehen. Diese Darstellung der Aufbereitungsphase wird aus Platzgründen nicht abgedruckt. Zwei vollständige Befragungen aus der Klassenarbeit werden in Anl. 11 abgedruckt.

Um die Daten für die Ziele dieser Arbeit zu ordnen, entschließt sich die Forscherin zur Kategorienrevision. Nach Reichenbachs globaler Beschreibung der Soft Skills (2008: 37) ordnet sie Aspekte aus den Antworten in die vier ganz allgemeinen Kompetenzbereiche „Soziale" -, „Emotionale" -, „Personale" – und „Methodenkompetenzen". In der kleinen Einzelstudie dieses Kapitels ist es nicht notwendig, die Bereiche noch weiter zu dimensionieren, da sie nur in einer ein-

---

42 Klippert (19976: 257), nennt es „methodenzentrierte Lernkontrollen in schriftlicher Form".

zigen Lerngruppe stattfindet. Das Ziel ist nicht der Datenvergleich wie in anderen Studien, sondern die Beantwortung der o. g. inhaltlichen Fragen.

Die Fragestellung zu Aufgabe 8 lautet:

Arbeitsmethoden und Gruppenprozess:
   a. Inwiefern warst du bei der Vorbereitung an dieser Klassenarbeit aktiv beteiligt?
   b. Beschreibe einen Vorteil aus den verschiedenen Partner- und/oder Gruppenarbeiten für dich.

Zu Frage 8a. erfolgen viermal keine Nennung, neunmal eine Nennung, neunmal zwei Nennungen, fünfmal drei, einmal vier Nennungen; folgende Punktzahlen werden an 29 Lernende in der Arbeit vergeben: Drei erhalten null Punkte, einer erhält einen halben Punkt, neun erhalten einen Punkt, vier eineinhalb Punkte, elf zwei Punkte (Höchstpunktzahl); eine Schülerin ist an dem Tag der Stationenerstellung krank und kann deshalb die Aufgabe nicht bearbeiten.

Vier Lernende können diese Frage gar nicht beantworten; möglicherweise verstehen sie „aktiv" nicht. Nur 37 % erreichen hier die volle Punktzahl, ebenfalls ein Indiz dafür, dass die Frage nicht ganz verständlich ist. Exemplarisch seien drei Antworten zitiert, die nicht mit der Höchstpunktzahl bewertet werden können:

> „Ich denke, ich habe gut mitgearbeitet. Allerdings war die Zeit, die wir zu den einzelnen Stationen hatten zu kurz." (T erhält 0/2 Punkten für falsche Beantwortung der Frage. Hier wird „inwiefern" nicht verstanden.)

> „Nach der Gruppen Arbeit wusste ich genau was ich noch lernen musste und wir haben auch alle Stationen bearbeitet." (U erhält 0,5/2 Punkten für den zuletzt genannten Aspekt.)

> „Ich war daran beteiligt, weil wir in verschiedenen Gruppen Aufgaben für die Klassenarbeit auf- und zusammengestellt haben." (K erhält 1,5/2 Punkten, da der Aspekt der Durchführung dieser selbst erarbeiteten Aufgaben fehlt.)

Die Hälfte der Lernenden nennen mehr als einen Faktor zum gefragten Thema, es erfolgen 38 Nennungen zum Thema über den Unterricht, neun Nennungen über die Hausaufgaben (die jedoch keine spezifisch für die Klassenarbeiten relevanten Arbeitsweisen betreffen). Die wesentlichen unterrichtlichen Aktivitäten (Erstellung der Stationen in Gruppen und Bearbeitung derselben) werden genannt.

Zu Frage 8b erfolgen 23 Mal eine Nennung dreimal zwei Nennungen, zweimal vier sowie einmal sechs Nennungen; folgende Punkte werden vergeben: einmal null Punkte, dreimal einhalb Punkte, 25 Mal ein Punkt (Höchstpunktzahl).

Die Frage 8b. wird von allen verstanden. In der Antwort werden persönliche Erfolge und Erfolge in der Gruppenarbeit vermischt. Interessant ist der häufige Kommentar, das Erarbeiten der Stationen und das folgende Stationenlernen erinnere an den Stoff – was anscheinend im Regelunterricht weniger der Fall ist. Auch hier seien zwei Äußerungen zitiert, bei denen die Punktzahl reduziert werden muss:

> „Man hat alles noch einmal gründlich gelernt" (Q erhält hierfür 0 Punkte, da hier kein persönlicher Vorteil aus den Partner- und/oder Gruppenarbeiten genannt wird.)
>
> „Man konnte bei verschiedennen Gruppen was verschiedennes lernen." (I erhält 0,5 / 1 Punkt, da hier die verschiedenen Lernerfolge aus den Stationen erwähnt werden.)

Hingegen deuten die sechs Nennungen eines Lernenden darauf hin, dass der eine von der Lehrerin angesetzte Punkt die detaillierte Reflexion unterbewertet:

> „Man konnte gut mit den Stationen lernen (1) und wusste was in der Arbeit dran kommt (2). In den Partnerarbeiten konnte man sich abwechseln (3) oder auch durch Spiele lernen (4). Wenn man was nicht wusste konnte einem der Partner helfen (5) oder selbst auflösen (6)."

Bei der Beforschung der Daten nach den o. g. vier Kompetenzbereichen ergibt sich, dass die Lernenden überwiegend Methoden ihrer eigenen Person bzw. ihrer Gruppe bei der Herstellung und Durchführung des Stationenlernens beschreiben. Einen fast ebenso hohen Stellenwert haben die sozialen Kompetenzen. Dagegen benennen sie trotz der persönlichen Ansprache in den beiden Fragestellungen weniger personale und emotionale Kompetenzen, die sie für sich erreichen.

Abb. 49:				
Kompetenzbereich	Induktiv gebildete Kategorie	Anzahl	Ankerbeispiel	Fundstelle
Soziale Kompetenzen	Mitwirkung bei Gruppenarbeit	9		
		1		
	Förderung der Kommunikation	4	Außerdem fördert es die Kommunikation untereinander.	C (8b)
	Gemeinsames Lernen	8	Man hat miteinander gelernt.	W (8b)
	Gegenseitige Erklärungen, Hilfen	8 8	Man kann sich gegenseitig helfen, wenn man ein Problem hat oder etwas nicht versteht.	S (8b)
	Einholen von Rat	1		

	Gegenseitige Kontrolle, Verbesserung Absprachen		Dort wo man Fehler gemacht hatte verbesserten die anderen einen, so merkte man sich seinen Fehler und konnte ihn beim nächsten Mal weglassen.	O (8b)
Emotionale Kompetenzen	Spaß Abwechslung Lernerfolge im Stationendurchlauf	6 1 1	Man kann auch miteinander lernen das macht sehr Spaß.	C (8b)
Personale Kompetenzen	Konzentration Erkenntnis über Kenntnisse Erkenntnis über zu wiederholenden Stoff Erkenntnis über Themen der Arbeit Ausprobieren	1 3 6 2 1	Man konnte sehen, was man noch lernen muss und was man schon gut kann.	J (8b)
Methodenkompetenzen	Anfertigung einer Station Bearbeitung aller Stationen Kontrolle aller Lösungen Wiederholung des Stoffes Arbeit mit Begleit-CD Lernen von Vokabeln Lernen mit Großmutter Unterhaltung auf Französisch Leichteres Memorieren Lernen durch Spiele	16 11 1 6 2 1 1 2 1 1	Ich war an der Klassenarbeit beteiligt, indem wir aktiv in kleinen Grüppchen die verschiedensten Stationen und Methoden zum Lernen erarbeitet haben. So haben wir uns unbewusst gut auf die Arbeit vorbereitet. Ich fande die Partnerarbeit sehr gut, da man durch die verschiedenen Stationen wirklich nochmal alles im Ganzen durchgegangen ist und es mir persönlich viel geholfen hat. Ein Vorteil für mich war, das wir uns auf Französisch unterhalten haben, sodass wir verschiedene Formen einer Satzstellung ausprobieren konnten.	B (8a) C (8b) F (8b)

9.2. Abschlussbefragung

Untersuchungskontext

Nach der Klassenarbeit entschließt sich Lehrkraft aus Interesse an weiteren Erkenntnissen (vgl. Kap. 4.2.1.) über verschiedene Einzelaspekte beim Durchführen des Stationenlernens, die namentliche Befragung zu ergänzen durch eine ausführliche, diesmal anonyme Befragung. Die Antworten zu Frage 8a und b werden im Fragebogen ergänzt durch Fragen zum Gruppenarbeitsplatz (Teile III.2 und VII).

Die anonymen Befragungen werden codiert. — Die Informationen zur zweiten Datenerhebung sowie zum zur Analyse ausgewählten Teilausschnitt werden — angelehnt an die Vorgehensweise in Kap. 8 — tabellarisch dargestellt:

Titel: A Plus 2 (Druckfehler im Original), Unité 1: Réviser par les stations.
  Anonymer Fragebogen zur Auswertung des Stationenlernens
Zahl der Befragten: 26
Datum: Oktober 2007
Namensnennung: anonym
Anzahl der Themen: 8: „Beurteilung der Stationen, Zeit, Gruppen, Lösungen, Fehler im Arbeitsmaterial, Umgang mit Arbeitsmaterial, Umgang mit Aufgabenstellungen, abschließende Betrachtung".
Befragungsausschnitt:Aufgaben III. 2, VII (ca. 1/5 des Fragebogens)

Datenerhebung, -aufbereitung und -auswertung

In Frage III.2. wird nach dem Gruppenarbeitsplatz gefragt, den die Lernenden während des Stationenlernens entgegen der ursprünglichen Planung spontan geändert haben: Sie bleiben an einem Gruppenarbeitsplatz sitzen, an dem sie alle Stationen durchführen. Hier besteht Erkenntnisinteresse der aktionsforschenden Lehrerin. Nach Darstellung der Situation erbittet die Lehrerin eine Diskussion, in der Gedanken von jedem Einzelnen aufgenommen werden.

Frage III.2. Ihr seid mit Euren Gruppen meist die ganze Stunde an einer Stelle sitzen geblieben und habt Euch die neuen Stationen dorthin geholt. Das hat meist gut geklappt, teilweise jedoch zu kleineren Verzögerungen/Verwirrungen geführt. Eigentlich hatte ich geplant, dass Ihr nach 5 Minuten den Platz wechselt und die Aufgaben liegen bleiben. – Wäre das Eurer Meinung nach besser gewesen? Diskutiere.

Es erfolgen zwei Meinungsäußerungen ohne Begründung, zwölf mit einer Begründung, acht mit zwei Begründungen, eine mit drei. Auf Ankerbeispiele wird verzichtet, da es hier und in der nächsten Frage darum geht, die Vielfalt der qualitativen Stellungnahmen zu einer Situation zu zeigen, die die Lernenden selbst bestimmen. Die zweite Seite der Abschlussbefragung von A wird in Anl. 12 vollständig abgedruckt.

Keinen Platzwechsel — wie praktiziert — wünschen 20 Lernende; 16 von ihnen nennen dazu Vor- und Nachteile: Vorteile sind Liegenlassen der Schulsachen (7x), Zeitersparnis (8x), Konzentration (1x); Nachteile sind, dass Materialen auch von anderen Gruppen benutzt werden (2x). Einen Platzwechsel wünschen vier Lernende: Vorteile seien das gleichmäßige Tempo und dadurch die bessere Übersicht über freie Stationen (2x), Nachteile das Gedränge (3x), die Lautstärke (1x), das Tischaneinanderstellen für verschiedene Gruppenstärken (1x), das Mitnehmen seiner Sachen (1x), schließlich die Umständlichkeit überhaupt (1x). Vor- und Nachteile werden in der Diskussion auch gegeneinander abgewogen: Ein Platzwechsel sei schneller, jedoch müsse man häufig Tische umstellen (1x), jedoch müsse man immer seine Sachen mitnehmen (1x). Eine Person beantwortet die Frage gar nicht; eine zweite will sich nicht entscheiden.

Fast alle Äußerungen stimmen überein, dass die spontane Entscheidung der Gruppen, ihre Plätze nicht zu wechseln, richtig sei. Die forschende Lehrkraft lernt daraus, dass sich die spontane Umplanung der Gruppen i.a. bewährt hat, dass ein Platzwechsel nicht notwendig erforderlich ist. Allerdings müssen die Stationen mehrfach vorhanden sein, sodass Ausweichmöglichkeiten bestehen.

Frage VII

Aufgabe VII präsentiert ebenso eine konkrete Problemsituation, die sich beim Stationenlernen aufgetreten ist. Dazu sollen die Befragten der Gruppe eine Lösung anbieten. Hier geht es v. a. darum, problemlösendes Verhalten zu entwickeln, welches in der nächsten freieren Arbeitsphase umgesetzt werden kann, also ein eher erzieherisches Ziel.

VII. Folgendes ist vorgekommen: Eine Schülergruppe hat die Station 4 bearbeitet (Vokabelübung), wozu es für jeden ein Kreuzworträtsel und ein Blatt mit Definitionen gab. Die Arbeitsanweisungen auf dem Aufgabenblatt lauten:
Prends deux copies: les définitions et les mots-croisés. Remplis (=fülle aus) les mots-croisés. La solution est sur le bureau du prof.
Auf dem Blatt mit Definitionen war das Lösungswort zu vermerken. — Die Lehrerin wurde von dieser Gruppe gefragt, wie sie denn auf das Lösungswort kommen sollten. Sie zeigten der Lehrerin ihr Blatt mit Definitionen, wo sie

die französischen Wörter dahinter notiert hatten. Das Kreuzworträtsel hatten sie nicht genommen. Gib dieser Gruppe einen Tipp, was sie tun möchte, um ihre Frage selbst zu beantworten.

Acht von zwölf Befragten äußern sich gar nicht zu diesem Problem. Die Gründe können vielfältig sein, scheinen aber in der Fragenkonstruktion zu liegen: der viel zu lange Impuls oder die allzu offensichtliche Antwort. Dreizehn Lernende benennen eine Handlungsweise, vier Lernende zwei, einer drei Handlungsweisen.

Fünfzehn Lernende schlagen das Durchlesen der Arbeitsanweisung vor (Ankerbeispiel aus Befragung Z: „Sie sollten die Arbeitsanweisung gut durchlesen oder mehrmals lesen. Außerdem könnten sie sich das ganze Arbeitsmaterial ansehen!"), zwei das Durchlesen und drei das Nehmen aller Materialien, einer das Nachschlagen im Französischbuch (was unsinnig ist, denn das Kreuzworträtsel ist von einer Gruppe selbst erstellt worden), einer mehrfaches Lesen und einer besseres Aufpassen.

Die gegebenen Antworten zeigen, dass die Lernenden mithilfe dieser Reflexion über das während ihres Stationenlernens aufgetretene Problem lernen können für ihr künftiges Handeln in ähnlichen Situationen.

9.3. Zusammenfassung Kap. 9

Bei der Analyse erkennt man, dass die Befragungen zu dieser Unterrichtseinheit auf dem Fragebogen und auch in der Klassenarbeit bei den Lernenden kein Erstaunen hervorrufen; sie wird neben den anderen Aufgaben wie selbstverständlich erledigt. Die Lernenden wissen, dass das einzige Beurteilungskriterium der Bezug zum Thema ist. Der Umgang mit diesen verschiedenen Befragungen ist bereits eingeübt worden.

Die Fragebögen fragen genauer nach Details des Stationenlernens. Die Lernenden beurteilen ihre Gruppenzusammensetzung und ihren Arbeitsplatz (s. III.2), zu denen sie spontan andere Entscheidungen getroffen haben, als die Lehrkraft geplant hatte. (Diese lernt hieraus für weitere Gruppenarbeiten.) Eine Problemsituation während des Stationendurchgangs (VII) lösen die Lernenden fast übereinstimmend und lernen daraus für ihre weiteren Einzel-, Partner- und Gruppenarbeiten. (vgl. Jägers Aufgaben mit critical incidents in 2008: 32f.)

Somit werden sowohl in der Klassenarbeit als auch in der anonymen Befragung verschiedene konkrete und allgemeine Aspekte des vorbereitenden und dann durchgeführten Stationenlernens bzw. Probleme der Stationenarbeit erfragt. Forschungstechnisch kann von komplementärer Datentriangulation gesprochen werden. Durch ihre Selbst- und Partnerevaluation der Stationenarbeit in der Kleingruppe geben die Lernenden Auskunft über ihr Lernen, was für künftiges Lernen wichtige Erkenntnisse liefert; sie werten ihr Lernen summativ und ex post aus, legitimieren es schließlich. Die anfänglichen Hypothesen der forschenden Lehrkraft, dass sowohl in der namentlichen Befragung in der Klassenarbeit (mit Punktrelevanz für die Endnote) als auch in dem anonymen Fragebogen aussagekräftige Antworten gegeben werden, und dass beide gegeneinander austauschbar sind, scheint sich zu bestätigen. Es gibt in beiden so unterschiedlichen Befragungen keinen nennenswerten qualitativen oder quantitativen Unterschied. Somit dienen die namentlichen Befragungen in der Klassenarbeit und die anonymen in dem Fragebogen gleichermaßen und austauschbar der Selbst- und Partnerevaluation einer Unterrichtseinheit von schülerorientiertem Unterricht. Die Befragung in der Klassenarbeit wird ebenso wie die anonyme Befragung zu einem organischen Teil des schülerorientierten Unterrichts.

Bei der Beforschung dieser Daten fällt der Aktionsforscherin auf, dass ihr die Distanzierung von der Rolle der Lehrerin schwerer fällt als in anderen Studien dieser Arbeit. Das liegt vermutlich an den inhaltlichen Ergebnissen, die hier im Vordergrund steh, Ergebnisse, die sehr deutlich zeigen, in welchen ganz unterschiedlichen Arten von Befragungen Lernende eine hochwertige Selbst- und Partnerevaluation im Bereich verschiedenster Kompetenzen vornehmen.

10. Studie 4: Partnerevaluation von Präsentationen (13. Klasse Englisch)

"Übe dich, dich selbst und andere wahrzunehmen, schenke dir und anderen die gleiche menschliche Achtung, respektiere alle Tatsachen so, dass du den Freiheitsraum deiner Entscheidungen vergrößerst. Nimm dich selbst, deine Umgebung und deine Aufgabe ernst ... Beachte Hindernisse auf deinem Weg, deine eigenen und die von anderen. Störungen haben Vorrang (ohne ihre Lösung wird Wachstum erschwert oder verhindert)." (Cohn 19836:121)

Die vierte Studie stellt folgende Forschungsfragen:
    Wie verarbeiten Lernende Partnerevaluation in der Klausur? (10.1.)
    Wie seriös sind Partnerbeurteilungen? (10.2.)
    Welche „anderen" Bildungsstandards werden durch die Partnerevaluation verdeutlicht? (10.2.)

10.1. Partnerevaluation in der Klausur

Untersuchungskontext und Gegenstand der Analyse

Im Oktober 2009 halten alle Kursmitglieder des Grundkurses Englisch 13. Klasse anstelle der 1. Klausur eine Präsentation zum Thema Australia. Sie wählen Themen aus und entwerfen die Kriterien selbst in Gruppenarbeit. Dabei entstehen: *choice of materials and relevance, knowledge of the topic and contents, way of argumentation, nonverbal means (gestures, facial expression), way of presenting and using notes, media, handout, English language.* In mehreren Gesprächsphasen entscheiden sie gemeinsam über deren prozentuale Gewichtung. Einige Einschränkungen sind erforderlich: Nachdem die Lernenden für die Bewertung der sprachlichen Leistung nur 10-15 % vorgeschlagen haben, behält sich die Lehrerin vor, diese ausschließlich selbst und mit 50 % zu beurteilen, so dass die Lernenden nur die Verteilung der anderen 50 % aushandeln. Weiterhin setzt sie als Standard einige Rahmenbedingungen. Somit findet hier vor der Planungsphase sehr lernerorientiert eine gemeinsame Erarbeitung und Gewichtung der Kriterien statt.

Nach diesen Kriterien werden die Präsentationen von den Mitlernenden anonym evaluiert: Behr (2006: 10) schlägt Selbst- und Partnereinschätzung der Gruppenmitglieder vor, die dann vor der Klasse diskutiert und mit der Einschätzung durch den Lehrer verglichen werden. Diese Diskussion wird bei den Partnerbeurteilungen wegen möglicher Animositäten als problematisch erachtet, vgl. auch Saitos und Fujitas Studie über Partnerevaluation innerhalb von Kleingruppen[43]; deshalb entscheidet sich die Lehrkraft für Anonymität. Gudjons (2006a: 116) erwähnt Feedback insgesamt als Missbrauch zur Leistungsbeurteilung. Dieser Punkt wäre bei einer Wiederholung zu bedenken und zu fragen, ob die Partnereinschätzung nicht erst einmal als informelles Feedback ohne notenmäßige Verbindlichkeiten gegeben werden sollte. Allerdings ist es hier den Lernenden vorher nicht bekannt, dass die Partnerbeurteilung zur Notenfindung mit herangezogen wird.

Müller-Hartmann und Schocker-von Ditfurth beschreiben 2011 für Rollenspiele in einer 5. Klasse ähnliche gemeinsame Kriterienentwicklung und spätere Einbeziehung in die Klassenarbeit.

Die Partnerevaluation in dieser Unterrichtseinheit erfolgt doppelt: Jedes Mitglied der Lerngruppe wählt eines der Kriterien zur Beobachtung aus, außerdem wertet jeder global positive und negative Aspekte der gesamten Präsentation. (In Anl. 15 werden exemplarisch eine detaillierte — von Schüler F — und eine

---

[43] "It is of great importance ... that teachers maintain confidentiality of the assessment results. In the present study no intra-group peer assessment were returned to students for this reason." (2009: 165)

globale anonyme Partnerbewertung abgedruckt.) Ähnliches schlägt auch Bohl (2006: 109) vor. Die Lehrerin beobachtet intensiv die Sprache aber auch alle anderen Aspekte. Aus allen Einzelheiten ihrer Beobachtung und der der Kursmitglieder fertigt sie ein Gutachten an. Da die Lernenden relativ objektiv ihre 50% der Beobachtung wahrnehmen, entschließt sie sich, die Beurteilung jedes Kursmitglieds gleichwertig mit ihrer eigenen gelten zu lassen.

Die 2. Klausur wird am 8.12.09 über das 2. Kursthema, Utopia, geschrieben. Am Ende werden zwei Fragen zu den Präsentationen gestellt (inhaltliche Gewichtung 2/15 Bewertungseinheiten der insgesamt 45 Bewertungseinheiten), deren wesentliches Element ist, dass sie die Partnerevaluation, aufgeführt in den individuellen Gutachten, mit einbezieht:

"Explain one method/procedure of your individual presentation that was appreciated in the peer and/or teacher evaluation. State why it was successful."

"Explain one method/procedure of your individual presentation that was criticized in the peer and/or teacher evaluation. Find alternatives for your next presentation."

Diese Klausuraufgaben sind integraler Bestandteil des Unterrichtsgeschehens, prozess- und zukunftsorientiert. (Kap. 2.3.) Sie nehmen ganz individuellen Bezug auf Stärken und Schwächen. Die Lehrkraft beurteilt in der zweiten Aufgabe, ob die Lernenden bereit sind, ihre persönlichen Defizite abzubauen. Thiering (1998: 313) geht hier noch weiter: [Die handlungsorientierte Leistungskontrolle impliziert], dass wir beurteilen dürfen und müssen, wie weit der Lernende bereit ist, seine persönlichen Defizite abzubauen. Hierfür kann es keinen absoluten Maßstab geben." Das „Wie Weit" untersucht die Forscherin in dieser Studie.

Es liegen 14 Antworten zu diesen Fragen vor; zwei weitere haben ihre Präsentationen noch nicht gehalten, deshalb erhalten sie zwei allgemeine Fragen zu schülerorientierten Arbeitsweisen, denn sie waren auch bei dem Klassengespräch am 24.11. (s.u.) nicht anwesend.

Aufgabe 1

Kriterien zur Analyse

Die Antworten der Lernenden (anonymisiert) zu diesen beiden Klausurfragen sind Gegenstand dieser Analyse. Sie lehnt sich an das Ablaufmodell induktiver Kategorienbildung von Mayring (20025: 116f.) an. Zunächst wird beurteilt, ob eine als positiv bzw. negativ in dem individuellen Gutachten bezeichnete Vorgehensweise aus der Präsentation genannt wird und ob die Begründung für ihren Erfolg bzw. mindestens eine Alternative für Misserfolg gegeben werden. Nach diesen Kriterien richtet sich die — geringe (Kap. 2.3.) — Punktzahl.

Da diese Kriterien in den Fragestellungen vorgegeben sind und es sich nur um zwei handelt, wird die qualitative Inhaltsanalyse als vereinfacht bezeichnet.

Datenaufbereitung: Zeilenweiser Materialdurchgang mit Subsumption

A nennt das Quiz, die Aktivierungsphase seiner Mitlernenden, als erfolgreich; begründet dies durch vier allgemeine Argumente. B ist ein Extremfall, er wird unten gesondert behandelt. er C nennt das freie Sprechen als erfolgreich und begründet dies durch zwei allgemeine Argumente. D nennt zwei Erfolge (Handout und Test am Ende) und jeweils zwei Begründungen dafür, eine davon ist konkret auf diese Präsentation bezogen; darüber hinaus schließt D auf den Erfolg des Tests durch freiwillige Anschlusshandlungen von Mitschülern zu Hause. E bezeichnet die Power Point Präsentation als Erfolg; E gibt dafür sieben Argumente an, die sich jedoch nicht spezifisch auf seine Präsentation beziehen, sondern allgemeiner Art sind. F nennt zunächst einmal sein Präsentationsthema, dann die benutzen Bilder der verschiedenen Pflanzenarten als Erfolg und gibt drei für die Benutzung der Bilder spezifischen Argumente an. G nennt wie A das Quiz, hier aber thematisch konkretisiert (über Tiere) und zwei allgemeine Begründungen und ausführliche Erklärungen dafür. G nennt als weiteres Erfolgskriterium Bilder und begründet dies einmal ebenfalls allgemein. H: bearbeitet diese Aufgabe gar nicht. I nennt wie E die Power Point Präsentation als Erfolg mit einer allgemeinen Begründung, die ausführlich erklärt wird. Am Ende steht ein Satz über die Vorbereitung einer solchen Präsentation, die mit der Aufgabenstellung nichts zu tun hat. J erwähnt wie A und G ein Quiz am Ende der Präsentation und begründet dies einmal spezifisch. K nennt das Vorlesen aus einem Buch, welches von den Beurteilenden als positiv bewertet wird; die Begründung hat allerdings mit dieser nicht unbedingt etwas zu tun, sie müsste entsprechend umformuliert werden. L benennt seine Benutzung von Bildern als Erfolg und gibt dafür fünf allgemeine Begründungen, wobei die letzte der ersten ähnlich ist, lediglich weiter ausformuliert wird; Ein Negativargument für fehlende Bildbenutzung wird angefügt. M nennt wie E und I seine Power Point Präsentation als Erfolg und gibt dafür in einer wohl strukturierten Kurzantwort drei allgemeine Begründungen an. N bezeichnet seine Mindmap als Erfolg und unterstützt dies durch zwei Argumente. Nach einem Absatz zur Aufgabe 2. wird diese Ausführung noch einmal wiederholt und ein zweiter Erfolg (die Diskussion am Ende) mit allgemeiner Begründung angefügt.

Revision der Kategorien nach Durchsicht der 1. Aufgabe

Zunächst ist festzustellen, dass alle individuell genannten Erfolge auch wirklich in den individuellen Gutachten genannt worden sind. Die Analyse der 1. Aufgabe zeigt, dass das o. g. Kriterium für die Beurteilung der jeweiligen Kurzantwort nicht ausreicht, um die erste Forschungsfrage zu dieser Studie zu beantworten. Die Lernenden antworten in sehr unterschiedlicher Qualität und Länge. Jäger (2008: 36) spricht von der Mindestanforderung im Erwartungshorizont der Lehrkraft, die von den Lernenden noch „überboten" werden könne. Zwar kann die vorgegebene Wertung von je einem Punkt für die Antworten gelten, diese Analyse geht jedoch weiter: Die induktiv aus dem Material entwickelten Kategorien lauten:

Kategorie 1: Nennung des Präsentationsthemas

Kategorie 2: Nennung der erfolgreichen Methode: a) eine Methode, b) zwei Methoden

Kategorie 3: Begründung für den Erfolg der Methode: a) Anzahl der Begründungen, b) Art der Begründungen: spezifisch, allgemein, nicht im Zusammenhang mit dem genannten Erfolgskriterium, Misserfolg versprechendes Negativkriterium, wiederholend

Kategorie 4: Strukturierung, Aufbau der Antworten: a) durcheinander, b) akzeptabel, c) gut strukturiert

Kategorie 5: Extremfälle: a) keine Bearbeitung der Aufgabe, b) Bearbeitung der Aufgabe anders als erwartet, c) nicht zur Aufgabe gehörende Teile der Bearbeitung, d) über die Aufgabe hinausgehende Teile der Bearbeitung

Die Länge soll hier nicht verglichen werden, da es auf den Gehalt der Antworten ankommt.

Endgültiger Materialdurchgang mit Interpretation und Auswertung

Mayring (20025: 117) schlägt u. a. vor, die Zuordnungen von Textstellen zu Kategorien quantitativ auszuwerten in dem Sinne, dass geprüft wird, welche Kategorien am häufigsten codiert wurden. Dies bietet sich für die aus dem Material gebildeten Kategorien 1-4 an.

Kategorie 1: Ein Lernender nennt sein Präsentationsthema; das ist nicht unbedingt nötig, für den Leser der Vollständigkeit halber angenehm.

Kategorie 2a: Die Nennung einer Methode entspricht der Aufgabenstellung. Neun Lernende haben diese voll erfüllt. Dabei werden das Quiz und die Power Point Präsentation jeweils dreimal als von den Lernpartnern bezeichnete Erfolge genannt. Diese Aufgabe ist reine Reproduktion eines Teils des o. g. Gutachtens.

Kategorie 2b: Drei nennen zwei Methoden, die von den Mitlernenden gelobt worden sind, möglicherweise um die Aufgabe besonders gut zu lösen.

Kategorie 3a: dreimal eine Begründung, einmal zwei Begründungen, viermal drei, zweimal vier, einmal fünf, einmal sieben Begründungen. Hier müssen die Lernenden Begründungen explizit formulieren, die sie vermutlich schon implizit bei der Vorbereitung der Präsentation für sich bedacht haben. Die große Spannbreite an Begründungen zeugt von intensiver Reflexion über den Nutzen von bestimmten Methoden.

Kategorie 3b: Nur drei begründen ihre angewendete Methode spezifisch mit dem Inhalt ihres Referats; die anderen neun liefern nur allgemeine Begründungen der Methode. Das zahlenmäßige Verhältnis von spezifischen Methoden zu allgemeinen ist 5:28. Es scheint also den Lernenden leichter zu fallen, ihre Methode allgemeiner zu begründen, als sie auf ihr konkretes Referat zu beziehen. Dies hätte in der Aufgabenstellung noch deutlicher erwähnt werden müssen. Es fallen drei verschiedene Begründungen auf, die nicht in diese beiden Kategorien passen: Einer nennt eine, die mit dem Erfolg seines Referats nichts zu tun hat, einer eine Misserfolg versprechende Begründung und einer wiederholt sich einmal.

Kategorie 4: Fünf Lernende strukturieren ihre Antwort schlecht, drei mittelmäßig und vier gut. – Auch bei kurzen Antworten ist es nötig, sich über die Struktur Gedanken zu machen.

Kategorie 5a: Ein Lernender bearbeitet diese Aufgabe gar nicht.

Kategorie 5b: Die Antwort des Schülers B auf beide Aufgaben gleichzeitig fällt völlig aus dem Rahmen. Sie wird deshalb separat analysiert:

B bedauert, dass seine Methoden nicht erfolgreich waren, denn seine Klassenkameraden hätten nicht einmal sein Thema verstanden. Als Gründe dafür gibt er das schwierige Sprachniveau und die Schwierigkeit des Themas an. Da diese Schwierigkeiten niemand beachtet habe, werde er nun auch diese Aufgabe nicht beachten. Alles sei kritisiert worden und niemand habe sich um die Komplexität des Themas gesorgt.

B begründet hier sehr emotional, warum er diese beiden Aufgaben nicht bearbeiten werde. Er ist enttäuscht und beschuldigt die Anderen (hier wird neben den schon genannten Mitschülern auch die Lehrerin indirekt erwähnt) dafür. Zweimal benennt er die Schwierigkeit seines Themas, je einmal erwähnt er den fehlenden Erfolg und die Kritik an allem. Auch dies wirft er den Anderen vor. Recht unkritisch weist er damit jede Schuld am Misslingen der methodischen Aufbereitung seiner Präsentation weit von sich.

Da B der Lehrerin durch Namensnennung in der Klausur bekannt ist, muss als Kontextwissen (vgl. Mayring, S.118 „Explikation: weiterer Textkontext: Informationen über den Textverfasser") erwähnt werden, dass er bereits in der 12.

12. Klasse mehrfach seine eigenen Mängel in sehr emotionaler Weise auch nicht nach ausführlicher Begründung akzeptiert, sondern die Lehrerin angeklagt hat. Hier liegt ihm nun ein sehr ausgewogenes, sehr gerechtes Urteil durch die ausführlich begründete Partnerbeurteilung aller Kursmitglieder und der Lehrerin vor, welches er aber trotzdem nicht akzeptiert und nun seinen Groll gegen „Andere" hegt. Es zeigt sich an dieser Stelle deutlich, wie Partnerbeurteilung die Lehrerin von der „Bürde" der alleinigen Notengebung wirklich entlastet. (Kap. 1.2.6.2.) B stellt unter Beweis, dass er nicht bereit ist, seine Fehler für seinen eigenen Lernfortschritt zu nutzen.

Kategorie 5c: Der Schlusssatz von I, man brauche viel Zeit zur Vorbereitung einer Präsentation, gehört nicht in die Antwort.

Kategorie 5d: Positiv fällt eine über die Aufgabe hinaus reichende Antwort auf: D beschreibt als weiteres Indiz für seine erfolgreiche Methode die freiwillige Bearbeitung seines Tests zu Hause. Das zeugt von Gesprächen des Referenten mit Mitlernenden über sein Referat noch nach dem Unterricht und ist sehr erwünscht.

Mayring schlägt vor, das gesamte Kategoriensystem in Bezug auf die Fragestellung auszuwerten. Damit ist hier nicht die an die Lernenden gestellte Aufgabe gemeint, sondern die Forschungsfrage.

Alle stellen unter Beweis, dass sie die Ergebnisse der Partner- und Lehrerevaluation in ihren individuellen Gutachten gelesen und verstanden haben – das heißt nicht unbedingt, dass sie es alle auch so akzeptiert haben, wie die Ausführungen von B zeigen. In ihren Antworten differenziert kein Einziger zwischen Partner- und Lehrerevaluation, obwohl es von der Aufgabenstellung in der Klausur her möglich gewesen wäre. Das ist ein positives Zeichen dafür, dass die Aussagen in den Gutachten inhaltlich von den Präsentierenden wahrgenommen werden und nicht rollenspezifisch selektiv: Es wäre z. B. auch möglich gewesen, dass ein nur von der Lehrerin im Gutachten genannter Erfolg oder Misserfolg wiedergegeben wird. Dass das hier nicht geschehen ist, zeugt von der großen Akzeptanz der Partnerbeurteilung in dieser Lerngruppe und dem Wert, den sie ihr durch ihre detaillierten Reflexionen beimessen. Folgender Abschnitt zeigt, dass die Ausbildung dieser Eigenschaften von der Lehrkraft unterstützt worden ist.

Kommunikative Validierung (nach Mayring, S. 147)

„Der Verständigungsprozess mit Schülerinnen und Schülern wird erleichtert, wenn über gemeinsam erfahrene Handlungen reflektiert wird. So können Bewertungskriterien von Lernenden (und Lehrkräften) erst in den individuellen Sinnzusammenhang eingefügt werden, wenn diese eingeübt und erprobt wurden. Erst dann wird klar, ob man die Kriterien verstehen und erfüllen kann bzw. ob und auf welche Weise sie bewertbar sind." (Bohl 2006:82)

Die Lernenden haben also die Beurteilungskriterien in einem sehr lernerorientierten Verfahren selbst vorgeschlagen und gewichtet. und die Partnerevaluation bei jeder Präsentation gewissenhaft in einem recht aufwendigen Verfahren durchgeführt, werden jedoch bewusst bis zur letzten Präsentation vor der Klausur im Unklaren darüber gelassen, ob und inwieweit ihre Beurteilungen in die Gutachten und in die Notengebung eingehen. Die Lehrerin will prüfen, ob diese wirklich seriös nach den vereinbarten Kriterien angefertigt werden. Theoretisch wäre es auch möglich, nur positive, unsinnige oder keine Aspekte zu erwähnen oder dem Referenten 15 Punkte aufzuschreiben. Bei der Durchsicht der Gutachten stellt die Lehrerin fest, dass die Partnerbeurteilungen insgesamt als seriös in die Gesamtbewertung einbezogen werden können.

Am 24.11.09 findet vor Übergabe der Gutachten ein von der forschenden Lehrerin initiiertes Kursgespräch statt, in dem die Gültigkeit von einigen in der Präsentation angewandten Methoden in einer Form von kommunikativer Validierung diskutiert wird. Mayring spricht zwar nur vom Gespräch über die Ergebnisse und Absicherung, hier wird der Begriff der kommunikativen Validierung im Sinne auch auf die Reflexion über Methoden ausgedehnt. Die zwei zur Diskussion vorgelegten Methoden sind das von der Lehrerin für alle Präsentationen vorgegebene *involvement of the others* und die Partnerevaluation. Da erstere Methode nicht Teil dieser Arbeit ist, wird sie hier ausgeklammert.

Die aktionsforschende Lehrerin protokolliert während der Diskussion die Hauptargumente der Lernenden: Partnerevaluation sei vorteilhaft, denn es gebe mehr Meinungen als nur die der Lehrkraft (Lernender D), es diene der „richtigen" und gerechteren Notenfindung (M), durch die verschiedenen Beobachtungsaufgaben entstehe ein vollständiges Ganzes (H), die Präsentationen seien dadurch aufgewertet, weil sie auch die Lernenden – nicht nur die Lehrkraft – verstehen müssten (A), sie müssten aufpassen, weil sie ja mit beurteilen müssten (X, schreibt die Klausur nach), ja die Präsentation sei auch für die Lernenden (K). Sie werfen im Gespräch die Frage der objektiven Beurteilung auf: D findet diese ganz normal unter der Bedingung, dass alle seriös urteilten. B wendet sich dagegen: Lernende seien nicht objektiv, denn sie seien entweder befreundet oder hätten keinen Kontakt. K wendet dagegen ein, dass alle objektiv zu sein versuchten, da sie gemeinsam die Kriterien erstellt und gewichtet hätten. Zusammenfassend lässt sich sagen, dass die Vervollständigung durch die Meinungsvielfalt und die gerechtere Notenfindung als Hauptvorteile von Partnerevaluation betrachtet werden können. Interessant ist der mehrfach geäußerte Gedanke, die Präsentationen seien durch die Partnerbeurteilung auch an die Lernenden gerichtet: Das heißt, dass sie bei Lehrerbeurteilung nur für

Lehrende sind und widerspricht jeder Form von Schülerorientierung und dem Grundsinn einer Präsentation, die immer an die gesamte Lerngruppe gerichtet ist.

Das Problem der Objektivität von Partnerbewertung wird weitgehend, aber nicht übereinstimmend positiv beurteilt. Schüler B weist ihr absolute Subjektivität zu, ohne die gemeinsam erstellten Beurteilungskriterien zu bedenken. Zu diesem Zeitpunkt kennt er sein Gutachten noch nicht, auf das er dann in der Klausur noch emotionaler reagiert.

Anschließend informiert die Lehrerin die Lernenden darüber, dass sie, überzeugt von der relativen Seriosität der Partnerevaluationen, diese gleichwertig mit ihrer eigenen im Gutachten und in der Notengebung gewichtet hat und verteilt die so entstandenen sehr differenzierten Gutachten. Die Reaktionen erscheinen positiv: Die Lernenden fühlen sich ernst genommen.

Diese Untersuchung unterstützt, was Caulk 1994 untersucht:

Lernende finden mehr Details als die Lehrkraft (bei Caulk 60 % mehr), was hier zudem nicht verwunderlich ist, denn sie hat zusätzlich zu der allgemeinen Beobachtung noch intensive Mitschriften über die sprachlichen Leistungen angefertigt, die hier nicht thematisiert werden.

Die Kommentare der Mitlernenden ersetzen nicht die Kommentare der Lehrkraft, sie ergänzen sie durch wichtige Bemerkungen: *Peer response* hat nach Caulk "important and complementary function" (S. 187).

Partnerevaluation nach der kommunikativen Validierung: markante Einzelfälle

Ein Lernender kann seine Präsentation erst nach der Klausur halten. Die Lehrerin bespricht nochmals das Problem der seriösen Partnerbeurteilung mit der Lerngruppe und behält sich vor, bei negativen Erfahrungen diese Präsentation ausschließlich allein zu beurteilen. Es wäre möglich, dass einige oder schlimmstenfalls alle die Partnerbeurteilung jetzt nicht mehr ernst nehmen. Dieser Fall tritt nur einmal ein und wird aus der Partnerbewertung eliminiert, sodass auch dieser Lernende noch von seinen Mitlernenden gleichwertig beurteilt werden kann. Da die detaillierten Beobachtungsaufgaben namentlich zu kennzeichnen sind, lässt sich aus dem nicht ausgefüllten Beobachtungsblatt schließen, dass es sich hier um Schüler B handelt — ein Protest, nachdem er sich von allen Bewertern so unverstanden fühlt, über die Bewertung seines Referats so enttäuscht ist? Alle anderen legen — wie gewohnt — ihre Beobachtung und Bewertung schriftlich nieder. Die globalen Bewertungen (positive und negative Aspekte des gesamten Referats und Bepunktung) werden anonym abgegeben. Hierbei umge-

anonym abgegeben. Hierbei umgehen zwei Lernende die Partnerbewertung ganz oder teilweise: Einer gibt einen zusammengefalteten Blankobogen ab, ein anderer füllt zwar seine Bewertung wie gewohnt aus, schreibt aber u.a. darin über die Farbe des Pullovers des Referenten. Diese beiden Bewertungen werden ebenfalls aus dem Teiler für die Gesamtleistung eliminiert.

Es handelt sich hier nur um kleine Abweichungen, die aber als markante Einzelfälle durchaus bemerkenswert sind, da sie bei den Präsentationen vor dem Metagespräch über die Partnerevaluation nicht aufgetreten sind. Dennoch betrachtet die Lehrerin die Erfahrung mit Partnerbeurteilung insgesamt als gelungen.

Aufgabe 2

Zeilenweiser Materialdurchgang mit Subsumption:

Eine Klassen- oder Kursarbeit soll nicht (nur) summativ sein, sondern soll idealerweise einen Denk- und Lernprozess in der Arbeit selbst erlauben und prospektiv in die Zukunft schauen. (vgl. Kap. 2.3.) In diesem Sinne haben alle Lernenden bis auf Schüler B in der 2. Aufgabe nicht nur einen Kritikpunkt aus der Partner- und Lehrerevaluation reproduziert, sondern aktiv denkend mindestens eine Alternativplanung entwickelt.

A: schreibt von seinen fehlenden Vokabelerklärungen und bietet zwei Alternativen zur Lösung an: Vokabeln können in die Power Point Präsentation geschrieben oder die neuen Wörter vor Referatsbeginn vorgelesen werden. (B: Sonderfall, s. o. .) C benennt den Mangel an Medien als Kritikpunkt; nennt zwei Alternativen: Einsatz von Bildern oder eines Films. D nennt zwei Kritikpunkte aus der Lehrerevaluation: seine Sprache und sein monotones Sprechen. Eine Alternative für den ersten wäre das Unterlassen der deutschen Sprache zwischendurch, eine für den zweiten eine Vorabpräsentation an die Familie oder Freunde, um Feedback zu bekommen. E nennt zwei Kritikpunkte: das leise Sprechen und die Nervosität. Zu beiden gemeinsam werden drei Alternativen angeboten: Häufigeres Sprechen vor der Klasse, Üben zu Hause vor dem Spiegel, lautes Lesen englischer Texte. F erklärt ausführlich die Kritik an den vielen speziellen biologischen Wörtern; drei Alternativen dazu sind das Schreiben dieser Wörter auf ein Extrablatt oder eine Folie oder die Wahl eines Themas mit weniger speziellem Vokabular. Daran fügt F einen weiteren Kritikpunkt: die Qualität der Bilder, die durch eine Power Point Präsentation verbessert werden könnte. G nennt die Kürze seiner Präsentation als Kritikpunkt; eine Alternative dazu wäre, diese zu erweitern auf andere Themen, z.B. Tiere, die im Wasser leben. H erwähnt die kritisierte Länge seiner Präsentation; die Alternative zur besseren Zeiteinschätzung wäre ein Üben des Referats vor

Anderen. I greift die Kritik an seiner Nervosität auf; eine Alternative wäre, die Präsentation Eltern oder Freunden zu halten. J nennt die kritisierte Sprache und Aussprache; Alternativen sind, Englisch auch in der Freizeit zu sprechen oder Ferien in einem englischsprachigen Land zu verbringen. K erwähnt die Kritik am Gebrauch des Computers; dieser ließe sich durch Einsatz anderer Medien wie Bildern oder Heftern (dies ist sicher ein falsches Wort) beheben. L bedauert, das Quiz zu Hause vergessen zu haben; es wird keine Alternative explizit genannt. M erwähnt den Kritikpunkt, er habe nicht frei genug gesprochen. Zwei mögliche Alternativen wären, weniger Notizen auf die Karteikarten zu schreiben und die Präsentation im Voraus der Familie zu halten, um Feedback zu bekommen. N schreibt über das kritisierte Quiz, die Alternative fehlt jedoch. Das Problem ist bei dieser Antwort, dass diese Kritik in der allgemeinen Diskussion über Methoden zur Beteiligung der Mitlernenden geäußert worden ist und sich nicht auf das Referat von N bezieht. Insofern ist die Aufgabe nicht bearbeitet.

Revision der Kategorien nach Durchsicht der 2. Aufgabe:

Zunächst ist festzustellen, dass alle individuell genannten Kritiken bis auf die von N auch wirklich von den Mitlernenden bzw. der Lehrerin in den individuellen Gutachten genannt worden sind. Ebenso wie bei der ersten Aufgabe zeigt die Analyse der zweiten Aufgabe, dass die Vermutung, dieses Kriterium werde für die Beurteilung der jeweiligen Kurzantwort ausreichen, zur qualitativen Beforschung nicht genügt. Die Lernenden haben die sehr individualisierte Fragestellung nach der von ihren Lernpartnern evaluierten Leistungen in unterschiedlicher Qualität und Länge beantwortet.

Die aus dem Material entwickelten Kategorien lauten:
Kategorie 1: Benennen des Kritikpunkts
Kategorie 2: Kritikpunkte: a) Zahl, b) Erklärung dessen, c) Ursprung aus Partner- oder Lehrerevaluation
Kategorie 3: Alternativen: a) Zahl, b) Erklärung derer, c) allgemein oder konkret
Kategorie 4: Struktur: durcheinander, akzeptabel oder wohl strukturiert
Kategorie 5: Stellung in der Klausur: separate 2. Frage oder integriert in einem
    Text mit 1. Aufgabe

Endgültiger Materialdurchgang mit Interpretation:

Zu Kategorie 1 ist festzustellen, dass alle einen oder mehrere Kritikpunkte aus ihren individuellen Gutachten benannt haben.

Die Anzahl der Kritikpunkte wird von den Lernenden in Kategorie 2a. folgendermaßen gewählt: neunmal wird ein Kritikpunkt genannt, viermal zwei. Schüler B nennt in seiner o. g. Frustration pauschal Kritik an allem. — Diese werden teilweise auch erklärt (Kategorie 2b.): achtmal gar nicht, dreimal einfach erklärt, einmal zweifach, zweimal dreifach. Dreifach erklärt darunter auch Schüler B, was an seinem Referat kritisiert worden ist. — Nur ein Lernender von 14 bemerkt, dass die beiden bei ihm kritisierten Punkte aus der Lehrerevaluation stammen – Ist das als opportunistisch zu bezeichnen? Die anderen 13 Lernenden äußern sich gar nicht zu der Quelle der Kritik, obwohl diese aus den Gutachten ersichtlich ist, d. h. Lehrer- oder anonyme Partnerevaluation. (Häufig erfolgt dieselbe Kritik von beiden Seiten.) Das kann wiederum bedeuten, dass diese überwiegende Zahl von Lernenden es als gleichgültig empfinden, wer die Kritik äußert – ein gutes Zeichen der Gleichberechtigung von Lehrer- und Partnerevaluation und eine Aufwertung der rein sachlichen Argumentation.

In Kategorie 3a. wird die Zahl der angegebenen Alternativen festgestellt: Drei Lernende geben keine Alternative an, wie es in der Aufgabenstellung vorgesehen ist; zweimal wird eine angegeben, siebenmal zwei, zweimal drei. — Zusätzlich zu den Alternativen liefern fünf Lernende je eine Erklärung, einer sogar zwei. (Kategorie 3b.) — Alle angegebenen Alternativen befinden sich auf ganz allgemeiner Ebene (Kategorie 3c.), keine ist konkret formuliert. Es scheint schwer zu sein, prospektiv Planungen einzugehen, wenn noch kein konkretes Thema vorliegt. Wahrscheinlich stellt eine sehr konkrete Planung, den genannten Kritikpunkt zu beheben, deshalb eine Überforderung dar.

Bemerkenswert sind auch die Unterschiede in der Strukturierung (Kategorie 4): Fünf Lernende schreiben sehr strukturiert, bei sieben ist die Struktur der Antwort akzeptabel, nur zwei liefern eine wohl strukturierte Antwort ab.

Kategorie 5 schließlich untersucht die Stellung der Aufgabe in der Klausur: Neun Lernende trennen die Aufgaben gemäß der Aufgabenstellung in 4.1. und 4.2.; vier integrieren ihren Antworten in einen Text; Schüler B fällt mit seinem Text völlig aus dem Rahmen.

Zusammenfassung

Abschließend lässt sich durch die Beforschung der Daten feststellen, dass die Lernenden über die Aufgabenstellung hinaus ihre Antworten auf vielfältige Weise binnendifferenzieren, was in der Bepunktung der Lehrerin gar nicht ins Gewicht fällt. Interessant ist der Extremfall Schüler B, der sich den beiden Aufgaben gar nicht zuordnet. Zur Explikation seiner problematischen Aussagen in der Klausuraufgabe und wegen der ansonsten positiven Erfahrungen mit der

Partnerbewertung durch die anderen Lernenden muss die erste Forschungsfrage erweitert werden. Es bietet es sich an, umfassender die überfachlichen Kompetenzen in den Lehrer- und Partnerbewertungen zu untersuchen. Deshalb entscheidet sich die Forscherin, eine zweite Analyse zu den vorausgegangenen Präsentationen anzuschließen.

10.2. Partnerevaluation von vorausgegangenen Präsentationen

„Wenn du verstehst, dass andere anders sind als du, dann fängst du an, weise zu werden." (aus China)

Untersuchungskontext mit Gegenstand der Analyse, Fragestellung

Bei dieser sollen aus Platzgründen drei ausgewählte Lehrer- und Partnerevaluationen (eine gute, eine mittlere und die von Schüler B) umfassend untersucht werden, d. h. als Häufigkeitsmerkmal wird die dreimalige Nennung eines Aspektes gesetzt, um hier in der linken Spalte der Tabelle beschrieben und analysiert zu werden. Diese wird in der rechten Spalte der Tabelle abgeglichen (Außenkriteriumsvalidität) mit der Einführung von von Hentig zum Bildungsplan 2004 Baden-Württemberg. Dort und den Ausführungen zu den Kompetenzen für Englisch werden detaillierte Angaben zu allgemeinen Bildungszielen (detaillierter als in den Bildungsstandards der KMK von 2003, deshalb hier ausgewählt) und konkreten Fachzielen gemacht, die sich gut mit den in der Bewertung genannten Aspekten verbinden lassen. Die Quellen aus dem Bildungsplan, die in der rechten Tabellenspalte nur mit dem jeweiligen Buchstaben abgekürzt sind, lauten:

allgemeine Vorstellungen und Maßnahmen, S. 10
drei Bestimmungen von Bildung, S. 11
Einstellungen 1-10, S. 12-14
Fähigkeiten 1-10, S. 14
Kenntnisse 1-10, S. 15
Didaktische und methodische Prinzipien 1-10, S. 16
Kompetenzen für Englisch, Kursstufe, 5. Kommunikative Kompetenzen, S. 122-124; Methodenkompetenz, S. 125

Ziel ist zum einen, durch die Aufbereitung der in den Gutachten genannten herausragenden positiven und negativen Verhaltensweisen des jeweiligen Referenten während seiner Präsentation zu zeigen, zu welcher Qualität von Aussagen die Lernenden in ihren Partnerbeurteilungen fähig sind. Weiteres Ziel ist zu zeigen, dass die in den Partnerevaluationen genannten „anderen" Bildungsstandards mit dem Bildungsplan vereinbar sind. Zunächst werden die Daten aufbereitet:

(Abb. 50:) Lerner A

A hat das Thema "Free time activities in Australia" gewählt. Seine Präsentation wird mit 12 von 15 Punkten bewertet.

Lehrer- und Partnerevaluation (Zahl der Nennungen von Gesamtzahl der abgegebenen Stimmen)	Merkmale von von Hentig bzw. aus den Kompetenzen der Bildungsstandards (Quelle vorangestellt, s.o.), beschränkt auf Hauptaspekte. Kursiv erscheinen die hier hinzugefügten zusätzlichen Merkmale bzw. Kompetenzen, die in den vorliegenden Präsentationen angewendet werden.
Gute Power-Point-Präsentation (11/19)	d. Redefähigkeit; f. kann bewusst anderen das Gelernte mitteilen durch Präsentation; kann Verantwortung für das gemeinsame, hier selbst geplante Lernen empfinden; kann maßgebliche Beteiligung am Unterrichtsverlauf empfinden durch seine selbstständige Planung; kann sein eigenes Lernen und gleichzeitig Lehren für die eigene Person als bedeutsam empfinden; kann sich lustvoll herausgefordert fühlen; kann Lernzuversicht empfinden; g. kann Grundprinzipien der Rhetorik in sein Redekonzept einbauen und traditionelle Medien und moderne Technologien zur gezielten fremdsprachlichen Recherche, Kommunikation und kritischen Informationsentnahme nutzen sowie für Präsentationen von Sachverhalten im Rahmen der behandelten Themen und eigener Interessengebiete in der Fremdsprache gezielt einsetzen
Gute Bildauswahl (6/19)	g. kann Visualisierungstechniken zur Themenerarbeitung einsetzen und Informationen in grafischer Form darstellen
Mitbringen eines Boomerangs zur Illustration (6/19)	c. kann seinen Blick hinaus in die Welt ausweiten und einen Sinn für Besonderheiten gewinnen
Gute Einbeziehung der Mitschüler durch Quiz (5/19)	b. kann als Einzelner auf das Gemeinwohl blicken; c. kann Part in arbeitsteiliger Welt übernehmen und Befriedigung damit verbinden, gebraucht zu werden; c. kann Pflicht für Gestaltung und Verbesserung der gemeinsamen Lebensverhältnisse entwickeln und aktiv am Leben der kleinen Gemeinschaft teilnehmen; d. kann selber durch geeignete Fragen zum Denken anleiten; f. kann von und mit anderen lernen; d. leitet andere durch geeignete Fragen zum Denken an
Gutes Englisch (5/19)	g. (kommunikative Kompetenzen)

Leicht verständlich (6/19)	"
Freies Vortragen (4/19)	g. kann Referate möglichst frei halten

(Abb. 51:) Lerner N

N hat das Thema "Royal Flying Doctor Service" gewählt; seine Präsentation wird mit 9 von 15 Punkten bewertet.

Lehrer- und Partnerevaluation (Zahl der Nennungen von Gesamtzahl der abgegebenen Stimmen)	Merkmale von von Hentig bzw. aus den Kompetenzen der Bildungsstandards (Quelle vorangestellt, s.o.), beschränkt auf Hauptaspekte. Kursiv erscheinen die hier hinzugefügten zusätzlichen Merkmale bzw. Kompetenzen, die in den vorliegenden Präsentationen angewendet werden.
Gute Kenntnisse über Thematik, informativ (6/15); nicht genügend Information (3/15)	a. kann Kenntnisse erschließen, die zum Verstehen der Welt notwendig sind; c. kann Not von Randgruppen erkennen und mit Mitschülern ggf. Hilfe finden; kann seinen Blick hinaus in die Welt ausweiten und einen Sinn für Besonderheiten gewinnen (hier widersprüchlicher Eindruck der Mitschüler); (interkulturelle Kompetenzen)
Gute Struktur (4/15)	c. kann die gute Ordnung bewahren; kann Maßstäbe erkennen d. und f. kann Referate selbstständig planen, organisieren
Gute Methoden, Mitschüler einzubeziehen z.B. Mindmap, Diskussion (8/15)	a. kann sich und andere in Urteilsfähigkeit üben; c. kann Überzeugungen selbst und mit den Mitschülern entwickeln; kann nachgeben, wenn es nötig ist; d. und f. kann Referate selbstständig planen, organisieren; f. kann bewusst das Gelernte an andere weitergeben; kann Verantwortung für das eigene Lernen empfinden in der Verantwortung für das gemeinsame (von dem Schüler selbst veranstaltete) Lernen; kann sich aktiv an der Planung und Durchführung des Unterrichtsverlaufs beteiligen; kann mit den anderen gemeinsam lernen
Hervorragende Flexibilität in Planung und Durchführung (nur Lehrerkommentar, da Gespräche in der Planungsphase den Mit-	a. kann Freude an guter Leistung empfinden; b. kann sich erfolgreich an seinem Referat persönlich (durch das, was er aus sich zu machen sucht), praktisch (durch seine Orientierung in der Welt) und politisch (durch seinen Blick auf das Gemeinwohl) bilden; c. kann sich am Lernen freuen, Neugier und Bereitschaft für weiteres Lernen entwickeln; kann seine Leistungsbereitschaft steigern mit

schülern nicht bekannt sind)	Wahrnehmung guter Leistung; f. kann Selbstständigkeit, Eigenverantwortung, Selbstkontrolle für sein eigenes Lernen empfinden und Verantwortung für das gemeinsame (von dem Schüler selbst veranstaltete) Lernen übernehmen; kann Ermutigung, lustvolle Herausforderung, Lernzuversicht spüren
Leicht verständlich (4/15)	g. (kommunikative Kompetenzen)
Langsames, lautes, Sprechen (4/15)	g. (kommunikative Kompetenzen)
Freies Vortragen (4/15); häufiger Blick auf die Konzeptkarten (5/15)	g. kann Referate möglichst frei halten (hier widersprüchlicher Eindruck der Mitschüler)

(Abb. 52:) Lerner B

Schüler B hat das Thema "Australian monarchy or republic?" gewählt; seine Präsentation wird mit 8 von 15 Punkten bewertet.

Absichtlich wird hier die Lehrer- und Partnerbewertung der Präsentation des aus der Klausur schon bekannten Schülers B ausgewählt, um durch Datentriangulation ein vollständigeres Bild der Persönlichkeit des Schülers B und seiner Präsentation zu erhalten.

Lehrer- und Partnerevaluation (Zahl der Nennungen von Gesamtzahl der abgegebenen Stimmen)	Merkmale von von Hentig bzw. aus den Kompetenzen der Bildungsstandards (Quelle vorangestellt, s.o.), beschränkt auf Hauptaspekte. Kursiv erscheinen die hier hinzugefügten zusätzlichen Merkmale bzw. Kompetenzen, die in den vorliegenden Präsentationen angewendet werden.
Informativ (6/12); zu viele Informationen (3/12)	a. kann Kenntnisse erschließen, die zum Verstehen der Welt notwendig sind; f. (interkulturelle Kompetenzen) (hier widersprüchlicher Eindruck der Mitschüler)
2 lange Handouts widersprechen Grundbedingungen aller Referate (nur Kommentar der Lehrerin)	a. kann die für alle Referenten vorgegebene Pflicht, ein Handout von höchstens einer Seite zu erstellen, nicht erfüllen; f. kann nicht Referate selbstständig planen und organisieren
Schwer zu folgen (4/12)	b. kann nicht das Gemeinwohl beachten; d. kann nicht andere beobachten, ihnen zuhören f. kann nicht Referate selbstständig planen

	und organisieren, kann nicht Grundprinzipien der Rhetorik in ein Redekonzept einbauen
Kein freies Vortragen (3/12); Benutzen von zu vielen Konzeptkarten (4/12)	f. kann nicht Referate möglichst frei halten
Monotone Stimmlage (3/12)	f. kann nicht Grundprinzipien der Rhetorik in ein Redekonzept einbauen
Unfreundlicher, ungeduldiger, böser Ton (3/12)	c. kann keine Freude am Stoff seines Vortrags vermitteln; kann kein Gefühl für die Gestaltung der gemeinsamen Lebensverhältnisse entwickeln; kann nicht psychischer Gewalt entsagen; f. kann nicht Grundprinzipien der Rhetorik in ein Redekonzept einbauen
Vorgegebene Zeit weit überschritten (4/12)	a. kann die allen vorgegebene Zeitgrenze von 20 Minuten zum Referieren nicht einhalten; f. kann nicht Referate selbstständig planen und organisieren
Kein Medieneinsatz (3/12)	f. kann nicht Visualisierungstechniken zur Themenerarbeitung einsetzen, Informationen in grafischer Form darstellen; kann traditionelle Medien und moderne Technologien zwar zur Vorbereitung nutzen, für Präsentation von Sachverhalten jedoch nicht gezielt einsetzen
Zu viele Vokabeln: 1 Seite (5/12)	f. kann nicht Referate selbstständig planen und organisieren

10.3. Auswertung, Interpretation und Zusammenfassung

In dieser abschließenden Betrachtung werden exemplarisch die Daten von drei Lernenden aus den beiden Klausuraufgaben (10.1.) trianguliert mit den detaillierten Lehrer- und Partnerevaluationen der drei ausgewählten Präsentationen und dem Bildungsplan Baden-Württemberg 2004 (10.2.). Im Gegensatz zu anderen Befragungen sind hier die Namen bekannt; das wird für die Erstellung eines Gesamtbildes über die drei Präsentierenden genutzt.

A nennt in seiner Klausur das Quiz, ein konkretes positiv vermerktes Mittel der Einbeziehung der Mitlernenden. Die fehlenden Vokabelerklärungen sind nur von einem Lernpartner kritisiert worden und damit unwesentlich. Insgesamt beziehen sich die Vorzüge des Referats von Schüler A gleichmäßig auf allgemeine Bildungsziele wie konkrete Fachziele, die im Bildungsplan genannt werden.

N nennt in seiner Klausur die Mindmap und die Diskussion am Ende als in den Evaluationen genannte erfolgreiche Methoden der Einbeziehung von Mitlernenden. Das angeblich kritisierte Quiz bezieht sich nicht auf das Referat von N und muss deshalb als nicht bearbeitete Aufgabe bewertet werden. Bezüglich der Sachkenntnisse über das Vortragsthema und die Vortragstechnik fallen in den Lehrer- und Partnerbewertungen widersprüchliche Aussagen auf. Insgesamt stehen bei Schüler N besonders personale und soziale Kompetenzen im Vordergrund.

In der Klausuraufgabe des Schülers B, in der er insbesondere verschiedene Aspekte seine personalen, sozialen und methodischen Kompetenz selbst evaluiert, wird offensichtlich, dass er sich lt. von Hentigs „Einstellungen" nicht der Verantwortung für sein Handeln stellt, die Lehrer und Lernpartner ihm im Gutachten bescheinigen, sondern diese auf andere abschiebt. Des Weiteren zeigt er, dass er keine Kritik an seiner Arbeit vertragen kann und nicht gelassen darauf reagieren oder nachgeben kann. Deshalb entscheidet er sich in der Klausur gegen die vorgegebene Aufgabenstellung, Alternativen zu suchen (wie er sich auch schon für die Präsentation entschieden hat, die Vorgaben für Zeitrahmen und Handout zu missachten). Ohne diese ist seine vermeintliche Ich-Stärke eher eine Schwäche. Lt. von Hentigs „Fähigkeiten" kann er nicht das Prinzip der Objektivierung seiner Leistung verstehen, lt. den „didaktischen und methodischen Prinzipien" kann er nicht die Verantwortung für sein eigenes Lernen übernehmen, er zieht den Rückzug in Demotivation vor. Erklärung von Kritikpunkten seiner Präsentation weist er zurück; er kann sie nicht verstehen und dadurch Lernzuversicht entwickeln.

Insgesamt zeigt die Untersuchung zu den Präsentationen die große Bedeutung, die die gleichberechtigten Lehrer- und Partnerevaluation haben: Die Mitlernenden schätzen in ihren Klausuren die Aufwertung ihrer Referate durch die gerechtere und facettenreichere Beurteilung, sie fühlen sich als kritische Zuhörer ernst genommen. Dort demonstrieren sie sehr binnendifferenziert, dass sie nicht nur ihre so entstandenen individuellen Gutachten gelesen haben, sondern dass sie (überwiegend) durchaus in der Lage sind, in die Zukunft gerichtete Alternativen auf kritisierte Verfahrensweisen zu entwickeln, die sich allerdings auf ganz allgemeiner Ebene bewegen. Die qualitative Inhaltsanalyse nach Mayring eröffnet neue Kategorien der Sicht einzelner Antworten und suggeriert eine detailliertere Bepunktung der einzelnen Aufgaben.

Der Abgleich der drei Einzelevaluationen mit dem Bildungsplan zeigt ebenso den großen Wert und die Seriosität der detaillierten Lehrer- und Partnerevaluationen; sie stellt den jeweiligen Referenten und sein Werk zum Zeitpunkt der Präsentation als Typen dar. Dabei spielen für die Evaluierenden zwar auch sprachliche Aspekte eine Rolle (obwohl die Lehrerin die Sprache allein beurteilt), zumeist sind es aber allgemeine Bildungsziele und konkrete Fachziele, die gemäß den Ausführungen im Bildungsplan erwähnt werden. Die Untersuchung zur Klausur geht mehr in die Breite, während die daran angeschlossene über die zuvor abgehaltenen Präsentationen mehr in die Tiefe geht. Beide ergänzen sich.

11. Studie 5: Befragungen zur gemeinsamen Erstellung von Beurteilungskriterien und zum Wert von Partnerbeurteilung in Fragebögen und Klassenarbeiten (8., 9., 10. Klasse)

> „Im Prozess der individuellen Aneignung der Normen und fachlich begründeten Anforderungen werden sich die Lernenden ihrer Fähigkeiten, Stärken und Schwächen bewusst. Sie machen sich ihre Einstellung zu der Aufgabe bewusst, lernen sich selbst zu organisieren und Hilfen einzusetzen." (Hoppe 2001:95)

> „Je klarer die Kriterien für eine Leistung definiert und differenziert sind und je mehr die Lernenden an Entwicklung und Einsatz der Bewertungsmaßstäbe beteiligt werden, desto höher ist die intersubjektive Überprüfbarkeit von Bewertungen. ... [Die Lernenden] können konstruktiv an ihren Lernfortschritten arbeiten. Dies gibt ihnen Sicherheit und die Chance der Verbesserung, sie können sich rechtzeitig Hilfe holen." (Druyen 2008: 108, 110)

Die Zitate erwähnen ein konstitutives Element von lernerorientiertem Unterricht: die partizipative Erarbeitung der Kriterien bzw. Ziele. Sie hilft den Lernenden vielfältig im Prozess der Autonomisierung ihres Lernens. Diese Studie fragt, wie Lernende den Wert der gemeinsamen Kriterienerstellung beurteilen.

Heron (1981: 67f.) spricht von einem schwachen Modell, wenn die Kriterien vorgegeben sind und nicht verändert werden können, hingegen von einem starken Modell, wenn keine Kriterien vorliegen und sich die Lernenden eigene Standards setzen. Alternative Versionen seien, dass die Lernenden an der Auswahl der Kriterien partizipierten. Dies kann unterschiedliche Formen annehmen: Sie modifizieren bestehende Kriterien und diskutieren sie; sie schreiben selber Kriterienlisten, die sie mit Mitlernenden vergleichen und anschließend in der Großgruppe mit der Lehrkraft diskutieren, um am Ende eine gemeinsame Liste zu erstellen (vgl. Kap. 10). Bei unsinnigen Kriterien möge sich die Lehrkraft vorher ein Vetorecht einräumen oder rational begründen, warum sie unsinnig seien. Lernende könnten auch ihre eigenen Kriterien für ihre eigene Arbeit benutzen, um deren mangelnden Wert selbst zu erkennen. Dies scheint der aktionsforschenden Lehrkraft problematisch zu sein, da ihnen der mangelnde Wert vielleicht gar nicht bewusst wird. Ohnehin ist die Anwendung eigener Kriterien von verschiedenen Lernenden problematisch. Herons Modelle der Partizipation können natürlich nur im Rahmen der geltenden Bildungs-, Lehr- oder Rahmenpläne verwirklicht werden.

Diese Teilstudie stellt sich einer zweiten Thematik: Da Selbst- und Partnerbeurteilung sind nicht notwendigerweise auf Unterrichtsinhalte beschränkt ist; kann Lernenden auch zugetraut werden, den Wert, den sie der Partnerbeurteilung für ihr eigenes Lernen zubilligen, zu metaevaluieren. Es soll dabei herausgefunden werden, ob es Unterschiede in den verschiedenen Altersstufen gibt.

Allgemeine Unterrichtskontexte und weitere Forschungsanliegen

Im Folgenden werden drei Befragungen zu Vorgehensweisen bei Präsentationen (der genaue unterrichtliche Kontext wird in den Einzeluntersuchungen für die jeweilige Klasse separat dargestellt) in einer 8. und 9. Klasse (Englischunterricht; Befragungen nach Kleingruppenpräsentationen) und einer 10. Klasse (Französischunterricht; Befragung nach Einzelpräsentationen) vorgestellt. In den Anlagen 17-19 werden exemplarisch Originale abgedruckt.

Alle Lerngruppen erstellen gemeinsam die Kriterien, nach denen sie später ihre Referate vorbereiten und auch beurteilen, und sie meatevaluieren die Partnerbeurteilung. Die Lernenden beurteilen auf Deutsch in zwei offenen Fragen, wie sie ihre Arbeitsweisen empfinden: Die ersten beiden Befragungen erfolgen namentlich, die in der 8. Klasse auf der Rückseite der Partnerbewertung im Anschluss an diese, die in der 9. Klasse im Rahmen einer Klassenarbeit nach der Unterrichtseinheit. Die Aktionsforscherin vermutet, dass die 8. Klasse auf ihren Blanko-Fragebögen weniger tief gehende Antworten gibt als die 9. Klasse in der Klassenarbeit. Vielleicht können sich die Lernenden aus der 9. Klasse detaillierter äußern; ein anderer Grund kann ernsthafteres Antworten im Rahmen der Klassenarbeit sein, für deren Aufgaben Punkte verteilt werden. Um diese mögliche Motivation zu untersuchen, wird von der aktionsforschenden Lehrerin noch die dritte Studie durchgeführt und analysiert. Die Befragung der 10. Klasse ist anonym und erfolgt nach Abschluss der Partnerbewertung. Sie wird im Nachhinein zu den beiden anderen Studien hinzugefügt, nachdem bei der Erforschung der Daten folgende Fragen offen bleiben: Können die Antworten als ernsthaft bezeichnet werden? Wie detailliert werden sich anonym Befragte äußern? (vgl. Kap. 4.2.1. zur Beantwortung von interessierenden Fragen durch Aktionsforschung)

Fragen der 8. Klasse:
Wie findest Du es, andere zu beurteilen?
Wie fandest Du es, dass wir die Beurteilungskriterien gemeinsam erstellt haben?

Fragen in der Klassenarbeit der 9. Klasse:
Beurteile die Wichtigkeit der ersten Unterrichtsphase (Erstellung der Kriterien).
Wie fandest Du die peer evaluation (=Beurteilung der einzelnen Präsentationen durch die MitschülerInnen)? Begründe.

Fragen der 10. Klasse:
Beurteile die Wichtigkeit der ersten Unterrichtseinheit (gemeinsame Erstellung der Kriterien).
Wie fandest Du die Partnerbeurteilung? Begründe.

Untersuchungsmethoden nach dem Ablaufmodell induktiver Kategorienbildung

Die Antworten der Lernenden zu diesen beiden Fragen sind Gegenstand der Analyse nach dem Ablaufmodell induktiver Kategorienbildung von Mayring. Selektionskriterium ist jeweils, ob sie durch mindestens eine Reflexion zum Thema beantwortet werden. Die Leistungen der 8. und 10. Klasse auf dem Blanko-Fragebogen werden nicht bewertet, die der 9. Klasse mit 2 von insgesamt 47 Punkten der Klassenarbeit (vgl. Kap. 2.3.). Da diese Aspekte in den Fragestellungen vorgegeben sind und es sich nur um jeweils zwei handelt, wird die qualitative Inhaltsanalyse als vereinfacht bezeichnet.

Das Datenmaterial wird zeilenweise durchgegangen und aus den Befragungen herausgeschrieben; aus den Daten werden vorläufige Unterkategorien zu den Fragen gebildet. Bei weiterem Materialdurchgang erfolgen weitere Zuordnungen bzw. neue Kategorien werden formuliert. Einige Kategorien können unter übergreifenden Themen („Vorteile, Lerneffekte, Nachteile") subsumiert werden, wobei die beiden ersten eng zusammen liegen. Am Ende wird das gesamte Datenmaterial noch einmal nach den endgültigen Kategorien durchgearbeitet und nach Mayrings Vorschlag quantitativ ausgewertet; teilweise werden zwei Nennungen unter einer Kategorie subsumiert. Extreme Einzelaussagen sollen besondere Beachtung finden. Die so erfolgte vereinfachte Inhaltsanalyse wird zunächst klassenweise in Tabellen dargestellt. Die Darstellung erscheint später der Forscherin zu eng an den Daten und zu wenig in Bezug auf überfachliche Kompetenzen strukturiert. Deshalb wird sie aus Platzgründen nicht abgedruckt. Sie ist jedoch Grundlage der jeweiligen Analysen der Klassenbefragungen.

Mit einer Kategorienrevision entschließt sich die Forscherin, die Daten aus allen drei Klassen in Mindmaps nach Reichenbachs globaler Beschreibung der Soft Skills (vgl. Kap. 9) zuzuordnen, damit die durch diese Befragungen angesprochenen überfachlichen Kompetenzen in 11.4. übersichtlicher dargestellt werden können. Induktiv aus dem Datenmaterial ergibt sich zusätzlich die Mindmap zu „Einstellungen", die hier in jeweils beiden Impulsen erfragt werden und den personalen, sozialen und methodischen Kompetenzen nicht zugeordnet werden können. In den Mindmaps werden die drei Klassen gemeinsam dargestellt (Datentriangulation), in Klammern steht die Klassenstufe und die Anzahl der Nennungen. Wegen der großen Zahl sehr differenzierter Aussagen verzichtet die Forscherin in den Mindmaps auf Ankerbeispiele; jedoch entschließt sie sich, exemplarisch einige Einzelaussagen am Ende zu analysieren, um deren Differenziertheit im Kontext zu zeigen. Eine Alternative wäre für die Beforschung gewesen, nur diese Einzelaussagen intensiv nach der qualitativen Methode der gegenstandsbezogenen Theorie zu analysieren; dabei wären jedoch die vielen anderen Aussagen verloren gegangen, die hier wenigstens zusammengefasst dargestellt werden können.

Eine Codierung der Namen ist für die 8. und 9. Klasse nicht nötig, da es sich eher um dekontextualisierte Einzelaussagen handelt. Wenn eine Aussage oder ein Kurztext in seinem Kontext wichtig ist, wird dieser paraphrasiert und einbezogen. Die Kurztexte der 10. Klasse werden codiert, falls Einzelaussagen zitiert werden.

11.1. Befragung einer 8. Klasse Englisch

Unterrichtskontext

Im Februar 2006 arbeiten die Lernenden der Klasse 8b an einer Einheit zu amerikanischen Nationalparks. Nach der Themenwahl für die Mini-Präsentationen in Kleingruppen erstellen die Lernenden mit der Lehrkraft gemeinsam Beurteilungskriterien: Sie schlagen Rahmenbedingungen und Kriterien vor, die Lehrerin handelt sie mit ihnen aus bzw. verändert oder ergänzt sie im Gespräch, wenn es ihr aus fachlichen oder pädagogischen Gründen notwendig erscheint. (Die Kriterien und weitere Einzelheiten über die Unterrichtsreihe sind nachzulesen in Wilkening 2007b: 8.) Unmittelbar nach jeder Gruppenpräsentation tragen die Lernenden auf ihrem mit Namen bezeichneten Bogen ihre Partnerbewertung in eine Tabelle mit diesen Kriterien ein, am Ende soll eine Note mit „+" oder „–" stehen. Die Lernenden erhalten später die jeweils in Tabellenstreifen geschnittenen Teile der Bewertung ihrer Kleingruppe als Feedback.

Nach den Präsentationen führen sie die o. g. Metabefragung auf der Rückseite ihrer Partnerevaluation durch und geben sie ab. Es liegen 20 Befragungen vor. Die Lehrerin hält die allgemeinen Ergebnisse der Befragung auf Folien fest: Oberthemen werden gebildet und Aussagen quantifiziert. In kommunikativer Validierung findet ein Klassengespräch über nachahmenswerte und verbesserungswürdige Elemente der Referate findet statt, über das der Forscherin aber keine Aufzeichnungen vorliegen.

Quantitative Ergebnisse:
Zur ersten Frage (Partnerbeurteilung) werden 19 positive Antworten gegeben und eine negative. Folgende Begründungen werden gegeben, die in der Fragestellung eigentlich gar nicht gefordert sind: eine Antwort ohne Begründung, dreimal eine, elf Mal zwei Begründungen, einmal drei, zweimal vier und einmal fünf Begründungen.

Zur zweiten Frage (Kriterienerstellung) werden 16 positive Antworten gegeben, eine negative, zwei mittlere. Auch hier ist in der Fragestellung keine Begründung erfragt, was drei Lernende befolgen; ansonsten geben sie zehnmal eine Begründung, fünfmal zwei, einmal drei Begründungen, eine Person ist erkrankt. Im Vergleich mit der ersten Frage zeigt sich hier ein deutlich schwächeres und weniger vielfältiges Ergebnis. Möglicherweise ist der Terminus „Beurteilungskriterien" nicht für alle Lernenden klar; er hätte noch einmal erklärt werden müssen.

11.2. Befragung einer 9. Klasse Englisch
Unterrichtskontext

Im November und Dezember 2005 arbeiten die Lernenden der Klasse 9d im Englischunterricht an einer Einheit zu Werbung. Nach der Themenwahl für die Mini-Präsentationen in Kleingruppen erfolgt eine gemeinsame Erstellung der Beurteilungskriterien: Die Lernenden schlagen Rahmenbedingungen und Kriterien vor, die Lehrerin handelt sie in Partizipation mit ihnen aus bzw. verändert oder ergänzt sie im Gespräch mit ihnen, wenn es ihr aus fachlichen oder pädagogischen Gründen notwendig erscheint. (Die Kriterien und weitere Einzelheiten über die Reihe sind nachzulesen in Wilkening 2007a: 4.) Unmittelbar nach jeder Gruppenpräsentation tragen die Lernenden auf ihrem mit Namen bezeichneten Bogen ihre Partnerbewertung in eine Tabelle mit diesen Kriterien ein, am Ende soll eine Note mit „+" oder „–" stehen.

In der überwiegend lernerorientierten Klassenarbeit (u. a. Leseverständnis und Schreibproduktion von Werbung) am 12. 12. 2005 wird von den 25 Lernenden die hier analysierte Befragung zur gemeinsamen Erstellung der Kriterien und die Metaevaluation von Partnerbeurteilung namentlich und in deutscher Sprache durchgeführt. Die Antworten auf beide Fragen werden mit je einem von insgesamt 47 Punkten der gesamten Klassenarbeit gewertet.

Die Kategorienbildung aus dem Material fällt der Aktionsforscherin hier deutlich schwerer als für die Daten aus der 8. Klasse, da die Lernenden viel differenziertere Aussagen machen. So schreibt sie wiederum die Einzelaussagen aus dem Datenmaterial heraus, bildet für sie Zwischenkategorien unter den schon für die 8. Klasse entwickelten Oberkategorien der besseren Vergleichbarkeit halber und ordnet die Daten zu.

Quantitative Ergebnisse

Die gemeinsame Kriterienerstellung erachten 21 Lernende als wichtig, drei geben keine Antwort, eine Antwort passt nicht zur Aufgabe. Obwohl für die Beurteilung der Arbeitsweise keine Begründungen gefordert sind, werden vielfältige Begründungen gegeben: acht Lernende geben eine, sieben zwei, vier drei und ein Lernender vier Begründungen.

Die Partnerbeurteilung finden 21 Lernende gut, davon passt eine Antwort nicht ganz, zwei teils nicht so gut, zwei geben eine falsche Antwort. Von den erwünschten Begründungen werden einmal keine gegeben, siebenmal eine, fünfmal zwei, fünfmal drei, einmal sechs Begründungen.

Da es sich hier um Aufgaben in einer Klassenarbeit handelt, könnten — ebenso wie in Kap. 10.1. — Beispiele für die entsprechende geringe Bepunktung gegeben werden; aus Platzgründen wird darauf verzichtet.

Zum Frageimpuls: Im Impuls für die 9. Klasse fehlt der Aspekt der gemeinsamen Erstellung; deshalb taucht er auch kaum in den Antworten auf. Dadurch gehören viele Antworten, die sich auf die Kriterien beziehen, nur mittelbar zum Thema. Dies zeigt sich auch darin, dass in der 9. Klasse dreimal keine Antworten hierzu gegeben werden, einmal eine falsche. Zur gemeinsamen Erstellung der Kriterien erfolgt lediglich eine von 25 Antworten, in der 8. Klasse dagegen sind es mehrere, die zu dem unterstützenden Impuls schreiben. Eine andere Formulierung des Aufgabenimpulses (wie der der 8. Klasse) hätte diesen zentralen Aspekt vielleicht besser hervortreten lassen. Die Lehrerin hat also aus der Befragung in der Klassenarbeit der 9. Klasse gelernt für die anschließende Fragebogenbefragung der 8. Klasse.

11.3. Befragung einer 10. Klasse Französisch

Unterrichtskontext:

Im Dezember 2009 entscheiden sich die Französischlehrerin und die Lernenden der Klasse 10d für Einzelpräsentationen zum Thema Sport. Nach der Themenwahl erfolgt eine gemeinsame Erstellung der Beurteilungskriterien: Die Lernen-

Lernenden schlagen Rahmenbedingungen und Kriterien vor, die Lehrerin handelt sie mit ihnen aus bzw. verändert oder ergänzt sie im Gespräch mit den Lernenden, wenn es ihr aus fachlichen oder pädagogischen Gründen notwendig erscheint. Da Ablauf und Inhalte dieser Unterrichtsreihe noch nicht publiziert sind, werden sie hier erklärt. Zu folgenden Themen werden in Partizipation die Bedingungen ausgehandelt: Zeitpunkt der Präsentation, Dauer, Sprache, Medium, Vortragsart, Handout. Bei Nichtbeachtung einer dieser Voraussetzungen wird jeweils ein Punkt von 15 von der Endbewertung abgezogen. Die ausgehandelten Kriterien und Prozentsätze für die Partnerbeurteilung lauten: Auftreten (10 %), Information (35 %) und Informationsvermittlung, Präsentationsgestaltung (5 %). Wegen Unsicherheit der Lernenden über die Bewertung der sprachlichen Leistung behält sich die Lehrerin vor, selber die restlichen 50 % darauf zu vergeben. Unmittelbar nach jeder Einzelpräsentation tragen die Lernenden auf ihrem mit Namen bezeichneten Bogen ihre Partnerbewertung in eine Tabelle mit diesen Kriterien ein, am Ende werden die Punkte addiert.

Am 21. 1. 10 führt die aktionsforschende Lehrerin mit der Klasse ein Abschlussgespräch über die Partnerbewertung, welches sie protokolliert. Dabei erwähnen die Lernenden das Problem des besten Freundes, welches eine seriöse Beurteilung verhindern könne. Dieses Problem werde aber durch den Teilfaktor durch alle vorliegenden Beurteilungen gemildert. Als zweites werden die Kriterien angesprochen: Jeder beurteile trotz vorliegender Kriterien anders, da sie unterschiedlich interpretiert würden. Die Lehrerin teilt — wie in Kap. 10.2. — den Lernenden schließlich mit, dass sie nach Feststellung der relativen Seriosität der Partnerbeurteilung einen Mittelwert aus allen inklusive der eigenen Beurteilung, die gleich mit ihrer gewertet würde, ermittelt habe.

Die 23 an diesem Tag anwesenden Lernenden werden anschließend um die o.g. zehnminütige Metaevaluation gebeten. Um die Anonymität zu wahren und vollkommene Offenheit zuzulassen, schlägt die Lehrerin vor, bei Bedarf in Druckbuchstaben zu schreiben. Das weisen die Lernenden lachend als unnötig ab und schreiben zwischen einer Din A 4-Seite und 4 Zeilen auf die beiden Fragen. Das Vertrauensverhältnis scheint hoch zu sein.

Quantitative Ergebnisse:

Die Frage nach der Kriterienerstellung wird von 23 Lernenden positiv beurteilt, eine Person empfindet diese nicht als notwendig, eine andere beachtet die Aufgabe nicht. Obwohl im Impuls nicht erfragt, geben zwei Lernende keine Begründung, drei eine, einer zwei, sieben drei, vier vier, zwei fünf, zwei sechs und einer sieben Begründungen. Insgesamt liefert die 10. Klasse mit 71 Begründungen (im Vergleich dazu: die 9. Klasse liefert 38) eine sehr differenzierte Auseinandersetzung.

Der Partnerbeurteilung stehen 22 von 23 Lernenden positiv gegenüber, einer ist geteilter Meinung. Ein Lernender gibt eine Begründung, drei zwei, fünf drei, zwei vier, drei fünf, zwei sechs und einer neun Begründungen.

In Kap. 11.4. werden die Daten der Befragungen der 8., 9. und 10. Klasse der besseren Übersicht halber nach Kompetenzen aufbereitet; die quantitativen Ergebnisse aus den einzelnen Klassenstufen sind in Klammern vermerkt.

11.4. Aufbereitung der Daten
Abb. 53:

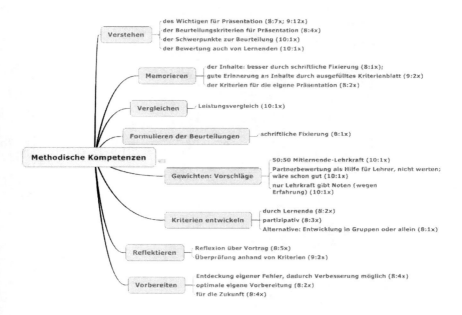

Abb. 54:

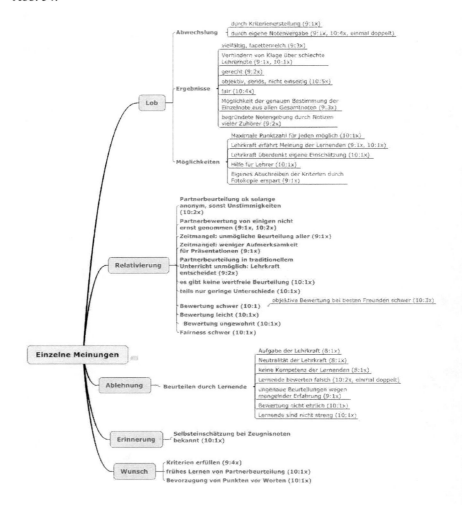

Abb. 55:

Abb. 56:

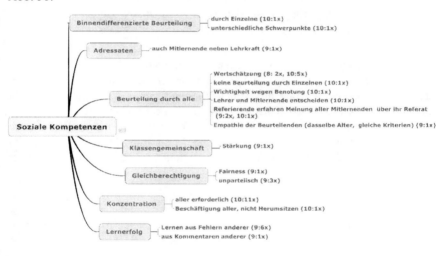

11.5. Zusammenfassung und Analyse
11.5.1. Vereinfachte Darstellung in Mindmaps

Methodische Kompetenzen stehen gemeinsam mit geäußerten Einstellungen und Meinungen in den beiden Fragen und folglich auch gegebenen Antworten im Vordergrund dieser Analyse.

Die Entwicklung der Kriterien und das Verstehen und Memorieren der Kriterien und Inhalte durch schriftliche Fixierung sowie die Vorbereitung für die eigene Präsentation (darunter sogar das Lernen für die Zukunft, geäußert von Achtklässlern, ein guter Ausgangspunkt für ein Klassengespräch) und das anschließende Reflektieren — also Unterrichtsschritte — wird von jüngeren Lernenden hervorgehoben. Eine große Rolle spielt für die Neuntklässler, dass die Kriterien für die Erarbeitung und Überprüfung der eigenen Präsentation bekannt sind; Einzelne loben deren schriftliche Fixierung auf dem Kriterienbogen, der als zweiten Zweck die Notizfunktion für alle gehaltenen Präsentationen hat. Zehntklässler reflektieren intensiver und schlagen verschiedene Gewichtungen für Partnerevaluation neben Lehrerevaluation vor; Leistungen könnten verglichen werden.

Nur wenige personale Kompetenzen können durch die Befragungen festgestellt werden: Lernende aus allen Klassen erwähnen ihre Konzentration für die Aufgaben der Kriterienerstellung und -erfüllung und der Partnerbeurteilung und die daraus resultierende Erkenntnis der Schwere einer Beurteilung (eine zentrale Erkenntnis), die Relativierung ihrer Selbsteinschätzung (eine zentrale Erkenntnis) bzw. ihre Verbesserung. Besonders wird von vielen wertgeschätzt, dass die eigene Meinung geäußert werden dürfe. Dies impliziert, dass es im traditionellen Unterricht kaum möglich ist.

In der Erwähnung sozialer Kompetenzen dominieren ältere Lernende. Sehr intensiv wird die Beurteilung durch alle am Unterricht Teilnehmenden hervorgehoben. Sie erfordere Konzentration (Ist diese also im traditionellen Unterricht nicht erforderlich?), erlaube Gleichberechtigung und Binnendifferenzierung und stärke die Klassengemeinschaft. Neben der Lehrkraft sei sie an alle gerichtet. Besonders hervorgehoben wird der eigene Lernerfolg durch Präsentationen anderer, was die gegenseitige Abhängigkeit personaler und sozialer Kompetenzen ideal zeigt.

Zahlreiche stark emotional gefärbte Äußerungen zur Zustimmung oder Ablehnung der gemeinsamen Kriterienerarbeitung und insbesondere der Partnerbeurteilung dominieren die vierte Mindmap (s. auch folgender Abschnitt mit ausgewählten Einzelanalysen). Lobend wird die Abwechslung dieser Arbeitsform erwähnt, sie wird in ihren Qualitäten beschrieben. Die erwähnten Möglichkeiten implizieren jeweils wesentliches Gedankengut: Wenn hier die maximale Punktzahl für jeden möglich ist, haben dann im bisherigen Unterricht Kriterien nur für ein bestimmtes Niveau gegolten haben und waren darüber oder darunter liegenden Mitlernenden chancenlos? Dies könnte ein Hinweis an die Lehrkraft sein. Vielleicht urteilen hier die Lernenden zu extrem, vielleicht sollte aber auch die Lehrkraft wachsam sein, dass alle wirklich alles erreichen können. Denn eigentlich sollte dies immer möglich sein.

Neben der relativ neutralen Feststellung, dass die Lehrkraft die Meinungen aller erfahre (s. personale Kompetenzen), scheint der Gedanke interessant, sie überdenke daraufhin ihre Einschätzung. Dies kann eine ansonsten zu wenig reflektierte Einschätzung durch die Lehrkraft implizieren. Der Gedanke der

„Hilfe" für die Lehrkraft verfestigt dieses Vorurteil. — Einige Lernende aller Klassen lehnen die durchgeführten Unterrichtsmethoden ab: Bewertung sei Aufgabe der (neutralen!) Lehrkraft allein — eine andere Aussage stellt allerdings richtig fest, dass es gar keine wertfreie Bewertung gebe. Das zweite Argument ist, dass Lernende nicht bewerten könnten — das Gegenteil zeigen fast alle Partnerbewertungen in den Einzelstudien, wenn sie sich an festen Kriterien orientieren. Das Problem der unparteiischen Bewertung guter Freunde ist schon in der kommunikativen Validierungsphase in Kap. 10 angesprochen worden.

Verschiedene andere Argumente relativieren totale Zustimmung oder Ablehnung und sind für die Organisation ähnlicher Unterrichtseinheiten hilfreich: Anonymität der Bewertung sei notwendig, einige Beurteilende benötigten mehr Zeit.

11.5.2. Intensive Analyse einiger Einzel- und Extremfälle

Bei der Vielzahl der Äußerungen in den Befragungen der drei Klassen können durch bloße Aufnahme in den Mindmaps Einzel- oder Extremaussagen nicht ausreichend gewürdigt und analysiert werden. Deshalb soll dies hier exemplarisch geschehen in einer erweiterten Inhaltsanalyse mit Explikation durch den Kontext. Nach dem Zitat aus der Befragung ist die schreibende Person mit ihrer Klassenstufe codiert gekennzeichnet.
Dienstpflicht der Lehrkraft, Neutralität und Gerechtigkeit der Benotung: „Nicht wirklich gut, da es Aufgabe des Lehrers ist die Schüler zu beurteilen. Außerdem ist der Lehrer neutral." (F,8.) F unterliegt dem Irrtum, dass in dieser Unterrichtseinheit die Lehrkraft ihre Dienstpflicht nicht erfüllt: Die Lehrkraft lässt lediglich die Einschätzungen aller Lernenden zu; über die Gewichtung der Einzelleistungen und Zusammensetzung der Endnote entscheidet sie. Oder möchten sich die Lernenden vor der Übernahme von Verantwortung drücken, indem sie diese auf die Lehrkraft abschieben und damit ihre eigene Entwicklung zur Lernerautonomie behindern? Können Lernende nicht mit bewerten, durften sie es vielleicht bisher nur noch nicht? In allen Partnerbewertungen zeigt sich jedenfalls, dass sie sehr wohl nach festen Kriterien bewerten können, wenn sie es dürfen. — Der Lernende unterliegt einem zweiten Irrtum: Keine Person kann wertfrei beurteilen, wie es auch A, 10. erkennt: „Da man aber nie völlig wertfrei beurteilen kann, war das Ergebnis, wie ich finde, in Ordnung." Im Gegenteil kann diese aus gemeinsamen Einschätzungen entstandene Note sogar als gerechter betrachtet werden: „Ich fande die peer-evaluation gut weil man seine eigene Meinung äußern konnte und somit die Note der Schüler gerechter benotet wurde weil 32 Menschen eine Note geben." (X, 9.) Wie in der 8. Klasse wird von Neuntklässlern die Wichtigkeit

klässlern die Wichtigkeit des Einzelnen bei der Kriterienerstellung gesehen, die deren Spektrum vergrößert. Diese Vielfältigkeit ermöglicht dann auch die aus vielen Beurteilungen zusammengesetzte Endnote, die somit viel gerechter wird. Dies impliziert die häufigen Klagen über „alleinige" Lehrernoten. Lernende erfahren in der Partnerbeurteilung, dass sie als Subjekte ihres Lernens geachtet sind.

Folgen eigener Kriterien: „Ich fand es nicht so gut das wir die Krieterien zusammen erstellt haben, da ich mich lieber an meine Regeln zw. Krieterien halte." (N, 8.) Er erkennt die Notwendigkeit der gemeinsamen Kriterien für das eigene und gemeinsame Lernen noch nicht. Die in der Einleitung zum Bildungsplan 2004 mehrfach genannte Verantwortung zum mitgestaltenden Leben in der kleinen Gesellschaft Schule, die auf der Existenz, Kenntnis und Einhaltung von allen gleichen Rechten und Pflichten zur Aufrechterhaltung der Ordnung wie auch auf der Verteidigung der individuellen Freiheit beruht, muss dieser Lernende noch erkennen.

Empathie der Mitlernenden: Nicht nur Einzel- und Extremaussagen sollen hier diskutiert werden, sondern auch eine Aussage stellvertretend für viele andere, die Empathie in den Arbeitsformen hervorhebt: „Ich fand diesen Weg sehr gut, denn so konnten auch einmal die Schüler ihre Meinung mit einbringen, was ja sonst nicht geht. Mitschüler des selben Alters und die noch dazu das selbe mit den gleichen Bewertungs- Kriterien erarbeitet haben, können sich oft besser in die Lage versetzen und somit bessere Beurteilungen abgeben." (H, 9.) Die befragte Person geht davon aus, dass im traditionellen Unterricht Lernende ihre Meinungen nicht einbringen dürfen. Wer diese „Regel" aufgestellt hat, bleibt ungesagt. Des Weiteren hebt sie die bessere Qualität der Beurteilungen durch die Mitlernenden — ebenfalls psychologisch sehr geschickt — hervor. Beide Aussagen dienen der Wertschätzung der in der angewendeten Methoden der gemeinsamen Kriterienerstellung und Partnerbeurteilung.

Präsentation für Lernende: Ein interessanter, von mehreren geäußerter Gedanke ist der der Adressaten: „Außerdem denke ich, dass auch die Beurteilung der Mitschüler wichtig ist, damit man weiß, was die anderen von der eigenen Präsentation hielten und da man die Präsentation ja auch für die Klasse, und nicht nur für den Lehrer gemacht hat." (Y, 9.) Diese Person scheint also zu empfinden, dass im traditionellen Unterricht die Referate, die nur die Lehrkraft beurteilt, auch nur an sie gerichtet sind. (vgl. Kap.10: In der kommunikativen Validierungsphase betonen mehrere Lernende, dass die von den Mitlernenden mit bewerteten Referate an alle gerichtet seien.) Sie schätzt also deren Urteile, die sie scheinbar im traditionellen Unterricht nicht erfährt; es ist an der Lehrkraft, entsprechende Unterrichtsarrangements dazu bereitzustellen. Hier werden mit diesem und einem folgenden Argument die angewendeten Methoden indirekt wertgeschätzt.

Aktivität: Einen weiteren Gedanken fügt H, 10. hinzu: „Ich fand die Partnerbewertung gut, weil man so auch während der Präsentationen etwas zu tun hatte und nicht einfach so herumsitzen und zuhören musste." Dieses impliziert, dass die Lernenden ansonsten eher „herumsitzen und zuhören müssen", anstatt aktiv etwas tun zu dürfen. Hierzu passt auch die o. g. Konzentration während der Lernphasen. Keine Lehrkraft wünscht sich die hier angesprochene zwanghafte Passivität ihrer Lernenden. Sie wird mit dieser Aussage gebeten, immer wieder zu überlegen, wie vielfältig mit „Kopf, Herz und Hand" die Lernenden am Unterricht beteiligt werden können.

Nicht erst genommen: „Die Beurteilung auf dem Zettel war eine gut Idee, jedoch wurde sie von einigen Schülern nicht ganz ernst genommen." (R, 9.) Dass einzelne die Partnerbewertung nicht ernst genommen haben, kann passieren, hat sich jedoch aufgrund der umfangreichen und facettenreichen Ergebnisse — ansteigend in den Lebensjahren — bei den Partnerbeurteilungen und in der Metaevaluation in Grenzen gehalten. Weitere kommunikative Validierungsphasen mit gegenseitiger Aufklärungsarbeit über die vielfältigen Vorzüge dieser Arbeitsweise und regelmäßige praktische Übungen dieser sind vonnöten.

Bekannte Selbsteinschätzung: „Sonst soll man sich selbst immer gegenüber dem Lehrer beurteilen oder einschätzen, jetzt durften wir mal andere beurteilen." (D, 10.) Die bekannte Selbsteinschätzung zur Zensurenbesprechung, in der Lernende die Note der Lehrenden i.a. nur bestätigen, kann mit der Selbst- und Partnerbewertung in dieser Arbeit nicht verglichen werden.

11.5.3. Funktionalität der Erhebungsmethoden

Die Antworten in den namentlichen Fragebögen der 8. Klasse sind weniger detailliert und sorgfältig geschrieben als die Antworten in der Klassenarbeit der 9. Klasse. Ein Grund mag das eine Jahr an Reife zur Reflexion sein. Man kann sagen, dass die Daten der 2. Befragung (zeitlich die erste), also die der 9. Klasse, die der ersten ergänzen. Die Antworten im offenen Fragebogen der 10 Klasse zeigen trotz ihrer Anonymität noch wesentlich differenziertere Gedanken; sie sind damit komplementär zu den anderen beiden zu betrachten. Wegen der geringen Unterschiede in den Ergebnissen kann man sagen, dass sich alle drei sehr unterschiedlichen Erhebungsmethoden gleich gut zur Befragung eignen und dass die Namensnennung oder Anonymität keine Rolle für die Qualität der Aussagen spielen, sondern dass diese eher von der Reife abzuhängen scheint.

12. Studie 6: Partner- und Lehrerbewertung von Texten in Schreibkonferenzen und Metaevaluation (10. Klasse Englisch)

Diese Studie will untersuchen, wie Lernende das Lernen ihrer Mitlernenden im Vergleich zur Beurteilung durch die Lehrkraft einschätzen und wie sie Schreibkonferenzen für ihr eigenes Lernen empfinden.

Unterrichts- und Untersuchungskontext mit Gegenstand der Analyse und Fragestellung

Im Folgenden werden zwei Untersuchungen dargestellt (vgl. Wilkening 2007b: 10-11). Die Daten stammen aus dem Englischunterricht der Klasse 10d vom 11. 9. und 6. 10. 2006. Die gemeinsame Lektüre des Comicstrips "FoxTrot" (Green Line New 6: 8) zum Thema Young Americans, hier der Dialog eines jungen Mädchens mit ihrem Vater über ihre Kleiderkäufe, geht der Datenerhebung voraus. Nach der Lektüre werden gemeinsam die Kriterien für einen Zeitungsartikel erarbeitet; die Lernenden schreiben als Hausaufgabe einen zum Comic unter Verwendung der Kriterien. Zum besseren Verständnis der Datenaufbereitung und -auswertung sei die gemeinsam erarbeitete Tabelle mit den Kriterien abgedruckt (vgl. Grieser-Kindel 2006: 122):

(Abb. 57:) criteria for magazine articles developed by 10d on 8-9-2006

	☺	☹	☹	Example (1...)
Title, headline				
introduction: who, what, when, where, why etc.				
Facts, problems mentioned				
Surveys, interviews, pictures included				
Direct and indirect speech				
Structure: paragraphs				
Summary of article at the end				
Style: neutral, informative				

Am 11. 9. werden Schreibkonferenzen durchgeführt: Allein oder zu zweit lesen die Lernenden zufällig gezogene Artikel von anderen, beziehen die Kriterien auf

den Text durch Ausfüllen der dreistufigen Tabelle (vgl. die ähnliche Tabelle von Klose 2010: 15), zitieren Beispiele zur Untermauerung ihrer Bewertung in der letzten Spalte, streichen gut gelungene Teilstücke an, verbessern die Sprache mit Bleistift, wählen in ihrer Kleingruppe einige gute Teilstücke aus allen vorliegenden Artikeln und schreiben daraus einen Gruppenartikel. Am Ende werden die fünf Gruppenartikel vorgelesen (die der Forscherin nicht mehr vorliegen). Der den Kriterien am beste entsprechende wird im Klassengespräch mit Begründung ausgewählt. Die Lehrerin geht hier ähnlich vor wie Caspari im Jahre 2006 (Schreiben eines Textes zu fiche d´écriture, Überarbeiten in der Schreibkonferenz, Erstellen eines gemeinsamen Gruppentextes). Im Unterschied zu Caspari liest sie keine Mustertexte mit der Klasse, da sie dies bei Zeitungsartikeln für eine 10. Klasse nicht für nötig erachtet, sondern sie handelt das fiche d´écriture gemeinsam mit den Lernenden aus und fügt eine Phase der Partnerbeurteilung in Schreibkonferenzen (vgl. Kap. 2.2.2.3.) hinzu.

Gegenstand der zweiten Untersuchung sind die von den am 6.10. anwesenden 20 Lernenden zehn Minuten lang anonym und auf Englisch geschriebenen Metaevaluationen zum Thema "Name some advantages of writing conferences".

12.1. Schreibkonferenzen

Datenerhebung

Gegenstand der ersten Untersuchung sind 23 in Hausarbeit geschriebene Zeitungsartikel und 23 Partnerbeurteilungsbögen in Kopie aus den Schreibkonferenzen. Die Namen der Lernenden werden anonymisiert.

Die Untersuchungsmethoden sind nach dem Ablauf induktiver Kategorienbildung geplant, es stellt sich jedoch bei der Untersuchung selbst heraus, dass das Modell von Mayring hier nicht anwendbar ist, da die Kategorien von der mit den Lernenden gemeinsam entwickelten Tabelle mit Beurteilungskriterien für Zeitungsartikel — damit das Selektionskriterium und die Kategoriendefinition — schon deduktiv festgelegt sind. Man könnte hier von „deduktiv-induktiven Kriterien" sprechen, weil sie gemeinsam worden entwickelt sind, vgl. Kap. 7.3.) Deshalb kann der Materialdurchgang insgesamt erfolgen und soll anschließend quantitativ ausgewertet und interpretiert werden.

Ziel der Untersuchung ist der Vergleich zur Evaluation durch die Lehrkraft, hier mit den folgenden Schwerpunkten: Wie viele Kriterien von acht sprechen die Mitlernenden in ihrer Partnerbeurteilung an? Welche stufenmäßigen Unterschiede zwischen Partner- und Lehrerevaluation (Anzahl der Unterschiede, Unterschiede in die bessere oder schlechtere Spalte addiert pro evaluierende Person) gibt es? Anschließend werden die Veränderungen zwischen Partner- und

und Lehrerevaluation insgesamt mit den codierten Namen bezeichnet, da diese für die Interpretation der Ergebnisse wichtig sein könnten. Die von den Mitlernenden für die maximal acht Kategorien gegebenen Beispiele werden quantitativ erfasst. Besondere Ergebnisse werden vermerkt.

Die Lehrerin sammelt die Hausaufgabentexte und die Partnerbeurteilung zu ihrer eigenen Beurteilung ein; die inhaltliche Bearbeitung des Themas ist für diese Untersuchung irrelevant.

Aufbereitung und Auswertung

Folgende Unterschiede zwischen Partner- und Lehrerevaluation ergeben sich (dabei heißt „halbe Spalte", dass die evaluierende Person sich mit ihrem Kreuz nicht zwischen zwei Spalten entschieden hat):

Unterschiede zwischen Partner- und Lehrerevaluation in eine niedrigere Spalte: viermal eine Spalte, dreimal eineinhalb, einmal zwei, dreimal zweieinhalb, dreimal drei, zweimal dreieinhalb, einmal vier und einmal fünfeinhalb Spalten niedriger

Unterschiede zwischen Partner- und Lehrerevaluation in eine höhere Spalte: fünfmal eine und einmal drei Spalten höher

Auflistung der gesamten Veränderungen zwischen Partner- und Lehrerevaluationen bei welchen evaluierenden Mitlernenden

Abb. 58:

keine Veränderung	4x	A, D, K, Q
eine Veränderung	5x	B, F, P, R, U
eineinhalb Veränderungen	2x	N, X
zweieinhalb Veränderungen	3x	G, L, S
drei Veränderungen	4x	H, I, V, W
dreieinhalb Veränderungen	2x	M, O
fünfeinhalb Veränderungen	2x	E, T
sechs Veränderungen	1x	J

Da alle Lernenden in ihrer Partnerbeurteilung alle acht Kriterien für die ihnen vorliegende Arbeit abhaken, scheinen sie sie alle inhaltlich verstanden zu haben — vermutlich wegen der partizipativen Erarbeitung.

Von den insgesamt 40 Unterschieden zur Lehrerbeurteilung gehen 33 in den negativen Bereich, sieben in den positiven Bereich. Die Unterschiede betragen eine halbe bis zwei Stufen, im Durchschnitt eine Stufe. Hieraus kann man schließen, dass die Beurteilung der Lehrkraft teilweise strenger ist als die der Mitlernenden.

Bei den Unterschieden von der Partnerbewertung zur Bewertung durch die Lehrkraft ist mit Kontextwissen durch die Lehrerin festzustellen, dass A, K und Q in den sonstigen fremdsprachlichen Leistungen durchaus am unteren Ende anzusiedeln sind, bei der Partnerbewertung nach inhaltlichen Kriterien jedoch sehr genau beobachten. Hingegen zeigen sprachlich gute Lernende wie E teilweise große Differenzen zu der Lehrerbeurteilung, die selbstverständlich — trotz Kriterien — immer etwas subjektiv bleiben wird. Die Aktionsforscherin sieht als Problem bei dieser Untersuchung, dass die Lehrerevaluation als Standard gesetzt wird — vgl. auch Rühlemann (2006): "Clearly, even the best teacher's evaluations can be 'wrong'. So, teachers' assessments cannot be thought infallible." Aber es gibt keine wirklichen Alternativen, wenn man vergleichen will. Andere Lernende können auch unverlässlich sein, außenstehende Beobachtende nicht genügend involviert. Rühelmann fährt fort: "The teacher's evaluations are thus taken not as infallible but simply as sufficiently reliable and the most readily available data that the learners' data can be compared with."

Zur quantitativen Auswertung der Beispiele werden von acht möglichen Beispielen in der letzten Spalte gegeben: zweimal keine Beispiele, zweimal zwei, zweimal vier, viermal fünf, einmal sechs, achtmal sieben, viermal acht Beispiele. Im Nachhinein bemerkt die forschende Lehrerin ein formales Problem in der Konstruktion der Partnerbeurteilungsbögen: Die letzte Spalte (example) würde bedeuten, dass die Lernenden die Zeilen in denen ihnen vorliegenden Arbeiten zählen müssen. Es zeigt sich, dass sie dies nicht immer tun. Insofern ist die Untersuchung der Zahl der Beispiele eigentlich wertlos. Alternativen wären, mehr Platz in dieser Spalte zu lassen für wörtliche Zitate (diese geben die Lernenden I, V und W von sich aus) oder die Kriterien zu nummerieren und diese Nummern an den Rand des Aufsatzes zu schreiben. Bei einem Teil der Lernenden fehlen Beispiele zu den letzten drei Punkten (*structure, summary at the end, style*). Da die Lernenden mit der Lehrkraft gemeinsam diese acht Kriterien entwickelt haben und diese intensiv Unterrichtsgegenstand gewesen sind, ist wohl der Grund, dass sie sie nicht verstehen, auszuschließen.

Ein anderes, nicht quantitativ dargestelltes Ergebnis aus dem Stundenprotokoll der Lehrerin, welches sich als sehr nützlich auch für die retrospektive Beforschung erweist, ist folgendes: Neben dem Ausfüllen des Kriterienbogens sollen die Mitlernenden auch die Aufsätze durchsehen, ggf. anmerken. Auffällig ist, dass i.a. höchstens einige Rechtschreibfehler, selten Grammatikfehler markiert werden, kaum jedoch Verbesserungsvorschläge sprachlicher Art niedergeschrieben werden. Das mag an der Reserve von Lernenden liegen, die Sprache ihrer Mitlernenden zu beurteilen. (vgl. Kap. 1.2.6.) — Hervorzuheben ist noch, dass drei von 23 Lernenden ungefragt einen Kommentar zum Inhalt schreiben: D lobt die Einleitung, N macht einige Anmerkungen zur Erfüllung der Kriterien und gibt im Text auch einen inhaltlichen Tipp, G gibt zwei inhaltliche Tipps.

Der Lehrkraft stellen sich aufgrund der Partnerbewertung noch viele Fragen zur Methode der Schreibkonferenz. Deshalb plant sie zu diesem Thema Kurzaufsätze ein, die Gegenstand der zweiten Untersuchung sein sollen.

12.2. Metaevaluation

Datenerhebung und -aufbereitung

Die Antworten der Lernenden zur Frage "Name some advantages of writing conferences" sind Gegenstand dieser Analyse. Diese Frage bezieht sich nicht nur auf die letzte Phase, in der die Lernenden über verschiedene Texte in den Kleingruppen miteinander verhandeln, sondern auch schon auf die vorangehende Phase der Partnerbewertung je eines Textes nach dem gemeinsam entwickelten Bewertungsraster. Insofern hätte die Frage umfassender gestellt werden müssen; die Antworten jedoch beziehen sich auf beide Phasen.

Gemäß der qualitativen Inhaltsanalyse von Mayring ist Selektionskriterium, inwiefern sie durch Reflexionen zum Thema beantwortet werden. Die Befragung erfolgt in englischer Sprache auf einem Blanko-Fragebogen und wird nicht bewertet. Die Namen werden codiert, da es sich um Kurztexte handelt, bei denen der Kontext ggf. wichtig für die Auswertung und Interpretation werden könnte. Eine Verbindung der hier codierten Namen mit denen der ersten namentlichen Untersuchung gibt es nicht.

Nach dem Ablaufmodell induktiver Kategorienbildung erfolgt zeilenweiser Durchgang des Datenmaterials; Argumente werden in den Texten unterstrichen, nummeriert und wörtlich aus den Befragungen herausgeschrieben (Kap. 3.1.1.); aus ihnen werden induktiv vorläufige Unterkategorien zu den Fragen gebildet. Beim weiterem Materialdurchgang erfolgen neue Zuordnungen, neue Kategorien werden formuliert und Gedanken subsumiert. Wichtige Einzelaussagen werden gesondert analysiert. Am Ende wird das gesamte Datenmaterial noch einmal nach den endgültigen Kategorien durchgearbeitet. und nach Mayrings Vorschlag quantitativ ausgewertet.

Die Form für die Antwort ist nicht vorgegeben: 16 Lernende wählen die Textform, vier wählen Aufzählungen. Zwei Lernende nennen zwei Begründungen, drei drei, sechs vier, drei fünf, drei sechs, einer sieben, einer acht und einer neun Begründungen für Schreibkonferenzen; das sind insgesamt 94 Begründungen, durchschnittlich 4,7 pro Lernender.

Bei einer Revision des Kategoriensystems stellt die Aktionsforscherin fest, dass die sehr umfangreichen und detaillierten Daten zu kleinschrittig und zu unübersichtlich präsentiert sind. Sie entschließt sich, die überwiegend methodischen Daten in einem Schaubild („methodische Kompetenzen") nach Aktivitäten der Lernenden neu zu ordnen; zu den Unterkategorien werden Ankerbeispiele zitiert. Die Daten werden inhaltlich auf 72 zusammengefasst. Die quantitative Übersicht wird beigefügt, ist allerdings für die Auswertung nicht entscheidend.

Die Forscherin muss die Fragestellung kritisieren: Die Lehrerin argumentiert zum Zeitpunkt der Befragung, die Lernenden hätten sich während der Unterrichtsreihe nur positiv geäußert; daher sei die Fragestellung auch so formuliert worden. Der Aktionsforscherin fällt bei der Analyse auf, dass die Frage suggestiv gestellt ist; dadurch werden ggf. negative Eindrücke der Lernenden ausgeschlossen, sie werden möglicherweise einseitig beeinflusst. Die Frage müsste entweder beide Aspekte beinhalten oder ganz neutral die Meinung über Schreibkonferenzen erfragen. Des Weiteren fehlt im Impuls und folglich in den Antworten die Frage nach der gemeinsamen Erstellung der Kriterienkataloge für die Schreibkonferenzen, die diesen zugrunde liegen, und die damit verbundenen Vorteile zum Lernen.

Auswertung

Mit fast einem Drittel aller Äußerungen sprechen die Lernenden Aspekte des Erkennens am häufigsten an: Erkennen von inhaltlichen (Ideen, Texte) und von sprachlichen (Stile) Elementen, die andere benutzen. Das zeigt das große Interesse an den Arbeiten Anderer, das bisher scheinbar zu wenig berücksichtigt worden ist. Die Lernenden heben besonders hervor, dass sie andere Meinungen kennenlernten, da sie ansonsten nur die Meinung der Lehrenden erführen — ein im sozialen Raum von Schule bedauerliches Ergebnis von Unterricht. Eine weitere zentrale Erkenntnis ist die der geringen Bedeutung von Fehlern, die anscheinend vorher überbewertet worden sind. Hier wird nicht klar, ob inhaltliche oder sprachliche gemeint sind.

Die Lernenden gehen in ihren Kurztexten immer wieder von einer allzu vereinfachten Dichotomie „richtig-falsch" aus: Durch verschiedene Aktivitäten in

Schreibkonferenzen könne Falsches berichtigt werden; differenzierte Lösungen aufgrund von Kriterien werden nicht gesehen (A stellt fest: "Your own point of view could be wrong and in this writing conferences the others could tell you your mistakes."). Eine differenziertere Sichtweise gilt es im Unterricht zu besprechen und zu üben.

Die Lernenden zählen dann Einzelaktivitäten ihrer gemeinsamen Arbeit auf: Dabei stehen miteinander Diskutieren v.a. inhaltlicher Aspekte und Üben inhaltlicher, sprachlicher, sozialer, methodischer Vorgehensweisen an der Spitze vor gemeinsamem Lesen und Vergleichen der Arbeiten und gegenseitige Hilfe.

Zu dem gemeinsamen Arbeiten an Details gehört die (in der Mindmap zu methodischen Kompetenzen nicht aufgenommenen) von drei Lernenden geäußerten entspannteren Arbeitsatmosphäre (vgl. Kap. 8). Aufschlussreich ist auch das Gefühl der Sicherheit, dass alle Arbeiten in den Schreibkonferenzen wertgeschätzt werden; dies impliziert den Gedanken, dass im bisherigen Unterricht, in dem nur einige Arbeiten vorgestellt werden können, andere nicht geschätzt werden – ein wesentlicher Vorteil von Schreibkonferenzen und Tipp an die Lehrkraft zur weiteren Unterrichtsplanung. Einzelne Lernende fühlen sich hier als Subjekt ihres Lernens mit ihrem Produkt wirklich ernst genommen.

Das gemeinsame Handeln endet in Übernahmen von Stilelementen und Verbesserungen, bei denen Einzelne auf den Fehlern Anderer für ihre eigenen Arbeiten profitieren. In gemeinsamer Auswahl erstellt man den Gruppentext. Ein Teil der Lernenden erkennt den Aspekt der Evaluation durch Mitlernende bei den Schreibkonferenzen als Hilfe für die eigene Arbeit.

In diesen Texten fehlt eine Einschränkung — vermutlich weil sie von der einseitigen Fragestellung her gar nicht möglich ist — , die in dem Stundenprotokoll der Lehrerin in informellen Gesprächen nach der Stunde von den Lernenden erwähnt wird: Es erscheint ihnen wichtig, dass die Kommunikation mit anderen über die Beurteilung des eigenen Textes in den Unterricht integriert wird, ein wichtiger Tipp für die Planung der nächsten Partnerbeurteilung. Das bedeutet natürlich auch, vorher noch intensiver über Ton und Art des dann namentlichen Feedbacks zu sprechen.

(Abb. 59:) Aufbereitung der Metaevaluation

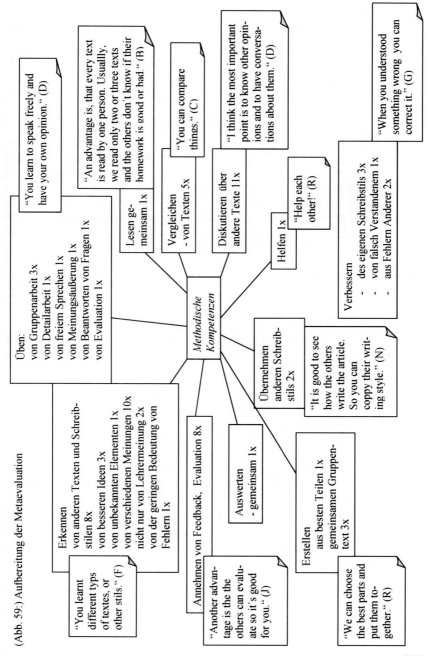

12.3. Zusammenfassung: Funktionalität der Erhebungsmethoden

Aus dem distanzierteren Blickwinkel der Aktionsforscherin erscheint im Nachhinein der erste Teil der Studie nicht allzu gewinnbringend, obwohl die Forschungsliteratur zum großen Teil aus solchen quantitativen Vergleichen (mit nur wenigen oder keinen qualitativen Anteilen) zwischen Evaluationen der Lernenden und der Lehrenden besteht. Die Setzung der Beurteilung durch die Lehrkraft als Standard zum Vergleich erscheint problematisch. Als Alternative bietet sich eine Ausweitung der Partnerbeurteilung anhand des Kriterienkatalogs auf mehrere Mitlernenden an.

Wirklich interessante Daten liefern die Lernenden in dem offenen und anonymen Fragebogen, der bei neutralerer Formulierung vielleicht noch differenziertere Abwägungen erlaubt hätte. Das Schaubild zu den methodischen Kompetenzen aus dieser qualitativen Beforschung, von denen die Lernenden schreiben, stellt die vielfältigen Vorzüge von Partnerbeurteilung in Schreibkonferenzen unter Beweis und gibt — oft nur implizit — Anregungen für den weiteren Unterricht. Forschungsmethodisch hat sich die vereinfachte qualitative Inhaltsanalyse der Kurztexte, die zumeist aus einzelnen Bemerkungen bestehen, in der zweiten Teiluntersuchung bewährt.

13. Studie 7: Selbst-, Partner- und Lehrerbeurteilung und Evaluation in der Klassenarbeit zu Gruppenprojekt mit Präsentation (10. Klasse Englisch)

„Nach gemeinsamer Entwicklung der Bewertungskriterien können diese dann „diskutiert werden, so dass Fremdeinschätzung durch die Lehrenden und Selbsteinschätzung durch die Lernenden aufeinander bezogen werden können. Auf diese Weise entsteht eine pädagogische Form kommunikativer Validierung." (Lütgert 1999: 47)

„Aus dem Vergleich zwischen Eigen- und Fremdperspektive und auf der Basis von expliziten Evaluationskriterien kann sich die Fähigkeit zur Selbsteinschätzung (weiter-) entwickeln." (Tassinari 2008: 264)

Diese Studie geht noch eine Stufe weiter als die vorangehende, indem sie fragt, ob sich die Beurteilungen von sich selbst, den Mitlernenden und der Lehrkraft vergleichen lassen und ob die Befragung in der Klassenarbeit weitergeführt werden kann.

13.1. Selbst-, Partner- und Lehrerbeurteilung
Untersuchungskontext und Datenerhebung:
Vorgehensweise: Auswahl der Gruppenpräsentationsthemen aus Liste der Lehrkraft; schriftliche Vorgabe von Rahmenbedingungen; Verpflichtung der Lernenden zu Arbeitsprozessberichten mit Partnerbeurteilung; Selbstevaluation und Lehrerevaluation separat
Unterrichtsreihe: American West: Präsentationen mit Selbst-, Partner- und Lehrerbeurteilung
Klasse: 10d
Fach: Englisch
Zahl der Befragten: 22
Datum: März 2007
Sprache: englisch
Namensnennung: ja

Die Lernenden wählen ihre Gruppenmitglieder und ihre Themen selber. Aufgrund mehrerer ausfallender Stunden werden die Rahmenbedingungen nach Absprache mit den Lernenden schriftlich vorgegeben, ebenso der in Hausarbeit zu schreibende Arbeitsprozessbericht. Da in dieser Klasse schon ein Jahr zuvor Präsentationen mit Partnerbeurteilung ausführlich geübt worden sind (vgl. Kap. 11.2.), genügen hier einige kürzere schriftliche Anweisungen zur Erinnerung an die damals gemeinsam erarbeiteten Kriterien einer Gruppenpräsentation.

Die Arbeitsprozessberichte müssen nach jedem Arbeitstag geschrieben werden (3-5 Sätze); Inhalte sind — angelehnt an die in Kap. 7 — die vorbereiteten Themen, die eigenen Schwierigkeiten und die der Gruppe, die Effektivität der Zusammenarbeit, die selbst geplante Hausarbeit, der Grad der Zufriedenheit mit der eigenen Arbeit. Auch können Alternativen niedergeschrieben werden. Auf den letzten Seiten werden die jeweils präsentierenden Gruppen evaluiert. (Partnerevaluation: *positive/to be improved*)

Die Partnerbeurteilung erfolgt nach im Vorjahr gemeinsam erstellten Kriterien zunächst durch Notizen (*conditions met?, contents new/interesting? rhetorics? language?*) und darauffolgender kurzer Besprechung nach der jeweiligen Präsentation, in Hausarbeit werden diese Punkte in den Arbeitsprozessbericht übertragen. Eine Partnerevaluation wird exemplarisch in Anl. 24 abgedruckt, zwei Selbstevaluationen in Anl. 23. Die Selbstbeurteilung erfolgt schriftlich gleich nach der eigenen Präsentation. (vgl. Oskamp 2002: 257-258)

Die Lehrkraft evaluiert während und nach jeder Gruppenpräsentation. Sie fasst die Selbst-, Partner- und Lehrerevaluationen in gruppenspezifischen Tabellen (*positive/to be improved*) zusammen und wertet sie quantitativ aus. Diese Auswertungstabellen erhalten die einzelnen Gruppenmitglieder nach einem allgemeinen Klassengespräch kommunikativer Validierung als Feedback für künftige Präsentationen (Anl. 25). Es werden zwei mündliche Noten erteilt: eine für die Präsentation, die die Lehrkraft aus der Selbst-, Partner- und Lehrerevaluation bildet und eine für den Arbeitsprozessbericht.

Datenaufbereitung, und -auswertung

Zwei Gruppenpräsentationen werden für die Datenaufbereitung aus den vorliegenden Originalen ausgewählt: die zu „Ohio" und die zu „Chicago". Die Namen der Lernenden werden anonymisiert. Zunächst beschreibt die Aktionsforscherin vergleichend die Arbeitsprozessberichte. Im zweiten und dritten Schritt werden die Selbst- und Partnerevaluationen quantitativ zusammengefasst nach den beiden vorgegebenen allgemeinen Fragestellungen (good/must be improved). Sie werden in vereinfachter qualitativer Inhaltsanalyse ausgewertet. Allerdings können Explikationen nicht gegeben werden, da die Lernenden ihre Partnerevaluationen in Spiegelstrichen strukturieren. An vierter Stelle steht die Lehrerevaluation. In der Auswertung werden Ergebnisse aus allen drei Beurteilungen in Datentriangulation miteinander verglichen.

13.1.1. „Ohio" in Selbst-, Partner- und Lehrerbeurteilungen

individuelle Arbeitsprozessberichte

Die Länge der Arbeitsprozessberichte der drei Mädchen beträgt bei A 380 Wörter, bei B 200 Wörter, bei C 230 Wörter Schwerpunkt der Arbeitsprozessberichte ist die Vorbereitung der Themen teils einzeln, teils als Gruppe:

Abb. 60:

Name	Inhalt Arbeitsprozessbericht	Note
A	Unterthemenwahl; gemeinsames Brainstorming, Vergleich der Hausaufgaben (Quellensuchen); Hilfe bei Vorbereitung der Mitschülerinnen geben und selbst empfangen; Planung für die letzte Vorbereitungsstunde: Hintergrund, Schrift, Layout; gemeinsame Fehlersuche; Abstimmung über Hintergrund	2
B (nur 3 von 5 Tagen da)	Unterthemenwahl;vorläufige Folienüberschriften, Benutzung der Hausaufgabe, Hilfe bei Vorbereitung der Mitschülerinnen geben und selbst empfangen;	3

| C | Unterthemenwahl; individuelle Vorbereitung der Präsentation; gemeinsam: Fehlersuche, Anschauen der Präsentation, Abstimmung über Hintergrund, Farben, Schrift | 3 |

Allein A schreibt zu „Schwierigkeiten" in einem Abschnitt nach allen Arbeitsprozessberichten, die Internetquellen seien schwer zu verstehen, zu kompakt und unordentlich. — Zu „Hausaufgaben" schreibt C gar nichts; B beschreibt die selbst gestellte Aufgabe, zu Hause weitere Quellen im Internet zu suchen und zu bearbeiten.— Zur „Effektivität der Gruppenarbeit" schreibt allein A in einem Extraabschnitt, sie sei gut gewesen. — Zu „Selbstzufriedenheit" und „Alternativvorschlägen" äußern sich alle drei Lernenden gar nicht.

Selbstevaluation:

Es liegt nur die Selbstevaluation von B vor, da A und C durch ihre Schülerratstätigkeit am Tage der Abgabe abwesend sind.

Abb. 61:

Good	Must be improved
Good preparation	
Nice slides	Pictures on history slides missing
Good notes on index cards	

Partnerevaluationen:

Die Evaluationen der Mitlernenden werden hier tabellarisch nach Themen (aus den Antworten gebildete Kategorien: Informationen, Vorbereitung, visuelles Material, Stichwörter, Sprachstil, Sprache) wiedergegeben und quantifiziert:

Abb. 62:

Good	Must be improved
A lot of information (9x), explain facts (1x)	Too much information, too many headwords (7x), not all details interesting (1x)
Well prepared (6x)	Too long (3x)

Nice pictures (9x), nice overview map (2x), statistics (2x)	
Key words on slides only (1x)	Sometimes sentences on slides (2x)
Speak freely (13x), loud enough (4x), easy to understand (2x), look at audience (2x)	Too fast (3x)
Good English (3x)	

Lehrerevaluation:
Die Lehrkraft notiert, dass Siegel und Flagge von Ohio nicht näher erklärt werden und dass unbekannte Vokabeln und Aussprache im Wörterbuch nachgeguckt werden müssen. Die Noten für die Präsentation sind: A: 3+, B: 3, C: 3+.

13.1.2. „Chicago" in Selbst-, Partner- und Lehrerbeurteilungen

Arbeitsprozessberichte

Alle drei Berichte sind etwas über 300 Wörter lang. Alle drei Jungen schreiben einen pauschalen Arbeitsprozessbericht ohne Unterteilung in Tage, so dass zu vermuten ist, dass sie diesen am Ende geschrieben haben. Alleiniges Thema der Arbeitsprozessberichte sind die individuellen, meist gemeinschaftlichen Vorbereitungen der Präsentation.

Abb. 63:

Name	Inhalt Arbeitsprozessbericht	Note
D	Verteilung der Themen und Folien (jeder 3); Übersetzung und Kürzung deutscher Quellen; eigene Einteilung in Unterthemen und die 3 Folien; Einigung über Bilder; Layout, Schriftart und –größe, Effekte, Übergänge; Erstellung des Inhaltsverzeichnisses; individuelle Erstellung der Folien mit wichtigsten Fakten in Stichworten; Quellen am Ende	3
E	Verteilung der Themen und Folien (jeder 3); Quellenbenutzung; Extraktion von Fakten und Anfertigen von Stichpunkten; Einigung auf Überschriften, Layout, Bilder; am Ende Durchsicht zur Korrektur und Vokabelverbesserung; Addieren der 3 Teile zu einer Präsentation; (am Ende steht eine Kurzversion der Arbeitsprozesse)	3-
F	(sehr genaue Beschreibung der Computerbedienung, Quellenbenutzung und inhaltlicher Details); Verteilung der Themen in 3 Unterthemen;	3

| | gemeinsame Faktenanalyse und Vorbereitung der Präsentation mit Willkommensseite, Quellenfolie; Einigung über Design, Effekte und Layout; Erstellung von Karteikarten mit Hauptstichwörtern | |

Zu den in den Voraussetzungen schriftlich vorgegebenen Themen für den Arbeitsprozessbericht „Schwierigkeiten, Zusammenarbeit in der Gruppe, Hausaufgaben, Selbstzufriedenheit, Alternativen" schreiben alle drei Lernenden nichts.

Selbstevaluationen:

Da zu dieser Präsentation alle drei Selbstevaluationen vorliegen, werden diese hier tabellarisch wiedergegeben und der jeweiligen Person zugeordnet.

Abb. 64:

Good	Must be improved
Most important facts (D, E, F), not too much information (D, F), 3 subthemes (D), sources given (E, F)	Some dates wrong (D), one fact wrong (E, F), A bit too long (D, F)
Speak freely (D, E, F)	
Nice effects (D, E, F), nice pictures, slides, layout (E), well-chosen layout (D, F)	
Good pronunciation (D)	Grammatical mistakes (D), spelling mistakes (D, E, F), sometimes wrong words (E)

Partnerevaluationen:

Abb. 65:

Good	Must be improved
Lots of information (5x); good structure (5x); index good idea (2x)	Too much information (3x), some points unimportant (2x), too many headwords on slides (3x), notes on slides too long and not clear enough (2x); sometimes complete sentences on slides (2x); some dates incorrect (2x)
Speak freely (7x), easy to understand (3x), loud enough (1x); look at audience (1x)	Sometimes not speak freely (2x); sometimes read out facts on slides (2x); sometimes no

	look at audience (2x); sometimes too fast (4x);
Nice pictures (5x)	Letters on slides too small (2x)
Good English (D, 1x), o.k. (F, 1x)	Great problems with English (E, 1x): group has not corrected his mistakes before (1x); mistakes on slides: grammar and spelling (5x); problems of pronunciation (1x)
Good in general (4x)	

Lehrerevaluation:

Die Lehrerin notiert zur Bewertung der sprachlichen Leistung: D erhält „2", E „5", F „3+". Ansonsten notiert sie viele Aussprachefehler während der Präsentation, Präpositionsfehler während der Präsentation und Rechtschreibfehler auf den Folien. F liest mehr oder weniger und fehlerhaft von seinem Skript ab. Diese Vortragsweise übernimmt die Lehrerin als Anregung für eine Problemlösung in der Metafrage 5 der Klassenarbeit (s. u.). Folgende Noten für die Präsentation werden erteilt: D: „ 2-", E: „5", F: „3+".

13.1.3. Aus- und Bewertung

Insgesamt ist festzustellen, dass die Arbeitsprozessberichte einer Gruppe weitgehend übereinstimmen (abgesehen von einigen Schwerpunkten: Die Mädchen interessieren eher methodische Vorgehensweisen, die Jungen technische), sodass Lesende davon ausgehen können, dass der Arbeitsprozess in der Gruppe wirklich so ablief. Alle Lernenden schreiben ausführlich über die inhaltliche und methodische Vorbereitung ihrer Gruppenpräsentation. Dabei beziehen sie sowohl individuell erledigte Arbeiten zu ihrem Teilthema ein als auch die Arbeiten der gesamten Gruppe. Zu den anderen für den Arbeitsprozessbericht vorgegebenen Themen „Effektivität der Gruppenarbeit und Schwierigkeiten, selbst gegebene Hausaufgaben, Selbstzufriedenheit, Alternativen" bestehen Unterschiede zwischen der untersuchten ersten Gruppe (Mädchen) und der zweiten Gruppe (Jungen): Keiner der drei Jungen geht auf diese Themen ein, die Mädchen gehen in unterschiedlichen Schwerpunktsetzungen darauf ein; über „Selbstzufriedenheit, Alternativen" schreibt niemand. Insofern haben alle sechs Lernenden die vorgegebenen Kriterien im Arbeitsprozessbericht nicht vollständig behandelt, was in der kommunikativen Validierung thematisiert wird, für die jedoch der Aktionsforscherin kein Protokoll mehr vorliegt.

Partner-, Selbst- und Lehrerevaluationen überschneiden bzw. ergänzen sich in fruchtbarer Weise (Datentriangulation). In den detaillierten Beurteilungen der Lernenden kommen noch einige Beobachtungen im Bereich der allgemeinen Kriterien hinzu. Diese betreffen besonders die Beherrschung der englischen Sprache, die Vortragsweise und die Konstruktion der Folien, die den Vortragenden selbst nicht so bewusst sind. Übereinstimmung herrscht überwiegend im Bereich der Informationsvermittlung.

Die Lehrkraft tendiert in ihrer Evaluation zur Überbewertung sprachlicher Phänomene, was auch dadurch bedingt ist, dass sie die Fehler aufschreibt, am Ende jedes Präsentationstages mit der Klasse bespricht und später Übungen dazu anschließt; aus Zeitgründen kann sie teilweise nicht noch Details zur Präsentation notieren. Dieses Problem ist schwer zu lösen. Deshalb betrachtet auch die Lehrkraft die Partnerevaluation von jeweils 21 Mitschülern als hilfreiche Ergänzung zu einer gerechteren Bewertung.

13.2. Befragung in der Klassenarbeit

Die Lehrerin bezieht die schülerorientierte Unterrichtsreihe der Präsentationen auf drei Weisen in die darauf folgende Klassenarbeit ein:

inhaltlich: in Aufgabe 2 vergleichen die Lernenden den vorliegenden Song mit von ihnen ausgewählten Präsentationen

methodisch-personal in der Retrospektive: Aufgabe 4: "Name one difficulty you had while preparing your presentation and explain how you tried to solve it.."

methodisch-personal-sozial, prospektiv: Aufgabe 5: "Next time... The most serious problems of many presentations were: grammatical mistakes on the slides, incorrect spelling or misprints on the slides, incorrect pronounciation of words, incorrect stresses. — What must you do in each case before you deliver your next presentation? Write a list of rules. Also include rules for the function of the group and the teacher."In diesem ausführlichen Frageimpuls werden drei sprachliche Probleme vorgegeben, die sich während der Präsentationen ergeben haben, die Rolle der Gruppe und des Lehrers wird angesprochen, aber der Impuls bleibt auch ganz offen für andere gute bzw. verbesserungswürdige Erfahrungen mit den abgelaufenen Präsentationen, die hier über das Selbst und die Lernpartner evaluiert werden:

Aufgaben 4 und 5 seien hier in ihrem Untersuchungskontext, in der Datenerhebung, -aufbereitung und -auswertung dargestellt.

Untersuchungskontext und Datenerhebung

Die Lehrkraft beobachtet während der Vorbereitung der Präsentationen einige problematische Arbeitstechniken; daher bittet sie ihre Lernenden in der Klassenarbeit, sich dieser bewusst zu werden und sie ansatzweise zu lösen. Insofern existiert die Verbindung der ersten Befragungen des Selbst, der Mitlernenden und der Lehrerin mit dieser Befragung in der Klassenarbeit. Während die erste Befragung eher summativ den Stand der Präsentationen feststellt, ist diese zweite Befragung in der Klassenarbeit über die Erstellung der Präsentationen eher formativ.

In Aufgabe 4 evaluieren die Lernenden rückschauend ihren Arbeitsprozess. In Aufgabe 5 sind einige aktuelle Schwierigkeiten aus dem Arbeitsprozess aufgeführt (Legitimation der Aufgabe); die Lernenden entwickeln nach ihren Erfahrungen aus dieser Präsentationsreihe prospektiv Problemlösestrategien für sich selbst und die Arbeitsgruppe. Angelehnt an die erste Teiluntersuchung. sei der Unterrichtskontext tabellarisch dargestellt:

Unterrichtsreihe: 3. Klassenarbeit nach Projektarbeit zu „American West" (s.o.)
Klasse: 10d
Zahl der Befragten: 19
Datum: 15.3.2007
Sprache: englisch
Namen: ja
Anzahl der Themen: 5 (Hörverstehen und Zusammenfassung eines Songs, Vergleiche und Transferaufgaben von den Präsentationen zum Song (inhaltlicher Bezug zur schülerorientierten Unterrichtseinheit), zwei offene Fragen zum Arbeitsprozess (Bepunktung: 1 und 2 Punkte der inhaltlichen Leistung von insgesamt 15 Inhaltspunkten; sprachlich wird die gesamte Klassenarbeit außerdem mit 15 Punkten Sprachrichtigkeit und 15 Punkten sprachlicher Ausdruck bewertet., die Gesamtpunktzahl beträgt 45.)
Befragungsausschnitte: 4. und 5. (ca. 1/5 der Arbeit)

Datenaufbereitung und –auswertung

Die vorliegenden Auszüge aus den Klassenarbeiten werden codiert. Das Schaubild (Abb. 66) zeigt die Ergebnisse aus den Daten.

Alle Lernenden machen sich in Aufgabe 4 Gedanken über ihre ganz unterschiedlichen Probleme während der Erarbeitung der Präsentation — es handelt sich um inhaltlich-methodische, sprachliche und technische, und sie nennen Lösungen, die sie dafür gefunden haben. Sie leisten hier wichtige Reflexionen über ihre eigenen Arbeitsweisen und die ihrer Mitlernenden und lernen für künftige Problembewältigung.

Fünfmal werden die Antworten mit einem halben (von insgesamt einem möglichen) Punkt bewertet, 14x erhalten die Lernenden volle Punktzahl. Exemplarisch sei eine Antwort zitiert, die nur mit der halben Punktzahl bewertet wird: "Everybody in the group had a different taste. Everybody wanted to do it in another way. Everybody wanted a different design or anything else. It was very difficult to take the ideas of everybody." A nennt hier zwar ein Problem, jedoch nicht die Lösung, die die Gruppe dafür gefunden hat; insofern bearbeitet A nur die halbe Aufgabe.

Aufgabe 4 wird äußerst binnendifferenziert bearbeitet: D nennt drei Lösungswege, L zwei. K benennt das Problem nicht ausdrücklich. O nennt zwei Probleme mit Lösungen. Die Länge der Antworten variiert zwischen 17 Wörtern (P) und 97 Wörtern (H). Das zeigt, ähnlich wie in Kap. 10.1., dass die undifferenzierte Bewertung mit maximal einem Punkt eigentlich nicht der Differenziertheit der Antworten angemessen ist. Zur Unterstützung dieses Gedankens sei auch die ausführlichste Antwort zitiert:

> "Our biggest problem was not to find good information or the language. It was the design of the slides. It is really true. We three have such a different tastes that we had arguments almost the whole time and it seemed impossible to find a compromise. I wanted a simple design with a white background while D and C wanted a colourful background. In the end I got my white background but we also had a few colourful aspects on the slides. Although our problem was childish I had a lot of fun working with them."

H erklärt und kommentiert mit Ironie das Problem der Gruppe, deren Kompromisslösung und Qualitäten von Gruppenarbeit.

Zu Aufgabe 5 schreiben alle Lernenden binnendifferenziert nach eigenen Fähigkeiten und Interessen zur inhaltlichen, sprachlichen, methodischen Erstellung einer Präsentation sowie zu idealen sozialen und personalen Bedingungen und der Lehrerrolle. Im Impuls bezieht die Lehrerin im Anschluss an Aufgabe 4 retrospektiv Fehler ein, die sie beobachtet hat und spricht darüber hinaus die Planung von zukünftigen Präsentationen an.

Obwohl die Lernenden für ihre Antwort nur 2 von 45 Gesamtpunkten erhalten können, schreiben sie durchschnittlich ca. 100 Wörter; C schreibt als kürzeste Leistung 35 Wörter, A als Maximalleistung 224 Wörter. Daraus ist zu schließen, dass

    die für Lernende etwas ungewohnte prospektive Frage in einer Klassenarbeit nicht das Engagement schmälert und deshalb durchaus praktikabel ist

    die Lernenden ihre eigenen Leistungen und Reflexionen stark binnendifferenzieren

die geringe Bepunktung und die Fremdsprache die Lernenden nicht von ihren teils äußerst umfangreichen englischsprachigen Reflexionen abhalten.

Quantitativ überwiegen dem Impuls gemäß Tipps zur Sprachverbesserung (eher prospektiv für folgende Präsentationen gesehen); hinzugefügt werden ebenfalls viele Übungsmöglichkeiten für Vorträge, die sich rückschauend bewährt haben. Interessant ist die Erkenntnis, dass Gruppenmitglieder über die Teilthemen der anderen Bescheid wissen müssten und diese evaluieren sollten — eine direkte Aufforderung zur Partnerevaluation schon während der Gruppenarbeit.

Beide Untersuchungen zur Klassenarbeit (Fragen 4 und 5) sind eher inhaltlich als forschungsmethodologisch interessant. Sie dienen in dieser Arbeit dazu zu zeigen, dass sogar in der Klassenarbeit namentlich und in der Fremdsprache Selbst- und Partnerevaluation sehr wertvoll sein können.

Zu Frage 5 werden die Daten und zusammenfassenden Kategorien zunächst induktiv aus dem Material extrahiert. Dies ergibt 126 Aussagen in großer Vielfalt. Daraufhin entschließt sich die Aktionsforscherin in einem zweiten Aufbereitungs- und Auswertungsgang, die für diese Arbeit weniger relevanten inhaltlichen und sprachlichen Daten der Vollständigkeit halber summarisch aufzulisten und quantitativ zu erfassen: Inhaltlich schlagen zwei Lernende vor, interessante und wichtige Inhalte zusammenzustellen. Die Vortragssprache sollte nach vier Lernenden einfach verständlich sein (simpel, klar, laut, langsam) und natürlich Englisch (ein Lernender). Die Lernenden nehmen auch die Impulse aus der Fragestellung auf: Fehler sollten schon vorher verbessert werden durch eigene Bemühungen (16 Lernende) oder mithilfe von Mitlernenden (fünf Lernende). Ebenso sollte die Aussprache vorher kontrolliert werden durch andere (drei Lernende) oder ein Wörterbuch (acht Lernende). Die Erweiterung des Wortschatzes wird von 14 Lernenden vorgeschlagen, dabei erwähnt einer die zu schreibende Vokabelliste, einer die Paraphrase unbekannter Wörter zur Erklärung. Zur Erweiterung der strukturellen Fertigkeiten wird einmal die Lektüre von Basisgrammatik vorgeschlagen. Die Lehrkraft sollte während der Präsentation mitschreiben (ein Lernender) und danach Fehler verbessern (fünf Lernende). Sie behält auch die Regie über alles:: "The teacher has to look that everything goes right." (A)

Die Aussagen der Lernenden in Aufgabe 5 zu methodischen, personalen und sozialen Zielen für ihre nächste Präsentation werden in einem Schaubild mit Ankerbeispielen dargestellt. (Abb. 67)

(Abb. 66) Kategorie	Lösungen	Ankerbeispiele (Name)	Name
Inhaltliche und methodische Probleme:		It was difficult to choose things which aren't boring. So I tried to tell things which also could interest me." (E)	J
- Auffinden von Material	Nur in Wikipedia und Encarta: unbefriedigend		G
	Nur allgemein: unbefriedigend (Schwer zu lösen)		A
- unterschiedliche Ideen, Wünsche			I
-Zusammenfassung von Informationen			
- interessantes Material	Kriterium: Eigeninteresse		E
	Verschiedene Medien benutzt		C
Sprachliche Probleme		„Sometimes we had difficulty in translating some words. Then we used the internet homepage dict. Leo.org what is a very good help when you don't understand a word." (Q)	B, M, P, Q
- Verständnis	Online-Wörterbuch		F
	Hilfe durch Gruppenmitglieder		K
- Übersetzung	Reihenfolge: Wörterbuch, Paraphrasen, Befragung der Lehrkraft		
	Paraphrasen		O
	Wörterbuch		R
Übersetzungen von Ideen ins Englische	Benutzung verschiedener Medien (Schwierig)		D
			G

Technische Probleme:		
- Einigung auf Foliendesign	Kompromiss in Gruppe	H
- Hinzufügung von Bildern	Ausprobieren	O
- Technische Probleme bei Speicherung	Neuerstellung	N, L
- Technische Probleme bei Videointegration in Präsentation	Zeigen des Videos nach der Power Point Präsentation mit Windows Media Player	S

„Our presentation was lost twice time. The computer didn't save realy. Once, we must make the whole presentation new and at the second time we must make some facts new." (L)

Abb. 67:

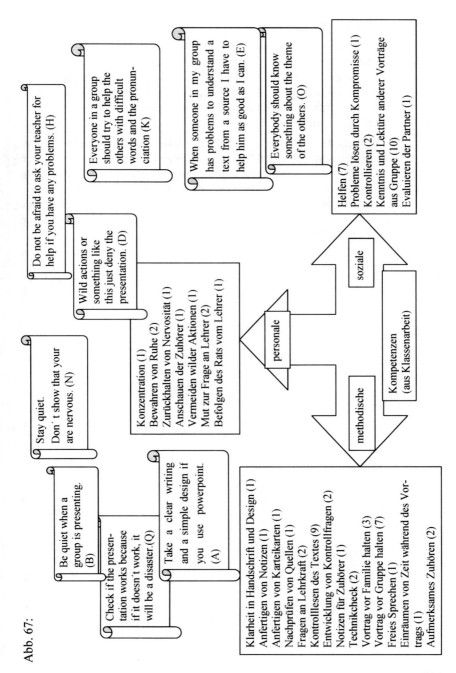

13.3. Zusammenfassung Kap. 13

Die Datentriangulation von Selbst- (in den Arbeitsprozessberichten und separaten Selbstevaluationen), Partner- und Lehrerevaluationen ergibt ein facettenreiches Bild der Gruppenpräsentationen und zeigt Unterschiede in den Akzentuierungen durch die Mädchen- und Jungengruppen („Ohio" und „Chicago"). Die Einzelbewertungen nimmt daran angelehnt die Lehrkraft vor – eine Vorstufe zur gleichberechtigten Partnerevaluation in Kap. 10.

Die englischsprachigen Metareflexionen in der Klassenarbeit werden binnendifferenziert und äußerst umfangreich bearbeitet. Sie zeigen, dass die Lernenden sowohl zu aufgetretenen Problemen Lösungsansätze finden als auch Ideen für künftige Präsentationen formulieren können. Die überfachlichen Kompetenzen, die in der Klassenarbeit von ihnen diskutiert werden, übernehmen somit eine wichtige formative Funktion in ihrem individuellen Lernprozess: Sie blicken von den gegenwärtigen Präsentationen auf zukünftige.

> So he with difficulty and labour hard
> Moved on, with difficulty and labour he.
> Milton, 1667,
> Paradise Lost, Book 2, l. 1021

> L'effort qu'on fait pour être heureux
> n'est jamais perdu.
> Alain (Emile Chartier, dit Alain, philosophe et professeur)
> Propos sur le bonheur, 1925

> The fascination of what's difficult
> Has dried the sap of my veins, and rent
> Spontaneous joy and natural content
> Out of my heart
> Yeats, 1910

Vierter Teil: Schlussbemerkung: Conclusion as Introduction/Pour ne pas conclure

"A work in progress hardly facilitates a conclusion." (Kumaradivelu 2001: 557)

Die Arbeit am Schluss: Zusammenfassung und Ausblick

Zu Beginn der Arbeit erklären wissenschaftliche Bildungstheorien einige hier relevante Ursprünge und gegenwärtige Ausprägungen geisteswissenschaftlichen Denkens, welches viele Disziplinen umfasst; dies zeigt sich in den empirischen Daten des Dritten Teils auf sehr unterschiedlichen Ebenen. Die darauffolgende

Diskussion über Formen von Evaluation in Kapitel 1.2. wird die Arbeit auch abschließen. Kapitel 2.2.1. steckt den theoretischen Rahmen der schülerorientierten Lernarrangements für die sieben Teilstudien im empirischen Teil ab; dazu werden im dritten Abschnitt der Schlussbemerkung in einem Schaubild die inhaltlichen Ergebnisse allgemein aufgenommen. Das Verständnis der Aktionsforscherin von der Rolle der Lernenden im schülerorientierten Unterricht sowie das von der Rolle der Aktionsforscherin selbst wird im Abschnitt über die Doppelrolle Lehrerin - Forscherin zusammengefasst. Dabei formuliert sie inhaltliche und methodische Forschungsdesiderata und Gedanken zur Verbesserung der Rahmenbedingungen.

Abschließende Kriteriendiskussion

Im vierten Abschnitt der Schlussbemerkung wird der methodisch-theoretische zweite Teil (Kapitel 3-6) in seiner Realisierung in den Forschungsdesigns der sieben empirischen Teilstudien zusammenfassend beurteilt und abschließend bewertet.

In Kapitel 6 werden verschiedene Gütekriterien für empirische Forschung ausführlich auf dieses Forschungsdesign angewendet: Von den ideal geforderten drei klassischen Gütekriterien sind Objektivität und Reliabilität demnach kaum realisierbar; hier objektivieren und validieren die verschiedenen Sichtweisen in der Selbst-, Partner- und Lehrersicht die Evaluation. Kommunikative Validierungsgespräche der Lehrkraft mit den Lernenden, mit Fachkollegien und -forschenden und Validierungsgespräche der Aktionsforscherin mit anderen quantitativ Forschenden sowie Abgleich der Ergebnisse mit verschiedenen Außen- und Innenkriterien erhöhen die Qualität.

Die Aktionsforscherin bemüht sich um intersubjektive Nachvollziehbarkeit durch Beschreibung der Präkonzepte der Lernenden (Kapitel 2.4.1.), der Lehrenden (Kapitel 2.4.2.), der Forschenden (Kapitel 4.6.), des Forschungsdesigns (Zweiter Teil, Einzelstudien). Ebenso wird die intersubjektive Nachvollziehbarkeit durch die Reflexionen der Aktionsforscherin über ihre Subjektivität in allen Teilen dieser Arbeit unterstützt; dadurch erscheint der Forschungsprozess insgesamt transparenter. Sie passt ihre qualitativen Forschungsdesigns genau der Spezifik ihres Forschungsfeldes und jeweiligen Untersuchungsgegenstandes an. Jedoch kann sie ihrem Bestreben nach Generalisierung von Ergebnissen kaum gerecht werden: Eines ihrer Forschungsergebnisse ist, dass höchstens innerhalb des jeweiligen Kontextes generalisiert werden kann. Die Aussagen der Lernenden in Selbst- und Partnerevaluation und die Erfahrungen mit den angewandten qualitativen Forschungsmethoden gestatten zwar gewisse Schlüsse. Jedoch erkennt sie, dass im Sinne der intensiven qualitativen Beforschung der Daten Quantitäten kein wesentliches Gewicht zu-

zugestehen ist, sondern dass Einzelaussagen und Typisierungen von einzelnen Lernenden ebenso viel Gewicht haben müssen. Viele facettenreiche Theorien entstehen aus den Daten der Selbst- und Partnerevaluationen sowie deren Metaevaluationen, die den Wert dieser komplementären Formen von Evaluation für die Förderung von überfachlichen Kompetenzen im schülerorientierten Fremdsprachenunterricht bestätigen. Diese seien im folgenden Abschnitt in einem Schaubild (Abb. 67) über die wichtigsten inhaltlichen Ergebnisse aus den sieben Einzelstudien zusammengestellt und beantworten allgemeine inhaltliche Forschungsfragen; die spezifischen Ergebnisse sind jeweils mit Quellenangaben und Ankerbeispielen in den sieben Einzelstudien zu finden:

Abschließende Beurteilung wichtiger inhaltlicher Ergebnisse aus dem Schaubild

„Lerne zu werden, der du bist." (Pindar)

„Wer über sich selbst hinausgehen will, muss in sich selbst hinabsteigen." (Tibetische Weisheit)

Die Ergebnisse aus den Selbst- und Partnerevaluationen der Lernenden werden mit Meyers Merkmalen von „gutem Unterricht" (2010^7: 17f.) abgeglichen:

Die Lernenden äußern einige Wünsche, derer sie sich in ihren Evaluationen bewusst werden. Sie erwähnen regelmäßig in den Unterricht integrierte Übungen (Merkmal 8 „intelligentes Üben"), wobei sie neben den personalen (Förderung des Lernverhaltens und des Verantwortungsgefühls) und methodischen (Übungen verschiedener Lernarrangements) auch soziale Kompetenzen erweitern lernen. Kompetenzübergreifend beurteilen sie die Wichtigkeit von gut reflektierten, transparenten und in die Unterrichtsarbeit integrierten Einschätzungen und Bewertungen.

Zu „sinnstiftendes Kommunizieren" (Merkmal 5) bitten sie um Partizipation bei der inhaltlichen und methodischen Gestaltung44 und Feedbacks durch Selbst- und Partnerevaluationen und Metagespräche. Diese könnten schwierige Einschätzungs- oder Bewertungsverfahren unterstützen oder bestätigen.

In diesem Prozess hilft ein „lernförderliches Klima" (Merkmal 3) des Respekts (woran die Lernenden auch ihre sozialen Kompetenzen ausbauen; die Wahrnehmung des Ichs und der Anderen als Personen und deren Lernprozesse und -produkte für den Nutzen der Gemeinschaft spielen dabei immer wieder eine entscheidende Rolle). Dazu kommen Wünsche nach Gerechtigkeit und nach der Übernahme von Verantwortung durch zunehmende Lernerautonomie. Sie heben „transparente Leistungserwartungen" (Merkmal 9) anhand von Standards her-

---

44 Dies Forderung schließt sich den Ergebnissen der DESI-Studie an (vgl. Kap. 2.1.).

hervor. Die Ansichten über Lernprodukte, Fehler und Bewertung sind interessant: Sie werden von den Lernenden an Lernbedingungen festgemacht (Merkmal 3) und relativiert, damit sich entsprechende fachliche und überfachliche Kompetenzen ausbilden können.

Mit der Rolle der Lehrkraft ist verbunden, dass sie durch ihre Planung, Durchführung und Auswertung in allen Phasen des Unterrichts die Ausbildung der genannten Kompetenzen unterstützt. Viele lernerorientierte Arrangements werden seit Jahrzehnten in der Fachdidaktik und Fachforschung diskutiert und weiterentwickelt. Lernerorientiert schließt dieser Abschnitt mit Bouds Schlusssatz zu seiner umfangreichen theoretischen und praktischen Studie über Selbstevaluation:

> "In the end, the writer has to let go. This is exactly the same process as teachers have to go through in implementing self assessment. They can present the idea and the process, but in the end, the students will make of it what they wish. No matter what is done by way of self assessment, learners are ultimately responsible for their own learning." (1995:222)

Boud betont die kontinuierlichen Bemühungen der Lernenden. Die Fähigkeiten, sich zu bemühen, sind teilweise abhängig von verschiedenen äußeren Faktoren: persönliche Reife (durch Alter, Geschlecht) oder persönliche Umstände (wie familiäre oder gesundheitliche Situation, Lernatmosphäre in der Gruppe). Es zeigt sich aber vor allem in den Einzelstudien, dass unterschiedliche Charaktere unterschiedliche Formen von Bereitschaft entwickeln: So kann Schüler B aus der 13. Klasse nicht einmal das Niveau 1 der im DQR genannten personalen Kompetenzen erfüllen; Schülerin B einer ebenfalls 13. Klasse erfüllt schon Niveau 6.[45]

Diese Arbeit geht über Bouds Bemühungen der Lernenden selbst hinaus, indem sie zeigt, bei welchen Prozessen sie sich Förderung durch Lehrende erhoffen. Dies suggerieren sie in ihren Selbst- und Partnerevaluationen.

---

45 DQR vom 10.11.2010. Niveau 1: „Das eigene und das Handeln anderer einschätzen und Lernberatung annehmen." - Niveau 6: „Ziele für Lern- und Arbeitsprozesse definieren, reflektieren, bewerten und Lern- und Arbeitsprozesse eigenständig und nachhaltig gestalten."

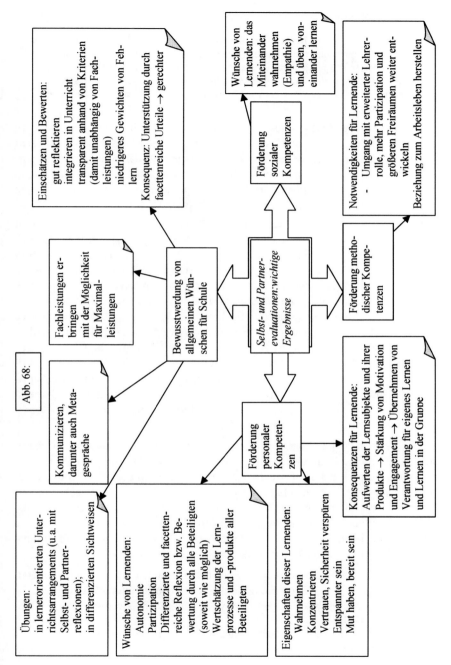

Abb. 68:

Abschließende Beurteilung der forschungsmethodologischen Entscheidungen

"I think that the real technique in ethnography is to use examples to challenge your own ideas. And so that what you do is you get a really good example that you don't quite understand. And then you're grappling with the idea and that should produce new ways of theorizing, new ways of thinking about how something works. So that it has not merely illustrated what you already thought, but it's pushing you to think in new ways." (Renato Rosaldo)46

Der amerikanische Anthropologe und Dichter wendet sich in postmoderner Tradition gegen die objektiven Antworten von Wissenschaften und propagiert relative, von den Forschenden selbst konstruierte und damit subjektive Wahrheiten über einen Ausschnitt von Realität, die zu weiterer Forschung anregen. In diesem Sinne baut die Aktionsforscherin ihre qualitativen Forschungsdesigns in Anpassung an die jeweiligen Untersuchungskontexte auf.

Studie 1 (Kapitel 7) wird während des Forschungsprozesses zu einer sehr intensiven Analyse von drei nach bestimmten Samplings ausgewählten Arbeitsprozessberichten, angelehnt an die gegenstandsbezogene Theorie. Die Entscheidung für Mindmaps und spätere Typisierungen statt Generalisierungen in beiden Teilen der Untersuchung lässt den individuellen Daten genügend Raum. Kriteriumsvalidität wird durch Außen- und Innenkriterien geschaffen. Der inhaltliche Schwerpunkt dieser Studie liegt auf den personalen Kompetenzen des Lernprozesses, den die Lernenden in den Arbeitsprozessberichten ausführlich darstellen und evaluieren. Neben der Selbstevaluation erfolgt jedoch auch immer wieder Partnerevaluation der Gruppenmitglieder. In der zweiten Teilstudie nach Methoden der qualitativen Inhaltsanalyse wird Innenkriteriumsvalidität durch Bezug zwischen Anfangs- und Abschlussbefragung hergestellt. Sie führt zu einem allgemeineren Überblick, aber auch zu weiteren Typisierungen differenzierter Sichtweisen.

Studie 2 (Kapitel 8) zielt auf den Vergleich zwischen vier Klassenstufen; dieser setzt eine gewisse Generalisierbarkeit in einer Stufe voraus, die sich als schwierig erweist. Durch unterschiedliche Konstruktion der Erhebungsmethoden ergeben sich im Laufe der Forschung viele methodische Fragen. Mehrfach revidiert die Forscherin zu eng an den Daten formulierte Kategorien und strukturiert die Daten endgültig nach einem neueren Außenkriterium. Das zunächst angelegte erscheint für die in dieser Studie zentralen sozialen Kompetenzen ungünstig und wird als Ergänzung in Teilen beibehalten.

In einigen Teilstudien zeigt die Forscherin Mängel in der Fragebogenkonstruktion in allzu offenen Fragen auf, die die Aufbereitung erschweren, die andererseits jedoch sehr ertragreich für die qualitative Auswertung sind. Sie be-

---

46 aus einem Interview vom 17. 4. 2002 in http://www.stanford.edu/group/howiwrite/Transcripts/Rosaldo_transcript.html

grüßt den Lernprozess der laienhaft forschenden Lehrerin mit Entwicklung von Alternativen für die folgenden Befragungen. Geschlossene und halb offene Fragen sind in ihrer Festlegung auf bestimmte Antwortmöglichkeiten stark in ihrer Variationsbreite eingeschränkt und wenig brauchbar für den Vergleich.

Gegenstand von Studie 3 (Kapitel 9) sind zwei Fragen zur Metareflexion in einer Klassenarbeit, deren Daten teilweise hohe Differenziertheit aufweisen, sodass die geringe Bepunktung ihnen nicht gerecht wird und Ergänzungen zu den Bildungsplänen suggeriert. Der zweite Teil der Studie bestätigt dieses Desiderat: Die Forscherin stellt in ihrer Datenauswertung fest, dass Anonymität und Mittel der Befragung keine wesentliche Rolle für die Seriosität der Darstellung überfachlicher Lernerfolge in Selbst- und Partnerevaluationen bedeuten. Die Studie regt zu fachdidaktischen Diskussionen an; forschungsmethodologisch ist sie nur als marginal zu betrachten.

Ein ähnliches Thema wird in Studie 4 (Kapitel 10) aufgegriffen. Die Daten werden nach der Methode der qualitativen Inhaltsanalyse untersucht und ergeben, dass deren Akzentuierung, Qualität und Quantität sehr unterschiedlich sind, also die induktiv gelieferten Ergebnisse das deduktive Selektionskriterium (geringe Bepunktung der Frage in der Klassenarbeit) sozusagen sprengen. Dies bestätigen die Ergebnisse aus Studie 3.

Hier werden zwei große Vorteile von Partnerbeurteilung deutlich: Sie erlaubt es, die schwierige Beurteilung durch die Lehrkraft mit der gesamten Lerngruppe zu teilen und sie wird von den Lernenden ernst genommen. Das bestätigen kommunikative Validierungsgespräche.

Ein Extremfall bewegt die Forscherin zur exemplarischen Analyse von vorausgehenden Partnerevaluationen. Sie gleicht diese an einem Außenstandard ab, wodurch sie Kriteriumsvalidität erreicht. Ähnlich wie in Studie 1 zur Selbstevaluation ergeben sich aus dieser sehr intensiven Studie zur Partnerevaluation Ansätze von Typisierungen anstelle von Generalisierungen. Studie 4 kann vom fachdidaktischen und forschungsmethodologischen Standpunkt her als sehr interessant bezeichnet werden, da sie trotz überwiegend namentlicher Nennungen der Lernenden zu validen Ergebnissen führt, die gut dargestellt werden können.

Studie 5 (Kapitel 11) über Metadaten wird forschungsmethodologisch revidiert: In gemeinsamen Mindmaps der drei Klassen werden Daten nach Mayrings qualitativer Inhaltsanalyse untersucht und nach überfachlichen Kompetenzen und „Einstellungen" strukturiert; Letztere stehen hier im Mittelpunkt der Beforschung. Das ist forschungsmethodologisch noch immer unbefriedigend, weil die einzelnen Einstellungen zu stark divergieren, um in Kategorien gefasst zu werden. Die Vielzahl der Äußerungen ist zwar in den Mindmaps quantitativ aufbereitet; wichtige Einzel- oder Extremaussagen können jedoch inhaltlich nicht analysiert werden. Deshalb schließt die Forscherin als Kompromiss eine separate detaillierte qualitative Inhaltsanalyse solcher Aussagen nach wesentlichen Themen aus dem Datenmaterial an. Somit können Quantität und Qualität ansatzweise erfasst werden. Eine klassenweise Generalisierung ist zwar — ähnlich wie in Studie 2 — begrenzt möglich, jedoch nicht so ertragreich. Die Ergebnisse aus den Klassen in dieser Studie sind als komplementär zu betrachten.

Wie in Studie 2 zeigt sich hier der Lerneffekt der Lehrerin bei der Fragebogenkonstruktion. Wie bei Studien 3 und 4 wird die Unabhängigkeit von der Anonymität und Art der Befragung für deren Qualität deutlich. Wie bei Studie 4 gibt es ein Protokoll der Lehrerin über die kommunikative Validierungsphase der dritten Teiluntersuchung.

Die Studien 6 und 7 (Kapitel 12 und 13) lehnen sich in ihrer ursprünglichen Konzeption an die Vergleichsstudien zwischen der Bewertung der Lehrkraft und Selbst- und Partnerevalutionen der Lernenden in der Literatur an. Die Forscherin stellt fest, dass der rein quantitative Vergleich nicht ergiebig ist und hier keine qualitative Inhaltsanalyse möglich ist, weil die Kriterien bereits festgelegt sind. Der zweite Teil der Untersuchung bewährt sich forschungsmethodologisch erst nach einer Kategorienrevision und Strukturierung nach wesentlichen überfachlichen Kompetenzen. Schwerpunkt sind die in einem Schaubild zusammengestellten methodischen Kompetenzen.

Studie 7 (Kapitel 13) unterscheidet sich in Umfang und Tiefe von der ersten Teiluntersuchung in Studie 6: Hier werden Selbst-, Partner- und Lehrerevaluationen nach der vereinfachten qualitativen Inhaltsanalyse verglichen. Diese ergibt, dass alle drei Arten von Evaluation als komplementär zu betrachten sind — ein wichtiges Ergebnis für die Fachdiskussion bzgl. des Einsatzes von verschiedenen Unterrichtsarrangements.

Fachdidaktisch gesehen bedeutet die Datenerhebung zu Studie 7 einen Rückschritt zu der drei Jahre später durchgeführten in Studie 4: Partnerbeurteilung wird hier nicht rechnerisch in die Note einbezogen, sondern nur zur Wertschätzung und als Anregung zur Verbesserung. Die zweite Teiluntersuchung in dieser Studie bedeutet ebenfalls einen Rückschritt durch ihre Fragetechnik. Sie schließt sich inhaltlich den Studien 3 und 4 an, indem auch sie Befragungen in der schriftlichen Arbeit mit einbezieht. Nach einer Kategorienrevision konzentriert die Forscherin die Aufbereitung und Auswertung in einem Schaubild auf personale, soziale und methodische Kompetenzen, wobei sich kaum wesentlich neue Aussagen im Vergleich zu anderen Studien ergeben.

Nach der Zusammenfassung von (möglichen) inhaltlichen Ergebnissen im dritten Abschnitt und der Beurteilung der angewandten Forschungsdesigns im vierten möchte die Aktionsforscherin den Bogen von der gegenwärtigen Forschung

Forschung in die Zukunft spannen, wozu einleitend visionäre Zitate erlaubt seien.

Doppelrolle Lehrerin - Forscherin

"Our truest life is when we are on our dreams awake." (Henry David Thoreau)

Wie kann die Doppelrolle der Lehrerin und Forscherin methodologisch-konzeptionell leistbar sein? Folgende Umstände erweisen sich als förderlich:

Sie wertet Teile ihrer archivierten Befragungen im Rahmen einer Dissertation neu aus, um daran Möglichkeiten von Selbst- und Partnerevaluation bzgl. Förderung überfachlicher Kompetenzen aufzuzeigen. Sie unterscheidet sich dabei von Forschungsarbeiten zur Evaluation fachlicher Kompetenzen und von dem Portfolioansatz.

Sie eignet sich die für sie völlig neuen Grundzüge der qualitativen Forschungsmethodik autodidaktisch an.

Sie ist selbstbewusst und motiviert, die Auswertungen der Befragungen neu unter forschungsmethodologischen Gesichtspunkten zu analysieren. Sie fühlt sich sicher in der Planung und ist neugierig und mutig, auch neue Wege zu gehen. Sie entscheidet flexibel nach den jeweiligen Erfordernissen und überlegt Alternativen. Ihre selbstaufmerksame, -reflexive und -kritische Einstellung zu lebenslangem Lernen fördert ihre Professionalität. Mit Altrichter glaubt sie, „dass das ´Auf-dem-Weg-Sein´, die forschende Haltung gegenüber seiner eigenen Praxis, wichtiger ist als das Endprodukt zu einem gegebenen Zeitpunkt (´Richtige Ansicht über Unterricht´)" (1990: 235)

Sie empfindet ihre natürliche Subjektivität als problematisch und schätzt facettenreiche Sichtweisen Anderer wie in allen sieben Einzelstudien zur Selbst- und Partnerevaluation, bei denen sie darauf achtet, dass sie bestimmten Qualitätskriterien genügen. Sie ist überzeugt, dass Evaluation nur funktionieren kann, wenn sie sich — wie auch ihre Lernenden — selbst evaluiert und damit kontrolliert: „Die Güte der Evaluation muss sich durch Evaluation feststellen lassen können. Evaluation braucht Evaluation."(Schöning 2007: 166)

In verantwortungsvoller Leitung des Unterrichts fördert sie mittel- und langfristig offene Einstellungen auch zu schwierigen oder problematischen Themen und ein Unterrichtsklima, welches sich an individuellen Bedürfnissen ebenso orientiert wie an denen der Klein- oder Großgruppe. Aktives Arbeiten der Lernenden in schülerorientierten Lernarrangements trägt zur Autonomisierung bei; Kommunikation, Toleranz und Empathie aller Beteiligten sind dabei zentral. Mit ihrer Wertschätzung aller lernenden

lernenden Persönlichkeiten und ihrer Lernprozesse und -produkte und der Förderung der gegenseitigen Wertschätzung ist sie stets bemüht, diese zu verantwortungsvollen Subjekten ihres Lernens zu machen. Dazu gehört auch die Förderung von Reflexion.

Sie schätzt sich glücklich, mit ihren Lernenden in der Situation des täglichen Miteinander Lernens natürlich verbunden zu sein. Sie empfindet die Vermischung der Rollen der Lehrerin und der Forscherin als ständiges Spiel zwischen Nähe und Distanz, was teilweise schwierig, aber auch häufig hilfreich sein kann. So benötigt die Forscherin Kontextwissen von der Lehrerin, um Ergebnisse zu interpretieren. Altrichter spricht von einem erforderlichen „Doppelblick" (2004: 459f.), der neben der Praxissituation immer deren kritische Reflexion im Blick hat.

Sie empfindet als Lehrerin die Partizipation ihrer Lernenden am Unterrichtsgeschehen und die Validierungsgespräche mit ihnen über ihre Befragungen sowie mit anderen Lehrenden als fruchtbar. Sie empfindet die Validierungsgespräche mit anderen Lehrenden und Fachforschenden als hilfreichen Austausch. Sie empfindet als Forscherin die forschungsmethodologischen Validierungsgespräche mit der Forschungsgruppe AQUA des Instituts für Qualitative Forschung der Freien Universität Berlin als bereichernd. Alle drei Arten von Validierungsgesprächen sind inhaltlich vollkommen unterschiedlich.

Die äußeren Rahmenbedingungen ihrer halben Schulstelle ermöglichen ihr Zeit zur Forschung ohne zusätzliche finanzielle Unterstützung.

Folgende Umstände würden sich nach ihren Erfahrungen in dieser Arbeit als hilfreich für weitere Aktionsforschungen erweisen:

Die aktionsforschende Lehrkraft sollte ein regelmäßiges Lehrertagebuch (vgl. Rebel und Wilson 2002 und Rebel 2005 über the teacher´s working portfolio), die forschende Person ein Forschertagebuch führen, damit sie ihre Reflexionen festhalten kann. Darin können auch Gesprächsinhalte aus kommunikativen Validierungsphasen notiert werden ebenso wie Konsequenzen, die Lernende und Lehrende aus der Aktionsforschung ziehen. Beobachtende Personen könnten die Lehrkraft in ihren vielfältigen Rollen entlasten und durch ihre gezielte Protokollierung zur vollständigeren Darstellung der Ergebnisse beitragen.

Fachkollegien und Eltern sollten — wenn möglich — an der Aktionsforschung teilnehmen.

Die räumliche und mediale Ausstattung für schülerorientierten Unterricht sollte verbessert werden, z. B. durch Fachräume.

Es sollten mehr Fachaufsätze für Lehrende zum Thema „Evaluation von Fachunterricht" geschrieben werden und Fortbildungen dazu stattfinden, darunter auch zu alternativen Formen wie Selbst- und Partnerevaluation, da diese bisher im deutschsprachigen Raum selten angesprochen werden. Nicht vergessen sei die Weiterführung der fachdidaktischen Diskussion auch in allen anderen Bereichen schülerorientierter Unterrichtsarrangements. Nieweler warnt in seinem Heft über Bildungsstandards: „Die Fachdidaktik muss aufpassen, dass die didaktisch-methodischen Errungenschaften der letzten dreißig Jahre erhalten bleiben." (2007: 7)

Zur Professionalisierung gehört, dass Lehrende Unterricht beforschen. Dazu sollten sie stärker ermutigt und durch organisatorische Maßnahmen wie Netzwerke für Aktionsforschende unterstützt werden.

Unterricht sollte nicht nur in Querschnittsstudien (wie hier) untersucht werden, sondern auch in Längsschnittstudien, um Veränderungen bei Lernenden aufzuzeigen. Das ist allerdings leichter bei der Entwicklung von fachlichen Kompetenzen möglich; überfachliche Kompetenzen entwickeln sich aus allzu verschiedenen Ursachen und sind nur als momentane Verhaltensweisen beobachtbar. (Helmke 2009^2: 298)

Lehrende sollten die Möglichkeit haben, an Universitäten zumindest Einführungsveranstaltungen zur quantitativen und qualitativen Forschungsmethodologie zu besuchen. Dabei sollten sie Konstruktionen von Befragungen diskutieren. Forschende sollten in schulpraktische Projekte eingebunden werden.[47]

Aktionsforschung von Lehrenden kann helfen, besser Kompetenzen in den Unterricht zu integrieren und Daten aus dem Unterricht an Außen- und Innenkriterien abzugleichen. Dadurch wird Validität hergestellt.

Aktionsforschung kann und sollte in verschiedenen äußeren Formen stattfinden. Anonyme Befragungen erlauben den Lernenden maximale Binnendifferenzierung und Individualisierung zur Äußerung all ihrer Gedanken zu sich selbst, den Mitlernenden, der Lehrkraft, dem Stoff, den Methoden; sie verhindern jedoch die direkte Kommunikation zwischen einer lernenden Person und der Lehrkraft und laufen damit konträr zu individuellen Lernbedürfnissen. Deshalb muss die planende Lehrkraft sehr genau in jeder Situation überlegen, wann sie welche Befragungsform auswählt. In dieser Arbeit erweisen sich die anonymen Befragungen eher als vorteilhaft, da die methodischen, sozialen und personalen Themen besser

---

[47] Meißner (2008) berichtet von dem Angebot an Lehrende der ersten Ausbildungsphase, eine angemessene Sensibilität für die Methodik empirischer Handlungs- und Professionsforschung zu entwickeln. (S. 111) Er fordert für moderne fachdidaktische Kompendien zum Fremdsprachenunterricht u. a. Elemente von Beurteilungskompetenz lehrorientierter Forschung wie Grundzüge verschiedener empirischer Forschungsmethoden. (S. 133f.)

in Validierungsgesprächen mit der anonymen Großgruppe angesprochen werden können.

Ein zentrales Ergebnis dieser Arbeit ist, dass auch in namentlichen Befragungen wie Klassenarbeiten die Lernenden durchaus bereit sind, sich umfassend und offen zu Impulsen über ihr Lernen zu äußern, dass sie darin zukunftsgerichtete Alternativen zum Abbau ihrer Defizite entwickeln können48. Aufgrund dessen und im Rahmen der allgemeinen Bestrebungen zur Evaluation sollten Meta-Fragen in schriftlichen Arbeiten aufgewertet werden. In diesem Sinne argumentiert die Autorin schon seit Jahren.49 Einen ermutigenden inhaltlichen Ansatz zeigt Klose (2010: 16), indem sie die Überarbeitung einer Fabel aus einer fremden Arbeit, deren Bewertung mit Begründung und das Umschreiben nach dieser Partnerevaluation ganz zum Thema der Klassenarbeit macht. Auch Wolff (2010: 32) plädiert für Erkennen des individuellen Lernprozesses, -zuwachses und der Lernstrategien in der Klassenarbeit als individuelle Ressource für Förderbedarf. Dennoch wäre ein Zusatz in den Bildungsplänen hilfreich, der auch die Reflexion eigener Arbeiten und die der Mitlernenden für die Bewertung legitimiert.

Zwei wesentliche Desiderata für den Unterricht seien noch einmal aus den Einzelstudien aufgenommen: „sinnvolle Übungsphasen" und „umfassende Evaluationen". Mit ihnen werden zum Ende dieser Arbeit wichtige Aspekte lebenslangen Lernens fokussiert.

Sinnvolle Übungsphasen

" Practice makes perfect." (English proverb, mid 16th century)

„Das Geheimnis des Erfolgs ist die Beständigkeit des Ziels." (Benjamin Disraeli)

In allen Teilen dieser Arbeit wird die Wichtigkeit regelmäßiger Übungsphasen zur Selbst- und Partnereinschätzung von Beginn an betont. Können dazu schulcurricular festgelegte Methodentage zur Übung von „Selbstbewertung" hilfreich

---

48 Die differenzierte Beurteilung dieser Alternativen ginge sogar noch einen Schritt weiter und wird in Kap. 10 nur von der Forscherin vorgenommen. Thiering stimmt zu, dass es dafür eigentlich keinen absoluten Maßstab geben könne, man aber nicht auf die individualisierte Möglichkeit der Förderung verzichten möge, nur um die problemlose Vergleichbarkeit aller Leistungen zu erhalten. (1998: 312f.)

49 Macht schreibt am 27.10.2001 an die Aktionsforscherin: „Schülerinnen, die sich ... bewusst sind, dass man auf unterschiedliche Weisen mehr oder minder effektiv lernt und die dies auch vernünftig artikulieren können, zeigen damit offenbar eine Lernerqualifikation, die sehr wohl in die Bewertung ihrer Gesamtkompetenz eingehen darf und sollte ... Die Fähigkeit zum strategischen Denken und Tun [sollte] mit bewertet werden."; vgl. auch die Aufsätze Wilkening (2002c und 2008b).

sein? Die forschende Lehrkraft und die Klasse 7d machen ihre Erfahrungen dazu am 4. 9. 09. Die Lernenden kennen Selbstbewertungen gelegentlich aus Freizeitaktivitäten, im schulischen Bereich aus den Selbstevaluationen im Englischunterricht seit Eintritt in die 5. Klasse, wo sie nach jeder Lerneinheit diese Einschätzungen über fachliche Lernbereiche durchführen zur individuellen Feststellung und Übung von Unsicherheiten.50 An jenem Methodentag entwickeln Kleingruppen Selbstbewertungen zu verschiedenen Fachzielen, zu überfachlichen Arbeitsmethoden, Arbeits- und Sozialverhalten und Klassenregeln. Die kommunikativen Validierungsgespräche in Groß- und Kleingruppe oder einzeln mit der Lehrkraft sind fruchtbar. Fazit zum dreistündigen Methodentag „Selbstbewertung": Er ist zu kopflastig und wenig sinnvoll, weil die Übungen nicht in den Fachunterricht integriert sind. Nur dabei können Lernende die verschiedenen Formen von Evaluation üben. Altrichter spricht von Förderung von Selbstreflexivität im Alltag als einem gesellschaftlichen Wert. (1999:106)

Umfassende Evaluation

„With what judgement ye judge, ye shall be judged: and with what measure ye mete, it shall be measured to you again." (Shakespeare, Measure for Measure)

Jedes Mitglied der Gesellschaft misst sich selbst und andere und wird gemessen. Wie sich Bildung auf Makroebene und Schule auf Mesoebene misst und gemessen wird (Kapitel 1.2.4., 1.2.5.), ist nicht Thema dieser Arbeit, sondern hier werden Selbst- und Partnerevaluationen Lernender von ihren überfachlichen Kompetenzen auf Mikroebene untersucht. Diese betrachtet die Aktionsforscherin als komplementär zu anderen Formen von Evaluation, denen in ihrer Diversität ein höherer Stellenwert in den zu übenden Fertigkeiten zukommen muss: "Evaluation skill is a skill in its own right, independent from the other four skills." (Ruehlemann 2006)[51] Bastian, Combe und Langer relativieren die Erfahrungen mit systematischer Schülerrückmeldung: Sie könnten neugierig machen auf die Potenziale von Schülerrückmeldung als Gestaltungsinstrument, das zu einer neuen Qualität von Unterricht beitragen könne. (2005^2: 6)

Dabei sind überfachliche und interkulturelle Kompetenzen kaum messbar. Müller und Müller-Hartmann stellen bei ihren Versuchen zur Erfassung oder Diagnose fest, dass sich Einstellungen und personale Kompetenzen der Evaluation

---

50 Die Selbstbewertungen bei Notenbesprechungen bestehen häufig in gemeinsamer Bestätigung einer Ziffer; von den Ziffernnoten geht auch die Einheit der Realschule Enger zum Methodentraining aus (2001: 162f.); diese Vorgehensweise steht weit hinter fachlichen Selbsteinschätzungen zurück.
51 http://www.hltmag.co.uk/mar06/mart04.htm

Evaluation entziehen, wenn Gesinnungen nicht bewertet werden sollen. (2011: 31)

Byram kreiert 1997 Kategoriendimensionen zur Messung von interkulturellen Kompetenzen (S. 73, vgl. auch Hu und Leupold 2008: 68 f. und Jäger 2008: 31). Diese überträgt die Aktionsforscherin auf die Ergebnisse von Selbst- und Partnerevaluationen aus den sieben Einzelstudien (vgl. obiges Schaubild):

savoir: Kenntnis von breiter Palette von Evaluationsformen, hier Selbst- und Partnerevaluationen, die zur Differenzierung der Einschätzung dienen; Kenntnis der eigenen Person und der anderer und Bedürfnis, diese zu erweitern

savoir comprendre: Fähigkeit bzw. Fertigkeit, seinen Lernprozess und den anderer mit Kriterien zu vergleichen, danach einzuschätzen und besser zu verstehen

savoir apprendre/faire: Fähigkeit, Neues über sich selbst und andere zu erlernen, neue Stoffe und Methoden kennenzulernen, mit der erweiterten Lehrerrolle umzugehen; autonome und partizipative Lernformen einüben; angemessen interagieren und kommunizieren üben; die differenzierte Reflexion kann auch Tradiertes infrage stellen

savoir s'engager: kritisches Bewusstsein über eigenes und fremdes Lernverhalten und Lernprozesse durch Selbst- und Partnerevaluationen und Metakognition entwickeln und erfahren, wie durch sie Werte, Überzeugungen und Verhaltensweisen gefördert bzw. verändert werden können; aktives Ausüben von verschiedenen Formen von Evaluation als Bildungs- und Erziehungsziel

savoir être: positive Einstellungen gegenüber und Wertschätzungen von seinen eigenen Leistungen sowie denen anderer entwickeln bzw. fördern: darunter: Interesse, Neugierde, Offenheit, Mut, Entspannung, Vertrauen, Konzentration, Bereitschaft zur Wahrnehmung, Empathie, Toleranz.

Diese von der Forscherin übertragenen sehr unterschiedlichen Kompetenzdimensionen auf verschiedenen Ebenen wären — wenn sie so gelten könnten — teilweise umfassender als die im späteren GER und anderen Katalogen von überfachlichen Kompetenzen, die in dieser Arbeit als Außenkriterien benutzt werden, weil sie die Kenntnis der Evaluationsformen (*savoir*) und Evaluation als zu erstrebenden gesellschaftlichen Wert52 (*savoir s'engager*) hinzufügen.

2002 entwickelt Byram als Ergänzung zum EPS, Teilbereich „Sprachenbiographie" Impulse für die Lernenden, aufgrund derer sie sich ihre interkulturellen Kompetenzen bewusst machen können ("A record of my Intercultural Experience"). Die Aktionsforscherin entwickelt nach dieser Idee für das Kern-

---

52 Jäger konstatiert, dass schon die Entwicklung von Wertebewusstsein als pädagogischer Erfolg zu interpretieren sei. (2008:32)

curriculum Hessen 2010, Bereich „überfachliche Kompetenzen" Impulse, zu denen sich die Lernenden ihre Einstellungen bewusst machen können. Jedoch handelt es sich hier eher um fachübergreifende Impulse für das EPS, die für die fachspezifischen Lernarrangements, die die Lernenden in dieser Arbeit durch Selbst- und Partnerevaluation im Fremdsprachenunterricht einschätzen, zu allgemein sind.

Tassinari (2008) schließt sich Byrams Idee an, indem sie ihre (sehr pauschalen) Checklisten zur Lernerautonomie von Studierenden nicht quantitativ auswertet, da das zentrale Ziel nicht das Messen, sondern die Bewusstwerdung der eigenen Einstellungen, Handlungen und Kompetenzen beim Fremdsprachenlernen sei. (S. 259) Müller-Hartmann und Schocker-von Ditfurth (2011) beschränken sich bei dem Versuch, interkulturelle kommunikative Kompetenzen festzustellen, auf Beschreibung, ebenso Müller und Müller-Hartmann (2011).

Auch die Neuen Medien bieten Möglichkeiten zur Bewusstwerdung und Einschätzung an: Berufseinsteiger finden im Internet Beispielsituationen und Multiple Choice-Tests zu fachlichen wie überfachlichen Kompetenzen.[53]

Es gibt sogar Vorschläge zur Abstufung: Ziener (2008: 68f.) stellt aus baden-württembergischen Werkstätten Versuche zur Beschreibung von operationalisierten Kompetenzen in den Stufen der Mindest-, Regel- und Expertenstandards vor, darunter auf S. 72 soziale Kompetenzen der Gesprächsführung und auf S. 74 personale Kompetenzen der Stellungnahme und Reflexion. Er schließt jedoch für die Bildungsstandards in der Praxis, dass alle Ertüchtigung, alle Befähigung nur in dem Wissen gelänge, dass wir mehr seien als die Summe unserer (messbaren) Kompetenzen. (S. 140)

Neuere Formen von differenzierter und individueller Einschätzung und Bewertung sind also weniger an Messung als an dem erzieherischen Aspekt orientiert: Schon Gipps (1994: 1) sieht diese Veränderung in der Zielsetzung: "Assessment is undergoing a paradigm shift, from psychometrics to a broader model of educational assessment."

Allgemeine Bildung

„Erkenne Dich selbst." (Inschrift des Apollotempels in Delphi)

„Die Verantwortung für sich selbst ist die Wurzel jeder Verantwortung." (aus China)

„Die Selbsterkenntnis ist die Quelle allen Wissens." (Lu Chiu-Yüan)

---

[53] http://www.planet-beruf.de/fileadmin/assets/PDF/PDF_Checklisten/Arbeitsblatt_BU_20_Liste_persoenliche_Staerken.pdf,http://www.planet-beruf.de/fleadmin/bt/pdf/_1_6_arbeitsblatt_meine_staerken.pdf

„Ziel des Lebens ist Selbstentwicklung. Das eigene Wesen völlig zur Entfaltung zu bringen, das ist unsere Bestimmung." (Oscar Wilde)

„Der Mensch ist ein geborenes Kind, seine höchste Gabe ist die Gabe des Wachsens." (Tagore)

Weinert definiert 2002[2] Kompetenzen als kognitive Fähigkeiten und Fertigkeiten, um Probleme lösen, sowie motivationale, volitionale und soziale Bereitschaften und Fähigkeiten, die Problemlösungen in variablen Situationen erfolgreich und verantwortungsvoll nutzen zu können. (S. 27) Das häufig einseitig kognitiv-problemlösend gesehene Verhalten (Ziener 2008: 22) wird in dieser Arbeit erweitert auf die in der Definition angedeuteten überfachlichen Kompetenzen, die hier von den Lernenden selbst komplementär zu anderen Erziehungszielen von Schule evaluiert werden; Aspekte des Lernprozesses werden neben Lernprodukten wichtig.

Es zeigt sich, dass die Lernenden diese teils noch ungewohnte Diskussion als wesentlich und bedeutungsvoll einschätzen; sie demonstrieren durchaus den Erwerb bzw. die Übung von überfachlichen Kompetenzen. Leupold spricht vom Französischunterricht als einem Beitrag zur Ausbildung der Persönlichkeit. (1999a: 174). Küster hält 2004 ein Plädoyer für einen bildenden Fremdsprachenunterricht. Zydatiß formuliert 2005: „Die Fremdsprachendidaktik insgesamt sollte in der Lage sein zu ´demonstrieren´, dass es sich lohnt, in die allgemeinbildenden Ziele des Fremdsprachenlernens zu investieren." (S.280); Nida-Rümelin fordert 2010 für schulische Bildung: „Wir müssen Personen bilden ... in der ganzen Vielfalt der Dimensionen menschlicher Existenz. ... Bildung [ist] heute paradoxerweise zur besten Ausbildung geworden." (S. 29)

Selbstverantwortung und Erkenntnisse über sich selbst und über Andere können in dieser schnelllebigen Zeit zum Ausgangspunkt für eine neue Qualität von Lernen werden. Dieses Lernen ist unabgeschlossen und lebenslang: es ist durch Wege und Ziele charakterisiert, die sich immer wieder spiralförmig erweitern, jedoch nie Zwischenergebnisse aus den Augen verlieren. Dieses Lernen ist individuell und differenzierend statt allgemeingültig, eine ständige Infragestellung und Reflexion eigener Erfahrungen und Wertentscheidungen.

Warnke-Kilian spricht treffend von einer angestrebten „Ermöglichungsdidaktik", innerhalb derer den Lernenden durch geeignete Lernangebote die Verantwortung für ihr Lernen übertragen werde, welche sich auf selbstreflexiven Kompetenzen gründe. (2008: 5f.) Selbst- und Partnerreflexionen sind nicht auf unterrichtliche Angebote beschränkt, sondern werden zu einer Aufgabe für alle am Bildungsprozess Beteiligten: Lehrende, Lernende und alle Institutionen, die für den Lehr-, Lern- und Fortbildungsprozess Verantwortung tragen. Deshalb sollten sie im Spannungsfeld von Pädagogik, Fachdidaktik, bildungspolitischer Qualitätsentwicklung und Forschung diskutiert werden —

auf dem Wege und mit immer neuen Teilzielen, wie Foord über die sich entwickelnde Lehrkraft sagt: "So let´s keep walking. Developing ... Step by step." (2009: 3)

Dem großen Ziel streben die Lernarrangements für den schülerorientierten Fremdsprachenunterricht in dieser Arbeit entgegen. Sie zeigen in unterschiedlichen Kombinationen, dass Selbst- und Partnerevaluation das Bewusstsein von und den Umgang mit überfachlichen Kompetenzen fördern können: „Evaluation" bedeutet in seiner Etymologie stetes Erstarken, Wachsen, Sich Steigern von individuellen Persönlichkeiten — Evaluation ist Bildung.

Abb. 69

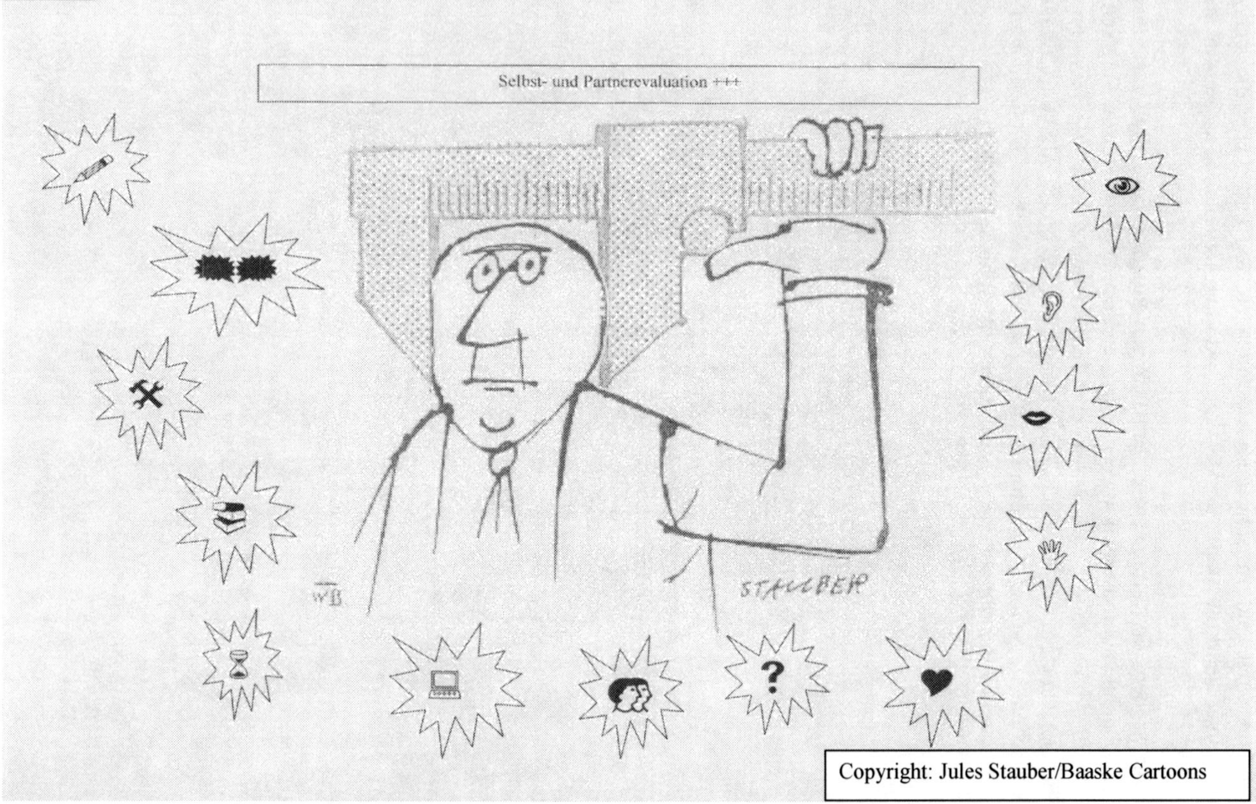

Literaturverzeichnis

Abel, Jürgen, Renate Möller und Klaus Peter Treumann. 1998. *Einführung in die empirische Pädagogik.* Stuttgart u. a.: Kohlhammer.

Ackermann, Heike und Heinz S. Rosenbusch. 1995. Qualitative Forschung in der Schulpädagogik. In *Bilanz qualitativer Forschung. Band I: Grundlagen qualitativer Forschung,* Hrsg. Eckard König und Peter Zedler: 135-168. Weinheim: Deutscher Studienverlag.

Adamczak-Krysztofowicz, Sylwia. 2008. Hörverstehenskompetenz erwachsenengemäß entwickeln: Konsequenzen aus einer qualitativen Kursteilnehmerbefragung für die Hörtextauswahl im DaF-Unterricht. *Zielsprache Deutsch* 35, 1: 36-59.

Adams, Carl and Karen King. 1995. Towards a framework for student self-assessment. *Innovations in Education and Teaching International* 32, 4: 336-343.

Akbari, Ramin. 2007. Reflections on reflection. A critical appraisal of reflective practices in L2 teacher education. *System* 35: 192-207.

Akünal, Zühal. 1992. Immersion programmes in Turkey. An evaluation by students and teachers. *System* 20, 4: 517-529.

Alderson, J. Charles and Dianne Wall. 1993. Does washback exist? *Applied Linguistics* 14, 2: 115-129.

Al Fallay, Ibrahim. 2004. The role of some selected psychological and personality traits of the rater in the accuracy of self- and peer assessment. *System* 32: 407-425.

Allwright, Dick and Kathleen M. Bailey. 1991. *Focus on the language classroom: An Introduction ot Classroom Research for Language Teachers.* Cambridge u. a.: Cambridge University Press.

Allwright, Dick and Judith Hanks. 2009. *The developing language learner. An introduction to exploratory practice.* Chippenham Palgrave: Macmillan.

Altrichter, Herbert. 1990. *Ist das noch Wissenschaft? Darstellung und wissenschaftstheoretische Diskussion einer von Lehrern betriebenen Aktionsforschung.* München: Profil.

Altrichter, Herbert. 1999. Evaluation als Alltäglichkeit, als Profession und als Interaktion. In *Evaluation im Bildungsbereich. Wissenschaft und Praxis im Dialog,* Hrsg. Josef Thonhauser und Jean-Luc Patry: 103-114. Innsbruck u. a.: Studienverlag.

Altrichter, Herbert und Andreas Feindt. 2004. Handlungs- und Praxisforschung. In *Handbuch der Schulforschung. 2. Auflage,* Hrsg. Werner Helsper und Jeannette Böhme: 449-466. Wiesbaden: VS-Verlag für Sozialwissenschaften.

Altrichter, Herbert und Peter Posch. 2007⁴. *Lehrerinnen und Lehrer erforschen ihren Unterricht.* Bad Heilbrunn: Klinkhardt.

Apel, Hans Jürgen und Werner Sacher. 2005. Schulpädagogik als Wissenschaft.. In *Studienbuch Schulpädagogok, 2. Aufl.,* Hrsg. Hans Jürgen Apel und Werner Sacher: 7-28. Bad Heilbrunn: Julius Klinkhardt.

Arbeitsgruppe Fremdsprachenerwerb Bielefeld. 1995. Fremdsprachenerwerbsspezifische Forschung. Aber wie? Theoretische und methodologische Überlegungen (I). *Deutsch als Fremdsprache* 33, 3: 144-155.

Arendt, Manfred. 1999. Projektunterricht? Ja, bitte - und immer öfter! *Der Fremdsprachliche Unterricht Englisch* 33, 40: 10-16.

Arendt, Manfred. 2006. Beurteilung mündlicher Leistungen. Eine Untersuchung (Teil 1). *Praxis Fremdsprachenunterricht* 3: 7-10.

Archer-Kath, Julie, David W. Johnson and Roger T. Johnson. 2001. Individual versus group feedback in cooperative groups. *The Journal of Social Psychology* 134, 5: 681-694.

Arnold, Karl-Heinz, Uwe Sandfuchs und Jürgen Wiechmann. Hrsg. 2006. *Handbuch Unterricht.* Bad Heilbrunn: Julius Klinkhardt.

Ayaduray Jeyalaxmy and George M. Jacobs. 1997. Can learner strategy instruction succeed? The case of higher order questions and elaborated responses. *System* 25, 4: 561-570.

Bach, Gerhard. 2003³a. Alltagswissen und methodisch reflektierte Unterrichtspraxis. In: *Englischunterricht. Grundlagen und Methoden einer handlungsorientierten Unterrichtspraxis,* Hrsg. Gerhard Bach und Johannes-Peter Timm: 253-268. Tübingen: A. Francke Verlag.

Bach, Gerhard und Johannes-Peter Timm. Hrsg. 2003³b. *Englischunterricht. Grundlagen und Methoden einer handlungsorientierten Unterrichtspraxis.* Tübingen: A. Francke Verlag.

Bacha, Nahla. 2001. Writing evaluation: What can analytic versus holistic essay scoring tell us? *System* 29: 371-383.

Bailey, Kathleen M.and David Nunan. Eds. 1996. *Voices from the language classroom. qualitative research in second language education.* Cambridge: Cambridge University Press.

Bailey, Kathleen M.. 1998. *Learning about language assessment: dilemmas, decisions, and directions.* Pacific Grove: Heinle and Heinle.

Balle, Ulrike und Verena Damm. 2008. Wenn's nicht sein muss, schreib ich noch nicht mal 'ne Postkarte ...: Schreiben als komplexe Fertigkeit und Anlass zur Reflexion. *Deutsch als Zweitsprache, Sonderheft:* 65-72.

Ballweg, Sandra: 2009. Portfolioarbeit - Ideen, Konzepte und Einsatzmöglichkeiten im außerschulischen Fremd- und Zweitsprachenunterricht. *Deutsch als Zweitsprache,* 1: 10-18.

Bandura, Albert. 1994. *Self-efficacy in changing societies.* Cambridge: Cambridge University Press
Bandura, Albert. 1997. *Self-efficacy: the exercise of control.* New York, N.Y.: Freeman.
Banfi, Cristina S.. 2003. Portfolios:integratine advanced language, academic and professional skills. *ELT Journal* 57, 1: 34-42.
Barkowski, Hans, Hermann Funk. Hrsg. 2004. *Lernerautonomie und Fremdsprachenunterricht.* Berlin: Cornelsen.
Bartlett, Leo. 1990. Teacher development through reflective teaching. In *Second language teacher education*, eds. Jack C. Richards and David Nunan: 202-214. Cambridge: Cambridge University Press.
Bastian, Johannes. 1996. Leistung im Projektunterricht. Widersprüche verändern die Praxis. *Friedrich Jahresheft XIV*: 26-30.
Bastian, Johannes. 2009. Schülerbeteiligung lernen. Lern- und Schulkultur gemeinsam entwickeln. *Pädagogik* 7-8: 6-9.
Bastian, Johannes, Arno Combe und Roman Langer. 20052. *Feedback-Methoden. Erprobte Konzepte, evaluierte Erfahrungen.* Weinheim u. a.: Beltz.
Bastian, Johannes und Arno Combe. 2008. Feedback tut not! Differenzierte Lehr-Lern-Formen brauchen das methodengeleitete Gespräch über Unterricht. *Friedrich Jahresheft XXVI*: 118-119.
Bastian, Johannes und Herbert Gudjons. Hrsg.. 1993[3]a. *Das Projektbuch II.* Hamburg: Bergmann und Helbig.
Bastian, Johannes und Herbert Gudjons. 1993[2]b. *Über die Projektwoche hinaus. Projektlernen im Fachunterricht.* Hamburg: Bergmann und Helbig.
Battersby, Alan.1995. Collaborative writing for intermediate and upper-intermediate learners. *Modern English Teacher* 4, 2: 20-34.
Bauer, Roland. 1997. *Schülergerechtes Arbeiten in der Sekundarstufe I: Lernen an Stationen.* Berlin: Cornelsen Scriptor.
Baumgart, Franzjörg. Hrsg. 2007. *Erziehungs- und Bildungstheorien. 3. Auflage.* Bad Heilbrunn: Julius Klinkhardt.
Baumgarten-Millington, Claudia. 1995. 'Let´s write our own children´s book´. Englischunterricht und Gruppenarbeit in einer 9. Realschulklasse. *Englisch* 30, 3: 81-91.
Bausch, Karl-Richard, Herbert Christ und Hans-Jürgen Krumm. Hrsg. 1995[3]. *Handbuch Fremdsprachenunterricht. 3., überarbeitete und erweiterte Auflage.* Tübingen u. a.: Francke.
Bausch, Karl-Richard, Eva Burwitz-Melzer, Frank G. Königs und Hans-Jürgen Krumm. Hrsg. 2005. *Bildungsstandards für den Fremdsprachenunterricht auf dem Prüfstand. Arbeitspapiere der 25. Frühjahrskonferenz zur Erforschung des Fremdsprachenunterrichts.* Tübingen: Gunter Narr.

Bausch, Karl-Richard, Eva Burwitz-Melzer, Frank G. Königs und Hans-Jürgen Krumm. Hrsg. 2006. *Aufgabenorientierung als Aufgabe.* Tübingen: Gunter Narr.

Behr, Ursula. 2006. Zur Bewertung von Gruppenarbeit im Fremdsprachenunterricht. *Praxis Fremdsprachenunterricht* 3, 2: 7-11.

Bell, Jan and Roger Gower. 1994. But we don't know what we need! *Modern English Teacher* 3, 1: 53-55.

Beltz-Lexikon Pädagogik. 2007. Hrsg. Heinz-Elmar Tenorth. Weinheim u. a.: Beltz.

Bendler, Alfred: 1995. Leistungsbeurteilung in offenen Unterrichtsformen. Qualität ohne Lernkontrolle? *Pädagogik* 47, 3: 10-13.

Benett, Yves. 1993. The validity and reliability of assessments and self-assessments of work-based learning. *Assessment & Evaluation in Higher Education* 18, 2: 83-94.

Benson, Phil and Peter Voller. Hrsg. 1997a. *Autonomy and independence in language learning.* Harlowe: Longman.

Benson, Phil and Peter Voller. 1997b. *Introduction: autonomy and independence in language learning.* In *Autonomy and independence in language learning*, eds. Phil Benson and Peter Voller: 1-12. Harlowe: Longman.

Berg, Catherine E.. 1999. The effects of trained peer response on ESL students' revision types and writing quality. *Journal of Second Language Writing* 8, 3: 215-241.

Berger, Regine und Dietlinde Granzer. Hrsg. 2009. *Praxisbuch Selbstevaluation. Anwendung, Umsetzung und Vorlagen.* Weinheim u. a.: Beltz Verlag.

Biermann, Christine und August Wilhelm Heidemann. 2008. "Ich finde, dass ich ungerecht behandelt wurde!". Selbst- und Fremdbeurteilungen als Chance bei der Leistungsbewertung. *Friedrich Jahresheft XXVI*: 112-116.

Bildungskommission NRW. 1995. *Zukunft der Bildung. Schule der Zukunft. Denkschrift der Kommission 'Zukunft der Bildung – Schule der Zukunft' beim Ministerpräsidenten des Landes Nordrhein-Westfalen.* Neuwied: Luchterhand.

Black, Paul and William Dylan. 1998. Inside the Black Box. Raising Standards Through Classroom Assessment. *Phi Delta Kappan*:139-148.

Blanche, Patrick and Barbara J. Merino. 1989. Self-assessment of foreign language skills: impllications for teachers and researchers. *Language Learning* 39, 3: 313-340.

Blell, Gabriele und Karlheinz Hellwig. Hrsg. 1996. *Bildende Kunst und Musik im Fremdsprachenunterricht.* Frankfurt/M.. u. a.: P. Lang.

Bleyhl, Werner. 1998. Selbstorganisation des Lernens – Phasen des Lehrens. In *Englisch lernen und lehren. Didaktik des Englischunterrichts*, Hrsg. Johannes-P. Timm: 60-69. Berlin: Cornelsen.

Bleyhl, Werner. Hrsg. 2000. *Fremdsprachen in der Grundschule. Grundlagen und Praxisbeispiele.* Hannover: Schroedel.

Bleyhl, Werner. 2001. Leistung und Leistungsbeurteilung. In *Neue Wege im Fremdsprachenunterricht. Qualitätsentwicklung, Erfahrungsberichte, Praxis*, Hrsg. Christoph Edelhoff: 38-46. Hannover: Schroedel.

Block, David. 1994. A day in the life in a class. Teacher/learner perceptions of task purpose in conflict. *System* 22, 4: 473-486.

Blombach, Joachim. 2010. ′Man kriegt Rückmeldung und kann Dinge verändern′. Lernverträge an einem Schülersprechtag schließen. *Der Fremdsprachliche Unterricht Englisch* 44, 105: 40-43.

Blume, Otto-Michael. 2008. Préparer - rédiger - corriger. Zum Aufbau von Schreibkompetenz. *Der Fremdsprachliche Unterricht Französisch* 42, 93: 2-8.

Böhm, Andreas. 2000. Theoretisches Codieren: Textanalyse in der Grounded Theory. In *Qualitative Forschung. Ein Handbuch*, Hrsg. Uwe Flick, Ernst von Kardorff und Ines Steinke, 475-485, Reinbek: Rowohlt Taschenbuch Verlag.

Böhm, Winfried. 2005[16]. *Wörterbuch der Pädagogik.* Stuttgart: Kröner.

Böhme, Jeanette. 2004. Qualitative Schulforschung auf Konsolidierungskurs. In *Handbuch der Schulforschung. 2. Auflage*, Hrsg. Werner Helsper, und Jeannette Böhme: 125-156. Wiesbaden: VS-Verlag für Sozialwissenschaften.

Böhm-Kasper, Oliver und Horst Weishaupt. 2004. Quantitative Ansätze und Methoden in der Schulforschung. In *Handbuch der Schulforschung. 2. Auflage*, Hrsg. Werner Helsper und Jeannette Böhme: 91-124. Wiesbaden: VS-Verlag für Sozialwissenschaften.

Börner, Wolfgang und Klaus Vogel. Hrsg. 1997[2]. *Der Text im Fremdsprachenunterricht.* Bochum: AKS-Verlag.

Bohl, Thorsten. 2006. *Prüfen und Bewerten im Offenen Unterricht.* Weinheim u. a.: Beltz.

Bohl, Thorsten, Margarete Dieck und Andreas Papenfuss. 2009. Prozessberichte. Gelenkstelle zwischen prozessorientiertem Lernen und Bewerten. *Pädagogik* 6: 30-33.

Bohl, Thorsten und Hanna Kiper. Hrsg. 2009. *Lernen aus Evaluationsergebnissen. Verbesserungen planen und implementieren.* Bad Heilbrunn: Klinkhardt.

Bolton, Sibylle. 2005. Leistungsmessung: Theoretische Grundlagen und Gütekriterien. In: *Niemals zu früh und selten zu spät. Fremdsprachenunterricht in Schule und Erwachsenenbildung*, Hrsg. Eva Burwitz-Melzer und Gert Solmecke, 97-106. Berlin: Cornelsen.

Bonnet, Andreas und Stephan Breidbach. Hrsg. 2004. *Didaktiken im Dialog. Konzepte des Lehrens und Wege des Lernens im bilingualen Sachfachunterricht.* Frankfurt M: Lang.
Borg, Simon 1998. Data-based teacher development. *ELT J ournal* 52, 4: 273-281.
Borries, Bodo von. 2005. *Schulbuchverständnis, Richtlinienbenutzung und Reflexionsprozesse im Geschichtsunterricht: eine qualitativ-quantitative Schüler- und Lehrerbefragung im deutschsprachigen Bildungswesen 2002.* Neuried: Ars Una.
Bosenius, Petra. 2003. Leistungsbewertung in Schülerhand: Zur Selbstevaluation fremdsprachlicher Lernprozesse im Englischunterricht. *Empirische Pädagogik* 17, 3: 412-428.
Boud, David. Ed. 1981a. *Developing student autonomy in learning.* London: Kogan Page.
Boud, David. 1981b. Toward student responsibility for learning. In David Boud. Ed.. *Developing student autonomy in learning*: 21-37. London: Kogan Page.
Boud, David. 1989. The role of self-assessment in student grading. *Assessment & Evaluation in Higher Education* 14, 1: 20-30.
Boud, David. 1992. The use of self-assessment schedules in negotiated learning. *Studies in Higher Education* 17, 2: 185-200.
Boud, David. 1995. *Enhancing learning through self assessment.* London: Kogan Page.
Boud, David. 1999. Avoiding the traps. *Social Work Education* 18, 2: 121-132.
Boud, David and Nancy Falchikov. 1989. Quantitative studies of student self-assessment in higher education: a critical anllysis of findings. *Higher Education*, 18, 529-549.
Boud, David and Grahame Feletti. Eds. 1991. *The challenge of problem-based learning.* London: Kogan Page.
Boud, David and M.T. Prosser. 1980. Sharing responsibility: staff – student cooperation in learning. *British Journal of Educational Technology* 1, 11: 24-35.
Brandes, Donna and Paul Ginnis. 1992. *The student-centred school. ideas for practical visionaries.* Oxford: Blackwell Education.
Bransford, John D., Ann L. Brown and Rodney R. Cocking. Eds. 2000. *How people learn. brain, mind, experience, and school. Expanded edition.* Washington: National Academy Press.
Brantmeier, Cindy and Robert Vanderplank. 2008. Descriptive and criterion-referenced self-assessment with L2 readers. *System* 36, 3: 456-477.
Bräuer, Gerd. 2010. Schreibprozesse begleiten. *Deutschunterricht* 63, 3: 4-9.

Braymen, Douglas. 1995. Training students for continued learning. *Modern English Teacher* 4, 2: 49-54.

Brecht, Berthold. 1967. *Gesammelte Werke in acht Bänden. 4: Gedichte.* Hrsg. Elisabeth Hauptmann. Frankfurt/M.: Suhrkamp.

Bredella, Lothar. 2005. Bildungsstandards, Kerncurricula und bildungsrelevante Gegenstände. In *Bildungsstandards für den Fremdsprachenunterricht auf dem Prüfstand. Arbeitspapiere der 25. Frühjahrskonferenz zur Erforschung des Fremdsprachenunterrichts*, Hrsg. Karl-Richard Bausch, Eva Burwitz-Melzer, Frank G. Königs. und Hans-Jürgen Krumm: 47-57. Tübingen:Gunter Narr Verlag.

Breen, Michael P. and Andrew Littlejohn. Eds. 2000. *Classroom decision making. negotiation and process-syllabuses in practice.* Cambridge: CUP.

Breitkreuz, Hartmut und Sandra Peters. 1999. Lernzirkelarbeit im Englischunterricht. *Englisch* 34, 4: 126-131.

Breuer, Franz. Hrsg. 1996. *Qualitative Psychologie. Grundlagen, Methoden und Anwendungen eines Forschungsstils.* Opladen/Wiesbaden: Westdeutscher Verlag.

Breuer, Franz. 2010. *Reflexive grounded theory. Eine Einführung für die Forschungspraxis.* Berlin u. a.: Springer.

Brindley, Geoff. Ed. 1990. *The second language curriculum in action.* Sydney: Macquarie University, National Centre for English Langugage Teaching and Research.

Brinko, Kathleen T.. 1993. The practice of giving feedback to improve teaching: what is effective? *The Journal of Higher Education* 64, 5: 574-593.

Brown, H. Douglas. 1994. *Teaching by principles. an interactive approach to language pedagogy.* White Plains, N.Y.: Prentice Hall Regents, Pearson Education Company.

Brown, James Dean. Ed. 1998. *New ways of classroom assessment. new ways in tesol, series ii. innovative classroom techniques.* Illinois: Pantagraph Printing.

Brown, Sally and Peter Knight. 1994. *Assessing learners in higher education.* London: Kogan Page.

Brügelmann, Hans. 1999. Öffnung des Unterrichts – Befunde und Probleme der empirischen Forschung. In *Lehren und Lernen im Offenen Unterricht. Empirische Befunde und kritische Anmerkungen*, Hrsg. Ulrich Steffens und Tino Bargel: 71-97. Wiesbaden: Hessisches Landesinstitut für Pädagogik.

Büeler, Xaver. 1994. *System Erziehung. Ein bio-psycho-soziales Modell.* Bern u. a.: Haupt.

Buhren, Claus G.und Hans-Günter Rolff. Hrsg. 1996. *Fallstudien zur Schulentwicklung. Zum Verhältnis von innerer Schulentwicklung und externer Beratung.* Weinheim: Juventa-Verlag.

Bund-Länder-Kommission für Bildungsplanung und Forschungsförderung (Bundesrepublik Deutschland), Bundesministerium für Bildung, Wissenschaft und Kultur (Österreich) und Schweizerische Konferenz der kantonalen Erziehungsdirektoren (Schweiz). Hrsg. 2002. *Lernen in der Wissensgesellschaft.* Innsbruck u. a.: StudienVerlag.

Burkhardt, Christoph. 1995. Selbstevaluation - ein Instrument zur Qualitätsentwicklung von Einzelschulen? In *Entwicklung von Schulkultur. Ansätze und Wege schulischer Erneuerung,* Hrsg. Heinz Günter Holtappels: 222-247. Neuwied: Lucherhand.

Burkhard, Christoph und Gerhard Eikenbusch. 2000. *Praxishandbuch Evaluation in der Schule.* Berlin: Cornelsen Scriptor.

Burns, Anne. 2005. Action research: an evolving paradigm? *Language Teaching* 38: 57–74.

Burton, Jill and Peter Mickan. 1995. Teachers' classroom research: rhetoric and reality. In *Teachers develop teachers research. papers on classroom research and teacher development,* eds. Julian Edge, Keith Richards: 113-123. Oxford: Heinemann.

Burwitz-Melzer, Eva. 2006. Motivation durch Selbsteinschätzung: Fremdsprachenportfolios für die Klassen 3 bis 10. In *Motivation revisited. Festschrift für Gert Solmecke,* Hrsg. Almut Küppers und Jürgen Quetz: 91-102. Berlin: LIT-Verlag.

Burwitz-Melzer, Eva und Gert Solmecke. Hrsg. 2005. *Niemals zu früh und selten zu spät. Fremdsprachenunterricht in Schule und Erwachsenenbildung.* Berlin: Cornelsen.

Buschmann, Renate. 2009. Beteiligung von Schülern an der Bewertung von Leistungen. *Pädagogik* 6: 22-25.

Butler, Yuko Goto and Jiyoon Lee. 2006. On-task versus off-task self-assessment among korean elementary school students studying English. *Modern Language Journal* 90, 4: 506-518.

Byram, Michael. 1997. *Teaching and assessing intercultural communicative competence.* Clevedon u. a.: Multilingual Matters.

Bryam, Michael. 2000. Assessing Intercultural Competence in Language Teaching. In *Sprogforum* 18, 6: 8-13.

Capdepont, Emmanuel. 1993. Organiser un enseignement-apprentissage centré sur l'apprenant. *Le Français dans le Monde* 261: 65-67.

Caprio, Mark. 1992. Content Learning: Extending the global awareness of language students. *Zielsprache Englisch* 22, 4: 16-22.

Caracelli Valerie J. and Jennifer C. Greene. 1993. Data analysis strategies for mixed-method evaluation designs. *Educational Evaluation and Policy Analysis* 15, 2: 195-207.

Carton, Francis. 1993. L'autoéaluation au cœur de l'apprentissage. In *Evaluation et certifications en langue étrangère. Le Français dans le Monde. Numéro Spécial* Août-septembre 1993, coords. Annie Monnerie-Goarin et Richard Lescure: 28-35. Vanves: EDICEF.

Caspari, Daniela. 2006. Schreiben – umschreiben- weiter schreiben. Briefe individuell verfassen und gemeinsam überarbeiten. *Der Fremdsprachliche Unterricht Französisch* 38, 72: 8-12.

Caspari, Daniela. 2008. Zur Situation des Französischunterrichts. In *Bildungsstandards Französisch konkret: Sekundarstufe I. Grundlagen, Aufgabenbeispiele und Unterrichtsanregungen*, Hrsg. Bernd Tesch, Eynar Leupold und Olaf Köller: 18-34. Berlin: Cornelsen Scriptor.

Caudery, Tim. 1990. The validity of timed essay tests in the assessment of writing skills, *ELT Journal* 44, 2: 122-131.

Caulk, Nat. 1994. Comparing teacher and student responses to written work. *TESOL Quarterly* 28, 1: 181-188.

Chamot, Anna Uhl. 2004. Stand der Forschung zum Einsetzen von Lernstrategien im Zweit- und Fremdsprachenerwerb. In *Lernerautonomie und Fremdsprachenunterricht*, Hrsg Hans Barkowski und Hermann Funk: 10-35. Berlin: Cornelsen.

Chan, Wai Meng. 2000. *Metakognition und der DaF-Unterricht für asiatische Lerner: Möglichkeiten und Grenzen.* Münster: Waxmann.

Chan, Wai Meng. 2004. Lernerautonomie und die metakognitive Entwicklung – Argumente für einen Perspektivenwechsel. In *Lernerautonomie und Fremdsprachenunterricht*, Hrsg. : Hans Barkowski und Hermann Funk: 109-126. Berlin: Cornelsen.

Chapple, Lynda and Andy Curtis. 2000. Content-based instruction in Hong Kong: Student responses to film. *System* 28, 419-423.

Chelimsky, Eleanor and William R. Shadish. 1997. *Evaluation for the 21st century. A Handbook.* Thousand Oaks, CA: Sage Publilcations.

Chen, Yiching. 2007. Learning to learn: the impact of strategy training. *ELT Journal*, 61, 1: 20-29.

Christ, Ingeborg. 2003. Auf dem Wege zu einer neuen Evaluationskultur im Fremdsprachenunterricht. *Neusprachliche Mitteilungen* 56, 3: 157-169.

Clapham, Caroline and David Corson. Eds. 1997. *Encyclopedia of language and education. volume 7: language testing and assessment.* Dordrecht: Kluwer.

Cochran-Smith, Marilyn and Susan L. Lytle. 1990. Research on teaching and teacher research: the issues that divide. *Educational Researcher* 19, 2: 2-11.

Coerlin, Sonja. 2010. Online-diagnose. *Der Fremdsprachliche Unterricht Englisch* 44, 105: 46.

Cohen, Andrew D. 1998. *Strategies in learning and using a second language.* New York: Longman

Cohen. Louis and Lawrence Manion. 1980. *Research methods in education.* London: Croom Helm.

Cohn, Ruth C..1983[6]. *Von der Psychoanalyse zur themenzentrierten Interaktion. Von der Behandlung einzelner zu einer Pädagogik für alle.* Stuttgart: Klett-Cotta.

Combe, Arno und Werner Helsper. 1994. *Was geschieht im Klassenzimmer? Perspektiven einer hermeneutischen Schul- und Unterrichtsforschung. Zur Konzeptualisierung der Pädagogik als Handlungstheorie.* Weinheim: Deutscher Studien Verlag.

Common European framework of reference for languages. learning, teaching, assessment. 2004[6]. Council for Cultural Co-operation. Education Committee. Modern Language Division, Strasbourg. Cambridge: Cambridge University Press

Connor, Ulla and Karen Asenavage. 1994. Peer response groups in ESL writing classes: how much impact on revision? *Journal of Second Language Writing* 3, 3: 257-276 .

Conway, Robert, Kember, David, Sivan Atara and May WU. 1993. Peer assessment of an individual 's contribution to a group project. *Assessment & Evaluation in Higher Education* 18, 1: 45-56.

Coombe, Christine and Jon Kinney. 1999. Learner-centered listening assessment. *English Teaching Forum* 37, 2: 2-24.

Cote, Margarita. 1995. Teacher for a day: A testing experiment. *Modern English Teacher* 4, 2: 70-71.

Cotterall, Sara. 1995a. Developing a course strategy for learner autonomy. *ELT Journal* 49, 3: 219-227.

Cotterall, Sara. 1995b. Readiness for autonomy: investigating learner beliefs. *System* 23, 2: 195-205.

Cotterall, Sara. 1999. Key variables in language learning: What do learners believe about them? *System* 27, 493-513.

Cotterall, Sara and David Crabbe. Eds. 1999. *Learner autonomy in language learning: Defining the field and effecting change.* Frankfurt: Peter Lang.

Cronjäger, Hanna. 2007. Erfassung von Lernemotionen im Fremdsprachenunterricht Französisch, In:. *Fremdsprachenforschung heute: interdisziplinäre Impulse, Methoden und Perspektiven,* Hrsg. Sabine Doff und Torben Schmidt: 13-19. Frankfurt/M.: Lang.

Crookes, Graham. 1993. Action research for second language teachers: going beyond teacher research. *Applied Linguistics* 14, 2: 130-144.

Dam. Leni. 1995. *Learner autonomy. From theory to classroom pr*actice. Dublin: Authentik.

Datta, Lois-Ellin. 1997. Multimethod evaluations: Using case studies together with other methods. In *Evaluation for the 21st century. A handbook,* eds. Eleanor Chelimsky and William R. Shadish: 344-359. Thousand Oaks, CA: Sage Publilcations.

Davis, Paul, Garside, Barbara and Mario Rinvolucri. 1998. *Ways of Doing.* Cambridge: Cambridge University Press

Deci, Edward L. and Richard M. Ryan. Eds. 2002. *Handbook of Self-Determination Research.* Rochester: The University of Rochester Press.

De Florio-Hansen, Inez. 1999. Das Lerntagebuch als Projekt. Erfahrungen mit dem ′journal d′apprentissage: le français et moi′. *Der Fremdsprachliche Unterricht Französisch* 33, 41: 16-21.

De Florio-Hansen, Inez. 2004. «Le décloisonnement par étapes». Zum Wechselspiel von Offenheit und Steuerung im Französischunterricht. *Französisch heute* 35, 3: 242-253.

Deharde, Kristine und Simone Lück-Hildebrandt. 2006a. ′Fiches d′écriture′ und ′fiches de correction.′ Ein Werkzeug für Lernende und Lehrende. *Praxis Fremdsprachenunterricht* 3, 1: 38-43.

Deharde, Kristine und Simone Lück-Hildebrandt .2006b. ′Fiches d′évaluation.′ Textsortenspezifisches Beurteilen und Bewerten in der Oberstufe. *Praxis Fremdsprachenunterricht* 3, 1: 7-10.

Deharde, Kristine. 2007. Von Wölfen und Menschen. Kompetenzorientiertes Unterrichten. *Der Fremdsprachliche Unterricht Französisch* 41, 88: 47-51.

Deitering, Franz G. 1995. *Selbstgesteuertes Lernen.* Göttingen: Verlag für Angewandte Psychologie.

Deitering, Franz G.. 1998^2a. Humanistische Bildungskonzepte. In *Handbuch Selbstorganisiertes Lernen,* Hrsg. Siegfried Greif und Hans-Jürgen Kurtz: 45-52. Göttingen: Verlag für Angewandte Psychologie.

Deitering, Franz G. 1998^2b. Selbstgesteuertes Lernen. In *Handbuch Selbstorganisiertes Lernen.* Hrsg. Siegfried Greif und Hans-Jürgen Kurtz: 155-160. Göttingen: Verlag für Angewandte Psychologie.

Deller, Sheelagh. 1995. *Lessons from the learner.* London: Longman.

Denzin, Norman K.. Ed.. 1979. *Sociological methods. A sourcebook.* Chicago: Aldine Publishing Company.

Denzin, Norman K.. 1989a. *Interpretive interactionism.* London: Sage.

Denzin, Norman K.. 1989³b. *The research act. A theoretical introduction to sociological methods. Third Edition.* Englewood Cliffs, N.J.: Prentice Hall.

Denzin, Norman K.. 1997. *Interpretive ethnography. Ethnographic practices for the 21st century.* London: Sage.

Denzin, Norman K.. 2009. *Qualitative inquiry under fire. Toward a new paradigm dialogue.* Walnut Creek, CA: Left Coast Press.

Denzin, Norman K. and Yvonna S. Lincoln. Eds.. 1994. *Handbook of qualitative reseach.* Thousand Oaks, CA.: Sage Publications.

Denzin, Norman K. and Yvonna S. Lincoln. Eds.. 2005. Introduction: The discipline and practice of qualitative research. In *The Sage handbook of qualitative research. Third Edition,* Eds. Norman K. Denzin and Yvonna S. Lincoln: 1-32. London: Sage.

De Saint Léger, Diane and Neomy Storch. 2009. Learners' perceptions and attitudes: Implications for willingness to communicate in an L2 classroom. *System* 37, 2: 269-285.

DESI-Konsortium. Hrsg.. 2008. *Unterricht und Kompetenzerwerb in Deutsch und Englisch. Ergebnisse der DESI-Studie.* Weinheim: Beltz.

Dewey, John. 1976. *Essays on School and Society 1899-1901. The Middle Works of John Dewey 1899-1924. Vol 1,* ed. Jo Ann Boydston. Carbondale and Edwardsville:Southern Illinois University Press.

Dewey, John. 2002. *Wie wir denken. Mit einem Nachwort neu herausgegeben von Rebekka Horlacher.* Zürich: Verlag Pestalozzianum.

Dickens, Charles. 1854/1969. *Hard times.* Harmondsworth,Middlesex: Penguin.

Dickens, Rea. 1994. Evaluation and the state of the English language. *Language Teaching* 27: 71-91.

Dickenson, Leslie. 1993. Aspects of autonomous learning. *ELT Journal* 47, 4: 330-336.

Ditton, Hartmut und Bettina Arnoldt. 2004. Wirksamkeit von Schülerfeedback zum Fachunterricht. In *Bildungsqualität von Schule: Lehrerprofessionalisierung, Unterrichtsentwicklung und Schülerförderung als Strategien der Qualiltätsverbesserung,* Hrsg. Jörg Doll und Manfred Prenzel: 152-172. Münster: Waxmann.

Diesterweg, Adolph. 1873³. *Diesterweg's Wegweiser zur Bildung für Deutsche Lehrer: mit dem lithographirten Bildnisse Diesterweg's. Band I: Das Allgemeine.* Essen: Bädeker.

Dilthey, Wilhelm. 1990⁸. *Gesammelte Schriften. 5. Band. Die Geistige Welt. Einleitung in die Philosophie des Lebens. Erste Hälfte. Abhandlungen zur Grundlegung der Geisteswissenschaften.* Leipzig u. a.: Teubner.
Doff, Sabine und Friederike Klippel. Hrsg.. 2007. *Englisch Didaktik. Praxishandbuch für die Sekundarstufe I und II.* Berlin: Cornelsen Scriptor.
Doff, Sabine und Torben Schmidt. 2007. *Fremdsprachenforschung heute: interdisziplinäre Impulse, Methoden und Perspektiven.* Frankfurt/M.: Lang.

Doll, Jörg und Manfred Prenzel. Hrsg.. 2004. *Bildungsqualität von Schule: Lehrerprofessionalisierung, Unterrichtsentwicklung und Schülerförderung als Strategien der Qualitätsverbesserung.* Münster:Waxmann.
Dorn, Erhard. 2001. Lernkompetenz im europäischen Kontext. In *Bewerten als Prozess. Dialog zwischen Selbst- und Fremdeinschätzung,* Hrsg. Almut Hoppe, Heike Hoßfeld: 11-24. Braunschweig:Westermann.
Doyé, Peter. 1995³. Funktionen und Formen der Leistungsmessung. In *Handbuch Fremdsprachenunterricht. 3., überarbeitete und erweiterte Auflage,* Hrsg. Karl-Richard Bausch, Herbert Christ und Hans-Jürgen Krumm: 277-282. Tübingen u.a.: Francke.
Doyé, Peter. Hrsg. 2005. *Kernfragen des Fremdsprachenunterrichts in der Grund*schule. Braunschweig: westermann.
Drewek, Peter. 2004. Entwicklungsformen der Schulforschung in Deutschland und in den Vereinigten Staaten vom Beginn des 20. Jahrhunderts bis in die Zeit nach dem Zweiten Weltkrieg. In *Handbuch der Schulforschung. 2. Auflage,* Hrsg. Werner Helsper und Jeannette Böhme: 35-67. Wiesbaden: VS-Verlag für Sozialwissenschaften.
Druyen, Carmen. 2008. Wie benotet man Gruppenarbeit? Verfahren und Formen der Bewertung kooperativer Leistungen. *Friedrich Jahresheft XXVI*: 108-111.
Dubs, R. 1993. Selbstständiges (eigenständiges oder selbstgeleitetes) Lernen: Liegt darin die Zukunft? *Zeitschrift für Berufs- und Wirtschaftspädagogik* 89, 2: 113-117.
Dubs, R.. 1995. Konstruktivismus. Einige Überlegungen aus der Sicht der Unterrichtsgestaltung. *Zeitschrift für Pädagogik* 6: 889-903.
Düwell, Henning. 2002. Motivation, Emotion und Motivierung im Kontext des Lehrens und Lernens fremder Sprachen. *Französisch heute* 33, 2: 166-181.
Duncker, Ludwig. 1993³. Projektlernen: Neue Rollen für die Schüler. In *Das Projektbuch II. Über die Projektwoche hinaus: Projektlernen im Fachunterricht,* Hrsg. Johannes Bastian und Herbert Gudjons: 65-80. Hamburg: Bergmann und Helbig.
Edelenbos, Peter und Angelika Kubanek-German. 2003. Leistungseinschätzung mit Portfolios. *Primar* 34: 4-10.

Edelhoff, Christoph. Hrsg.. 2001. *Neue Wege im Fremdsprachenunterricht. Qualitätsentwicklung, Erfahrungsberichte, Praxis.* Hannover: Schroedel.

Edelhoff, Christoph und Ralf Weskamp. Hrsg.. 1999. *Autonomes Fremdsprachenlernen.* Ismaning: Hueber.

Edelhoff, Christoph und Ralf Weskamp. 2002. Leistungsbeurteilung im Fremdsprachenunterricht. Von der internationalen Perspektive zu den Entscheidungsprozessen vor Ort. *Fremdsprachenunterricht* 46. 55: 242-248.

Edge, Julian and Keith Richards. Eds..1995. *Teachers develop teachers research. Papers on classroom research and teacher development.* Oxford: Heinemann.

Ekbatani, Glayol und Herbert Pierson. Eds.. 2000a. *Learner-directed assessment in ESL.* Mahwah, N.J.: Lawrence Erlbaum Associates.

Ekbatani, Glayol. 2000b. Moving toward learner-directed assessment . In *Learner-directed assessment in ESL*, eds. Glayol Ekbatani and Herbert Pierson: 1-11. Mahwah, N.J.: Lawrence Erlbaum Associates.

Ekholm, Mats. 2009. Wie bekommen Schüler Einfluss auf den Unterricht? Mehr Beteiligung durch Beobachtung und Rückmeldung. *Pädagogik* 7-8: 20-23.

Elliot, John. 1991. *Action research for educational change.* Milton Keynes, Ph.: Open University Press.

Ellis, David and David Forman. 1992. It made me think about the process-based approach. *Modern English Teacher* 1, 3: 29

Ellis, Gail and Barbara Sinclair. 1989. *Learning to learn English. A course in learner training. Teacher´s Book.* Cambridge:Cambridge University Press

Ellis, Rod. 20082. *The study of second language acquisitio*n. Oxford: Oxford University Press

Emer, Wolfgang. 2008.´Königsform´: Projektarbeit. Eine Brücke zwischen individuellem und kooperativem Lernen. *Friedrich Jahresheft XXVI*: 57-59.

Emerson, Robert M., Rachel I. Fretz and Linda L. Shaw. 1995. *Writing ethnographic fieldnotes.* Chicago: The University of Chicago Press.

Endres, Wolfgang, Thomas Wiedenhorn und Anja Engel. 2008. *Das Portfolio in der Unterrichtspraxis. Präsentations-, Lernweg- und Bewerbungsportfolio.* Weinheim: Beltz Verlag.

Endruweit, Günter und Gsela Trommsdorff. Hrsg.. *Wörterbuch der Soziologie.* Stuttgart: Lucius & Lucius.

Enginarlar, Hüsnü. 1993. Student response to teacher feedback in EFL writing. *System* 21, 2: 193-204.

English G 21. Portfolioarbeit Klasse 5/6. 2008. *Handreichungen für den Unterricht mit Kopiervorlagen.* Hrsg. Hellmut Schwarz. Berlin: Cornelsen.

Ertmer, Peggy A. and Timothy J. Newby. 1996. The expert learner: strategic, self-regulated and reflective. *Instructional Science* 24: 1-24.

Erzberger, Christian. 1998. *Zahlen und Wörter: die Verbindung quantitativer und qualitativer Daten und Methoden im Forschungsprozess*. Weinheim: Deutscher Studien-Verlag.

Esteve, Olga. 2004. Über das kognitive Strategientraining: Metakognitive Reflexionen in Kleingruppenarbeit im DAF-Anfängerunterricht. In *Lernerautonomie und Fremdsprachenunterricht*, Hrsg. Hans Barkowski und Hermann Funk: 127-151. Berlin: Cornelsen.

Europäisches Portfolio der Sprachen. European language portfolio. Portfolio europeen des langues. 2001[2]. Hrsg. Landesinstitut für Schule und Weiterbildung Soest. Bönen: Verlag für Schule und Weiterbildung.

Falchikov, Nancy. 1986. Product comparisons and process benefits of collaborative self and peer group assessments. *Assessment and Evaluation in Higher Education* 11, 2: 146-166.

Falchikov, Nancy. 1995. Improving feedback to and from students. In *Assessment for Learning in Higher Education*, ed. Peter Knight: 157-166. London: Kogan Page.

Falchikov, Nancy and David Boud. 1989. Student self-assessment in higher education: A meta-analysis. *Review of Educational Research* 59: 395-430.

Fallows, Stephen and Balasubramanyan Chandramohan. 2001. Multiple approaches to assesssment: reflections on use of tutor, peer and self-assessment. *Teaching in Higher Education* 6, 2: 229-246.

Fatzer, Gerhard. 1987. *Ganzheitliches Lernen. Humanistische Pädagogik und Organisationsentwicklung. Ein Handbuch für Lehrer, Pädagogen, Erwachsenenbildner und Organisationsberater*. Paderborn: Junfermann

Fazey, Della M. A..1993. Self-assessment as a generic skill for enterprising students: the learning process. *Assessment & Evaluation in Higher Education* 18, 3:235-250.

Feindt, Andreas. 2010. Kompetenzorientierter Unterricht - wie geht das? Didaktische Herausforderungen im Zentrum der Lehrerarbeit. *Friedrich Jahresheft XXVIII*: 85-89.

Feindt, Andreas und Hilbert Meyer. Hrsg. 2000. *Professionalisierung und Forschung. Studien und Skizzen zur Reflexivität in der Lehrerinnenbildung*. Oldenburg: Carl von Ossietzky Universität.

Fend, Helmut. 1991. *Identitätsentwicklung in der Adoleszenz. Lebensentwürfe, Selbstfindung und Weltaneignung in beruflichen, familiären und politisch-weltanschaulichen Bereichen*. Bern u.a.: Verlag Hans Huber.

Fend, Helmut. 2005[3]. *Entwicklungspsychologie des Jugendalters*. Wiesbaden: VS Verlag für Sozialwissenschaften.

Fendler, Lynn. 2003. Teacher reflection in a hall of mirrors: historical influences and political reverberations. *Educational Researcher* 32, 3: 16-25.

Fetterman, David M..1997. Empowerment evaluation an accreditation in higher education. In *Evaluation for the 21st century. A handbook*, eds. Eleanor Chelimsky and William R. Shadish: 381.395. Thousand Oaks, CA: Sage Publications.

Fichten, Wolfgang. 1993. *Unterricht aus Schülersicht. Die Schülerwahrnehmung von Unterricht als erziehungswissenschaftlicher Gegenstand und ihre Verarbeitung im Unterricht.* Frankfurt: Peter Lang.

Fichten, Wolfgang. Hrsg. 1996. *Die Praxis freut sich auf die Theorie: Was leisten Forschungswerkstätten für Schulen?* Bericht zur Tagung "Forschungswerkstatt zur 'Forschungswerkstatt Schule & Lehrerinnenbildung' am 26. und 27.04.1996 an der Carl von Ossietzky-Universität Oldenburg. Oldenburg: Oldenburger Vor-Drucke.

Finkbeiner, Claudia. 1995. *Englischunterricht in europäischer Dimension: zwischen Qualifikationserwartungen der Gesellschaft und Schülereinstellungen und Schülerinteressen; Berichte und Kontexte zweier empirischer Untersuchungen.* Bochum: Brockmeyer.

Finkbeiner, Claudia. Hrsg. 2003. *Evaluation im Brennpunkt: Fremdsprachen lehren und lernen.* Landau: Verlag Empirische Pädagogik.

Flick, Uwe. 1992. Entzauberung der Intuition. Systematische Perspektiven-Triangulation als Strategie der Geltungsbegründung qualitativer Daten und Interpretationen. In *Analyse verbaler Daten*, Hrsg. Jürgen H.P. Hoffmeyer-Zlotnik: 11-55. Opladen: Westdeutscher Verlag.

Flick, Uwe. 1995. *Qualitative Forschung. Theorie, Methoden, Anwendung in Psychologie und Sozialwissenschaften.* Reinbek: rowohlts enzyklopädie.

Flick, Uwe. 2000a. Design und Prozess qualitativer Forschung. In *Qualitative Forschung. Ein Handbuch*, Hrsg. Uwe Flick, Ernst von Kardorff und Ines Steinke: 252-265. Reinbek: Rowohlt Taschenbuch Verlag.

Flick, Uwe. 2000b. Konstruktivismus, In *Qualitative Forschung. Ein Handbuch*, Hrsg. Uwe Flick, Ernst von Kardorff und Ines Steinke: 150-164. Reinbek: Rowohlt Taschenbuch Verlag.

Flick, Uwe, Ernst von Kardorff und Ines Steinke. Hrsg.. 2000c. *Qualitative Forschung. Ein Handbuch.* Reinbek: Rowohlt Taschenbuch Verlag.

Flick, Uwe. 2000d. Triangulation in der qualitativen Forschung, In *Qualitative Forschung. Ein Handbuch*, Hrsg. Uwe Flick, Ernst von Kardorff und Ines Steinke: 309-319. Reinbek: Rowohlt Taschenbuch Verlag.

Flick, Uwe. 2004a.. *Triangulation. Eine Einführung.* Wiesbaden: VS Verlag für Sozialwissenschaften.

Flick, Uwe. 2004. Zur Qualität qualitativer Forschung - Diskurse und Ansätze. In *Qualitative Datenanalyse: computergestützt*, Hrsg. Udo Kuckartz, Heiko Grunenberg und Andreas Lauterbach: 43-64. Wiesbaden: VS-Verlag für Sozialwissenschaften.

Foord, Duncan. 2009. *The developing teacher. Practical activities for professional development*. Pearslake, Surrey: Delta Publishing

Freeman, Mark. 1995. Peer assessment by groups of group work. *Assessment & Evaluation in Higher Education* 20, 3: 289-300.

Freeman, Donald. 1996. Redefining the relationship between research and what teachers know. In *Voices from the language classroom. Qualitative research in second language education*, eds. Kathleen M. Bailey and David Nunan: 88-115. Cambridge: Cambridge University Press.

Friebertshäuser, Barbara. Hrsg.. 2010³. *Handbuch Qualitativer Forschungsmethoden in der Erziehungswissenschaft*. Weinheim: Juventa-Verlag.

Fritsch, Anette. 2005a.. Präsentieren, beobachten, rückmelden. Durch Feedback zum Lernerfolg. *Der Fremdsprachliche Unterricht Englisch* 76: 30-35.

Fritsch, Anette. 2005b. Präsentieren im Englischunterricht. *Der Fremdsprachliche Unterricht Englisch* 76: 2-12.

Fritsch, Anette und Alexander Kraus. 2007. Kompetenzorientiert unterrichten in den Neueren Sprachen. Eckpunkte eines hessischen Qualifizierungsprogramms. *Der Fremdsprachliche Unterricht Französisch* 41, 88: 52-55.

Froese, Wolfgang. 2000. Projektarbeit in Klasse 7: Ein Erfahrungsbericht. *Englisch* 35, 1: 5-7.

Frueh, Wolfganz und Philipp Mayring. 2002. Inhaltsanalyse. In *Wörterbuch der Soziologie*, Hrsg. Günter Endruweit und Gisela Trommsdorff: 238-245. Stuttgart: Lucius & Lucius.

Fry, Stuart A.. 1990. Implementation and evaluation of peer marking in higher education. *Assessment & Evaluation in Higher Education* 15, 3: 177-189.

Gardner, R.C., Tremblay, Paul F. and Anne-Marie Masgoret. 1997. Towards a full model of second language learning: an empirical investigation. *The Modern Language Journal* 81, 3: 344-362.

Garton, Sue. 2002. Learner initiative in the language classroom. *ELT Journal*, 56, 1: 47-56.

Gatbonton, Elizabeth. 1999. Investigating experienced ESL teachers´ pedagogical knowledge. *The Modern Language Journal* 83, 1: 35-50.

Gearing, Karen. 1999. Helping less-experienced teachers of English to evaluate teachers' guides. *ELT Journal* 53, 2: 122-127.

Gehring, Wolfgang. 2006. *BA-Studium Englischdidaktik. Standards. Inhalte. Kompetenzen*. Oldenburg: BIS-Verlag.

Geist, Sabine. 2009. Leistungsbegleitung und -bewertung im Projektunterricht. ´Überlegt, welchen Weg ihr nehmt!´ *Pädagogik* 6: 14-17.

Gemeinsamer europäischer Referenzrahmen für Sprachen: lernen, lehren, beurteilen. Niveau A1, A2, B1, B2, C1, C2. 2001. Council for Cultural Cooperation. Education Committee. Modern Languages Division, Strasbourg. Übersetzt von Jürgen Quetz u.a. Berlin u.a.: Langenscheidt..

Gervey, Ben, Igou, Eric R. and Yaacov Trope. 2005. Positive Mood and Future-Oriented Self-Evaluation. *Motivation and Emotion* 29, 4: 267-294.

Ghaith, Ghazi M., Kassim A. Shaaban, and Samar A. Harkous. 2007. An investigation of the relationship between forms of positive interdependence, social support and selected aspects of social support of classroom climate. *System* 35: 229-240.

Giesecke, Hermann. 1997. *Einführung in die Pädagogik. 4. Aufl..* Weinheim: Juventa Verlag.

Gipps, Caroline V..1994. *Beyond testing: towards a theory of educational assessment.* London u.a.: Falmer.

Gipps, Caroline and Gordon Stobart. 2003. *Alternative Assessment. An international handbook of educational evaluation,* eds. Thomas Kellaghan and Daniel L. Stufflebeam: 549-575. Kluwer: Bodmin.

Glaser, Barney G., Strauss, Anselm L.. 1967. *The discovery of grounded theory: strategies for qualitative research.* New York, N.Y.: Aldine.

Goetsch, Karlheinz. 1993[3]. Projektunterricht bewerten. In *Das Projektbuch II*, Hrsg. Johannes Bastian und Herbert Gudjons: 257-265. Hamburg: Bergmann und Helbig.

Goh, Christine. 1997. Metacognitive awareness and second language listeners. *ELT Journal* 51, 4: 361-369.

Goldfinch, Judy and Robert Raeside. 1990. Development of a peer assessment technique for obtaining individual marks on a group project. *Assessment & Evaluation in Higher Education* 15, 3: 210-231.

Goldfinch, Judy. 1994. Further developments in peer assessment of group projects. *Assessment & Evaluation in Higher Education* 19, 1: 29-35.

González, Jesús Ángel. 2009. Promoting student autonomy through the use of the European language portfolio. *ELT Journal* 63, 4: 373-382.

Goto Butler, Yuko and Jiyoon Lee. 2006. On-task versus off-task self-assessments among Korean elementary school students studying English. *The Modern Language Journal* 90, 4: 506-518.

Goto Butler, Yuko and Jiyoon Lee. 2010. The effects of self-assessment among young learners of English. *Language Testing* 27, 1: 5-31.

Graham, Suzanne J..2004. Giving up on modern languages? Students´ perceptions of learning French. *The Modern Language Journal* 88, 2: 171-191.

Graßmann, Regina. 2008. Evaluation im DaZ-Unterricht. In *Fortbildung für Kursleitende Deutsch als Zweitsprache. Band 3: Unterrichtsplanung und -durchführung (Qualifiziert unterrichten)*, Hrsg. Susan Kaufmann, Erich Zehnder, Elisabeth Vanderheiden, Winfried Frank: 240-263 Ismaning: hueber.

Granzer, Dietlinde, Peter Wendt und Regine Berger. Hrsg.. 2008. *Selbstevaluation in Schulen. Theorie, Praxis und Instrumente.* Weinheim u.a.: Beltz.

Green, Peter S. and Karlheinz Hecht. 1993. Pupil self-correction in oral communication in English as a foreign language. *System* 21, 2: 151-163.
Green, Christopher F., Elise R. Christopher and Jacqueline Lam. 1997. Developing discussion skills in the ESL classroom. *ELT Journal* 51, 2: 135-143.
Green Line New 6. 2000. Hrsg. Stephanie Ashford u.a.. Stuttgart: Klett.
Gregersen, Tammy and Elaine K. Horwitz. 2002. Language learning and perfectionism: anxious and non-anxious langage learners´ reactions to their own oral performance. *The Modern Language Journal* 86, 4: 562-570.
Greif, Siegfried. 1998²a. Aufgaben, Regeln und Selbstreflexionen.. In *Handbuch Selbstorganisiertes Lernen*, Hrsg. Siegfried Greif und Hans-Jürgen Kurtz: 69-76. Göttingen: Verlag für Angewandte Psychologie.
Greif, Siegfried und Hans-Jürgen Kurtz. 1998²b. *Handbuch Selbstorganisiertes Lernen.* Göttingen: Verlag für Angewandte Psychologie
Grieser-Kindel, Christin, Roswitha Henseler und Stefan Möller. 2006. *Method guide. Schüleraktivierende Methoden für den Englischunterricht in den Klassen 5-10.* Paderborn: Schöningh.
Griffiths, Morwenna and Sarah Tann. 1992. Using reflective practice to link personal and public theories. *Journal of Education for Teaching* 18, 1: 69-84.
Grob, Urs und Katharina Maag Merki. 2001. *Überfachliche Kompetenzen. Theoretische Grundlegung und empirische Erprobung eines Indikatorensystems.* Bern: Peter Lang.
Groeben, von der, Annemarie. 2005. Aus Falschem folgt Falsches. Wie Standards zum pädagogischen Bumerang werden können. In *Friedrich Jahresheft XXIII.* Seelze: Friedrich Verlag.
Groeben, Annemarie von der und Jochen Schnack. 2009. Kompetenzorientierung und ihre Folgen. Versuch einer kritischen Bilanz. *Pädagogik* 12: 40-44.
Groß, Christiane. 2005. Leistungsbeobachtung und Leistungsbewertung. In *Kernfragen des Fremdsprachenunterrichts in der Grundschule*, Hrsg. Peter Doyé: 199-215. Braunschweig: westermann.
Grotjahn, Rüdiger. 1995³. Empirische Forschungsmethoden: Überblick. In *Handbuch Fremdsprachenunterricht*, Hrsg. Karl-Richard Bausch: 457-461. Tübingen, Basel: Francke.
Grotjahn, Rüdiger. 2007. Qualitätsentwicklung und -sicherung. Gütekriterien von Tests und Testaufgaben. *Der Fremdsprachliche Unterricht Französisch* 41, 88: 44-46.
Grotjahn, Rüdiger. 2009. Testen im Fremdsprachenunterricht. Aspekte der Qualitätsentwicklung. *Praxis Fremdsprachenunterricht* 6, 1 : 4-8.
Grotjahn, Rüdiger, Andreas Nieweler, Klara Kleppin, Jörg Roche, Eva Burwitz-Melzer und Albert Raasch. 2010. Beurteilen und Evaluieren. In *Handbuch Fremdsprachendidaktik*, Hrsg. Wolfgang Hallet und Frank Königs: 211-240. Seelze-Velber: Kallmeyer, Klett.

Gruber, Hans, Mandl, Heinz und Alexander Renkl. 1992. Lehr- und Lernforschung. In *Empirische Pädagogik 1970-1990. Eine Bestandsaufnahme der Forschung in der Bundesrepublik Deutschland. Bd. II.*, Hrsg. Karlheinz Ingenkamp, Reinhold S. Jäger et al.: 471-515. Weinheim: Deutscher Studienverlag.

Grunenberg, Heiko und Udo Kuckartz. 2010³. Deskriptive Statistik in der qualitativen Sozialforschung. In *Handbuch Qualitativer Forschungsmethoden in der Erziehungswissenschaft*, Hrsg. Barbara Friebertshäuser: 487-500. Weinheim: Juventa-Verlag.

Gudjons, Herbert. 2006a. *Neue Unterrichtskultur- veränderte Lehrerrolle*. Bad Heilbrunn: Verlag Julius Klinkhardt.

Gudjons, Herbert. 2006b. *Pädagogisches Grundwissen. Überblick - Kompendium - Studienbuch. 9. Auflage*. Bad Heilbrunn: Julius Klinkhardt.

Gunn, Cindy. 2005. *Prioritizing practitioner research: an example from the field*. Language Teaching Research 9, 1: 97-112.

Gutwerk, Simone und Daniela Elsner. 2006. Leistungsmessung in der Diskussion. Teil 2: Möglichkeiten und Grenzen. *Primary English* 4,4: 6-9.

Habermas, Jürgen. 1995. *Theorie des kommunikativen Handelns. Bd. 1: Handlungsrationalität und gesellschaftliche Rationalisierung*. Frankfurt/M.: Suhrkamp.

Habermas, Jürgen. 1995. *Theorie des kommunikativen Handelns. Bd. 2: Zur Kritik der funktionalistischen Vernunft*. Frankfurt/M.: Suhrkamp.

Haenisch, Hans. 2001. Selbstevaluation und Qualitätsentwicklung von Schule. In *Evaluation macht Schule. Erste Erfahrungen mit schulinterner Evaluation*, Hrsg. Wolfgang Höhner und Ulrich Steffens: 82-86. Wiesbaden: Hessisches Landesinstitut für Pädagogik.

Hänze, Martin. 2008. Was bringen kooperative Lernformen? Ergebnisse aus der empirischen Lehr-Lern-Forschung. *Friedrich Jahresheft XXVI*: 24-25.

Halbach, Ana. 2000. Finding out about students' learning strategies by looking at their diaries: a case study. *System* 28: 85-96.

Hallet, Wolfgang. 2006. *Didaktische Kompetenzen: Lehr- und Lernprozesse erfolgreich gestalten*. Stuttgart: Klett Lernen und Wissen.

Hallet, Wolfgang und Andreas Müller-Hartmann. 2006. For better or for worse? Bildungsstandards Englisch im Überblick. *Der Fremdsprachliche Unterricht Englisch* 40, 81: 2-11.

Hallet, Wolfgang. 2010. *Handbuch Fremdsprachendidaktik*. Seelze-Velber: Klett-Kallmeyer.

Halliwell, Susan. 1994. Breaking down the barriers: Three steps to better teaching. *Modern English Teacher* 3, 2: 7-13.

Handbuch der Evaluationsstandards. Die Standards des Joint Committee on Standards for Educational Evaluation. 2000. Übersetzt von Wolfgang Beywl und Thomas Widmer. Opladen: Leske + Budrich.

Hargan, Noeleen. 1994. Learner Autonomy by remote control. *System* 22, 4: 455-462.

Harmer, Jeremy. 2001[3]. *The practice of English language teaching. Third edition, completely revised and updated.* Harlow: Pearson Education Ltd.

Harris, Michael. 1997. Self-assessment of language learning in formal settings. *ELT-Journal* 51, 1: 12-20.

Harsch, Claudia und Dorothea Nöth. 2007. Was können die fremdsprachlichen Bildungsstandards der KMK leisten? *Praxis Fremdsprachenunterricht.* 4, 6: 2-6.

Harshbarger, Lisa: What works in the ELT classroom?: Using robust reasoning to find out. *English Teaching Forum* 40, 2002, 4: 9, 18-25.

Haß, Frank. 2006. *Fachdidaktik Englisch. Tradition, Innovation, Praxis.* Stuttgart: Klett.

Hass, Frank. 2008. Keiner wie der andere. Im differenzierenden Unterricht Lernprozesse individualisieren. *Der Fremdsprachliche Unterricht Englisch* 42, 94: 2-9.

Hayes, David. 1996. Prioritizing ´voice´ over ´vision´: Reaffirming the centrality of the teacher in ESOL research. *System* 24, 2: 173-186.

Heaton, John B.. 1990. *Classroom testing.* London: Longman..

Hecht, Karlheinz und Peter S. Green. 1993. Englischunterricht im Gymnasium: Wie wachsen Wissen und Können? Eine empirische Untersuchung zur Entwicklung der Lernersprache. *Die Neueren Sprachen* 92, 3: 196-214.

Heimes, Alexander. 2010. Schüler-Feedback in der Fremdsprache. *Praxis Fremdsprachenunterricht. Basisheft* A la carte II 7, 5: 11-14.

Heiner, Maja. Hrsg.. 1998. Lernende Organisation und Experimentierende Evaluation. In *Experimentierende Evaluation. Ansätze zur Entwicklung lernender Organisationen,* Hrsg. Maja Heiner, 11-53. Weinheim u.a.: Juventa.

Heinze, Thomas, Ernst Müller, Bernd Stickelmann. und Jürgen Zinnecker. 1975a. *Handlungsforschung im pädagogischen Feld.* München: Juventa.

Heinze, Thomas, Ernst Müller, Bernd Stickelmann und Jürgen Zinnecker. 1975b. Handlungsorientierte Evaluation - Erfahrungen aus einem schulnahen Curriculumsprojekt. In *Curriculum Handbuch, Band II.* Hrsg. Karl Frey: 614-627. München: R. Piper & Co. Verlag.

Helbig-Reuter, Beate. 2010. Eine Evaluationskultur entwickeln. Grundlagen und Prinzipien von Evaluation. *Der Fremdsprachliche Unterricht Französisch.* 44, 104: 2-8

Helmke, Andreas. 2003. *Unterrichtsqualität erfassen, bewerten, verbessern. Seelze: Kallmeyer.*

Helmke, Andreas. 2009[2]. *Unterrichtsqualität und Lehrerprofessionalität. Diagnose, Evaluation und Verbesserung des Unterrichts.Franz Emanuel Weinert gew*idmet. Seelze-Velber: Klett-Kallmeyer.

Helmke, Tuyet, Andreas Helmke, Friedrich-Wilhelm Schrader, Wolfgang Wagner, Günther Nold und Konrad Schröder. 2008. Alltagspraxis des Englischunterrichts. In *Unterricht und Kompetenzerwerb in Deutsch und Englisch. Ergebnisse der DESI-Studie*, Hrsg. DESI-Konsortium: 371-381. Weinheim: Beltz.

Helsper, Werner und Jeannette Böhme. 2004a. Einleitung. In *Handbuch der Schulforschung. 2. Auflage*, Hrsg. Werner Helsper und Jeannette Böhme: 11-34. Wiesbaden: VS-Verlag für Sozialwissenschaften.

Helsper, Werner und Jeannette Böhme. Hrsg... 2004b. *Handbuch der Schulforschung. 2. Auflage*, Wiesbaden: VS-Verlag für Sozialwissenschaften.

Hense, Jan Ulrich. 2006. *Selbstevaluation. Erfolgsfaktoren und Wirkungen eines Ansatzes zur selbstbestimmten Qualitätsentwicklung im schulischen Bereich.* Frankfurt: Peter Lang.

Herbst, Angelika. 2001. Autoevaluation: Für mehr Selbstständigkeit bei der Kontrolle des Lernprozessees. In *Bausteine für einen neokommunikativen Französischunterricht. Lehrerzentrierung, Ganzheitlichkeit, Handlungsorientierung, Interkulturalität, Mehrsprachigkeitsdidaktik*. Hrsg. Franz-Joseph Meißner, Marcus Reinfried: 61-74. Tübingen: Gunter Narr.

Hermes, Liesel. 1996. Förderung der Methodenkompetenz durch Selbstbeobachtung. *Neusprachliche Mitteilungen* 49, 3: 167-175.

Hermes, Liesel. 1997a. *Action Research und Lehrerausbildung. Fremdsprachen und Hochschule* 49: 5-17.

Hermes, Liesel. 1997[2]b. Learning Logs als Instrument der Selbstkontrolle und als Evaluation in literaturwissenschaftlichen Proseminaren. In *Der Text im Fremdsprachenunterricht*, Hrsg. Wolfgang Börner, Klaus Vogel. 85-98. Bochum: AKS-Verlag.

Hermes, Liesel. 1998. Action Research (Handlungsforschung) in der Lehrerfortbildung. Ein Projektbericht. *Praxis des neusprachlichen Unterrichts* 45, 1: 3-11.

Hermes. Liesel und Friederike Klippel. Hrsg.. 2003. *Früher oder später? Englisch in der Grundschule und Bilingualer Sachfachunterricht. Band 8. Münchener Arbeiten zur Fremdsprachenforschung*. München: Langenscheidt.

Heron, John. 1981. Assessment Revisited. In *Developing Student Autonomy in Learning*, ed. David Boud. 55-68. London: Kogan Page.

Hessisches Kultusministerium. Institut für Qualitätsentwicklung. 2006. *Selbstreguliertes Lernen*. Wiesbaden: Druckerei des Amtes für Lehrerbildung.

Hessisches Kultusministerium. Institut für Qualitätsentwicklung. 2008. *Ergebnisse der Schulinspektion in Hessen. Berichtszeitraum: Schuljahr 2006/2007 und 2007/2008*. Wiesbaden: Druckerei des Amtes für Lehrerbildung.

Hessisches Kultusministerium. Institut für Qualitätsentwicklung. Hrsg.. 2009a. *Fragebögen zum Klassenklima*. Wiesbaden: Druckerei des Amtes für Lehrerbildung.

Hessisches Kultusministerium. Institut für Qualitätsentwicklung. Hrsg.. 2009b. *Fragebögen zur Unterrichtsqualität*. Wiesbaden: Druckerei des Amtes für Lehrerbildung.

Hessisches Kultusministerium. Institut für Qualitätsentwicklung. Hrsg.. 2009c *Hessischer Referenzrahmen Schulqualität. Qualitätsbereiche, Qualitätsdimensionen und Qualitätskriterien*. Wiesbaden: Druckerei des Amtes für Lehrerbildung.

Hessisches Kultusministerium. Institut für Qualitätsentwicklung. Hrsg.. 2009d. *Lehren und Lernen. Erläuterungen und Praxisbeispiele zum Qualitätsbereich VI des Hessischen Referenzrahmens Schulqualität*. Wiesbaden: Druckerei des Amtes für Lehrerbildung.

Heuermann, Alfons und Marita Krützkamp. 2003. *Selbst-, Methoden- und Sozialkompetenz. Bausteine für die Sekundarstufe II*. Berlin: Cornelsen Scriptor.

Hinett, Karen. 1995. Fighting the assessment war: the idea of assessment-in-learning, *Quality in Higher Education* 1, 3: 211-222..

Hinz, Klaus. 2001. Eigenverantwortlichkeit und Selbstevaluation im Fremdsprachenunterricht. Beispiel: Englisch auf der Sekundarstufe II. *Praxis des neusprachlichen Unterrichts* 48, 4: 339-345.

Hockly, Nicky. 2000. Modelling and cognitive apprenticeship in teacher education. *ELT Journal* 54, 2: 118-125.

Höhner, Wolfgang und Ulrich Steffens. 2001. *Evaluation macht Schule: Erste Erfahrungen mit schulinterner Evaluation*. Wiesbaden: Hessisches Landesinstitut für Pädagogik.

Hördt, Olga . 2006. *Spitzenpositionen für Spitzenleistungen? Eine empirische Untersuchung geschlechtsspezifischer beruflicher Entwicklungsverläufe in einem Wirtschaftsunternehmen*. Wiesbaden: DUV-Verlag.

Hoffmann, Dietrich. Hrsg..1991. *Bilanz der Paradigmendiskussion in der Erziehungswissenschaft. Leistungen, Defizite, Grenzen*. Weinheim: Deutscher Studien Verlag.

Holec, Henri. 1979. *Autonomy and foreign language learning*. Strasbourg: Council for Cultural Co-operation of the Council of Europe. Conseil de la coopération culturelle

Holec, Henri. 1988. *Autonomy and self-directed learning: present fields of application. Autonomie et apprentissage autodirigé: terrains d'application actuels*. Strasbourg: Council for Cultural co-operation. Conseil de la coopération culturelle.

Holec, Henri. 1990. Apprendre à l'apprenant à s'évaluer: quelques pistes à suivre. *Etudes de linguistique appliquée* 80: 39-48.

Hollenbach, Nicole. 2008. Stolpersteine im kooperativen Lernen. *Friedrich Jahresheft XXVI*: 86-88.
Holtappels, Heinz Günter. Hrsg.. 1995. *Entwicklung von Schulkultur. Ansätze und Wege schulischer Erneuerung*. Neuwied: Luchterhand.
Holtwisch, Herbert. 1990. *Fremdsprachenlernen alternativ!. Untersuchungen zur Wirksamkeit der suggestopädischen Methode im schulischen Englischunterricht*. Bochum: AKS-Verlag.
Holzäpfel, Lars. 2008. *Beratung bei der Einführung von Selbstevaluation an Schulen*. Münster u.a.: Waxmann.
Hoppe, Almut und Heike Hoßfeld. Hrsg.. 2001a. *Bewerten als Prozess. Dialog zwischen Selbst- und Fremdeinschätzung*. Braunschweig: westermann.
Hoppe, Almut. 2001b. Selbst- und Fremdbewertung mit dem Korrekturbogen im Deutschunterricht. In *Bewerten als Prozess. Dialog zwischen Selbst- und Fremdeinschätzung*, Hrsg. Almut Hoppe und Heike Hoßfeld: 88-105. Braunschweig: westermann.
Horwitz, Elaine K.. 1985. Using student beliefs about language learning and teaching in the foreign language methods course. *Foreign Language Annals* 18, 4: 333-340.
Horwitz, Robert A. 1979. Psychological effects of the ´open classroom´. *Review of Educational Research* 49 ,1: 71-85.
Hu, Adelheid. 2005. Überlegungen zur Einführung von Bildungsstandards aus der Perspektive sprachlichen Lernens und Lehrens. In *Bildungsstandards für den Fremdsprachenunterricht auf dem Prüfstand. Arbeitspapiere der 25. Frühjahrskonferenz zur Erforschung des Fremdsprachenunterrichts*, Hrsg. Karl-Richard Bausch, Eva Burwitz-Melzer, Frank G. Königs und Hans-Jürgen Krumm.123-131. Tübingen: Gunter Narr Verlag.
Hu, Adelheid und Eynar Leupold. 2008. Kompetenzorientierung und Französischunterricht. In *Bildungsstandards Französisch: konkret. Sekundarstufe I: Grundlagen, Aufgabenbeispiele und Unterrichtsanregungen*, Hrsg. Bernd Tesch, Eynar Leupold und Olaf Köller. 51-84. Berlin: Cornelsen Scriptor.
Huerta-Macías, Ana. 2002. Alternative assessment: responses to commonly asked questions. In *Methodology in language teaching. An anthology of current practice*, eds. Jack C. Richards and Willy A. Renandya: 338-343. Cambridge: Cambridge University Press.
Hüsers, Heike. 2011. ´Bad Girls´. Kompetenzen an einem literarischen Text entwickeln. *Der Fremdsprachliche Unterricht Englisch* 45, 109: 15-19.
Hughes, I. E. and B.J. Large.1993. Staff and peer-group assessment of oral communication skills. *Studies in Higher Education* 18, 3: 379-385.
Hughes Wilhelm, Kim. 1997. Sometimes kicking and screaming: language teachers-in-training react to a collaborative learning model. *The Modern Language Journal* 81, 4: 527-543.

Humboldt von, Wilhelm. 1852. *Wilhelm von Humboldt's gesammelte Werke. Siebenter Band.* Berlin: Verlag Georg Reimer.
Hunter, Desmond and Michael Russ. 1996. Peer assessment in performance studies. *British Journal of Music Education* 13: 67-78.
Huschke-Rhein, Rolf. 1993[3]. *Systemisch-Ökologische Pädagogik. Band II: Qualitative Forschungsmethoden. Hermeneutik. Handlungsforschung.* Köln: Rhein-Verlag.
Hyland, Fiona. 1998. The impact of teacher written feedback on individual writers. *Journal of Second Language Writing* 7, 3: 255-286.
Hyland, Fiona. 2003. Focusing on form: student engagement with teacher feedback. *System* 31, 2: 217-230.
Hyland, Ken, Fiona Hyland. 2006. Feedback on second language students' writing. *Language Teaching* 39: 83-101.
Ingenkamp, Karlheinz, Reinhold S. Jäger. 1992. *Empirische Pädagogik 1970-1990. Eine Bestandsaufnahme der Forschung in der Bundesrepublik Deutschland. Bd. II*, Weinheim: Deutscher Studienverlag.
Inglin, Oswald. 2005. Das Portfolio. Sein Einsatz im Unterricht und in Prüfungen moderner Sprachfächer. *Praxis Fremdsprachenunterricht* 2, 6: 6-11.

Inglin, Oswald. 2010. Individualisierung und Reflexion im französischen Fremdsprachenunterricht: das Portfolio. *Babylonia* 2: 42-46.
Jacobs, George M., Andy Curtis, George Braine and Su-Yuey Huang. 1998. Feedback on student writing: Taking the middle path. *Journal of Second Language Writing* 7, 3: 307-317.
Jäger, Anja. 2008. Überprüfung interkultureller Kompetenzen - ist das möglich? *Praxis Fremdsprachenunterricht* 5, 4: 31-36.
Jenfu, Ni. 1995. Lernkompetenzförderung - ein legitimes Anliegen des Fremdsprachenunterrichts. *Neusprachliche Mitteilungen* 48, 3: 148-158.
Jessen, Silke. 2009. Fünf Thesen zur Öffnung von Unterricht in der Sekundarstufe I. *Pädagogik* 11: 28-29.
Johnson, David W., Roger T. Johnson and Mary Beth Stanne. 2001. Impact of goal and resource interdependence on problem-solving success. *The Journal of Social Psychology* 129, 5: 621-629.
Johnson, David W. und Roger T. Johnson. 2008. Wie kooperatives Lernen funktioniert. Über die Elemente einer pädagogischen Erfolgsgeschichte. *Friedrich Jahresheft XXVI*: 16-20.
Johnson, Karen E.. 1999. *Understanding langauge teaching. Reasoning in action.* Boston: Heinle and Heinle.
Joint committee on standards for educational evaluation. 1994. *The program evaluation standards. How to assess evaluations of educational programs.* Thousand Oaks, CA: Sage.

Jones, Francis R.. 1992. A language-teaching machine: input, uptake and output in the communicative classroom. *System* 20, 2: 133-150.

Joughin, Gordon. 1998. Dimensions of oral assessment. *Assessment & Evaluation in Higher Education* 23, 4: 367-378.

Jung, Udo. Hg.. 20064. *Praktische Handreichung für Fremdsprachenlehrer.* Frankfurt/M.: Europäischer Verlag der Wissenschaften.

Jurkowski, Susanne und Martin Hänze. 2008. Lernziel: Miteinander klarkommen. Kooperativer Gruppenunterricht fördert und fordert soziale Kompetenzen. *Friedrich Jahresheft XXVI.* : 21-23.

Kahaney, Phyllis, Perry, Linda und Joseqh Janangelo. 1993. *Theoretical and critical perspectives on teacher change.* Norwood, N.J.: Ablex.

Kaiser, Armin und Ruth Kaiser. 2005[10]. *Studienbuch Pädagogik: Grund- und Prüfungswissen.* Berlin: Cornelsen Scriptor.

Kang, Shumin. 1999. Learning styles. implications for ESL/EFL instruction. *English Teaching Forum* 37, 4: 6-11.

Kant, Immanuel. 1784/2006. *Werkausgabe in 12 Bänden.* Hrsg. Wilhelm Weischedel. *Bd. 11: Schriften zur Anthropologie, Geschichtsphilosophie, Politik und Pädagogik. Teil 1.* Frankfurt/M.:Suhrkamp

Karbe, Ursula. 2005. 'More English, less German, please!' Das Portfolio in der Grundschule. *Primary English* 3, 1: 30-33.

Karbe, Ursula und Hans-Eberhard Piepho. 2000. *Fremdsprachenunterricht von A-Z. Praktisches Begriffswörterbuch.* Ismaning: hueber.

Karlson, Leena, Felicity Kjisik and Joan Nordlund. 2007. Language counselling: A critical and integral component in promoting an autonomous community of learning. *System* 35: 46-65.

Keh, Claudia L.. 1990. Feedback in the writing process: a model and methods for implementation. *ELT Journal* 44, 4: 294-304.

Kellaghan, Thomas and Daniel L. Stufflebeam. Eds.. 2003. *International handbook of educational evaluation.* Kluwer: Bodmin.

Kelle, Udo. 2007. Integration qualitativer und quantitativer Methoden. In *Qualitative Datenanalyse: computergestützt.* Hrsg. Udo Kuckartz, Grunenberg, Heiko und Thorsten Dresing: 50-64. Wiesbaden: VS-Verlag für Sozialwissenschaften.

Kelle, Udo und Christian Erzberger. 2000. Qualitative und quantitative Methoden: kein Gegensatz. In *Qualitative Forschung. Ein Handbuch.* Hrsg. Uwe Flick, Ernst von Kardorff, Ernst und Ines Steinke: 299-309. Reinbek: Rowohlt Taschenbuch Verlag.

Kelle, Udo und Florian Reith. 2008[2]. Empirische Forschungsmethoden. In *Lehrer-Schüler-Interaktion: Inhaltsfelder, Forschungsperspektiven und methodische Zugänge.* Hrsg. Martin K.W. Schweer: 39-76. Wiesbaden: VS Verlag für Sozialwissenschaften / GWV Fachverlage.

Kelle, Udo und Susann Kluge. 20102. *Vom Einzelfall zum Typus. Fallvergleich und Fallkontrastierung in der qualitativen Sozialforschung.* Wiesbaden: VS Verlag für Sozialwissenschaften.

Kiely, Richard, Pauline Rea-Dickins. 2005. *Program evaluation in language education.* Chippenham: palgrave Macmillan.

Kieweg, Werner. 1999. Projektbezogener Englischunterricht. *Der Fremdsprachliche Unterricht Englisch* 33, 40: 4-9.

Kieweg. Werner. 2010. Förderphasen gestalten. Eine Kartei mit Lernempfehlungen für 6 Kompetenzbereiche. *Der Fremdsprachliche Unterricht Englisch* 44, 105: 23-25.

Kieweg, Werner. 2010. Kompetenzorientiert diagnostizieren und fördern. *Der Fremdsprachliche Unterricht Englisch* 44, 105: 2-7.

Kiper, Hanna. 2000. LehrerInnen dokumentieren und reflektieren ihre Praxis - zur Entwicklung einer forschenden Einstellung als Bestandteil von Professionalisierung. In *Professionalisierung und Forschung. Studien und Skizzen zur Reflexivität in der Lehrerinnenbildung*, Hrsg. Andreas Feindt und Hilbert Meyer: 45-75. Oldenburg:Carl von Ossietzky Universität.

Kiper, Hanna. 2009. Schulentwicklung im Rahmen von Kontextsteuerung - Welche Hinweise geben (durch Evaluation und Vergleichsarbeiten gewonnene) Daten für ihre Ausrichtung? In *Lernen aus Evaluationsergebnissen. Verbesserungen planen und implementieren.* Hrsg. Thorsten Bohl und Hanna Kiper: 13-28. Bad Heilbrunn: Klinkhardt.

Kiper, Hanna und Wolfgang Mischke. 2006. *Einführung in die Theorie des Unterrichts.* Weinheim und Basel: Beltz.

Kirchhoff, Sabine, Sonja Kuhnt, Peter Lipp und Siefried Schlawin. 2010^5. *Der Fragebogen. Datenbasis, Konstruktion und Auswertung.* Berlin u.a.: Springer.

Klafki, Wolfgang. 1973. *Erziehungswissenschaft: eine Einführung in drei Bänden.* Frankfurt/M.: Fischer.

Klafki, Wolfgang, 19762a.. Handlungsforschung. In *Wörterbuch der Erziehung.* Hrsg. Christoph Wulf, 267-271. München u.a.: R.Piper.

Klafki:Wolfgang, 1976b. *Aspekte kritisch-konstruktiver Erziehungswissenschaft. Gesammelte Beiträge zur Theorie-Praxis-Diskussion.* Weinheim u.a.: Beltz.

Klafki, Wolfgang. 1976c. Handlungsforschung im Schulfeld. In *Aspekte kritisch-konstruktiver Erziehungswissenschaft.* Hrsg. Wolfgang Klafki, 59-96. Weinheim u.a.: Beltz.

Klafki, Wolfgang. 1985. *Neue Studien zur Bildungstheorie und Didaktik. Beiträge zur kritisch-konstruktiven Didaktik.* Weinheim u.a.: Beltz.

Klafki, Wolfgang. 1989. Kann Erziehungswissenschaft zur Begründung pädagogischer Zielsetzungen beitragen? – Über die Notwendigkeit, bei pädagogischen Entscheidungsfragen hermeneutische, empirische und ideologiekritische Untersuchungen mit diskurs-ethischen Erörterungen zu verbinden. In *Richtungsstreit in der Erziehungswissenschaft und pädagogische Verständigung: Wilhelm Flitner zur Vollendung seines 100. Lebensjahres am 20. August 1989 gewidmet*, Hrsg. Hermann Röhrs und Hans Scheuerl: 147-159. Frankfurt/M.: Lang.

Klafki, Wolfgang. 2002. *Schultheorie, Schulforschung und Schulentwicklung im politisch-gesellschaftlichen Kontext. Ausgewählte Studien.* Hrsg. Barbara Koch-Priewe, Heinz Stübei und Wilfired Hendricks. Weinheim: Beltz.

Klenowski, Val. 1995. Student self-evaluation processes in student-centred teaching and learning contexts of Australia and England. *Assessment in Education: Principles, Policy & Practice* 2, 2: 145-163.

Kleppin, Karin. 2005. Die Förderung der Fähigkeit zur Selbstevaluation beim Fremdsprachenlernen. In *Niemals zu früh und selten zu spät. Fremdsprachenunterricht in Schule und Erwachsenenbildung*, Hrsg. Eva Burwitz-Melzer und Gert Solmecke: 107-120. Berlin: Cornelsen.

Kleppin, Karin. 2006. Selbstreflexion und Selbstevaluation: ein vernachlässigtes Potential bei Aufgaben. In *Aufgabenorientierung als Aufgabe*. Hrsg. Karl-Richard Bausch, Eva Burwitz-Melzer, Frank G. Königs und Hans-Jürgen Krumm: 102-108. Tübingen: Gunter Narr.

Kleppin, Karin. 2008. Selbstevaluation. In *Bildungsstandards Französisch: konkret. Sekundarstufe I: Grundlagen, Aufgabenbeispiele und Unterrichtsanregungen*, Hrsg. Bernd Tesch, Eynar Leupold und Olaf Köller: 205-215. Berlin: Cornelsen Scriptor.

Klieme, Eckhard, Cordula Artelt, Petra Stanat. 2002[2]. Fächerübergreifende Kompetenzen: Konzepte und Indikatoren. In *Leistungsmessungen in Schulen. 2. Auflage*, Hrsg. Franz E. Weinert, 203-218. Basel: Beltz.

Klieme, Eckhardt u.a. 2003. *Expertise. Zur Entwicklung nationaler Bildungsstandards*. Bonn: Bundesministerium für Bildung und Forschung.

Klieme, Eckhardt. 2004. Was sind Kompetenzen und wie lassen sie sich messen? *Pädagogik* 56, 6: 10-13.

Klieme, Eckhard. 2005. Bildungsqualität und Standards. Anmerkungen zu einem umstrittenen Begriffspaar. *Friedrich Jahresheft XXIII*: 6-7.

Klieme, Eckhardt. 2009. Leitideen der Bildungsreform und der Bildungsforschung. *Pädagogik* 61, 5: 44-47.

Klippert, Heinz. 19976. *Methodentraining. Übungsbausteine für den Unterricht*. Weinheim u.a.: Beltz.

Klitzing, Horst Günther. 2010. Von Qualifikationsrahmen und anderen Ungetümen. Europäische Bildungsinitiativen und ihre Implikationen für Deutschland. *Profil* 1-2: 20-23.

Klose, Karina. 2010. Texte überarbeiten - Fabeln im Partnercheck. *Deutschunterricht* 63, 3: 12-16.
Knight, Ben. 1992. Assessing speaking skills: a workshop for teacher development. *ELT Journal* 46, 3: 294-303.
Knight, Peter. Ed..1995. *Assessment for learning in higher education.* London: Kogan Page.
Kniveton, Bromley H.. 1996. Student perceptions of assessment methods. *Assessment & Evaluation in Higher Education* 21, 3: 229-237.
Knoblauch, Hubert. 2000. Zukunft und Perspektiven qualitativer Forschung. In *Qualitative Forschung. Ein Handbuch.* Hrsg. Uwe Flick, Ernst von Kardorff und Ines Steinke: 623-632. Reinbek: Rowohlt Taschenbuch Verlag.
Köller, Olaf. 2002². Evaluation. In *Leistungsmessungen in Schulen. 2. Auflage*, Hrsg. Franz E. Weinert, 214-217. Basel: Beltz.
König, Eckard. 1991. Interpretatives Paradigma: Rückkehr oder Alternative zur Hermeneutik. In *Bilanz der Paradigmendiskussion in der Erziehungswissenschaft. Leistungen, Defizite, Grenzen*, Hrsg. Dietrich Hoffmann: 49-64. Weinheim: Deutscher Studien Verlag.
König, Eckard. und Peter Zedler. Hrsg. 1995. *Bilanz qualitativer Forschung. Band I: Grundlagen qualitativer Forschung.* Weinheim: Deutscher Studienverlag.
König, Joachim. 2007². *Einführung in die Selbstevaluation. Ein Leitfaden zur Bewertung der Praxis sozialer Arbeit.* Freiburg: Lambertus.
Koller, Hans-Christoph. 2008. *Grundbegriffe, Theorien und Methoden der Erziehungswissenschaft. Eine Einführung. 3.Auflage.* Stuttgart: W.Kohlhammer.
Kormos, J.. 1999. The effect of speaker variables on the self-correction behaviour of L2 learners. *System* 27: 207-227.
Kraus, Alexander. 2009a. Diagnostizieren und Fördern. Hand in Hand mit den Lehrern. *Der Fremdsprachliche Unterricht Französisch* 43, 98: 2-10.
Kraus, Alexander. 2009b. Schüler richtig einschätzen. Die eigene Diagnosekompetenz analysieren. *Der Fremdsprachliche Unterricht Französisch* 43, 98: 18-21.
Krechel, Hans-Ludwig. Hrsg.. 2007. *Französisch Methodik. Handbuch für die Sekundarstufe I und II.* Berlin: Cornelsen Scriptor.
Kromrey, Helmut. 2001. Evaluation — ein vielschichtiges Konzept Begriff und Methodik von Evaluierung und Evaluationsforschung. Empfehlungen für die Praxis. *Sozialwissenschaften und Berufspraxis* 24: 105-129.
Krüger, Heinz-Hermann und Winfried Marotzki. Hrsg.. 1995. *Erziehungswissenschaftliche Biographieforschung.* Opladen: Leske und Budrich.

Krüger, Heinz-Hermann, Gunhild Grundmann und Catrin Kötters. 2000. *Jugendliche Lebenswelten und Schulentwicklung*. Opladen: Leske und Budrich.

Krüger, Heinz-Hermann. 2002³. *Einführung in Theorien und Methoden der Erziehungswissenschaft*. Opladen: Leske und Budrich.

Krüger, Heinz-Hermann und Nicolle Pfaff. 2004. Triangulation quantitativer und qualitativer Zugänge in der Schulforschung. In *Handbuch der Schulforschung. 2. Auflage*. Hrsg. Werner Helsper und Jeannette Böhme: 157-180. Wiesbaden:VS-Verlag für Sozialwissenschaften.

Krumm, Hans-Jürgen. 1995³. Der Fremdsprachenlehrer. In *Handbuch Fremdsprachenunterricht. 3., überarbeitete und erweiterte Auflage.*, Hrsg. Karl-Richard Bausch, Herbert Christ und Hans-Jürgen Krumm: 478-479. Tübingen u.a.: Francke.

Kubanek-German, Angelika und Peter Edelenbos. 2004. Bausteine zur Entwicklung von Beobachtungskompetenz bei Englischlehrern. *Englisch* 39, 2: 41-51.

Kuckartz, Udo, Heiko Grunenberg und Andreas Lauterbach. Hrsg.. 2004. *Qualitative Datenanalyse: computergestützt*. Wiesbaden: VS-Verlag für Sozialwissenschaften.

Kuckartz, Udo. 2007. *Qualitative Evaluation. Der Einstieg in die Praxis*. Wiesbaden: VS Verlag für Sozialwissenschaften.

Küppers, Almut und Jürgen Quetz. Hrsg.. 2006. *Motivation Revisited. Festschrift für Gert Solmecke*. Berlin: LIT-Verlag.

Küster, Lutz. 2004. Plädoyer für einen bildenden Fremdsprachenunterricht. *Neusprachliche Mitteilungen* 57, 4: 194-198.

Küster, Lutz: 2006. Auf dem Verordnungswege: Zu Risiken und Nebenwirkungen der Bildungsstandards für die erste Fremdsprache. *Der Fremdsprachliche Unterricht Englisch* 40, 81: 18-21.

Küster, Lutz. 2007. Schülermotivation und Unterrichtsalltag im Fach Französisch. Ergebnisse einer schriftlichen Befragung an Berliner Gymnasien. *Französisch heute* 38, 3: 210-226.

Kumaravadivelu, B.. 1999. Critical classroom discourse analysis. *TESOL Quarterly* 33, 3: 453-484.

Kumaravadivelu, B.. 2001. Toward a postmethod pedagogy. *TESOL Quarterly* 35, 4: 537-560.

Kuper, Harm. 2002. Qualität im Bildungssystem. *Zeitschrift für Erziehungswissenschaft* 5, 4: 533-551.

Kwan, Kam-Por and Roberta Wong Leung. 1996. Tutor versus peer group assessment of student performance in a simulation training exercise. *Assessment & Evaluation in Higher Education* 21, 3: 205-214.

Lahaie, Ute S.. 1995. *Selbstlernkurse für den Fremdsprachenunterricht. Eine kritische Analyse mit besonderer Berücksichtigung von Selbstlernkursen für das Französische.* Tübingen: Gunter Narr.

Lamb, Terry and Hayo Reinders. Eds.. 2008. *Learner and Teacher Autonomy. Concepts, Realities, and Responses.* Amsterdam u.a.: John Benjamins Publishing Company.

Lamnek, Siegfried. 1993². *Qualitative Sozialforschung. Band 2: Methoden und Techniken.* München u.a.: Psychologie-Verlags-Union

Lamnek Siegfried. 1995³. *Qualitative Sozialforschung. Band 1. Methodologie.* Weinheim: Beltz Psychologie-Verlags-Union.

Lantolf, James P.. Ed... 2000. *Sociocultural theory and second language learning.* Oxford: Oxford University Press.

Lee, Icy. 1998. Supporting greater autonomy in language learning. *ELT Journal* 52, 4: 315-322.

Legenhausen, Lienhard. 1993. Textproduktion in Kleingruppen: Zum Problem der Datenerhebung in der L2-Forschung. *Die Neueren Sprachen* 92, 3: 215-227.

Legenhausen, Lienhardt. 1998. Wege zur Lernerautonomie. In *Englisch lernen und lehren. Didaktik des Englischunterrichts*, Hrsg. Johannes-P. Timm: 78-85. Berlin: Cornelsen.

Legutke, Michael, Dietmar Rösler. Hrsg.. 2003a. *Fremdsprachenlernen mit digitalen Medien.* Tübingen: Narr.

Legutke, Michael. 2003b. Neue Wege für die Lernstandsermittlung im fremdsprachlichen Unterricht der Grundschule? Anmerkungen zum Junior-Portfolio für Sprachen. In *Früher oder später? Englisch in der Grundschule und Bilingualer Sachfachunterricht*, Hrsg. Liesel Hermes, Friederike Klippel: 69-86. München: Langenscheidt.

Legutke, Michael. 2003c. Portfolio der Sprachen — eine erfolgversprechende Form der Lernstandsermittlung? *Primary English* 1: 4-6.

Legutke, Michael K. 2005. Innovation durch Bildungsstandards? In *Bildungsstandards für den Fremdsprachenunterricht auf dem Prüfstand. Arbeitspapiere der 25. Frühjahrskonferenz zur Erforschung des Fremdsprachenunterrichts.* Hrsg. Karl-Richard Bausch, Eva Burwitz-Melzer, Frank G. Königs und Hans-Jürgen Krumm: 168-176. Tübingen: Gunter Narr Verlag.

Lejk, Mark, Wyvill, Michael and Stephen Farrow. 1996. A survey of methods of deriving individual grades from group assessments. *Assessment & Evaluation in Higher Education* 21, 3: 267-280.

Leki, Ilona, Cumming, Alister and Tony Silva. 2008. *A synthesis of research on second language writing in English.* New York: Routledge.

Lenzen, Dieter. 2001. Erziehungswissenschaft in Deutschland. Theorien - Krisen - gegenwärtiger Stand. In *Wie kommt Wissenschaft zu Wissen?*, Hrsg. Theo Hug: 303-311. Hohengehren: Schneider.

Lewis, Joanna. 1990. Self-assessment in the classroom: A case study. In *The second language curriculum in action*, ed. Geoff Brindley: 187-213. Sydney:Macquarie University, National Centre for English Langugage Teaching and Research.

Leopold, Claudia und Detlev Leutner. 2004. Selbstreguliertes Lernen und seine Förderung durch prozessorientiertes Training. In *Bildungsqualität von Schule: Lehrerprofessionalisierung, Unterrichtsentwicklung und Schülerförderung als Strategien der Qualitätsverbesserung*, Hrsg. Jörg Doll und Manfred Prenzel: 364-376. Münster: Waxmann.

Leschinsky, Achim. 2004. Die Ausdifferenzierung und Weiterentwicklung der Schulforschung seit den 1970er Jahren. In *Handbuch der Schulforschung. 2. Auflage*, Hrsg. Werner Helsper und Jeannette Böhme: 69-88. Wiesbaden: VS-Verlag für Sozialwissenschaften.

Leupold, Eynar. 1998. Klassenarbeiten und Klausuren — nach vorne gedacht. *Der Fremdsprachliche Unterricht Französisch* 31, 26: 12-15.

Leupold, Eynar. 1999a. Lernerkompetenz. Ein Evaluationsmodell für den Französischunterricht. *Praxis des neusprachlichen Unterrichts* 2: 164-174.

Leupold, Eynar. 1999b. Projektorientiertes Arbeiten im Französischunterricht. *Der Fremdsprachliche Unterricht Französisch* 33, 41: 4-9.

Leupold, Eynar. 2002. *Französisch unterrichten. Grundlagen, Methoden, Anregungen*. Seelze: Kallmeyer.

Leupold, Eynar. 2003. Zur pädagogischen Neuorientierung des Fremdsprachenunterrichts. Überlegungen aus der Praxis des Französischunterrichts. *Praxis des neusprachlichen Unterrichts* 50, 3: 255-262.

Leupold, Eynar. 2004. Motivation gegen den Wind? Neue Erkenntnisse der Motivationsforschung und Folgerungen für die Praxis des Fremdsprachenunterrichts. *Neusprachliche Mitteilungen* 57, 2: 66-75.

Leupold, Eynar. 2005. Bildungsstandards: Pow(d)er to the people? In *Bildungsstandards für den Fremdsprachenunterricht auf dem Prüfstand. Arbeitspapiere der 25. Frühjahrskonferenz zur Erforschung des Fremdsprachenunterrichts*, Hrsg. Karl-Richard Bausch, Eva Burwitz-Melzer, Frank G. Königs und Hans-Jürgen Krumm: 178-189. Tübingen: Gunter Narr Verlag.

Leupold, Eynar. 2009. *Miniglossar Fremdsprachenunterricht*. Seelze: Klett, Kallmeyer.

Leupold, Eynar. 2010. Kompetenzorientiert Französisch lehren und lernen — und alles bleibt beim Alten? *Französisch heute* 41, 2: 57-62.

Liessmann, Konrad Paul. 2009. PISA oder die Rangliste als bildungspolitischer Fetisch. *Profil* 6: 22-28
Little, David. 1991. *Learner autonomy: 1. Definitions, issues and problems.* Dublin: Authentik
Little, David. 1995. Learning as dialogue: the dependence of learner autonomy on teacher autonomy. *System* 23, 2: 175-182.
Little, David. 2005a.. Learner autonomy and language learning at university: a role for the european language portfolio in research and development. In *Zusammenarbeiten: Eine Festschrift für Bernd Voss*, Hrsg. Micheál Ó Dúill, Rosemary Zahn and Kristina D.C. Höppner: 305-319. Bochum: AKS-Verlag.
Little, David. 2005b.. The Common European Framework and the European Language Portfolio: involving learners and their judgements in the assessment process. *Language Testing* 22: 321-336.
Littlewood, William. 1996. ′Autonomy′: An anatomy and a framework. *System* 24, 4: 427-435.
LoCastro Virginia. 2001. Individual differences in second language acquisition: attitudes, learner subjectivity, and L2 pragmatic norms. *System* 29: 69-89.
Lockhart, Charles and Peggy Ng. 1995. Analysing talk in ESL peer response groups: stances, functions and content. *Language Learning* 45, 4: 605-655.
Loughran, John J.. 2002. Effective reflective practice: in search of meaning about learning. *Teaching. Journal of Teacher Education* 53: 33-43.
Lüders, Christian. Herausforderungen qualitativer Forschung. 2000. In *Qualitative Forschung. Ein Handbuch,* Hrsg. Uwe Flick, Ernst von Kardorff und Ines Steinke: 632-642. Reinbek: Rowohlt Taschenbuch Verlag.

Lüders, Manfred und Udo Rauin. 2004. Unterrichts- und Lehr-Lern-Forschung. In *Handbuch der Schulforschung. 2. Auflage,* Hrsg. Werner Helsper und Jeannette Böhme: 717-745. Wiesbaden: VS-Verlag für Sozialwissenschaften.
Lütgert, Will. 1999. Leistungsrückmeldung: Anforderungen, Innovationen, Probleme. *Pädagogik* 3: 46-50.
Luoma, Sari and Mirja Tarnanen. 2003. Creating a self-rating instrument for second language writing: from idea to implementation. *Language Testing* 20, 4: 440-465.
Lupo, Antonio. 1988. Autonomie et apprentissage autodirigé. L′évaluation de soi en tant qu′apprenant In: *Autonomy and self-directed learning: present fields of application. Autonomie et apprentissage autodirigé: terrains d′application actuels,* ed. Henri Holec: 55-64. Strasbourg: Council for Cultural co-operation. Conseil de la coopération culturelle.

Lusar, Ricarda. 2001. Lernen an Stationen — Offener Unterricht ´light´? *Der Fremdsprachliche Unterricht Französisch* 35, 50: 4-10.

Lusar, Ricarda. 2004. Stationenlernen — kritisch hinterfragt. *Der Fremdsprachliche Unterricht Französisch* 38, 69/70: 4-9.

Maag Merki, Katharina. 2005. Welche Bildungsstandards sollen´s denn sein? Zwischen komplexem Bildungsauftrag und dem Wunsch nach Fokussierung. *Friedrich Jahresheft XXIII:* 74-75.

Macht, Konrad. 1995³. Leistungsmessung und Curriculum. In *Handbuch Fremdsprachenunterricht. 3. überarbeitete und erweiterte Auflage*, Hrsg. Karl-Richard Bausch, Herbert Christ und Hans-Jürgen Krumm: 282-285. Tübingen u.a.: Francke.

Macht, Konrad. 1997. Self-assessment im Rahmen autonomer Lernbausteine. In *Fremdsprachliches Handeln im Spannungsfeld von Prozeß und Inhalt. Dokumentation des 16. Kongresses für Fremdsprachendidaktik, veranstaltet von der Deutschen Gesellschaft für Fremdsprachenforschung (DGFF) Halle, 4.-6.10. 1995*, Hrsg. Michael Wendt und Wolfgang Zydatiß: 197-204. Bochum: Brockmeyer.

Macht, Konrad. 1998. Aufgaben als Bewertungsinstrumente. In *Englisch lernen und lehren. Didaktik des Englischunterrichts*, Hrsg. Johannes-P. Timm: 366-377. Berlin: Cornelsen.

Macht, Konrad. 2001. Leistungsüberprüfung im schülerorientierten Fremdsprachenunterricht. In *Methoden und Konzepte des fremdsprachlichen Unterrichts. Qualitätsentwicklung. Erfahrungsberichte. Praxis*, Hg. Ralf Weskamp: 73-82. Hannover: Schroedel.

Macht, Konrad und Martin Nutz. 1999. Schülerselbstbewertung. *Der Fremdsprachliche Unterricht Englisch* 33, 37: 40-45.

Mackay, Alison, Susan Gass and K. McDonough. 2000. How do learners perceive interactional feedback? *Studies in Second Language Acquisition* 22: 471-497.

MacKay, Anne, Kaye Oates and Yvonne Haig. 2000. Negotiated evaluation in a primary ESL context. In *Classroom decision making. Negotiation and process-syllabuses in practice*, eds. Michael P. Breen and Andrew Littlejohn: 44-54. Cambridge: Cambridge University Press.

Mackey, Alison, Kim Mc Donough, Fujii Akiko and Tomoaki Tatsumi. 2001. Investigating learners' reports about the L2 classroom. *IRAL* 39: 285–308.

Makino, Taka-Yoshi. 1993. Learner self-correction in EFL written compositions. *ELT Journal* 47, 4: 337-341.

Mandl, Heinz und Jan Hense. 2007. Lässt sich Unterricht durch Evaluation verbessern? In *Spuren der Schulevaluation. Zur Bedeutung und Wirksamkeit von Evaluationskonzeptn im Schulalltag*, Hrsg. Wolfgang Schönig: 85-99. Bad Heilbrunn: Klinkhardt.

Mandl, Heinz und Ulrike-Marie Krause. 2002. Lernkompetenz für die Wissensgesellschaft. In *Lernen in der Wissensgesellschaft*, Hrsg. Bund-Länder-Kommission für Bildungsplanung und Forschungsförderung (Bundesrepublik Deutschland), dem Bundesministerium für Bildung, Wissenschaft und Kultur (Österreich) und der Schweizerischen Konferenz der kantonalen Erziehungsdirektoren (Schweiz): 239-266. Innsbruck u.a.: StudienVerlag.

Mangelsdorf, Kate. 1992. Peer reviews in the ESL compostion classroom: what do the students think? *ELT Journal* 46, 3: 274-284.

Mann, Jackie and Sean Power. 1994. Decisions, decisions! *Practical English Teaching* 14, 3: 40-43.

Mantle-Bromley, Corinne. 1995. Positive attitudes and realistic beliefs: links to proficiency. *The Modern Language Journal* 79, 3: 372-386.

Marotzki, Winfried. 1995. Forschungsmethoden der erziehungswissenschaftlichen Biographieforschung.. In *Erziehungswissenschaftliche Biographieforschung*, Hrsg. Heinz-Hermann Krüger und Winfried Marotzki: 55-89. Opladen: Leske und Budrich.

Marschollek, Andreas. 2007. Erwartungen von Viertklässlern ... und in Klasse 5?. *Grundschulmagazin Englisch* 5, 2: 35-37.

Martinez, Hélène. 2004. Von der Lerner- zur Lehrerautonomie. In *Lernerautonomie und Fremdsprachenunterricht*, Hrsg. Hans Barkowski und Hermann Funk: 74-88. Berlin: Cornelsen.

Martinez, Hélène. 2008. The subjective theories of student teachers. Implications for teacher education and research on learner autonomy, In *Learner and Teacher Autonomy. Concepts, realities, and responses*, eds. Terry Lamb and Hayo Reinders: 103-124. Amsterdam u.a.: John Benjamins Publishing Company.

Marzano, Robert J.. 2007. Using action research and local models of instruction to enhance teaching. *Journal of Personnel Evaluation in Education* 20: 117-128.

Matsumoto, Kazuko. 1996. Helping L2 Learners reflect on classroom learning. *ELT Journal* 50, 2: 143-149.

Maulbetsch, Corinna. 2008. *Reflexives Schreiben. Ein Beitrag zur Realisation einer Pädagogik der Person*. Kerpen: Kohl-Verlag.

Mayring, Philipp. 2000. Qualitative Inhaltsanalyse. In *Qualitative Forschung. Ein Handbuch*, Hrsg. Uwe Flick, Ernst von Kardorff und Ines Steinke, 486-475. Reinbek: Rowohlt Taschenbuch Verlag.

Mayring, Philipp. 20025 . *Einführung in die qualitative Sozialforschung: Eine Anleitung zu qualitativem Denken*. Weinheim: Beltz.

Mayring, Philipp und Eva Brunner. 20103. Qualitative Inhaltsanalyse. In: *Handbuch Qualitativer Forschungsmethoden in der Erziehungswissenschaft*, Hrsg. Barbara Friebertshäuser: 323-333. Weinheim: Juventa-Verlag.

McCombs, Barbara L. 1989. Self-regulated learning and academic achievement: a phenomenological view.In *Self-regulated learning and academic achievement. theory, research and practice*, eds. Barry J. Zimmermann, Dale H. Schunk: 51-82. NewYork u.a.: Springer.

McCombs, Barbara L. and Robert J. Marzano. 1990. Putting the self in self-regulated learning: the self as agent in integrating will and skill. *Educational Psychologist* 25, 1: 51-69.

McDonough, Kim. 2004. Learner-learner interaction during pair and small group activities in a Thai EFL context. *System* 32: 207-224.

McDowell, Liz. 1995. The Impact of innovative assessment on student learning. *Innovations in Education and Teaching International* 32, 4: 302-313.

McGroarty, Mary E. and Wei Zhu. 1996. Triangulation in classroom research: a study of peer revision. *Language Learning* 47, 1: 1–43.

McLean, James E.. 1995. *Improving education through action research. a guide for administrators and teachers*. Thousand Oaks, Ca.: Corwin Press Inc.

Meidinger, Heinz-Peter. 2009. Bildungsidee Gymnasium. *Profil* 11: 3.

Meinefeld, Werner. 2000. Hypothesen und Vorwissen in der qualitativen Sozialforschung. In *Qualitative Forschung. Ein Handbuch*. Hrsg. Uwe Flick, Ernst von Kardorff und Ines Steinke: 265-276. Reinbek: Rowohlt Taschenbuch Verlag.

Meißner, Franz-Joseph. 2008. Wie bewertet man eigentlich Fachdidaktiken? Möglichkeiten und Grenzen einer lehrbezogenen Darstellungsform — eine Checkliste. *Französisch heute* 39, 1-2: 105-151.

Meißner, Franz-Joseph und Marcus Reinfried. 2001. *Bausteine für einen neokommunikativen Französischunterricht. Lehrerzentrierung, Ganzheitlichkeit, Handlungsorientierung, Interkulturalität, Mehrsprachigkeitsdidaktik*. Tübingen: Gunter Narr.

Merar, Sarah. 2008. Learner self-beliefs. *ELT Journal* 62, 2: 182-183.

Merkens, Hans. 2000. Auswahlverfahren, Sampling, Fallkonstruktion In *Qualitative Forschung. Ein Handbuch*, Hrsg. Uwe Flick, Ernst von Kardorff und Ines Steinke: 286-299. Reinbek: Rowohlt Taschenbuch.

Merziger, Petra und Ammerentie Kletschkowski-Lutejin. 2008. ´Wo stehe ich?´ Individuelles und kooperatives Lernen mit Kompetenzrastern fördern. *Friedrich Jahresheft XXVI*: 92-95.

Meyer, Hilbert.1994[6]. *Unterrichtsmethoden . I: Theorieband*. Berlin:Cornelsen Scriptor.

Meyer, Hilbert. 2007[12]. *Unterrichtsmethoden II: Praxisband*. Frankfurt/M.: Cornelsen Scriptor.

Meyer, Hilbert. 2010[7]. *Was ist guter Unterricht?* Berlin: Cornelsen Scriptor.
Meyer, Hilbert und Meinert Meyer. 1997. Lob des Frontalunterrichts. *Friedrich Jahresheft XVII:*34-37.
Min, Hui-Tzu. 2005. Training students to become successful peer reviewers. *System* 33: 293-308.
Möller Stefan. 2010. ´So why don´t you share your ideas?´ Sprechkompetenzen und soziale Kompetenzen diagnostizieren. *Der Fremdsprachliche Unterricht Englisch* 44, 105: 37-39.
Monnerie-Goarin, Annie et Richard Lescure. Coords.. 1993. Evaluation et certifications en langue étrangère. *Le Français dans le Monde. Numéro Spécial* Août-septembre 1993. Vanves: EDICEF
Monnerie-Goarin, Annie. 1993. Evaluation: Quelquel repères historiques. In *Evaluation et certifications en langue etrangere. Le Français dans le Monde. Numéro Spécial* Août-septembre 1993, Annie Monnerie-Goarin et Richard Lescure, coords., 8-18. Vanves: EDICEF.
Montaigne de, Michel. 1847. *Essais de Montaigne. Edition Epurée. Précédée d´une notice par M. L´Abbé Musart.* Paris u. a.: Périsse Frères.
Montessori, Maria. 1966. *Über die Bildung des Menschen.* Hrsg. Paul Oswald und Günter Schulz-Benesch. Freiburg: Herder.
Moser, Heinz. 1995. *Grundlagen der Praxisforschung.* Freiburg: Lambertus.
Moser, Heinz 1999. *Selbstevaluation. Einführung für Schulen und andere soziale Institutionen.* Sursee: Verlag Pestalozzianum.
Mowl, Graham and Rachel Pain. 1995. Using Self and Peer Assessment to Improve Students' Essay Writing: a Case Study from Geography. *Innovations in Education and Teaching International* 32, 4: 324-335.
Muckel, Petra. 1996. Zur Aneignung unseres Forschungsstils und zur Frage der Lernbarkeit. In *Qualitative Psychologie. Grundlagen, Methoden und Anwendungen eines Forschungsstils.* Hrsg. Franz Breuer: 89-94. Opladen/Wiesbaden: Westdeutscher Verlag.
Müller, Michael und Andreas Müller-Hartmann. 2011. ´Can you tell us anything in Indish?´ Interkulturelle kommunikative Kompetenzen initiieren, feststellen, fördern. *Der Fremdsprachliche Unterricht Englisch* 45, 109: 30-35.
Müller, Sabine. 1996. Beteiligung von Schülerinnen und Schülern an innerschulischen Entwicklungsprozessen. Das Fallbeispiel der Hauptschule S. In *Fallstudien zur Schulentwicklung. Zum Verhältnis von innerer Schulentwicklung und externer Beratung.* Hrsg. Claus G. Buhren und Hans-Günter Rolff, 177-206. Weinheim u.a.: Juventa.
Müller-Hartmann, Andreas und Marita Schocker-von Ditfurth. 2011. Eine aufgabenbasierte Klassenarbeit entwickeln. *Der Fremdsprachliche Unterricht Englisch* 45, 109: 10-14.

Manfred Müller-Neuendorf, Michael Obermaier. Hrsg. 2010. *Handbuch Qualitätsmanagement Schule. Evaluation und praktische Durchführung.* Paderborn: Schöningh.

Müller-Roselius, Katharina. 2009. Lasst euch irritieren! Möglichkeiten von Bildung in der Sekundarstufe II. *Pädagogik* 11: 30-33.

Muncie, James. 2000. Using written teacher feedback in EFL composition classes. *ELT Journal* 54, 1: 47-53.

Murphey, Tim. 1993. Action logging. *Practical English Teaching* 13, 3: 27.

Myers, James L.. 2001. Self-evaluations of the ′stream of thought′ in journal writing. *System* 29: 481-488.

Nandorf, Katja. 2006. Mal schauen, was sie schon können. Neue Evaluationskultur durch Standards? *Der Fremdsprachliche Unterricht Englisch* 40, 81: 30-33.

Neubrand, Michael. 2009. Von den ′großen′ Studien zur Umsetzung ′im Kleinen′: Welche (mathematik-didaktischen) Impulse können Lehrer/innen aus ′PISA & Co.′ ziehen? In *Lernen aus Evaluationsergebnissen. Verbesserungen planen und implementieren*, Hrsg. Thorsten Bohl und Hanna Kiper: 97-112. Bad Heilbrunn: Klinkhardt.

Nida-Rümelin, Julian. 2010. Zur Aktualität der humanistischen Bildungsideale. *Profil* 12: 22-29.

Nieweler, Andreas. 2007. Bildungsstandards – eine Rundum-Sanierung auch für den Französischunterricht? *Der Fremdsprachliche Unterricht Französisch* 41, 88: 2-7.

Nieweler, Andreas. Hrsg.. 2008. *Fachdidaktik Französisch. Tradition. Innovation. Praxis.* Stuttgart: Klett.

Nieweler, Andreas. 2009. Kompetenzen, Standards, Output — Fluch, Segen oder etwas dazwischen? *Trait d′union* 1: 12-13.

Noels, Kimberly A., Clément, Richard and Luc G. Pelletier. 1999. Perceptions of teachers' communicative style and students' intrinsic and extrinsic motivation. *The Modern Language Journal* 83, 1: 23-34.

Nolen, Amanda L. and Jim Vander Putten. 2007. Action research : addressing gaps in ethical principles and practices. *Educational Researcher* 36, 7: 401-407.

North, Brian. 1999. ′In anderen Sprachen kann ich ...′ *Skalen zur Beschreibung, Beurteilung und Selbsteinschätzung der fremdsprachlichen Kommunikationsfähigkeit.* Bern: Fasler Druck.

Nunan, David. 1990. Action research in the language classroom.. In *Second Language Teacher Education*, eds. Jack C. Richards and David Nunan: 62-81. Cambridge: Cambridge University Press.

Nunan, David. 1992. *Research Methods in Language Learning.* Cambridge: Cambridge University Press.

Nunan, David. 1995. Action research in language education. In *Teachers develop teachers research. papers on classroom research and teacher development*, eds. Julian Edge and Keith Richards: 39-50. Oxford: Heinemann.
Nunan, David. 1999. *Second language teaching and learning*. Boston: Heinle and Heinle Publications.
Nunan, David. 2004. *Task-based language teaching*. Cambridge:Cambridge University Press.
Nunan, David and Clarice Lamb. 2000[4]: *The self-directed teacher. Managing the learning process*. Cambridge: Cambridge University Press.
Nunes, Alexandra. 2004. Portfolios in the EFL classroom. Disclosing an informed practice. *ELT Journal* 58, 4: 327-335.
Olina, Zane and Howard J. Sullivan. 2002. Effects of classroom evaluation strategies on student achievement and attitudes. *Educational Technology Research and Development* 50, 3: 61-75.
Olina, Zane and Howard J. Sullivan. 2004. Student self-evaluation, teacher evaluation, and learner performance. *Educational Technology Research and Development* 52, 3: 5-22.
O'Rourke, Rebecca. 1998. The learning journal: from chaos to coherence. *Assessment & Evaluation in Higher Education* 23, 4: 403-413.
Orsmond, Paul, Stephen Merry and Kevin Reiling. 1996. The importance of marking criteria in the use of peer assessment. *Assessment & Evaluation in Higher Education* 21, 3: 239-250.
Orsmond, Paul, Stephen Merry and Kevin Reiling. 1997. A study in self-assessment: tutor and students' perceptions of performance criteria. *Assessment & Evaluation in Higher Education* 22, 4: 357-368.
Orsmond, Paul, Merry, Stephen and Kevin Reiling. 2000. The use of student derived marking criteria in peer and self-assessment. *Assessment & Evaluation in Higher Education* 25, 1: 23-38.
Oscarson, Mats. 1989. Self-assessment of language proficiency: rationale and applications. *Language Testing* 6: 1-13.
Oscarson, Mats. 1997. Self-assessment of foreign and second language proficiency. In *Encyclopedia of Language and Education. Vol. 7: Language Testing and Assessment*, eds. Caroline Clapham and David Corson: 175-187. Dordrecht u.a.: Kluwer.
Oskamp, Ursula. 2002. 'An Inspector Calls.' Making a maganzine for other students. *Fremdsprachenunterricht* 46, 55: 252-258.
Palacios Martinez; Ignacio M.. 1993. Learning from the learner. *English Teaching Forum* 31, 2: 44-47.
Paradies, Liane, Wester, Franz und Johannes Greving. 2005. *Leistungsmessung und -bewertung*. Berlin: Cornelsen.

Patton, Michael Quinn. 19902. *Qualitative evaluation and research methods. Second edition.* Newbury Park, Ca.: Sage.
Patton, Michael Quinn. 1994. Developmental evaluation. *Evaluation Practice* 15, 3: 311-319.
Paulus, Trena M. 1999. The effect of peer and teacher feedback on student writing. *Journal of Second Language Writing* 8, 3: 265-289.
Peirce, Bonny N., Swain, Merrill and Doug Hart. 1993. Self-assessment, french immersion and locus of control. *Applied Linguistics* 14, 1: 25-42.
Peñaflorida, Andrea H.. 2002. Nontraditional forms of assessment and response to student writing: a step toward learner autonomy. In *Methodology in language teaching. an anthology of current practice*, eds. Jack C. Richards, Willy A. Renandya: 344-353. Cambridge: Cambridge University Press.
Pestalozzi, Johann Heinrich. 1938/1977. *Sämtliche Werke. Band 12: Schriften aus der Zeit von 1797-1799. Nachdruck.* Hrsg. Artur Buchenau. Berlin: Walter de Gruyter & Co.
Peters, John J.. 2000. Professionalisieren und Lernen durch forschendes Handeln. In *Professionalisierung und Forschung. Studien und Skizzen zur Reflexivität in der Lehrerinnenbildung*, Hrsg. Andreas Feindt, und Hilbert Meyer: 13-28. Oldenburg: Carl von Ossietzky Universität.
Peterßen, Wilhelm H.. 1999. *Kleines Methoden-Lexikon.* München: Oldenbourg.
Philipp, Elke und Andrea Schinschke. 2010. Sprechkonferenz und Lernempfehlung. Durch individuelle Rückmeldungen Sprechen fördern. *Der Fremdsprachliche Unterricht Französisch* 44, 104: 22.28.
Piepho, Hans-Eberhard. 1998. *I beg to differ.* München: Udicium.
Piepho. Hans-Eberhardt. 2003. *Lerneraktivierung im Fremdsprachenunterricht. 'Szenarien' in Theorie und Praxis.* Hannover: Schroedel.
Pikowsky, Birgit 2005. Hoffnungen und Ängste. Lehrerinnen und Lehrer äußern sich zu Bildungsstandards. *Friedrich Jahresheft XXIII*: 122-123.
Piolat, Annie. 1997. Writers´ Assessment and evaluation of their texts. In *Encyclopedia of language and education. Volume 7: Language testing and assessment*, eds. Caroline Clapham and David Corson: 189-198. Dordrecht: Kluwer.
Pitkowsky, Birgit. 2005. Hoffnungen und Ängste. Lehrerinnen und Lehrer äußern sich zu Bildungsstandards. *Friedrich Jahresheft XXIII*:122-123.
Pond, Keith, Rehan Ul-Haq and Winnie Wade. 1995. Peer review: a precursor to peer assessment. *Innovations in Education and Teaching International*, 32, 4: 314-323.
Popper, Karl R. 1992. *Die offene Gesellschaft und ihre Feinde. Übers. Paul K. Feyerabend. Bd. 2: Falsche Propheten: Hegel, Marx und die Folgen.* Tübingen: Mohr

Porsch, Raphaela. 2010. Zur Förderung der Schreibkompetenz. *Praxis Fremdsprachenunterricht* 7, 6: 12-15.
Porst, Rolf. 2009[2]. *Fragebogen. Ein Arbeitsbuch.* Berlin u.a.: Springer
Porter, P.A., Goldstein, L.M., Leatherman, J. and S. Conrad. 1990. The ongoing dialogue: learning logs for teacher preparation. In *Second language teacher education*, eds. Jack C. Richards and David Nunan: 227-241. Cambridge: Cambridge University Press.
Porto, Melina. 2001. Cooperative writing response groups and self-evaluation. *ELT Journal* 55, 1: 38-46.
Posch, Peter. 1999. Interne Evaluation. In *Evaluation im Bildungsbereich. Wissenschaft und Praxis im Dialog*, Hrsg. Josef Thonhauser und Jean-Luc Patry: 139-152. Innsbruck u.a.: Studienverlag.
Präsentieren. Themenheft 76. 2005. *Der Fremdsprachliche Unterricht Englisch.*
Prengel, Annedore, Heinzel, Friederike und Ursula Carle. 2004. Methoden der Handlungs.- Praxis- und Evaluationsforschung. In. *Handbuch der Schulforschung. 2. Auflage*, Werner Helsper und Jeannette Böhme: 181-102. Wiesbaden: VS-Verlag für Sozialwissenschaften.
Prodromu, Luke. 1992. *Mixed Ability Classes.* London:Macmillan Publishers.
Prodromu, Luke. 1995. The backwash effect: from testing to teaching. *ELT Journal* 49, 1: 13-25.
Prüfen und Beurteilen. Zwischen Fördern und Zensieren. 1996. *Friedrich Jahresheft XVI.*
Qualitätsentwicklung und Qualitätssicherung von Schulen. Strategien, Instrumente und Erfahrungen. Hrsg. Ulrich Steffens und Tino Bargel. Fuldatal: Hessisches Landesinstitut für Pädagogik.
Quiring, Elke. 2009. Leistungsermittlung und -bewertung mit Kompetenzrastern. Arbeitserleichterung für Lehrer(innen) — Transparenz und Partizipation für Schülerinnen. *Pädagogik* 11: 26-27.
Raabe, Horst. 1998. Lernstrategien (nicht nur) im Französischunterricht. *Der Fremdsprachliche Unterricht Französisch* 32, 34: 4-10.
Rampillon, Ute. 1989[2]. *Lerntechniken im Fremdsprachenunterricht. Handbuch.* Ismaning: hueber.
Rampillon, Ute und Helmut Reisener. 1997. Orientierungen für den Englischunterricht. *Der Fremdsprachliche Unterricht Englisch.* 31, 28: 4-10.

Rampillon, Ute. 2003a. Lernstrategien im autonomen Lernprozess. *Der Fremdsprachliche Unterricht Englisch* 37, 66: 41-43.
Rampillon, Ute. 2003b. Autonomes Fremdsprachenlernen — Wege zu einer veränderten Lernkultur. *Der Fremdsprachliche Unterricht Englisch* 37, 66: 4-12.
Ramsden, Paul. 1992. *Learning to teach in higher education.* London: Routledge.

Rau, Nathalie. 2009. Die „Schätze" im Portfolio: Englisch können, dokumentieren und präsentieren. *Grundschulmagazin Englisch* 7, 4: 9-12.
Raupach, Manfred. 2006[4]. Müssen Schüler das Lernen lernen? In *Praktische Handreichung für Fremdsprachenlehrer*, Hrsg. Udo Jung: 356-361. Frankfurt/M.: Europäischer Verlag der Wissenschaften.
Rea-Dickins, Pauline and Kevin Germaine. 19932. *Evaluation*. Oxford: Oxford University Press.
Rea-Dickins, Pauline. 1994. Evaluation and English language teaching. *Language Teaching* 27: 71-91.
Realschule Enger. 2001. *Lernkompetenz II. Bausteine für eigenständiges Lernen. 7. bis 9. Schuljahr*. Berlin: Cornelsen.
Rebel, Karlheinz und Sybil Wilson. 2002. Das Portfolio in Schule und Lehrerbildung I/II. *Fremdsprachenunterricht* 46, 55: 263-271.
Rebel, Karlheinz. 2005. Self-assessment — auch für Lehrkräfte. *At work* 8: 8-9.
Rebel, Karlheinz. 2008. *Lernkompetenz entwickeln — modular und selbstgesteuert*. Braunschweig: Schroedel, Diesterweg.
Reichenbach, Roland. 2008. Soft skills: destruktive Potentiale des Kompetenzdenkens. In *Kompetenz – Bildung. Soziale, emotionale und kommunikative Kompetenzen von Kindern und Jugendlichen*, Hrsg. Carsten Rohlfs, Marius Harring und Christian Palentien: 35-52. Wiesbaden: VS Verlag für Sozialwissenschaften.
Reichertz, Jo. 2000. Abduktion, Deduktion und Induktion in der qualitativen Forschung. In *Qualitative Forschung. Ein Handbuch*, Hrsg. Uwe Flick, Ernst von Kardorff und Ines Steinke: 276-286. Reinbek: Rowohlt Taschenbuch Verlag.
Reinfried, Marcus. 2006[4]. Motivation und Motivierung im Fremdsprachenunterricht. In *Praktische Handreichung für Fremdsprachenlehrer*, Hrsg. Udo Jung: 343-355. Frankfurt/M.: Europäischer Verlag der Wissenschaften.
Reinfried, Marcus. 2001. Neokommunikativer Fremdsprachenunterricht: ein neues methodisches Paradigma. In *Bausteine für einen neokommunikativen Französischunterricht. Lehrerzentrierung, Ganzheitlichkeit, Handlungsorientierung, Interkulturalität, Mehrsprachigkeitsdidaktik*, Hrsg. Franz-Joseph Meißner und Marcus Reinfried: 1-20. Tübingen: Gunter Narr.
Reinmann-Rothmeier, G. und H. Mandl. 1998. Wissensvermittlung: Ansätze zur Förderung des Wissenserwerbs. In *Enzyklopädie der Psychologie, Band 6*, Hrsg. Friedhard Klix: 457-500. Göttingen: Hofgrefe.
Rendon, Mary Jo. 1995. Learner autonomy and cooperative learning. *English Teaching Forum* 33, 4: 41-43.

Resnick. Lauren B., Resnick, Daniel P. 1993. Assessing the thinking curriculum: new tools for educational reform. In *Changing assessments: alternative views of aptitude, achievement, and instruction*, eds. Bernard R. Gifford and Mary Catherine O'Connor: 37-75. Boston, MA: Kluwer Academic Publishers.

Richards, Jack C. and David Nunan. 1990. *Second language teacher education*. Cambridge: Cambridge University Press.

Richards, Jack C. and Willy A. Renandya. Eds.. 2002. *Methodology in language teaching. An anthology of current practice*. Cambridge: Cambridge University Press.

Richter, Annette. 2003. Sich selbst beurteilen lernen — das Portfolio als alternatives Bewertungsinstrument. *Der Fremdsprachliche Unterricht Englisch* 37, 66: 44-47.

Riecke-Baulecke, Thomas. 2008. Interne und externe Evaluation. In *Selbstevaluation in Schulen. Theorie, Praxis und Instrumente,* Hrsg. Dietlinde Granzer, Peter Wendt und Regine Berger: 37-48. Weinheim u.a.: Beltz.

Riemer, Claudia. 2006. Entwicklungen in der qualitativen Fremdsprachenforschung: Quantifizierung als Chance oder Problem? In *Fremdsprachen lernen und Fremdsprachenforschung: Kompetenzen, Standards, Lernformen, Evaluation. Festschrift für Helmut Johannes Vollmer.* Hrsg. Johannes-Peter Timm: 451-464. Tübingen:Gunter Narr.

Rinnert, Carol and Hiroe Kobayashi. 2001. Differing perceptions of EFL writing among readers in Japan. *The Modern Language Journal* 85, 2: 189-209.

Rinvolucri, Mario. 1999. Fields that feed EFL methodology. *Zielsprache Englisch* 29, 2: 4-11.

Risse, Erika. 2009. Anspruchsniveau und Qualität im offenen Unterricht. Wie lassen sich Selbstständigkeit und fachliche Ansprüche am Gymnasium in einem Gesamtkonzept realisieren? *Pädagogik* 4: 11-15.

Robert, Jonathan Roy. 1993. Evaluating the impacts of teacher research. *System* 21, 1: 1-19.

Roeder, Burkhard. 2006[3]. Schülerbefragung . In *Handwörterbuch Pädagogische Psychologie*. Hrsg. Detlef H. Rost: 637-642. Weinheim u.a.: Beltz.

Roeder, Rudolf. 1999. Die personale Kompetenz stärken. *Close-Up* 1: 11-12.

Röll, Iris und Annika Duch. 2011. Das Geheimnis der Soft Skills. *Focus Schule* 1, 92-95.

Röhrs, Hermann und Hans Scheuerl. Hrsg.. *Richtungsstreit in der Erziehungswissenschaft und pädagogische Verständigung: Wilhelm Flitner zur Vollendung seines 100. Lebensjahres am 20. August 1989 gewidmet.* Frankfurt/M. u.a.: Lang.

Rogers, Carl L. 1979[3]. *Lernen in Freiheit. Zur Bildungsreform in Schule und Universität*. München: Kösel.

Rohlfs, Carsten, Harring, Marius und Christian Palentien. 2008. *Kompetenz – Bildung. Soziale, emotionale und kommunikative Kompetenzen von Kindern und Jugendlichen*. Wiesbaden: VS Verlag für Sozialwissenschaften.

Rose, Jane. 2007. Understanding relevance in the language classroom. *Language Teaching* Research 11, 4: 483-502.

Rosenthal, Gabriele. 2005. *Interpretative Sozialforschung. Eine Einführung*. München u.a.: Juventa.

Ross, John. A., Carol Rolheiser and Ann Hogaboam-Gray. 1998a. Skills training versus action research in-service: impact on students' attitudes to self-evaluation. *Teaching and Teacher Education* 14, 5: 463-477.

Ross, John A., Rolheiser, Carol and Anne Hogaboam-Gray. 1998b. Student evaluation in co-operative learning: teacher cognitions. *Teachers and Teaching* 4, 2: 299-316.

Ross, John A., Rolheiser, Carol and Anne Hogaboam-Gray. 1999. Effects of Self-Evaluation Training on Narrative Writing. *Assessing Writing* 6, 1: 107-132.

Roth, Leo. 1991. Forschungsmethoden der Erziehungswissenschaft. In: *Pädagogik. Handbuch für Studium und Praxis*, Hrsg. Leo Roth, 32-67. München: Ehrenwirth.

Rousseau, Jean-Jacques. 1982. *Emile ou de l'éducation*. Paris: Garnier.

Rubin, Bella, Katznelson, Helen and Hadara Perpignan. 2005. Learning for life: the potential of academic writing courses for individual EFL learners. *System* 33: 17-27.

Rudduck, Jean. 1991. *Innovation and change. Developing involvement and understanding*. Milton Keynes, Ph.: Open University Press.

Ryan, Richard M. and Edward L. Deci. 2000. Self-determination theory and the facilitation of intrinsic motivation, social development and well-being. *American Psychologist* 55, 1: 68-78.

Sadler, D.Royce. 1983. Evaluation and the improvement of academic learning. *The Journal of Higher Education* 54, 1: 60-79.

Sadler, D.Royce. 1989. Formative assessment and the design of instructional systems. *Instructional Science* 18: 119-144.

Saito, Hidetoshi and Tomoko Fujita. 2009. Peer-assessing peers' contribution to efl group presentations. *RELC Journal* 40, 2: 149-171.

Sakui, K. and S.J. Gaies. 1999. Investigating Japanese learners' beliefs about language learning. *System* 27: 473-492.

Saldern, Matthias von. 1992. Qualitative Forschung — quantitative Forschung: Nekrolog auf einen Gegensatz. *Empirische Pädagogik* 6: 377-399.

Santos, Maricel G. .1995. Portfolio assessment and the role of learner reflection. *English Teaching Forum* 35, 2: 10-14.

Sarter, Heidemarie. 2006. *Einführung in die Fremdsprachendidaktik.* Darmstadt: Wissenschaftliche Buchgesellschaft.
Sartre, Jean Paul. 1981². *L'Etre et le Néant. Essai d'ontologie phénoménologique.* Paris: Gallimard.
Sarwar, Zakia. 1991. Adapting individualization techniques for large classes. *English Teaching Forum* 29, 2: 16-21.
Scharle, Agota and Anita Szabó. 2000. *Learner autonomy. A guide to developing learner responsibility.* Cambridge: Cambridge University Press.
Scheersoi, Annette und Andrea Kärmer. 2007. Evaluation und Leistungsmessung. In *Französisch Methodik. Handbuch für die Sekundarstufe I und II*, Hrsg. Hans-Ludwig Krechel, 211-231. Berlin: Cornelsen Scriptor.
Schimitzek, Corina. 2008. *'Es ist etwas in Bewegung geraten!' Begleituntersuchung zur 'Startphase Selbstevaluation' an allgemein bildenden Schulen in Baden-Württemberg.* Berlin: dissertation.de.
Schmeck, Ronald.R.. ed..1988. *Learning strategies and learning styles.* New York u.a.: Plenum Press.
Schmelter, Lars. 1999. *Texte im Französischunterricht: Eine problemorientierte Analyse der Lernerperspektive.* Bochum: AKS-Verlag.
Schmid , Euline Cutrim. 2007. Enhancing performance knowledge and self-esteem in classroom language learning: The potential of the ACTIVote component of interactive whiteboard technology. *System* 35: 119-135.
Schmoll, Heike. 2005. Bildung lässt sich nicht messen. *Blickpunkt Schule* 2: 6-7.
Schneider, Günther. 1996. Selbstevaluation lernen lassen. *Fremdsprache Deutsch. Sondernummer*: 16-23.
Schneider, Susanne. 2003. Evaluation on E-learning: Eine Studie im Rahmen des Projekts 'Linguistik virtuell'. In *Fremdsprachenlernen mit digitalen Medien*, Hrsg. Michael Legutke und Dietmar Rösler, 247.276. Tübingen: Narr.
Schön, Donald A.. 1990. *Educating the reflective practitioner.* San Francisco: Jossey-Bass Ltd..
Schön, Donald A.. Ed.. 1991. *The reflective turn. Case studies in and on educational practice.* New York u.a.: Teachers College Press, Columbia University.
Schön, Donald A.. 2007. *The reflective practitioner. How professionals think in action. Reprint.* Aldershot: Ashgate.
Schönig, Wolfgang und Gertrud Häußler. 2005. Qualitätsentwicklung und Qualiltätssicherung in Schule und Schulsystem durch Evaluation. In *Studienbuch Schulpädagogik*, Hrsg. Hans-Jürgen Apel und Werner Sacher: 168-192. Bad Heilbrunn: Julius Klinkhardt.
Schönig, Wolfgang. Hrsg.. 2007. *Spuren der Schulevaluation. Zur Bedeutung und Wirksamkeit von Evaluationskonzepten im Schulalltag.* Bad Heilbrunn: Julius Klinkhardt.

Schratz, Michael, Manfred Iby und Edwin Radnitzky. 2000. *Qualiltätsentwicklung: Verfahren, Methoden, Instrumente.* Weinheim u.a.: Beltz Verlag.

Schratz, Michael, Lars Bo Jakobsen, John MacBeath und Denis Meuret. 2002. *Serena, oder: Wie Menschen ihre Schule verändern. Schulentwicklung und Selbstevaluation in Europa.* Innsbruck u.a.: StudienVerlag.

Schröder, Konrad. 2005. Kommt nach dem ′PISA-Schock′ der ′DESI-Schock′? Sprachenzertifikate, PISA, DESI, die Bildungsstandards und die ′neue Evaluationskultur′ an unseren Schulen. *Neusprachliche Mitteilungen* 3: 36-46.

Schröder-Sura, Anna, Franz-Joseph Meißner und Steffi Morkötter. 2009. Fünft- und Neuntklässler zum Französischunterricht in einer quantitativen Studie (MES). *Französisch heute* 40, 1: 8-15.

Schulz, Wolfgang. 1990. Offenere Formen des Unterrichts. *Der Fremdsprachliche Unterricht.* 23, 100: 4-9.

Schweer, Martin K. W. Hrsg. 2008². *Lehrer-Schüler-Interaktion: Inhaltsfelder, Forschungsperspektiven und methodische Zugänge.* Wiesbaden: VS Verlag für Sozialwissenschaften/ GWV Fachverlage.

Scianna, Rosetta. 2004. *Bewertung im Offenen Unterricht. So geht das! Leistungsbeurteilung als Förderinstrument.* Mühlheim: Verlag an der Ruhr.

Searby, Mike and Tim Ewers. 1997. An evaluation of the use of peer assessment in higher education: a case study in the school of music:kingston university. *Assessment & Evaluation in Higher Education* 22, 4: 371-383.

Seebauer, Renate. 1997. Selbstkonzeptforschung als Grundlage einer Fremdsprachendidaktik für den Frühbeginn. *Praxis des neusprachlichen Unterrichts* 44, 1: 6-12.

Seedhouse , Paul. 1995. Needs analysis and the general English classroom. *ELT Journal* 49, 1995, 1, 59-65.

Sehlström, Pär. 1994. Experimenting with student-generated materials. *Modern English Teacher* 3, 4: 31-37.

Sengupta, Sima. 1998. Peer evaluation: Í am not the teacher. *ELT Journal* 52, 1: 19-28.

Shaaban, Kassim. 2001. Assessment of young learners. *English Teaching Forum* 39, 4:16-23.

Sharp, Alastair. 1990. Staff/student participation in course Evaluation: a procedure for improving course design. *ELT Journal* 44, 2: 132-137.

Sharp, Alastair. 1991. Broadening horizons for course development. *System* 19, 3: 235-239.

Sheppard; Ken and Fredricka L. Stoller. 1995. Guidelines for the integration of student projects into ESP classrooms. *English Teaching Forum* 33, 2: 10-15.

Shin, Sarah J.. 2003. The reflective L2 writing teacher. *ELT Journal* 57, 1: 3-10.

Sinclair, Barbara, Ian McGrath and Terry Lamb. Eds.. 20033. *Learner autonomy, teacher autonomy: future directions.* Harlow: Pearson Education Limited.

Skinner, Burrhus Frederic. 1978. *Reflections on behaviorism and society.* Englewood Cliffs, NJ: Prentice Hall.

Smith, Peter. 1992. I know why we are doing this! *Modern English Teacher* 1, 3: 30.

Smyth, John. 1992. Teachers´work and the politics of reflection. *American Educational Research Journal* 29: 267.

Snyder Ohta, Amy and Tokomo Nakaone. 2004. When students ask questions: teacher and peer answers in the foreign language classroom. *IRAL* 42, 3: 217-237.

Somervell, Hugh. 1993. Issues in assessment, enterprise and higher education: the case for self-peer and collaborative assessment. *Assessment & Evaluation in Higher Education* 18, 3: 221-233.

Spinner, Kaspar H. 2005. Der standardisierte Schüler. Wider den Wunsch, Heterogenität überwinden zu wollen. *Friedrich Jahresheft XXIII*: 88-91.

Spitta, Gudrun. 1992. *Schreibkonferenzen in Klasse 3 und 4: ein Weg vom spontanen Schreiben zum bewussten Verfassen von Texten.* Frankfurt am Main: Cornelsen Scriptor.

Spratt, M.. 1999. How good are we at knowing what learners like? *System* 27: 141-155.

Stavans, Anat and Brenda Odet. 1993. Assessing EFL reading comprehension: the case of ethiopian learners. *System* 21, 4: 481-494.

Stefani, Lorraine A. J.. 1998. Assessment in partnership with learners. *Assessment & Evaluation in Higher Education* 23, 4: 339-350.

Steffens, Ulrich und Tino Bargel. Hrsg..1999. *Lehren und Lernen im Offenen Unterricht. Empirische Befunde und kritische Anmerkungen.* Wiesbaden: Hessisches Landesinstitut für Pädagogik.

Steinke, Ines. 1999. *Kriterien qualitativer Forschung. Ansätze zur Bewertung. qualitativ-empirischer Sozialforschung.* Weinheim: Juventa.

Steinke, Ines. 2000. Gütekriterien qualitativer Forschung. In *Qualitative Forschung. Ein Handbuch,* Hrsg. Uwe Flick, Ernst von Kardorff und Ines Steinke: 319-331. Reinbek: Rowohlt Taschenbuch Verlag.

Steins, Gisela. 2009. *Widerstand von Lehrern gegen Evaluationen aus psychologischer Sicht. Lernen aus Evaluationsergebnissen. Verbesserungen planen und implementieren,* Hrsg. Thorsten Bohl und Hanna Kiper, 185-195. Bad Heilbrunn: Julius Klinkhardt.

Stenhouse, Lawrence. 1975. *An introduction to curriculum research.* London: Heinemann.

Stockmann, Reinhardt. 2006. *Handbuch zur Evaluation: eine praktische Handlungsanleitung.* Münster:Waxmann.
Storck, Neomy. 2001. How collaborative is pair work? *Language Teaching Research* 5: 29-53.
Storck, Neomy. 2002. Pattern of interaction in ESL pair work. *Language Learning* 52, 1: 119-158.
Storck, Neomy. 2002. Relationships formed in dyadic interaction and opportunity for learning. *International Journal of Educational Research* 37: 305-322.
Strauss, Anselm L.. 1988. *Qualitative analysis for social scientists. Reprint.* Cambridge u.a.: Cambridge University Press.
Strauss, Anselm L.. 1994. *Grundlagen qualitativer Sozialforschung. Datenanalyse und Theoriebildung in der empirischen soziologischen Forschung.* Aus dem Amerikanischen von Astrid Hildenbrand. Mit einem Vorwort von Bruno Hildenbrand. München: Fink.
Strauss, Anselm and Juliet M. Corbin. 1990. *Basics of qualitative research. Grounded Theory: procedures and techniques.* Newbury Park, Ca. u.a.: Sage Publ.
Struyven, Katrin, Dochy, Filip and Steven Janssens. 2008. The effects of hands-on experience on students' preferences for assessment methods. *Journal of Teacher Education* 59, 1: 69-88.
Sullivan, Kirk and Eva Lindgren. 2002. Self-assessment in autonomous computer-aided second-language writing. *ELT Journal* 56, 3: 258-267.
Swain, Merrill, Brooks, Lindsay and Agustina Tocalli-Beller. 2002. Peer-peer dialogue as a means of second language learning. *Annual Review of Applied Linguisitcs* 22: 171-185.
Swan, June. 1993. Metaphor in Action: the observation schedule in a reflective approach to teacher education. *ELT Journal* 47, 3: 242-249.
Tagliante, Christine. 1991. *L'évaluation.* Paris: CLE international.
Tariq, V. N., L.A.J. Stefani, A.C. Butcher and D.J.A. Heylings. 1998. Developing a new approach to the assessment of project work. *Assessment & Evaluation in Higher Education* 23, 3: 221-240.
Tassinari, Maria Giovanna. 2008. Wie schätze ich mich als autonomen Lerner ein? Zur Selbsteinschätzung zu Strategien und Lernkompetenzen. *Französisch heute* 39, 3: 249-266.
Teichmann, Monika. 2002. Stationenlernen im Fremdsprachenunterricht. *Der Fremdsprachliche Unterricht Englisch* 36, 57+58: 4-9.
Tenorth, Heinz-Elmar und Rudolf Tippelt. Hrsg.. 2007. *Lexikon Pädagogik.* Weinheim u.a.: Beltz-Verlag.
Terhart, Ewald. 2009. *Didaktik. Eine Einführung.* Stuttgart: Reclam.
Tesch, Bernd. 2006. Bildungsstandards und ihre Überprüfung. *Praxis Fremdsprachenunterricht* 3, 6: 6-9.

Tesch, Bernd. 2007. Bildungsstandards: die Kastanien im Feuer. Bedingungen gelingender Implementation. *Der Fremdsprachliche Unterricht Französisch* 41, H. 88: 8-13.
Tesch, Bernd, Eynar Leupold und Olaf Köller. Hrsg.. 2008. *Bildungsstandards Französisch: konkret. Sekundarstufe I: Grundlagen, Aufgabenbeispiele und Unterrichtsanregungen.* Berlin: Cornelsen Scriptor.
Thaine, Craig.2004. The assessment of second language teaching. *ELT Journal* 58, 4: 336-345.
Thaler, Engelbert. 2007. Die ′Top Ten′ der Fremdsprachendidaktik. *Praxis Fremdsprachenunterricht* 4: 3-5.
Thaler, Engelbert. 2008a. Klassenarbeiten — eine Prozessperspektive. *Praxis Fremdsprachenunterricht* 5, 4: 6-10.
Thaler, Engelbert. 2008b. *Offene Lernarrangements im Englischunterricht. Rekonstruktion, Konstruktion, Exemplifikation, Integration.* München: Langenscheidt.
Thaler, Engelbert. 2010a. Balanced Teaching. Fremdsprachenunterricht zwischen Offenheit und Geschlossenheit. *Praxis Fremdsprachenunterricht.* Basisheft.7, 1: 5-9
Thaler, Engelbert. 2010b. *Lernerfolg durch Balanced Teaching.: offene Lernarrangements: aufgabenorientiert, spielorientiert, medienorientiert.* Berlin: Cornelsen Scriptor.
Thaler, Engelbert. 2010c. Wider die Kompetenz-Obsession. *Praxis Fremdsprachenunterricht. Basisheft Kompetenzen* 7, 6: 6-7.
Thiering, Christian. 1998. Handlungsorientierter Unterricht und handlungsorientierte Leistungskontrolle. *Praxis des neusprachlichen Unterrichts* 45, 3: 304-313.
Thonhauser, Josef und Jean-Luc Patry. Hrsg.. 1999. *Evaluation im Bildungsbereich. Wissenschaft und Praxis im Dialog.* Innsbruck u.a.: Studienverlag.
Thornbury, Scott. 1991. Watching the whites of their eyes: the use of teaching-practice logs. *ELT Journal* 45, 2: 140-146.
Thorne, Christine and Wang Qiang. 1996. Action research in language teacher education, *ELT Journal* 50, 3: 254-263.
Thürmann, Eike. 2010. Lerngelegenheiten schaffen. Interkulturelle Kompetenz anbahnen und sichtbar machen. *Der Fremdsprachliche Unterricht Französisch.* 44,. 104: 36-41.
Timm, Johannes-Peter. Hrsg.. 1998. *Englisch lernen und lehren. Didaktik des Englischunterrichts.* Berlin: Cornelsen.
Timm, Johannes-Peter. Hrsg.. 2006. *Fremdsprachen lernen und Fremdsprachenforschung: Kompetenzen, Standards, Lernformen, Evaluation. Festschrift für Helmut Johannes Vollmer.* Tübingen: Gunter Narr.

Towndrow, Philipp. 1994. The Benefits of Councelling Students. *Modern English Teacher* 3, 1: 49-52.
Traub, Silke. 2004. Offener Unterricht: ein Begriff mit vielen Facetten. *Französisch heute* 35, 3: 232-241.
Treumann, Klaus. 1986. Zum Verhältnis qualitativer und quantitativer Forschung. Mit einem methodischen Ausblick auf neuere Jugendstudien. In *Interdisziplinäre Jugendforschung: Fragestellungen, Problemlagen, Neuorientierungen*, Hrsg. Wilhelm Heitmeyer: 193-214. Weinheim u.a.: Juventa Verlag.
Treumann, Klaus Peter. 2000. Triangulation als Kombination qualitativer und quantitativer Forschung. In *Einführung in die empirische Pädagogik*, Hrsg. Jürgen Abel, Renate Möller und Klaus Peter Treumann: 154-181. Stuttgart: Kohlhammer.
Tsui, Amy, B.M. and Maria Ng. 2000. Do secondary L2 writers benefit from peer comments? *Journal of Second Language Writing* 9, 2: 147-170.
Tudor, Ian. 1996. *Learner-centredness as language education*. Cambridge: Cambridge University Press.
Van Lier, Leo. 1996. *Interaction in the language curriculum. Awareness, autonomy and authenticity*. Harlow: Pearson Education.
Van Lier , Leo. 2000. From input to affordance: social-interactive learning from an ecological perspective. In. *Sociocultural theory and second language learning*, ed. James P. Lantolf, 245-259. Oxford: Oxford University Press.
Victori, Mia and Walter Lockhardt. 1995. Enhancing metacognition in self-directed language learning. *System* 23, 2: 223-234.
Vieira, Flavia. 1993. It made me think… about the role of routine in the classroom. *Modern English Teacher* 2, 1: 50-51.
Vogt, Karin. 2006. ′Road works ahead!′ Die Aufgabenbeispiele der Bildungsstandards. *Der Fremdsprachliche Unterricht Englisch* 40, 81: 24-29.
Vogt, Karin. 2007. Bewertung interkultureller Kompetenzen: die Quadratur des Kreises? *Praxis Fremdsprachenunterricht* 4, 6: 7-11.
Vollmer, Helmut J.. 1995. Leistungsmessung: ein Überblick. In *Handbuch Fremdsprachenunterricht. 3., überarbeitete und erweiterte Auflage*, Hrsg. Karl-Richard Bausch, Herbert Christ und Hans-Jürgen Krumm: 273-277. Tübingen u.a.: Francke.
Vollmer, Helmut Johannes. 2006. Bildungsstandards von oben — Bildungsstandards von unten. *Der Fremdsprachliche Unterricht Englisch* 40, 81:12-16.
Wall, Dianne and J.Charles Anderson. 1996. Examining washback. In *Validation in language testing*, eds. Alister H. Cumming: 194-221. Clevedon u.a.: Multilingual Matters.

Wallace, Michael J.. 1998. *Action research for language teachers. Cambridge teacher training and development*. Cambridge: Cambridge University Press.

Warnke-Kilian, Brigitte. 2008. Selbstreflexive Kompetenz auch für die DaZ-Lehrkraft? Überlegungen zur Förderung der Selbstreflexivität im Spannungsfeld von Pädagogik, Fachdidaktik und Qualitätsentwicklung. *Deutsch als Zweitsprache*, Sonderausgabe:4-10.

Watanabe, Yuko and Merrill Swain. 2007. Effects of proficiency differences and patterns of pair interaction on second language learning: collaborative dialogue between adult ESL learners. *Language Teaching Research* 11: 121-142.

Weidenmann, Bernd. 1994³. *Pädagogische Psychologie*. Weinheim: Beltz Psychologie-Verlags-Union.

Weinert. Franz Emanuel. 1996. Lerntheorien und Instruktionsmodelle. In *Psychologie des Lernens und der Instruktion,* Hrsg. Franz Emanuel Weinert, 1-48. Göttingen: Hogrefe Verlag für Psychologie.

Weinert, Franz Emanuel. Hrsg.. 1996. *Psychologie des Lernens und der Instruktion*. Göttingen: Hogrefe Verlag für Psychologie.

Weinert, Franz E.. Hrsg.. 20022. *Leistungsmessungen in Schulen*. Basel: Beltz Verlag.

Weskamp, Ralf. 1997. Vom Sprachvermittler zum Human Resource Manager. *Der Fremdsprachliche Unterricht Englisch*. 31, 28: 28-32.

Weskamp, Ralf. 2001a. Fachdidaktik: Grundlagen & Konzepte. Anglistik. Amerikanistik. Berlin: Cornelsen.

Weskamp, Ralf. 2001b. Leistungsbeurteilung für einen schülerorientierten Fremdsprachenunterricht. Zur Professionalisierung von Assessment und Evaluation. *Praxis des neusprachlichen Unterrichts*. 48, 3: 227-238.

Weskamp, Ralf. 2001c. Schüler und Lehrer erforschen ihren Unterricht — Ein Beitrag zur Qualitätssicherung im Klassenzimmer. In *Neue Wege im Fremdsprachenunterricht. Qualitätsentwicklung, Erfahrungsberichte, Praxis,* Hrsg. Christoph Edelhoff: 30-37. Hannover: Schroedel.

Weskamp, Ralf. 2003. *Fremdsprachenunterricht entwickeln. Grundschule — Sekundarstufe I — Gymnasiale Oberstufe*. Hannover: Schroedel.

Wilkening, Monika. 1997a. Workshop English: Versuch zum offenen Lernen. John Rae´s 'Parable of the Good Lunatic´, Sek.II. *Der Fremdsprachliche Unterricht Englisch*. 31, 28: 34-37.

Wilkening, Monika. 1997b. Öffnung des Unterrichts bei Übungen und Wiederholungen, 1.+2. Lernjahr. *Der Fremdsprachliche Unterricht Französisch*, 31, 28: 10-14.

Wilkening, Monika. 1997c. Öffnung des Unterrichts zur Übung und Wiederholung, Teil 2. *Der Fremdsprachliche Unterricht Französisch*, 31, 30: 46-49.

Wilkening, Monika. 1998. SchülerInnen entwickeln dramatische Formen in offenen Unterrichtsphasen, 5.- 13.Klasse. *Der Fremdsprachliche Unterricht Englisch*, 32, 31: 16-20.

Wilkening, Monika. 1999a. Offener Projektunterricht zum American Dream. *Der Fremdsprachliche Unterricht Englisch*. 33, 40:. 44-46.

Wilkening, Monika. 1999b. Offener Projektunterricht zu «L'Individu et la Société». *Der Fremdsprachliche Unterricht Französisch* 33, 41: 31-34.

Wilkening, Monika. 1999c. Schülerorientierte Arbeitsformen bei «Père Noël und Tom Chiffon». *Der Fremdsprachliche Unterricht Französisch*, 33, 41: 42-44.

Wilkening, Monika. 2000a. Offene Pre- und After Reading Activities für Short Stories, Sek.II. *Praxis des neusprachlichen Unterrichts* 47, 1: 45-53.

Wilkening, Monika. 2000b. Pre-reading activities in der Diskussion. Leserbrief von Ursula Ostkamp zu Aufsatz 2000a und Antwort darauf. *Praxis des neusprachlichen Unterrichts* 47, 3: 313-316.

Wilkening, Monika. 2000c. *Schülerorientierte Arbeitsformen im Anfängerunterricht Französisch. FMF. Fachverband Moderne Fremdsprachen.* Mitteilungsheft der Landesverbände Hessen/ Thüringen 15/Oktober 2000: 76-80.

Wilkening, Monika. 2001a. Schülerinnen und Schüler schreiben Gedichte zum Indienroman 'Heat and Dust'. *Praxis des neusprachlichen Unterrichts*. 48, 2: 129-135.

Wilkening, Monika. 2001d: Schülerorientierte Behandlung von französischer Kurzprosa. *Praxis des neusprachlichen Unterrichts* 48, 3: 293-300.

Wilkening, Monika. 2002a. Stationenlernen im Anfangsunterricht Französisch. *Fremdsprachenunterricht* 46/55, 2: 116-120.

Wilkening, Monika. 2002b. Stationenlernen nach der Lektüre von 'The Boy in the Moon'. *Der Fremdsprachliche Unterricht Englisch* 36, 57+58: 11-15.

Wilkening, Monika. 2002c. Reflexion über Lernprozesse im schülerorientierten Unterricht. Beispiel: schriftliche Arbeiten beim Englisch- und Französischlernen. *Praxis des neusprachlichen Unterrichts*. 49, 4: 395-401. Fachfrage dazu und Antwort in 2003. *Praxis des neusprachlichen Unterrichts* 50, 1:111.

Wilkening, Monika. 2002d. Auswertungsmöglichkeiten schülerorientierten Lernens. *Fremdsprachenunterricht*. 46/55, 6: 422-427.

Wilkening, Monika. 2003a. Stationenlernen im Französischunterricht. In *Schüleraktivierung im Fremdsprachenunterricht. Hrsg. Georg Fehrmann und Erwin Klein. Beiträge zur Tagung des FMF-Nordrhein am 10.September 2002. Aachener Schriften zur Fremdsprachendidaktik (ASFD)* 6: 141-154. Bonn: Romanistischer Verlag.

Wilkening, Monika. 2003b. Tagesplanarbeit im Anfängerunterricht Französisch. *Fremdsprachenunterricht* 47/56, 5: 351-354.

Wilkening, Monika. 2004c. *Evaluation von Lernprozessen im schülerorientierten Unterricht*. FMF. *Fachverband Moderne Fremdsprachen Hessen e.V.. Mitteilungsheft 18*. August 2004: 40-46.

Wilkening, Monika. 2005. Stationenlernen Englisch beim Einstieg in die Sekundarstufe I. *Praxis Fremdsprachenunterricht* 2, 3: 22-27.

Wilkening, Monika. 2006a. Active Reading einer Jugendlektüre: ′Betrayed′ von Carl Taylor. *Neusprachliche Mitteilungen*. 59, 1: 44-48.

Wilkening, Monika. 2006b. *Selbst- und Partnerbeurteilung als Ergänzung zur Fremdbeurteilung*. FMF. *Fachverband Moderne Fremdsprachen. Mitteilungsheft des Landesverbandes Westfalen-Lippe* 24.Dezember 2006: 22-28.

Wilkening, Monika. 2007a. Selbst- und Partnerevaluation. *Praxis Fremdsprachenunterricht*. 4, 1: 3-8.

Wilkening, Monika. 2007b. Selbst- und Partnerevaluation, Teil II.. *Praxis Fremdsprachenunterricht* 4, 5: 8-12.

Wilkening, Monika. *2008a. Wie lernt meine Klasse Englisch?* Praxis Fremdsprachenunterricht. 5, 2: 24-29.

Wilkening, Monika. 2008b. Schülerorientierung und Klassenarbeiten sind vereinbar! *Praxis Fremdsprachenunterricht*. 5, 4: 47-50.

Wilkening, Monika. 2010. Selbst- und Partnerbeurteilung im Englischunterricht der Klassen 5 bis 13. In. *Differenzierung im Englischunterricht*, Hrsg. Maria Eisenmann. Friedrich-Alexander-Universität Erlangen-Nürnberg.

Winkelmann, Henrik. 2008. Grundsätze der Entwicklung von Fragebögen. In *Selbstevaluation in Schulen. Theorie, Praxis und Instrumente*, Hrsg. Dietlinde Granzer, Peter Wendt und Regine Berger, 114-124. Weinheim u.a.: Beltz.

Winter, Felix. 1996. Schülerselbstbewertung. Die Kommunikation über Leistung verbessern. *Friedrich Jahresheft XIV*: 34-37.

Winter, Rainer. 2009. Ein Plädoyer für kritische Perspektiven in der qualitativen Forschung. Qualitative Sozialforschung. *Social Research* 12, 1, Art. 7.

Wolff, Carsten. 2010. Boxenstopps statt Wartezimmer. Lernstände selbst diagnostizieren lernen. *Der Fremdsprachliche Unterricht Englisch* 44, 105: 32-36.

Wolff, Carsten. 2011. ′We need to live by the values we proclaim′. Zentrale Prüfungen und task-supported learning. *Der Fremdsprachliche Unterricht Englisch* 45, 109: 36-44.

Wolff, Dieter. 1998. Lernerstrategien beim Fremdsprachenlernen. In *Englisch lernen und lehren. Didaktik des Englischunterrichts*, Hrsg. Johannes-P. Timm: 70-77. Berlin: Cornelsen.

Woods, Devon. 1996. *Teacher cognition in language teaching. Beliefs, decision-making and classroom practice*. Cambridge: Cambridge University Press.

Woodward, Helen. 1998. Reflective journals and portfolios: learning through assessment. *Assessment & Evaluation in Higher Education* 23, 4: 415-423.

Wottawa, Heinrich. 1994³. Evaluation. In *Pädagogische Psychologie*, Hrsg. Bernd Weidenmann und Andreas Knapp: 703-733. Weinheim: Beltz Psychologie-Verlags-Union.

Wottawa, Heinrich und Heike Thierau. 1998². *Lehrbuch Evaluation*. Bern: Verlag Hans Huber.

Wottawa, Heinrich. 2006³. Evaluation. In *Handwörterbuch Pädagogische Psychologie*, Hrsg. Detlef H. Rost: 161-168. Weinheim u.a.: Beltz.

Wu, Xinyi. 2003. Intrinsic motivation and young language learners: the impact of the classroom environment. *System* 31: 501-517.

Wygotski, Lew Semjonowitsch. 1969. *Denken und Sprechen*. Hrsg. Johannes Helm. Übers. Gerhard Sewekow. Stuttgart: S.Fischer.

Xiang, Wang. 2004. Encouraging self-monitoring in writing by Chinese students. *ELT Journal* 58, 3: 238-246.

Yang, Nae-Dong. 2003. Integrating portfolios into learning strategy-based instruction for EFL college students. *IRAL* 41, 4: 293-317.

Yang, Nae-Dong. 1999. The relationship between EFL learners' beliefs and learning strategy use. *System* 27: 515-539.

Zhang, Shuxiang. 1995. Reexamining the affective advantage of peer feedback in the ESL writing class. *Journal of Second Language Writing* 4, 3: 209-222.

Zhu, Wei. 1995. Effects of training for peer response on students' comments and interaction. *Written Communication* 12: 492-528.

Ziener, Gerhard. 2008. *Bildungsstandards in der Praxis. Kompetenzorientiert unterrichten*. Stuttgart: Klett, Kallmeyer.

Zimmerman, Barry J.. 1989. A social-cognitive view of self-regulated academic learning. *Journal of Educational Psychology* 81, 3: 329-339.

Zydatiß, Wolfgang. 2004. Überlegungen zur fächerübergreifenden Evaluation des bilingualen Unterrichts. In *Didaktiken im Dialog. Konzepte des Lehrens und Wege des Lernens im bilingualen Sachfachunterricht*, Hrsg. Andreas Bonnet und Stephan Breidbach: 91-102. Frankfurt/M.: Lang.

Zydatiß, Wolfgang. 2005. *Bildungsstandards und Kompetenzniveaus im Englischunterricht: Konzepte, Empirie, Kritik und Konsequenzen*. Frankfurt: Peter Lang.

Zydatiß, Wolfgang. 2005. Bildungssstandards für den Fremdsprachenunthericht in Deutschland: Eine hervorragende Idee wird katastrophal implementiert - oder: Von der Endkontrolle der Schüler zu strukturverbessernden Maßnahmen. In *Bildungsstandards für den Fremdsprachenunterricht auf dem Prüfstand. Arbeitspapiere der 25. Frühjahrskonferenz zur Erforschung des Fremdsprachenunterrichts*, Hrsg. Karl-Richard Bausch, Eva Burwitz-Melzer, Frank G. Königs und Hans-Jürgen Krumm: 272-280. Tübingen: Gunter Narr Verlag.

Webliographie (letzter Zugriff jeweils 24. 2. 2011)

American Evaluation Association . Guided Principles for Evaluators, Revisions ratified July 2004. URL: http://www.eval.org/Publications/ Guiding Principles.asp

Bildungsplan 2004. Allgemein Bildendes Gymnasium Baden-Württemberg. Ministerium für Kultus, Jugend und Sport. mit Einführung von Hartmut von Hentig S. 9-21. URL: http://www.bildung-staerkt-menschen.de/ service/downloads/Bildungsplaene/Gymnasium/Gymnasium_Bildungsplan_Ge samt.pdf

Bundesagentur für Arbeit. URL: http://www.planet-beruf.de/ 3344.html? &type =1

Byram, Michael, Bella Gribkova and Hugh Starkey. 2002. Developing the Intercultural Dimension in Language Teaching. A Practical Introduction for Teachers. Strasbourg u. a.: Council of Europe/ECML. URL: http://www.coe.int/t/dg4/linguistic/Source/Guide_dimintercult_EN.pdf

Deutsche Gesellschaft für Evaluation. URL: http://www.degeval.de/ index.php? class=Calimero_Webpage&id=9025; www.degeval.de/calimero/ tools/ roxy.php?id=172

Deutscher Qualifikationsrahmen für lebenslanges Lernen. URL: http://www.deutscherqualifikationsrahmen.de/SITEFORUM?i=1215181395066&t= /Default/gateway&xref=http%3A//www.bildungsserver.de/zeigen.html%3 Fseite%3D6696

Expertenkommission. 1995. Weiterentwicklung der Prinzipien der gymnasialen Oberstufe und des Abiturs: Abschlussbericht der von der Kultusministerkonferenz eingesetzten Expertenkommission. Bonn: Sekretariat der Ständigen Konferenz der Kultusminister der Länder in der Bundesrepublik Deutschland. URL: http://www.gymnasium-2002.de/online_lesen/ onl_ teilb1_030403p10.html

Falchikov, Nancy. 1996.: Improving learning through critical peer feedback and reflection. URL: http://www.herdsa.org.au/confs/1996/falchikov.html

Free Management Library. Basic Guide to Program Evaluation. URL: http:// www.managementhelp.org/evaluatn/fnl_eval.htm

Goker, Suleyman Davut. 2005. A School-based Management and Supervision Model in EFL Schools. The Internet TESL Journal 11, 1, January 2005. URL: http://iteslj.org/Articles/Goker-Supervision.html

Hessisches Kultusministerium. Hrsg. Bildungsstandards und Inhaltsfelder. Das neue Kerncurriculum für Hessen. Sekundarstufe I – Gymnasium. Entwurf. Moderne Fremdsprachen. November 2010. URL: http://www.iq.hessen. de/irj/servlet/prt/portal/prtroot/slimp.CMReader/HKM_15/IQ_Internet/me d/4c2/4c22d584-b546-821f-012f-31e2389e4818,22222222-2222-2222-2222-222222222222

Hessisches Kultusministerium. Hrsg. 2010. Lehrplan Französisch. Gymnasialer Bildungsgang. Jahrgangsstufen 5G bis 9G und gymnasiale Oberstufe. URL: http://www.kultusministerium.hessen.de/ irj/HKM_Internet?cid= ac9f301df54d1fbfab83dd3a6449af60

Humanizing Language Teaching (Zeitschrift). URL: http://www.hltmag.co.uk/feb11/index.htm

International Association for the Evaluation of Educational Achievement. URL: http://www.iea.nl/

Industrie- und Handelskammer. URL: http://www.ihk-kassel.de/solva_docs/Was%20erwartet%20die%20Wirtschaft.pdf

Kavaliauskiene, Galina. 2006. Learners´ Reflections on Class Activities. Humanizing Language Teaching 8, 5. URL: http://www.hltmag.co.uk/sep06/stud.htm

Kultusministerkonferenz: Gemeinsame Erklärung des Präsidenten der Kultusministerkonferenz und der Vorsitzenden der Bildungs- und Lehrergewerkschaften sowie ihrer Spitzenorganisationen Deutscher Gewerkschaftsbund und Beamtenbund und Tarifunion vom 5. 10. 2000: „Aufgaben von Lehrerinnen und Lehrern heute — Fachleute für das Lernen.". URL: http://www.kmk.org/fileadmin/veroeffentlichungen_beschluesse/2000/2000_10_05-Bremer-Erkl-Lehrerbildung.pdf

Landesbildungsserver Baden-Württemberg. Qualitätsentwicklung und Selbstevaluation. URL: http://www.schule-bw.de/entwicklung/ qualieval/ quali-abs/sevstart

Lettau, Antje und Franz Breuer. Kurze Einführung in den qualitativ-sozial- wissenschaftlichen Forschungsstil. URL: http://wwwpsy.unimuester. de/ imperia/md/content/psychologie_institut_3/ae_breuer/publikationen/alfb.pdf

Reiserer, Markus und Heinz Mandl. 2001 . Individuelle Bedingungen lebensbegleitenden Lernens. URL: http://epub.ub.uni-muenchen.de/ 244/1/FB_136.pdf

Rolheiser, Carol and John A. Ross. Student Self-Evaluation: What Research Says and What Practice Shows. Center for Development and Learning. URL: http://www.cdl.org/resource-library/articles/self_eval.php

Rosaldo, Renato. Interview vom 17. 4. 2002. URL: http://www.stanford.edu/group/howiwrite/Transcripts/Rosaldo_transcript.html

Ruehlemann, Christoph. 2006. Rating and Writing: Two Sides of a Coin? Humanizing Language Teaching 8, 2. URL: http://www.hltmag.co.uk/mar06/mart04.htm

Sächsisches Staatsministerium für Kultus. Hrsg. 2004. Lehrplan Gymnasium Englisch. URL: http://www.sachsen-macht-schule.de/apps/lehrplandb/downloads/lehrplaene/lp_gy_englisch_2009.pdf

Saskatchewan Eudcation. Ed. 1991. Student Evaluation. A Teacher Handbook. URL: http://www.education.gov.sk.ca/Default.aspx?DN=c9ca422f-c21e-441d-acea-dedd7870f59f.

SEIS Deutschland. URL: http://www.seis-deutschland.de/

Selbstevaluation.de. URL: www.selbstevaluation.de

Staatsinstitut für Schulqualität und Bildungsforschung München. Hrsg. 2004. Lehrplan für das achtjährige Gymnasium in Bayern. URL: http://www.isb-gym8-lehrplan.de/contentserv/3.1.neu/g8.de/index.php?StoryID=26350 ; http://www.isb-gym8-lehrplan.de/contentserv/ 3.1.neu/g8.de/ index.php?StoryID=26350#Selbstkompetenz

Staatsinstitut für Schulqualität und Bildungsforschung München. Hrsg. Qualitätsagentur: Evaluation an Bayerns Schulen. . URL: http://www.isb. bayern.de/isb/index.asp?MNav=8&QNav=17&TNav=0&INav=0&Seit=intern_instrumente_selbstreflexion

Studienseminar Koblenz. URL: http://www.studienseminar-koblenz.de/ seminarprogramm/standards.htm

The Evaluation Exchange. A Periodical on Emerging Strategies in Evaluation.URL: http://www.hfrp.org/evaluation/the-evaluation-exchange

Thüringer Kultusministerium. Hrsg. Lehrplan für das Gymnasium. Englisch. Erprobungsfassung für die Doppelklassenstufe 5/6. URL: http://www.schulportal-thueringen.de/web/guest/media/detail?tspi=1395

Washington Center's Evaluation Committee. Ed. Assessment in and of Collaborative Learning. URL: http://www.evergreen.edu/ washcenter/ resources/acl/index.html